놀라운 성령의 능력

잭 디어 지음
정순옥 옮김

은성

놀라운 성령의 능력

초판 발행 : 1994년 3월 30일
4쇄발행 : 2006년 3월 30일
지은이 : 잭 S. 디어
옮긴이 : 정순옥
발행처 : 도서출판 은성
등록 : 1974년 12월 9일 제9-66호
주소 : 서울 강동구 성내동 538-9
전화 : 02-477-4404
팩스 : 02-477-4405
http://EunsungPub.co.kr
e-mail: esp4404@hotmail.com

출판 및 판매에 관한 모든 권한은 본 출판사가 소유하고 있습니다.
출판사의 사전 서면 허락 없이 상업적인 목적으로 번역, 재제작, 인용,
촬영 등을 할 수 없음을 알려드립니다.

Originally published in English under the title: *Surptised by the power of the spirit* by Jack S. Deere published by Zondervan Publishing House in 1993.
All rights th this book, not specially asignes herein, are reserved cy the copyrights owner.
All non-English rights are exclusively through The Zondervan Publishing House, USA.

Printed in Korea
ISBN 89-7236-088-0 33230

감사의 글

나는 어떤 작가가 누릴 수 있는 것보다 더 좋은 경험을 존더반(Zondervan) 출판사의 사람들과 나누었다. 모든 면에서 그들의 기술과 친절은 압도적이었다.

특별히 처음부터 끝까지 놀랄 만한 정도의 인내와 전문 지식으로 이 책을 출판하는 일을 감독해 온 스탠 군드리(Stan Gundry) 박사와 상당한 재능으로 이 책을 크게 향상시켜온 나의 편집장 잭 쿠에체크(Jack Kuhatschek)에게 감사를 드린다. 또한 조이스 스멜처(Joyce Smeltzer), 사무엘 스톰즈(Samuel Storms) 박사, 웨인 그루뎀(Wayne Grudem) 교수와 원고 전체를 읽고 많은 귀중한 제언을 해주신 모든 분들께 감사를 드린다. 그리고 원고를 타이핑하고 훌륭한 비서적 행정적인 지능으로 이 책이 완성될 수 있도록 도와준 타라 갱로프(Lara Gangloff)에게도 감사를 드린다.

귀중한 제언을 해주고, 책의 교정을 해주었을 뿐만 아니라 책을 쓰는 동안 나에게 지치지 않는 용기를 준 나의 아내 리사(Leesa)에게도 감사한다. 마지막으로 이 작업의 마지막 단계에서 예외적인 인내와 이해로 아버지와 떨어져 있던 나의 세 아이들 크레이그(Craig), 스코트(Scott), 알레시(Alese)에게도 고마움으로 표한다.

차 례

감사의 글…3

충격과 놀라움…7
   제 1장 나의 삶을 변화시킨 전화 한 통…9
   제 2장 놀라운 성령님…25
   제 3장 죄와 웜버들…37

풀려진 오해들…49
   제 4장 순수한 성격적 객관성의 신화…51
   제 5장 그리스도인들이
         기적적인 은사들을 믿지 않은 진짜 이유…67
   제 6장 영적인 남용에 대한 반응…95
   제 7장 성령님께 압도되다…109
   제 8장 기적은 일시적인 것으로 계획되었는가…123
   제 9장 하나님께서는 왜 치유하시는가…145
   제10장 왜 하나님께서는 기적적인 은사들을 주시는가…167
   제11장 하나님께서는 왜 치유하시지 않으시는가…181

은사들과 그 주시는 자를 찾는 것···201
  제12장 열심으로 은사들을 추구하는 것···203
  제13장 하나님을 향한 열정···223
  제14장 열정과 능력을 신장하는 것···241
  에필로그:오늘날 하나님께서 말씀하시는 것을 듣는 것···259
부 록···269
  부록 1:하나님께서 치유하시고
        기적들을 행하시는 다른 이유들···271
  부록 2:기적적인 은사들은
        사도들의 죽음과 함께 그쳤는가···285
  부록 3:기적 시대는 단 세 번 있었는가···321
각 주···335

충격과 놀라움

제1장
나의 삶을 변화시킨 전화 한 통

　나의 아주 미숙한 상상으로 나는 전화 한 통이 내 인생의 항로를 바꿀 수 있다는 것을 결코 생각해 본 적이 없었다(단순히 내 인생이 아니라 내 주변의 많은 다른 사람들을).

　그 전화가 있기 전에 나는 내가 어디로 가고 있는지 알았었고, 내 인생은 편안하고 안전했다. 나의 삶은 잘 통제되고 있었고, 나는 그것을 좋아했다. 대부분의 경우에 나는 하나님께서 행하시고 계시는 바를 안다고 느꼈었다. 그러나 1986년 1월의 그 추웠던 날에 내가 수화기를 내려놓을 때에 그 모든 것은 갑작스럽게 변했다. 나는 더 이상 내가 어디로 가고 있는 지, 무엇을 하고 있는 지에 대하여 확신할 수 없었다. 그리고 나는 내가 정말로 하나님께서 행하시고 계신 것을 알고 있는가에 관해 의심하기 시작했다.

　공교롭게도 그 전화 통화가 있은 후 내 인생은 결코 이전의 것과 같을 수 없었다. 나는 다시는 나의 삶은 잘 통제되고 있다고 생각하는 것에서 오던 편안함과 안전함을 느낄 수 없었다. 그것이 거짓된 안전함이라는 것을 인정한다고 할지라도—지금은 그것을 안다—그 환상에 사로잡혀 있는 것은 기분이 좋다. 내 앞에 놓여 있는 그 고통과 충격을 알았더라면 나는 결코 그 전화를 받지 않았었을 것이다. 그러나 그랬다면, 유행하는 컨트리 웨스턴 송의 가사가 말하는 것처럼 "나는 춤을 잃었을 것이다". 그리고 그것은 모든 고통 중에서도 가장 큰 고통이었을 것이다.

하나님께서 막 내게 하시려는 '조크'에 대하여 나는 이 세상에서 어느 누구보다도 이해할 수 없었던 상태의 사람이었다. 나는 막 달라스 신학교의 구약학 교수로서의 열번째 해를 마무리하고 있었고, 내가 출범을 도왔던 포트 워스에 있는 한 성서 교회의 목사들 중의 하나로서의 일곱번째 해를 맞이하고 있었다. 그 전 해 가을에 나는 독일에서의 일 년 간의 연구 휴가를 보낸 후 가족과 함께 귀국했었다. 그것은 멋진 한 해였고, 나는 가르치는 일과 목사로서의 의무로 돌아 온 것에 대하여 흥분해 있었다.

나의 주요한 열정은 하나님의 말씀을 가르치고 전파하는 것이다. 내 인생에서 가장 중요한 일은 하나님의 말씀을 연구하는 것이고, 우리에게 필요한 대부분—혹은 적어도 우리의 가장 중요한—은 성경을 연구하는 것을 통해서 충족될 수 있다고 나는 믿었다. 만약에 그 필요들이 그런 식으로 충족될 수 없다면, 그때 우리는 곤경에 처할 것이라고 믿었다. 왜냐하면 나는 하나님께서 다른 방법으로 우리를 도우실 만한 여지를 남기지 않는 신학 체계를 신봉했었기 때문이었다. 내가 믿고 가르쳤던 하나님은 신약성경의 신자들의 삶 속에서 개입하셨던 것만큼 우리의 삶 속에 개입하시는 하나님이 아니었다. 그 당시에 나는, 하나님께서는 그것을 그런 방식을 원하신다고 생각했기 때문에 그것은 그다지 나를 괴롭히지 않았다. 나는 하나님께서 그 변화들을 이루셨다고 생각했다. 나는 하나님께서는 분명히 기도에 응답하신다고, 그러나 단지 어떤 특정한 종류의 기도에만 응답하신다고 생각했었다.

예를 들어서, 나는 하나님께서는 더 이상 성령의 기적적인 은사들을 주시지 않는다고 알았었다. 지금 우리는 완성된 성경을 가지고 있기 때문에 은사들에 대한 필요가 없다고 알았었다. 물론 하나님께서는 때때로 기적들을 행하셨다. 결국 그분은 하나님이시고, 그분은 그가 원하시는 것은 무엇이나 하실 수 있다. 따라서 그분께서 자주 기적을 행하시지 않으셔도 그것은 정당한 것이다. 하나님께서는 기적을 아주 드물게 행하시기 때문에 그리스도인으로서 나는 결코 내가 하나님의 권능의 결과라고 확실할 수 있는 치유의 기적 한 가지도 지적할 수 없었다. 나는 결코 그러한 기적에 관해 들어본 적조차 없었다. 또한 사도들이 죽은 후에 역사상 정확히 증명되는 치유의 기적을 지적할 수도 없었다. 하나의 예외는 회심들이었다. 그리고 그때 나는 회심이 기적이라는 것을 믿었고, 오늘날도 여전히 그것은 모든 기적들 중에서 가장 큰 기적이라는 것을 믿는다. 회심들 외에 내 경험으로, 기적에 가장 가까운 것은 기도에 대한, 특별히 재정적인 필요를 위한 기도에 대한 응답이었고, 그것은 때로 너무나 구체적이어서 단순한 우연의 일치인 것 같았다.

그러나 나는 하나님께서 이 변화를 시작하신 분이라고 생각했기 때문에 신약성경에 나타나는 기적들을 내가 직접 경험한 적이 없다는 것을 신경쓰지 않았다. 나는 성경으로써, 신학으로써, 교회사의 증거로써 하나님께서 성령님의 초자연적인 은사들을 철회하셨다는 것을 증명할 수 있다고 확신했다.

나는 또한 하나님께서는 더 이상 그분의 기록된 말씀을 통한 방법 외에는 우리에게 말씀하시지 않는다는 것을 확신했다. 꿈, 환상, 내적인 느낌들과 같은 것은 내가 메스꺼워하는 자기 본위(주관성)와 애매함의 기미를 띠었다. 나의 학생들 중 한 명이 "하나님께서 제게 말씀하셨습니다. 그리고…"라고 말했을 때 나는 움츠렸다. 어떤 것도 "하나님께서 제게 말씀하셨습니다"라는 말만큼이나 나로부터 급속도의 단호한 비난을 유발시킬 수 있는 것은 거의 없다. 나에게 있어서 그러한 말은 어떠한 대화가 뒤따르던 간에 기록된 하나님의 말씀과 동일한 권위를 가졌다는 것을 의미했다. 그것은 주제넘는 짓일 뿐만 아니라 신성모독적인 것 같았다. 나는 하나님께서 그들에게 말씀하셨다고 말하는 사람들을 비웃기를 좋아했다.

당신이 지금까지 내가 말해 온 것에서 추측할 수 있는 것처럼 나는 '무엇인가 더한 것'을 찾는 신자가 아니었다. 나는 하나님의 치유하시는 기적이 필요치 않았다. 나의 가족과 나는 항상 건강했고, 우리가 몇 바늘 정도 꿰매야 한다거나 약간의 약을 필요로 했던 그러한 드문 경우에는 가족의 주치의이면 충분했다. 우리의 성도들 역시 젊고 건강했으며, 7년간의 우리 교회 역사 동안 죽은 사람도 거의 없었다. 신유는 단지 우리의 중요 사항의 목록들 중의 어느 것에도 중심이 되지 않았다.

확실히 하나님께서 성경 속의 인물들에게 하셨던 것과 같은 그러한 주관적인 방법 중의 어느 것으로도 내게 말씀하셔야 할 필요가 없었다. 요컨대, 나는 이제 성경을 가지고 있었고 뛰어나게 훌륭한 신학을 가진 사람들 중의 하나였다. 그렇다. 나뿐만 아니라 내 주변의 친구들도 하나님으로부터 '무엇인가 더한 것'을 찾지 않고 있었다. 내게 어떤 문제들이 있었다고 하더라도 그것은 단지 내 자신이 하나님께 좀더 많이 헌신하는 방법을 이해하는 것이었다.

나의 아내는 나와는 다른 견해를 가지고 있었다. 내가 왜 그 전화를 받았어야만 했는가 하는 인간적인 이유가 있다면, 나는 그것을 나를 위한 아내의 기도의 덕으로 돌려야 한다. 리사(Leesa)는 그리스도인의 삶에 관하여 이야기하기보다는 오히려 그리스도인의 삶을 직접 살아가는 사람들 중의 하나였다. 그녀는 어떤 분명한 죄에 대하여 당신을 비난하면서 2분을 보내는 것보다는 오히려 당신을 위해 기도하면서 한 시간을 보내기를 더 좋아할 것이다. 그 당시에 그녀는 그렇게 말하지 않았지만 내가 하나님께로부터 오는 무엇인가 더한 것이 필요하다고 느꼈었다.

우리가 독일에서 살던 한 해 동안(1984-85) 그녀는 블랙 포리스트(Black Forest : 독일 서남부의 산림지대)의 작은 산으로 매일 오후에 두 시간씩 산책을 가곤했다. 내가 그녀에게 그녀의 산책에 관하여 물었을 때 그녀는 기도했다고 말했다. 나는 결코 그녀에게 무엇을 위해 기도했는지를 묻지 않았고 그녀도 내게 말하지 않았지만, 나를 위해 기도하고 있었다. 여러 해 동안 그녀는 가뭄 기간의 남부 캘리포니아에 있는 저수지들처럼 하나님께 향한 나의 열정이 천천히 말라가고 있는 것을 지켜보아 왔다. 나는 내가 하나님을 향한 열정을 잃어가고 있다는 것을 인식하지 못했다. 나는 단지 내가 성장해 왔다고만 생각했다. 그러나 그녀는 내가 자기만족적이 되어 가는 것을 염려했다. 그녀는 나의 태도를 우리의 삶에 대한 하나님의 소명의 적으로서 여겼다. 인간적으로 말해서 나는 항상 하나님께서 나라의 반대쪽에 있던 한 사람이 수화기를 집어들어 나의 전화번호를 누르도록 하신 것은 바로 리사의 기도 때문이었다고 느낄 것이다.

   1985년 늦가을에 우리 교회의 지도부는 "춘계 부흥 사경회"를 갖기로 결정했다. 장로회의를 마친 후에 장로회 회장이 나에게 누구를 춘계 부흥 사경회의 강사로 초빙하고 싶은지를 물었다. 주저함 없이 나는 영국의 정신과 의사이자 기독교인 작가인 존 화이트(John White) 박사를 초빙하고 싶다고 대답했다. 그 당시에 그는 약 열다섯 권의 책을 저술했었고, 내 아내와 나는 그것들을 전부 읽었었다.

   그는 내가 가장 좋아하는 비전문적인 작가였다. 나는 그가 우리의 사경회의 강사로서 훌륭하게 해낼 것이라는 것을 절대적으로 확신했다. 나는 그의 글들을 통해 그가 하나님의 말씀을 매우 존중한다는 것과 지성적이라는 것과 그리스도인의 삶의 실제적인 분야에서 헤아릴 수 없이 도움이 된다는 것을 알았다. 그래서 나는 내가 그 역시 세대주의자(dispensationalist)라는 단서를 발견했다고 생각했었다. (사실상, 그는 프리머스 형제단(Plymouth Brethren)의 배경을 가진 것으로 드러났다). 우리는 수년 동안 그의 책들을 우리 교회의 주일학교 수업 시간에 사용해 왔었다. 장로회 회장은 즉시 나의 제안에 동의했다.

다음날 그는 우리가 화이트 박사를 우리 교회에 초청할 수 있는 방법을 찾기 위해서 그의 출판업자에게 전화했다. 그 출판업자는 그의 스케줄이 18개월 동안은 꽉 잡혀 있어서 화이트 박사가 우리의 초청을 수락하지 않을 것 같다고 말했다. 그 출판업자는 그가 이미 쓴 것에 대해서는 말하기를 좋아하지 않기 때문에 우리가 그에게 최근에 쓰고 있거나 연구하고 있는 주제에 대하여 강연하기를 요청한다면, 그것이 우리가 화이트 박사를 초청할 수 있는 유일한 기회(가능성)라고 말했다. 그 출판업자는 화이트 박사와 교섭하는 데에 있어서 몇 가지의 알아둘 일을 가르쳐 주었지만 그다지 용기를 주는 것은 아니었다. 장로회 회장은 그 출판업자를 통해서 초청장을 보냈다. 그러나 얼마 후 우리의 초청을 거절하는 화이트 박사의 정중한 편지를 받았다.

몇 가지의 이유 때문에 나는 포기할 수 없었다. 나는 화이트 박사에게 와주기를 요청하는 편지를 직접 썼다. 그 편지를 보내고 난 며칠 뒤에 나는 내 인생과 나의 사역의 전 방향을 바꾸는 전화를 받았다.

그 전화는 화이트 박사로부터 온 것이었다. 나는 그가 전화를 했다는 것에 놀랐다. 그리고 그가 나의 편지를 받고 그렇게 빨리 전화했다는 것에 더욱더 놀랐다. 그는 말했다.

"안녕하세요, 잭. 나는 존 화이트입니다. 당신의 춘계 부흥 사경회에 나를 초청해 주신 것에 감사를 드립니다. 초대에 응할 수 있을지는 모르겠습니다만 당신은 내가 무엇에 관하여 강연하기를 원하십니까?"

그의 대한 정보를 들었기 때문에 나는 대답했다.

"오, 잘 모르겠습니다. 당신이 지금 쓰고 계시거나 연구하고 계신 것에 대해서 말씀하시는 것이 어떻습니까?

"좋습니다. 나는 하나님의 나라에 대한 책을 쓰고 있습니다. 그것은 어떻습니까?"

"좋습니다! 우리는 이 세상에서 주변에 있는 하나님 나라를 사랑합니다."

'좋아, 우리는 예언서에 대한 사경회를 갖게 되겠군. 우리는 천년왕국에 대한 다른 견해들—혹은 아마도 하나님의 나라에 관한 다른 개념들과 견해를 달리하는 신학적 입장들—에 관하여 이야기할 것이다' 라고 생각했다.

그래서 나는 덧붙여 말했다.

"지금 당신과 나는 하나님의 나라가 무엇인지 압니다. 그러나 나는 당신이 하나님 나라에 대해서 하시고자 하시는 다른 강연들에 대하여 장로들에게 보고해야만 할 것입니다. 우리는 주말에 네 번의 강연을 원합니다. 당신은 그것들을 어떻게 분류하시겠습니까?"

"내가 하나님의 나라에 대해 생각할 때, 나는 그리스도의 권위를 특별하게 생각합니다. 만일 당신이 내가 네 번의 강연을 하기를 원하신다면, 그것은 이렇게 진행될 것입니다. 첫번째 강연은 유혹에 대한 그리스도의 권위가 될 것입니다."

"좋습니다."

"두번째는 죄에 대한 그리스도의 권위가 될 것입니다."

"좋습니다."

"세번째는 귀신들에 대한 그리스도의 권위가 될 것입니다."

나는 생각했다. '흠, 귀신들이라? 글쎄 나는 어딘가엔 귀신들이 있음이 틀림없다고 생각해. 분명히 1세기에는 많은 마귀들이 있었지. 하여튼 그들은 다 어디로 가버렸을까? 그리고 나는 아직도 주변에 귀신들이 있다면 그리스도께서는 그들에 대한 권위를 가지고 계심에 틀림없다는 것을 확신한다. 이것은 실제적으로 많은 관련이 없을지라도 재미있는 강연이 될 것이다.'

나는 말했다.

"에…확실히…좋습니다."

"네번째 강연은 질병에 대한 그리스도의 권위가 될 것입니다."
"질병!"
나는 내 목소리가 긴장되지 않게 하려 하면서 큰소리로 말했다. 분명히 나는 그가 말하는 것을 잘못 알아들었을 것이다.
"질병이라고 말씀하시지 않았죠, 그렇죠?"
"아뇨, 질병이라고 말했습니다."
"당신은 치유에 대하여 말씀하시고 계신 것은 아니시죠, 그렇죠?"
나는 '치유'라는 단어를 거의 내뱉듯이 말했다. 나는 치유와 관계가 있는 무엇인가에 대해서는 그토록 경멸했었다.
"아뇨, 치유에 대해서 말하고 있는 것입니다."
나는 내 귀를 믿을 수 없었다. 바로 몇 분 전까지만 해도 화이트 박사가 분별력 있고, 성경적이며, 지적인 사람이라고 확신했었다. 그런데 지금 그가 치유에 대하여 말하고 있다니!
그는 정신과 의사이다. 아마도 그는 어떤 종류의 정신과적 치유에 대하여 언급하기 위해서 '치유'라는 말을 사용하고 있는지도 모른다고 생각했다. 그래서 나는 물었다.
"당신은 신체적인 치유에 대해서 말씀하시는 것은 아닙니다, 그렇죠?"
"글쎄요, 나는 그것을 신체적인 치유로 제한하고 싶지 않습니다. 그러나 나는 신체적인 치유를 포함해 말하고 있는 것입니다"
그는 조용히 대답했다.
"농담하시는군요! 우리는 하나님께서는 더 이상 치유하시지 않는다는 것과 마지막 사도가 죽었을 때 성령의 모든 기적적인 은사들이 소멸되었다는 것을 확실히 알고 있습니다. 당신은 그것을 분명히 알고 계시죠, 그렇지 않습니까?"
내가 지식인이라고 여기는 사람들 중 이러한 것들을 모르는 사람을 나는 결코 만난 적이 없었다.

이때 화이트 박사는 대답하지 않았다.

나는 생각했다. '글쎄, 아마도 그는 이런 분야에는 좀 약한지도 모르겠군. 결국 그는 (전문적으로) 훈련받은 신학자가 아니라 그는 단지 정신과 의사이니까 말이야.' 나는 그의 침묵이 그가 이런 것들은 더 이상 존재하지 않는다는 것을 내가 성경을 통해 증명하기를 기다리고 있다는 뜻이라고 생각했다.

그래서 나는 그에게 말했다.

"우리가 사도들의 치유의 사역을 살펴볼 때, 우리는 그들이 즉석에서, 완전하게, 취소할 수 없이 치유했다는 것과 그들이 기도한 모든 사람들이 치유되었다는 것을 알기 때문에, 치유의 은사는 소멸되었다는 것을 압니다. 우리는 치유의 능력을 가졌다고 주장하는 어떤 운동들이나 단체에서도 이런 종류의 치유가 오늘날에도 계속되고 있다는 것을 보지 못합니다. 대신에 그런 단체들에서 우리가 보는 것은 점진적인 치유들과 부분적인 치유들, 때때로 원 상태로 돌아가는 치유들입니다—그리고 결코 치유되지 않는 많은 사람들입니다. 그러므로 오늘날에 일어나고 있는 치유의 종류는 성경에서 일어났던 것들과 같은 종류의 치유가 아니라는 것을 압니다."

"당신은 사도들이 누군가를 위해 기도했던 모든 경우가 다 성경 속에 기록되었다고 생각하십니까?"라고 화이트 박사가 물었다.

나는 잠시 동안 생각한 후 말했다.

"물론 아닙니다. 우리는 단지 신약성경에 기록된 그들의 사역과 예수님의 사역에 대해 적은 단편들만을 알고 있습니다."

"그렇다면 사도들이 누군가를 위해 기도했는데 그들이 회복되지 않은 경우가 있을 수 있고, 그것이 단지 성경에 기록되지 않은 경우가 있을 수 있지 않겠습니까?"

나는 그가 옳다는 것에 동의해야만 했다. 왜냐하면 성경은 사도들이 사람들을 위해 기도한 모든 경우를 다 기록한 것은 아니기 때문이다. 그들이 사람들을 위해 기도했는데 그들이 치유되지 않았을 때도 있었을 수 있기 때문이었다.

나는 화이트 박사가 해석상의 오류에 빠져있는 나를 파악했다는 것을 깨달았다. 나는 침묵에서 나온 논의를 사용했었다. 그것은 내가 나의 학생들에게 하지 말라고 조심스럽게 가르쳤던 것이었다. 예를 들어 성령의 은사들에 관한 주제가 대두되었을 때, 학생은 "당신은 영적인 사람이 되기 위해서 방언을 말할 필요는 없습니다. 왜냐하면 그리스도께서도 결코 방언으로 말씀하시지 않았기 때문입니다"라고 말할 수도 있다. 나는 "자네는 그리스도께서 방언하시지 않았다는 것을 어떻게 알았나?"라고 말하곤 했다. 그 학생은 말했다. "왜냐하면 성경이 그리스도께서 방언을 하셨다고 말하지 않기 때문입니다." 나는 즉시 성경이 말하지 않는 것을 우리의 견해의 증거로 사용해서는 안된다는 것을 그에게 환기시키면서 그 학생의 잘못을 지적해 주곤 했다. 예를 들어 성경은 베드로가 자녀가 있었다는 것을 우리에게 말해주지 않는다. 그러나 이 점에 관한 성경의 침묵으로부터 베드로는 자녀가 없었다고 결론짓는 것은 타당하지 않다. 이것이 침묵으로부터 나오는 논의를 의미하는 것이다.

그러나 나는 화이트 박사에게 침묵에서 나온 논의를 막 사용했고, 당황하게 되었다.

하지만 나는 여전히 내가 옳다는 것을 아주 확신했다. 나는 네 가지 더 관련된 성경의 논의들이 준비되어 있었지만 이번에는 좀 더 조심스러워야 한다고 생각했다. 나는 또 다른 실수를 하는 것을 원하지 않았다.

나의 다음 논의는 말년에 바울은 에바브로디도(빌 2:25-27)도, 드로비모(딤후 4:20)도, 디모데의 잦은 병(딤전 5:23)도 고칠 수 없었다는 것이었다. 나는 이것이 치유의 은사가 사도 바울을 떠났다는 것을, 혹은 그것이 떠나는 중이었다는 것을 증명한다고 생각했다. 그러나 나는 생각했다. '내가 화이트 박사의 입장이라면 이 논의에 대해 내가 무엇이라고 말할까? 난 단지 이 세 가지 사건은 사도들이 위해서 기도한 모든 사람들이 치유된 것이 아니라는 것을 증명한다고 말할 것이다!' 그것은 마치 44 매그넘에서 발사된 총알처럼 나에게 부딛쳤다. 나의 두번째 증거는 결코 증거가 아니었다.

내가 사용하려고 하는 그 다음의 세 가지 논의들을 재빨리 검토할 때, 나는 그것들 각각에서 무엇인가 틀린 것이 있다는 것을 발견했다. 대부분의 신학적 토의에서 나는 나의 반대자의 입장을 취하여 헛점이나 약점을 찾기 위해서 나의 적대자의 시각으로부터 나의 모든 논의들을 매우 조심스럽게 검토해 왔다. 그러나 기적적인 은사들이 끝났다는 나의 신념은 전에는 결코 심각하게 도전받아 본 적이 없었다. 나는 이러한 논의들을 검토할 필요가 결코 없었다. 왜냐하면 내 주변의 모든 사람들은 그것을 사실로 받아들였기 때문이었다.

나는 여전히 내가 옳다고 확신한다. 그러나 나는 나의 논의들 각각에서 무엇인가 틀린 것을 발견하기 위해서 격앙되어 있었다. 그래서 나는 화이트 박사에게 불쑥 말했다.

"당신은 치유받은 사람을 본 적이 있습니까?"

"아, 예."

그는 고요하고 조용한 목소리로 대답했다. 그는 나와 논쟁하려 하지 않았다. 그가 나에게 팔려고 하는 것은 아무것도 없었다. 사실상 내가 그를 우리 교회에서 강연하도록 초청하려는 사람이었다. 그는 단지 "아, 예!"라고 말했을 뿐 예를 들지도 않았다.

다시 공격적인 자세를 취하면서 나는 말했다.

"당신의 가장 최근에 있었던 특별한 치유를 말씀해 주시지요."

"나는 당신이 특별하다고 말씀하시는 것이 무엇을 뜻하는지 확실히 모르겠습니다만, 나는 당신에게 나를 감동시킨 최근의 두 가지 치유에 대하여 말하겠습니다."

그러고 나서 그는 머리부터 발가락까지 습진으로 덮여 있던 말레이지아의 어린 아이에 대해 말했다. 어떤 부분에서 습진은 껍질이 벗겨지고 분비물이 흘렀다. 그 아이가 너무나 고통스러워해서 그 아이의 부모는 36시간 동안 그 아이를 지켜보아야만 했다. 그 아이는 너무나 거칠게 행동했기 때문에 그 아이를 위한 기도를 하기 위해서 그들이 그 아이를 붙잡아야만 했었다.

화이트 박사와 그의 아내 로리(Lorrie)가 그들의 손을 그에게 얹자마자 그 아이는 빠르게 잠들었다. 그들이 기도한 지 약 20여 분 내에 분비물이 흐르는 것이 멈추었고, 붉어진 것이 흐려져가기 시작했다. 다음날 아침까지 그 아이의 피부는 정상으로 돌아왔고 완전하게 치유되었다.

화이트 박사는 그가 기형을 가진 어떤 사람을 위해 기도하는 동안 그의 손 아래에서 실제로 뼈의 기형이 변화된 것에 대한 두번째의 특별한 이야기를 해 주었다.

이 이야기들을 들은 후에 나는 생각했다. '단지 두 가지의 선택이 있을 뿐이다. 화이트 박사는 나에게 진실을 말하고 있거나 거짓말을 하고 있는 것이다. 그러나 그는 속고 있는 것이 아니다. 그는 의학 박사이다. 사실상 그는 십삼 년 동안 정신의학의 부교수였다. 그는 망상에 대한 책을 쓴 적도 있다. 그는 기질성질환과 정신 신체 상관의 질병(psychosomatic illness: 실제적인 질병일 뿐만 아니라 감정적인 갈등 등의 결과로 생겨난 질병)의 차이점도 안다. 그는 속고 있는 것이 아니다. 그는 나에게 진실을 말하고 있거나 고의적으로 나를 속이는 것이다.'

나는 잠시 동안 그것에 대하여 생각했다. 그가 나를 속여서 무엇을 얻겠는가? 그가 나의 교회에 갈 수 있게 해달라고 요청하는 것이 아니라 내가 그에게 와 주기를 요청하고 있었다. 게다가 그의 방법에 관한 모든 것은 주 예수의 영을 반영했다. 나는 그가 나에게 진실을 말하고 있다고 확신했다. 나는 하나님께서 그가 말한 두 사람들을 치유하셨다고 확신했다. 그러나 나는 또한 여전히 하나님께서는 더 이상 성령의 은사들을 주시지 않는다는 것과 그 치유들에 대한 또 다른 설명이 있을 것임에 틀림없다고 확신했다.

그래서 나는 말했다.

"화이트 박사님, 저는 당신이 제게 말씀하고 계신 것이 사실이라고 믿습니다. 그래서 나는 당신이 나의 교회에 오셔서 네 번의 강연을 해 주시기를 바랍니다. 치유에 대한 것조차도!"

"잭, 우리가 토의해야 할 것이 한 가지 더 있습니다. 내가 당신의 교회에 간다면, 나는 단지 치유에 관해서 말만 하고 싶지 않습니다. 나는 병자들을 위해 기도하기를 원합니다."

"병자들을 위한 기도요! 교회 내에서 말입니까?"

나는 소스라치게 놀랐다. 내 마음은 대안을 찾아서 앞서 달려갔다.

"단지 불구자들과 눈먼 사람들을 모아 아무도 알지 못하는 뒷방으로 가서 그곳에서 그들을 위해 기도할 수는 없나요?"

나는 우리가 회중 앞에서 몇몇 병자들을 위해 기도하는데 그들이 낫지 않는다면 그것은 모든 사람들의 신앙을 파괴시킬 것이라고 확신했다.

"그럼 내가 가서 세부사항을 구체적으로 정하죠. 그러나 교회에서 몇몇 병자들을 위한 기도를 할 수 없다면, 나는 단지 치유에 대해서만 설교하고 싶지는 않습니다"라고 그가 대답했다. 그는 매우 정중하게 이것을 말했지만, 나는 우리가 그로 하여금 우리 교회에서 병자들을 위해 기도하게 하지 않으면 그는 오지 않을 것이라는 것을 알았다.

나는 심호흡을 하고 말했다.

"그럼 화이트 박사님, 저는 정말로 당신이 오셔서 네 번의 강연을 해주시기를 바랍니다. 그리고 나의 교회에서 병자들을 위해서 기도하실 수도 있습니다. 그러나 그것은 저의 결정에만 달려 있는 것이 아닙니다. 우리가 이 초청을 공식화하기 전에 다른 목사님들과 장로님들이 이것에 동의해야만 합니다. 저는 이 제안에 대하여 그들이 어떻게 반응할지 모르겠습니다."

"아, 이해합니다, 잭. 나는 당신의 두려움을 이해하고 그들의 두려움도 이해합니다. 이후에 여러분 모두가 초청을 취소하기로 결정하더라도 나는 결코 불쾌하게 여기지 않을 것입니다. 나는 그것을 단지 주님의 뜻으로 받아들일 것입니다."

우리는 작별인사를 나누었고, 즉시 나는 장로회의로 갔다.

그 회의가 시작될 무렵에 나는 장로들과 다른 목사들에게 좋은 소식과 나쁜 소식이 있다고 광고했다. 좋은 소식은 화이트 박사가 우리의 춘계 부흥 사경회를 위한 초청을 재고했고, 그것을 받아들이기로 결정했다는 것이었다. 모두들 그 소식에 기뻐했다. "나쁜 소식은 무엇입니까?"라고 그들이 물었다.

"나쁜 소식은 그가 치유에 대하여 강연을 하고 싶어한다는 것과 교회 내에서 병자들을 위해 기도하기를 원한다는 것입니다."

"농담이시죠!"

"그 말이 바로 내가 그에게 말했던 것입니다."

그 다음 두 시간 동안 우리는 화이트 박사가 우리 교회에서의 이 사경회를 주재하는 것의 적당성에 대하여 이리저리 이야기했다. 토론의 마지막 부분에서 우리들 각자가 최종적인 선택을 할 때, 한 사람이 말했다.

"이 사경회는 우리 교회를 분열시킬 수 있습니다."

그 주제에 대한 나의 마지막 말은 이것이었다.

"그것이 우리 교회를 분열시킨다 할지라도 우리는 이 사경회를 개최해야 한다고 생각합니다. 이런 식으로 생각해 보십시오. 우리는 이 교회를 단지 소수의 사람으로 시작했습니다. 우리 교회가 분열된다 하더라도, 그럴 필요가 있다면 우리는 단지 소수의 사람들과 함께 또 다른 교회를 시작할 수 있다고 저는 생각합니다."

공교롭게도 하나님께서는 내 편에서 그런 종류의 교만한 무감각함까지도 수많은 우리의 삶 속에서 그분의 목적을 성취하시기 위하여 사용하셨다.

화이트 박사와의 대화와 그 결과로서 일어난 장로회의는 1986년 1월의 일이었다. 우리는 성령의 기적적인 은사들은 끝났다고 확신했지만 화이트 박사를 초청해서 4월에 사경회를 개최하기로 만장일치로 결정했다.

나는 성경이 치유와 성령의 은사들에 관하여 말하는 것을 읽기 위해 1월부터 4월까지의 많은 시간들을 성경을 연구하면서 보냈다. 맨 처음에 내가 이러한 주제들에 대하여 성경을 연구할 때, 나는 열린 마음으로 성경을 연구하지 못했었다. 경건하고 훌륭한 사람들이 나에게 성경은 성령의 은사들이 마지막 사도의 죽음과 함께 소멸되었다고 가르치고 있으며, 오늘날 하나님께서는 그의 기록된 말씀을 통해서만 말씀하신다고 말했다. 그러한 많은 말들로 그들은 내게 하나님께서는 더 이상 치유하시지 않는다고 말하려는 것이 아니라, 그들은 치유란 드물게 일어나는 일이고 오늘날 교회의 사역에 중요한 부분이 아니라는 것을 믿게 했다.

그러므로 내가 성경을 연구할 때, 그것은 정말로 성경이 성령의 은사들에 대하여, 또는 치유에 대하여 무엇이라고 가르치는지를 알려하는 것이 아니라 왜 하나님께서 오늘날 그러한 일들을 하시지 않는지에 대한 더 많은 이유들을 수집하기 위한 것이었다. 그러나 1986년 1월부터 4월까지 나는 성경에 기초를 둔 치유를 생각하며 나의 모든 은사소멸론자의 논의들을 문제시했다.[1] 이번에 나는 내가 아는 방법들 만큼이나 객관적이 되려고 노력했다.

4월에 우리의 사경회가 개최될 때까지 급진적인 반전이 나의 사고 속에서 일어났다. 성경을 연구하면서 나는 하나님께서는 치유하시기를 원하신다는 것과 치유는 교회의 사역에 있어 중요한 부분이 되어야만 한다는 것을 확신하게 되었다. 나는 또한 성경은 성령의 은사들이 소멸되어 버렸다고 가르치고 있지 않다는 것을 확신하게 되었다. 나는 더 이상 그 은사소멸론의 논의 중의 어느 것에도 확신하지 않았다. 나는 여전히 성령의 은사들이 오늘날에도 역사하는지 어떤지를 몰랐다. 하지만 나는 당신이 성령의 은사들이 소멸되었다는 것을 증명하기 위하여 성경을 이용할 수 없다는 것을 자신한다. 나는 또한 하나님께서는 결코 성경 말씀에 모순이 되지는 않지만, 성경과 별개로 해서 말씀하실 수 있다는 것을 믿기 시작했다.

나의 이해로 이러한 것들은 커다란 변화들이었다. 그러나 나의 사고는 내가 기적을 본 적이 있다거나 하나님께서 어떤 종류의 초자연적인 방법으로 내게 말씀하신 것을 들어 본 적이 있기 때문에 변화된 것은 아니었다. 나는 꿈을 꾸거나 환상을 보거나 황홀경에 빠지거나 내가 나의 신앙으로의 회심이 경험을 초월하는 초자연적인 것이라고 확인할 수 있는 어떤 것에 대한 경험도 없다. 이러한 나의 사고의 변화는 어떤 종류의 초자연적인 현상에 대한 경험의 결과가 아니었다. 그것은 끈기있고 열중한 성경 연구의 결과였다.

거의 내 의지와는 반대로 하나님께서는 오늘날에도 치유하시고, 말씀하시고 계신다고 믿었다. 나는 여전히 방언의 은사에 대한 중요한 급변을 겪고 있었다. 그 은사가 오늘날에도 존재한다고 하더라도 나는 그것을 원하지 않았다. 그리고 나는 내가 카리스마적 운동이나 오순절 운동에서 공통적으로 남용된다고 생각하는 것의 어떤 부분도 원하지 않았다.

그래서 나는 나 자신이 나의 의지로 한 가지를 믿는다는 것을 알았다. 그러나 나는 내가 이러한 것들을 내 삶 속에서, 혹은 나의 교회 안에서 진심으로 원하는지를 그다지 확신하지 못했다. 그러나 나는 만일 성경이 하나님의 치유하심과 말씀하심이 교회 안에서 중요한 것이라고 가르친다면 우리는 그것들을 추구해야만 한다는 것을 알았다. 이러한 것들이 4월이 되고 우리의 사경회가 시작될 때까지 내가 도달한 결론들이었다.

제2장
놀라운 성령님

4월에 화이트 박사를 모셔오기 위해 공항으로 갈 때, 나는 예감으로 긴장했다. 몇 달 간의 성경 연구를 통해 나는 하나님의 능력에 대하여 열려 있게 되었다. 그리고 나는 내가 막 그리스도인의 삶의 새로운 단계에 오르려하고 있다는 것을 깨달았다.

화이트 박사가 탄 비행기 시간표를 잘못 알았기 때문에 그를 찾는데는 거의 한 시간 반이나 걸렸다. 마침내 나는 그가 한 출구 앞에 서 있는 것을 보았다.

차 안에서 유쾌한 대화가 오간 후 우리는 교회에 도착했다. 성전은 초만원이었다. 나는 많은 출석자들을 보고 기뻤다. 그러나 약간은 염려스러웠다. 나는 사람들이 화이트 박사의 강연의 대부분에 좋은 반응을 나타내리라는 것을 알았다. 그러나 나는 다가오는 그의 치유에 대한 이야기와 '시범'에 대해서 걱정했다.

처음 세 번의 강연은 내가 기대했던 것처럼 진행되었다. 그러나 토요일 오후에 화이트 박사는 질병에 대한 그리스도의 권위에 관한 마지막 강연을 했다. 그날에는 청중이 약 300명이 있었다. 강연의 마지막 부분에 질문 시간을 갖은 후에 그는 영적이거나 육적인 필요를 위해 기도받기를 원하는 사람들을 회중 앞으로 나오도록 초청했다.

　나는 한두 사람이 반응할지도 모른다고 생각했다. 그러나 방 안에 있던 사람들의 약 삼분의 일이 회중 앞으로 달려 갔다. 몇몇 목사님들과 장로님들 역시 화이트 박사가 이 사람들을 위해 기도하는 것을 돕기 위해 내려갔다.

　나는 내가 보고 있는 것을 믿을 수가 없었다. 내가 잘 알고 있고 그들의 삶이 아주 잘 통제되고 있는 것 같았는데 울면서 기도를 요청하면서 무릎을 꿇었다. 나는 그녀의 남편 외에는 어느 누구에게도 사랑받지 못한다고 느끼는 것을 고백하던 매우 부유한 한 여자를 기억한다. 그녀는 주님께서 그녀가 느끼는 그녀 주변의 장애물들을 제거해 주시도록 기도를 요청했다. 나는 그가 몇몇 친구들의 성공에 대한 질투와 자신의 실패감에 사로잡혀 있다고 고백하면서 무릎을 꿇었던 또 다른 매우 건강한 젊은이를 기억한다. 내 주변에 있는 모든 사람들은 상처받고 있는 것 같았다. 나는 당황했고, 약간은 움츠러들게 되었다.

　나의 첫번째 반응은 이것을 감정주의로 명칭을 붙이는 것이었다. 그러나 감정주의는 어떤 형태의 교묘함을 통해 누군가가 우리의 감정을 흥분시킨다는 것을 의미한다. 이 경우에서는 몇몇의 나의 친구들이 화이트 박사에게 몇 가지의 불친절한 것을 말했던 다소 신랄한 질문과 대답이 오간 시간이 뒤따랐지만(그러나 그는 결코 그런 태도에 화를 내거나 불친절하게 답하지도 않았다), 우리는 지금 막 치유에 대하여 매우 비감정적인 강연을 들었다. 그러고 나서 질문하고 답하는 시간의 마지막에 임하여 화이트 박사는 음악이나 감정적인 호소없이 기도를 원하는 사람은 누구나 실제적으로 초청했다. 내가 어떻게 지금 일어나고 있는 눈물과 고백들과 거의 놀랄 만한 정직함을 설명할 수 있겠는가?

　내가 그 당시에 신앙부흥의 역사를 더 잘 연구했었더라면, 성령께서 어느 교회나 혹은 도시에 임하셨을 때, 바로 이러한 일들이 신앙부흥의 기간 동안에 수없이 발생했었다는 것을 이해할 수 있었을 것이다. 나는 그것을 알지 못했으나 성령께서는 지금 막 우리 교회에 임하셨다! 그것은 마치 하나님께서 직접 병의 코르크 마개를 벗겨 내시고 사람들에게 그렇게 오랫동안 그들 안에 억눌러 왔던 모든 고통을 표현하도록 허락하신 것 같았다. 그들의 죄와 그들의 고통을 고백하도록 한 정직성과 용기는 실제로 그날 우리 가운데 성령의 임재를 나타내는 것이다.

나는 내가 이 모든 것들을 얼마나 좋아했는지 확실히 모르겠다—그러나 최악의 것은 아직 다가오지 않았었다.

내가 회중 앞에 서 있을 때, 내가 오랫동안 알아 온 한 매우 분별력있고 지성적인 여자가 내게 다가왔다. 그녀는 나와 또 다른 한 명의 장로에게 그녀를 위해 기도해 달라고 요청했다. 이 여자는 매우 교양있고 매우 비카리스마적이었다. 그리고 그녀는 나와 동일한 종교적인 배경을 가졌었다. 그녀는 하나님을 향한 놀라운 열의를 가지고 있었고, 오랜 시간을 기도하면서 보냈고, 재능이 있는 성경 교사였다. 그러나 수년 동안 그녀는 두려움과 우울증으로 고통을 받아 왔다.

그녀의 문제는 다른 사람들에게 인정받고자 하는 강한 욕구였다. 그것은 거의 '남자에게 인정받고자 하는 강한 욕구'라고 불릴 수 있었다.

그것은 그녀가 남자들을 갈망한다는 것이 아니라 사람들에게 인정받는 것에 대한 슬망이 그녀의 삶을 실제로 통제하고 있었다는 것이다.

"저를 위해 기도해 주시겠어요?"라고 그녀가 물었다.

다른 장로와 나는 그녀를 위해서 기도하기 시작했고 아무 일도 일어나지 않았다. 우리는 그것을 알았고, 그녀도 그것을 알았다. 그녀는 감사하다는 말을 하고 가버렸다. 나는 거의 비슷하게 성공한 몇몇의 더 많은 사람들을 위해 기도하기 위해 돌아섰다.

잠시 뒤에 나는 그녀가 화이트 박사에게 얘기하기 위해 기다리고 있는 대열 속에 서 있는 것을 보았다. 나는 그녀가 화이트 박사에게 이야기를 하기 시작했을 때쯤에 그녀에게 걸어갔다. 나는 사람들을 위해서 기도하는 일에 그다지 성공적인 것 같지 않았기 때문에, 무엇인가 배울 수 있는지를 보기 위해서 화이트 박사가 그녀를 위해 기도하는 것을 듣고 싶었다.

"좋습니다. 그러면 당신을 위해 기도합시다."

그는 나의 친구에게 말했다.

그녀가 그녀의 머리를 숙였을 때, 그것은 그녀가 부끄러워서 머리를 숙인 것처럼 보였다. 절망이 온통 그녀 주변을 둘러싸고 있고, 그녀에게 고통을 주는 것 같았다. 온화한 아버지처럼 존 화이트는 그의 손을 그녀의 턱 아래로 넣고 그녀의 머리를 들어 올렸다.

"보세요, 당신은 더 이상 그렇게 할 필요가 없습니다. 당신은 왕의 자녀입니다"라고 말했다.

나는 이것에 매혹되었다. '저것은 멋진 방법이다. 나는 저 말을 기억해야만 한다 ―「보세요, 당신은 왕의 자녀입니다」,' 라고 생각했다. 이 점에 관해 나는 여전히 기술과 방법이 치료의 비결이라고 생각하고 있었다. 자비롭게도, 나는 즉시 그 가정에서 구원되었다.

그러고 나서 그는 손을 그녀의 어깨에 가볍게 얹고 말했다.

"주님, 예수 그리스도의 이름으로 저는 당신의 종 린다(그녀의 실제의 이름은 아니다)를 지금 당신 앞으로 데려 옵니다. 그녀는 그녀를 위한 주 예수 그리스도의 사랑을 느끼지 못합니다. 예수님께서 그녀를 얼마나 많이 사랑하시고 좋아하시는지를 그녀가 마음 속에서 느끼게 해 주십시오."

화이트 박사가 이렇게 말하는 것을 들었을 때, 내 안에서 불빛이 꺼져갔다. 나는 생각했다. '물론 저것이 그녀가 다른 사람들에게 인정받고자 갈망해 온 이유이다. 그녀는 그녀를 위한 예수님의 사랑을 마음 속에서 느끼지 못한다. 그녀가 만일 정말로 하나님께 사랑

을 받고 있다고 느낀다면 다른 사람들의 인정은 그녀에게 거의 그렇게 중요하지 않았을 것이다.'

그때 화이트 박사가 기도했다.

"그리고 주님, 여기에 이 고통을 증가시키는 어떤 어둠이 있다면, 주님께서 지금 그것을 떠나게 해주시기를 기도합니다."

그가 그 말을 했을 때, 린다의 머리는 위 아래로 흔들리기 시작했다. 그리고 그녀는 소리내어 울기 시작했다. 그녀는 머리가 흔들리는 것도, 소리내어 우는 것도 멈출 수 없었다. 나는 전에 결코 이런 모습을 본 적이 없었다! 마치 그 말은 그 안에 어떤 물리적인 힘을 가지고 있는 것 같았다. 내가 그녀를 바라보았을 때, 그녀는 의식을 잃었거나, 적어도 그녀의 몸에 대한 통제력을 잃은 것 같았다. 나는 그녀의 주변에 있는 어떤 괴로워하는 존재를 느꼈다. 성전에 있던 거의 모든 사람들이 일어나고 있는 일에 놀랐다. 나는 전에 결코 귀신을 본 적이 없었으나, 바로 그 순간에 나는 마귀의 일을 바라보고 있다는 것을 확신했다.

"예수의 이름으로 이제 평화를 얻을찌어다"라고 화이트 박사가 간단히 말했다.

그리고 그가 그렇게 말했을 때, 모든 것은 즉시 멈추었다. 그는 그 모든 사람들 앞에서 그녀가 악령에 의해 수치를 당하지 않도록 했다. 나중에 나의 친구는 그 악령을 처리하고 내쫓기 위해 개인적으로 기도받았다. 요즘 린다는 가르치고 신유의 기도를 하는 일에서 매우 감동적으로 사역하고 있다.

이 모든 것이 그녀에게 일어났을 때, 왜 나는 악령이 역사하고 있다고 확신했을까? 왜냐하면 이 여자는 사람들 앞에서 그렇게 행동하거나 그러한 당황스러운 일을 결코 하지 않았기 때문이다. 그녀에게는 카리스마적인 배경이 없었다. 이런 행동 중 어떤 것도 학습된 행동이라는 가능성이 없었다. 나중에 그녀는 어떤 힘이 생겨서 그녀를 꽉 잡았다고, 그리고 그것을 멈출 수 있는 힘이 없었다고 내게 말했다. 오직 주 예수의 이름만이 그것을 통제했다.

그녀가 괴로워하고 있는 것을 지켜보는 동안 나는 그녀가 어떤 주요한 진전도 없이 기독교적 상담으로 보냈던 그 소모된 세월들에 대하여 생각했다. 그녀는 그녀의 목사들이 하는 영적인 지도를 따랐고, 때때로 그들로부터 비난을 받기조차 했다. 그녀는 성실하게 기도했고 성경을 읽었지만, 많은 향상을 보이지 않았었다. 그 이유는 간단했다. 그녀의 우울과 두려움의 배후에는 귀신의 힘이 있었던 것이었다.

나는 나 자신과 같은 교만한 목사들이 주님의 자녀들에게 입힐 수 있는 손해를 깨달았을 때, 두 뺨으로 흐르는 눈물을 느꼈다. 때때로 우리는 우리가 어떤 사람의 고통이나 우울의 원인을 안다고 확신한다. 만일 사람들이 단지 우리의 적은 영적인 처방을 따르면, 그들은 좋아질 것이다. 그들이 우리의 충고를 받아들이려 하는데 회복되지 않았을 때, 우리는 그들에게 화를 낸다. 나는 나와 친한 이 여자에게 주었던 모든 나쁜 충고들과 그녀가 인내해 온 전문가와 목회자와의 상담으로 보낸 세월들에 대해서 생각했다. 나는 우리 목사들이자 상담자들이 얼마나 어리석었는가를 깨달았다. 당신은 사람들에게서 귀신들을 '따돌릴 수' 없다. 어떤 사람이 당신의 충고를 받아들이고 더 훈련된다고 해도 귀신들이 나오는 것도 아니다. 마귀들은 그리스도의 보혈의 능력에 의해서만 나온다. 존 화이트가 오기까지 그녀의 목사들이나 상담자들 중의 어느 누구도 린다의 고통의 근본 원인이 무엇인지를 깨닫는 분별력을 갖고 있지 않았다. 그래서 린다는 '그녀의 치료자들의 손에 많은 고통'을 당해 왔다.

바로 그 순간에, 내가 확실할 수 있는 한 처음으로 주님께서 내게 말씀하셨다. 나는 이 말씀을 소리로 들은 것은 아니었으나 음성으로 들을 수 있는 말처럼 분명하게 들었다.

"너는 사기꾼이고 속이는 자이다. 그리고 너는 단지 교회에서 활동하고 있는 것이다."

　인쇄물에서 이런 말을 보는 것으로만도 그것들은 너무나 귀에 거슬리게 들린다. 그러나 그날에는 귀에 거슬리지 않았다. 내가 들은 것은 비난이 아니라 초청이었다. 어쨌든 나는 내가 인생의 기로에 있다는 것을 알았다. 내가 그 음성에 반응한 방법은 내 인생에 완전히 새로운 방향을 결정한 것이었다. 내가 하나님께 더 가까이 가거나 혹은 그로부터 멀어지는 것이었다. 나는 단지 말했다.

　"예, 주님."

　'예'라는 간단한 말은 다시 내 지식의 근본이었고 그것은 하나님의 나라에서 아이처럼 된다는 것을 의미한다. 우리는 하늘 나라에 들어가기 위해서는 어린 아이들처럼 되어야만 할(마 18:3) 뿐만 아니라, 우리가 하늘 나라에서 큰 자가 되기를 원한다면 어린 아이처럼 계속해서 겸손해야만 한다(마 18:4). 내가 '예'라고 말했을 때, 나는 나의 성품과 사역에 대한 하나님의 평가에 동의하고 있었다. 나는 막 마음 깊은 곳에서부터 일어나서 결국 그리스도인의 삶과 사역에 대한 매우 고만한 나의 편견의 사슬을 끊어버리는 회개의 출발점을 건넜다. 그러나 나는 그때 어떤 무거운 사슬이 떨어져 나가는 것을 느껴지지는 않았다. 대신에 나는 아버지가 막 더 좋은 길을 보여 주시려고 하는 어린 아이처럼 느꼈다.

　그 다음날은 주일이었다. 나는 충격 상태에서 깨어났다. 마귀가 우리 교회에 들어와 있다니! 나는 그것이 주일 예배의 참석자들에 대하여 어떤 일을 할 것인지가 궁금했다. 그러나 그것뿐만 아니라, 나는 그것 때문에 어떤 종류의 다툼과 분열이 일어날 것인지 궁금했다. 내가 더 많은 것을 궁금해 하면 할수록 나는 내 위로 천천히 엄습해 오는 두려움을 느꼈다. 그것이 사람들이 감정적이 될 것이고 마귀들이 나타날 것이라는 것을 의미한다면 내가 우리 교회에서 병자들을 위해 기도하는 이 새로운 사역을 원하는지 확실치 않았다.

그러고 나서 나는 훈련된 신학자라면 결코 하지 않을 일을 했다. 나는 의자에 앉아서 성경을 되는 대로 폈다. 그리고 읽기 시작했다. 나는 펼쳐지는 성경구절에서 하나님께서 말씀하시기를 기대하는 사람들을 일종의 '성경 기구'라고 놀려 왔다. 나는 용어 색인을 꺼내어 두려움에 대한 모든 성경구절을 찾아 보았어야만 했다. 그러나 나는 그렇게 하지 않았다. 난 단지 성경을 펴고 하나님께서 내게 말씀하시길 요청했다.

내가 펼친 성경은 누가복음 8장이었고, 내 눈은 즉시 26절에 멈췄다. 물론 그것은 거라사인의 귀신들린 자의 이야기이다. 나는 예수께서 그 사람으로부터 군대마귀를 쫓아 내셨는지, 그 남자가 어떻게 그의 올바른 정신으로 돌아갔는지에 관한 전체의 놀라운 이야기를 읽었다. 그러고 나서 37절로 갔다. "거라사인의 땅 근방 모든 백성이 크게 두려워하여 떠나 가시기를 구하더라." 나는 그 거라사인들이 했던 일을 하려 하고 있었다.

자비롭게도 주 예수 그리스도께서 우리 교회를 방문하셨다. 그분은 우리를 강화시키고 치료하시기 위해 고백하게 하시고 숨겨진 마귀의 세력을 드러내시는 성령을 보내셨다. 그리고 지금 나는 일부의 사람들이 어떻게 반응할 것인가를 두려워해서 그분께 떠나시기를 요청하려는 참이었다. 나는 즉시 회개했고, 주님께서 나를 용서하시기를 기도했다. 나는 그분께 그분께서 우리 교회에서 마귀를 처리하시기를 원하시는 때는 언제나 그가 나의 축복을 가지셨다고 말했다. 그 사경회가 끝난 후에 모든 장로들과 목사들은 우리 교회에서 정규적으로 병든 자들을 위해 기도하기 시작할 것에 동의했다. 예배의 마지막 부분에서 우리는 단지 그리스도를 그들의 구세주로서 받아들이기를 원하는 사람이나 영적인, 신체적인 혹은 경제적인 필요를 위한 기도를 원하는 사람은 누구나 앞으로 나오도록 초청했다. 우리는 카리스마적이 되고자 하는 의도는 없다.[1] 우리는 단지 야고보서 5:14-16의 성경의 명령을 이행하길 원했다.

> 너희 중에 병든 자가 있느냐 저는 교회의 장로들을 청할 것이요 그들은 주의 이름으로 기름을 바르며 위하여 기도할지니라 믿음의 기도는 병든 자를 구원하리니 주께서 저를 일으키시리라 혹시 죄를 범하였을지라도 사하심을 얻으리라 이러므로 너희 죄를 서로 고하며 병 낫기를 위하여 서로 기도하라 의인의 간구는 역사하는 힘이 많으니라

우리는 이제부터 우리의 예배에서와 개인적인 상담 약속에서 이 구절을 적용할 것이라는 것을 우리 교회에 알렸다. 이제부터는 교회의 장로들과 목사들은 전화가 걸려 올 때마다 기꺼이 가정을 심방할 것이고, 그 가정에 있는 아픈 자들을 위해 기도할 것이다. 물론, 우리는 항상 기꺼이 이것을 행할 것이다. 그러나 지금 우리는 실제로 사람들이 이 본문에 복종하도록 권면했다. 우리는 또한 그들이 상담을 위해서 오면 우리는 그들을 상담하는 것뿐 아니라 신약성경의 방법에 따라 그들에게 안수하고, 그들을 위해 기도하는 것을 기뻐할 것이라는 것을 그들에게 알렸다.

우리의 예배에서 공식적으로 사람들을 위해 기도하기 시작한 직후에 루스 게이(Ruth Gay)라고 불리는 우리 교회의 교인인 한 부인이 나에게 전화했다. 그녀는 나에게 그녀가 동맥류가 있고, 수요일 날 두번째 뢴트겐 사진을 찍기 위해 병원에 입원할 것이라고 말했다. (동맥류는 혈관 속에 있는 돌출부이다. 그래서 혈관벽이 늘어나고 좁아진다. 그 혈관벽은 터질 수 있는 위험성이 있어 그 결과로 그 사람은 죽게 되는 것이다.) 목요일 날 그들은 동맥류를 치료하기 위해 수술할 것이었다. 그녀는 우리가 월요일 밤에 그녀의 집에 와서 그녀를 위해 기도해 줄 수 있는지를 물었다. 월요일 밤에 리사와 조이스 스멜쳐(존 스멜쳐의 아내이며 우리 목사들 중의 하나)와 내가 그녀를 위해 기도하러 루스 게이의 집에 갔다. 루스는 혼자 살고 있었고, 그녀의 가족과는 사이가 나빴다. 그녀는 외롭고 우울했으며 그녀의 박두한 수술 때문에 두려워했다.

월요일 밤에 우리 세 사람이 그녀의 집에 들어갔을 때, 우리는

실제로 그녀를 둘러싸고 있는 우울을 느낄 수 있었다. 우리는 잠시 동안 그녀와 이야기를 했다. 그러고 나서 우리는 그녀의 머리에 우리의 손을 얹고 주님께 그녀의 동맥류를 제거해 주시기를 기도했다. 우리는 특별히 하나님께서 그녀의 동맥류를 초자연적인 방법으로 치료해 주시기를 요청하며 매우 고요하게 기도했다. 우리는 어떤 마귀들도 꾸짖지 않았고, 소리치거나 어떤 종교적인 흥분을 일으키지도 않았다. 우리는 주님께 의사의 손을 다스려 주시기를 기도하지 않았다. 우리는 주님께 그의 손으로 이 혈관을 만지셔서 그 동맥경화증을 제거해 주시기를 기도했다.

  우리 중 누구도 그 밤에 주님께서 직접적으로 말씀하시는 것을 듣지 못했고, 어떤 명백한 초자연적 표적이나 표시들을 보지도 못했다. 그러나 우리가 그 집을 떠날 때 우리 모두는 주님께서 루스를 치료하셨다는 느낌을 가지고 있었다. 우리는 이것을 그녀에게 말하지 않았다. 그러나 우리는 그곳에서 하나님의 임재하심을 깨달았다고 생각했다. 수요일 아침에 나는 루스로부터 전화를 받았다. 그녀는 막 그녀의 두번째 뢴트겐 사진을 찍고 나왔다. 그녀의 목소리는 너무나 약해서 나는 거의 알아들을 수 없었다. 그녀는 말했다.

  "잭, 나 치유받았어요!"

  "네?"

  "나 치유받았어요!"

  "농담이시죠!"

  "아뇨, 사실이예요. 동맥류가 사라졌어요."

  "의사는 뭐라고 했나요?"

  "그는 내가 치유되었다고 말했어요. 간호원이 오늘 아침에 들어와서 내게 그것을 기적이라고 말했어요."

  "의사에게 그가 이것을 어떻게 설명할 수 있는지를 물어봤나요?"

  "그는 그것을 설명할 수 없어요. 그는 내게 동맥류는 결코 저절로 사라지지 않고 수술에 의해서만 고칠 수 있다고 말했어요. 나는 그에게 그가 이런 일을 전에도 본 적이 있는지를 물었고 그는 '결코 없습니다. 난 그것을 설명할 수 없습니다. 당신은 치유되었습니다'라고 말했어요."

이것이 우리 교회에서 일어난 의학적으로 증명된 최초의 치유였다. 하나님께서는 외롭고 우울하고 두려워하는 그의 자녀에게 큰 자비를 베푸셨다. 우리는 우리의 교회에서 계속해서 병든 자들을 위해 기도했고, 다른 경우의 치유들을 보았다―일부는 신체적인 치유이고, 일부는 감정적 치유이다. 우리는 또한 공적 예배에서는 아니었지만 몇몇 마귀가 드러나는 것을 보았다.

주님과 함께 하는 나의 새로운 모험 기간 동안 나는 처음으로 성경 말씀에 놀랐고, 성령께 놀랐다. 그러나 이것은 단지 시작일 뿐이었다.

제3장
죄와 윔버들

　내가 처음으로 화이트 박사와 접촉했을 때, 나는 그 이전 7개월 동안 그가 캘리포니아 아나하임에서 살고 있었다는 것과 존 윔버(John Wimber)의 교회에 출석하고 있었다는 것을 알지 못했었다. 존 윔버는 아나하임에 있는 비니어드 교회의 목사이고 '비니어드 운동'의 지도자였다. 내가 화이트 박사와 처음 대화한 후에 그는 나에게 이 모든 것을 말해 주었다.
　나는 존 윔버나 비니어드 운동에 대해 들어 본 적이 없었기 때문에 그 당시에는 그것이 나에게 아무런 의미도 없었다. 여러 해 동안 나는 인기있는 기독교 잡지를 읽지 않았는데, 그 잡지들은 윔버와 비니어드 운동에 대해서 보도하고 있었다. 또한 누구도 내 앞에서 그에 대한 이야기를 하지도 않았었다.
　화이트 박사는 나에게 윔버에 관해서 말했고, 그는 그에 대하여 매우 긍정적으로 느끼는 것 같았다. 그는 내가 만일 기회가 있었더라면 윔버를 만나 치유에 대해 이야기하기를 권하려 했다고 말했다. 화이트 박사는 그가 윔버의 사역에서 일어났던 중요한 많은 치유들을 증언할 수 있다고 말했다. 화이트 박사가 우리 교회를 떠난 후에 나는 윔버가 약 2주 뒤에 포트 워스에 올 것이라는 것을 들었다. 그는 포트 워스의 극서쪽에 있는 레이크 컨트리 침례교회에서 설교할 예정이었다.

나는 목요일 밤에 그의 설교를 듣기로 했다. 그러나 나는 '제삼의 물결'이라고 불리는 이 새로운 운동 속에서 헤엄치고 있는 침례교회를 방문한다는 것이 편하지가 않았다. 나의 친구들 중 몇몇 역시 나에게 존 윔버에 대하여 경고했다. 그들은 매우 이상한 일들이 그의 집회에서 일어난다고 들었다고 했다. 단지 조심하기 위해서 나는 나의 교회에서 약 열 명의 사람들을 데려갔다. 정말로 이상한 것이라면 나는 내가 참여하기 위해서가 아니라, 단지 평가하기 위해 그곳에 갔었다는 것을 확인할 수 있는 증인들을 갖게 되는 것이었다.

우리는 늦게 도착했고, 문 바로 옆 뒷줄에 앉았다(단지 조심하기 위해서). 사람들은 이미 예배드리고 있었다. 그들은 찬양하고 있었고, 몇몇은 손을 들고 있었다. 그러나 이상한 일은 아무것도 없었다. 약 30분 간의 찬양이 있은 뒤에 남부 침례교도들 간에 매우 존경받고 있으며, 초청하려 애쓰는 강사인 짐 힐튼(Jim Hylton) 목사가 존 윔버를 소개했다. 윔버는 하나님 나라에 관하여 이야기할 것이라고 했다. 나는 "그러면 나는 당신이 말하는 모든 말을 따라가 그것을 성경에 의해 평가할 것이요"라고 중얼거렸다.

그의 메시지가 시작된 지 20여 분이 지난 뒤에 나는 하나님 나라에 대하여 그가 말하는 모든 것에 동의하고 있는 나 자신을 발견했다. 실제로 나는 신학교에서 나의 수업 시간에 동일한 강의를 할 수도 있었다. 그리고 아무도 그 내용에 대하여 눈썹을 치켜뜨지 않을 것이다. 더욱이 나는 진심으로 이 사람을 좋아하고 있는 나 자신을 발견했다. 그가 말하고 있는 것은 사실이었고, 그는 그것을 재미있는 방법으로 말하고 있었다. 그는 또한 그 자신의 결점들에 대해서도 정직했다. 그에게는 가식이 거의 없는 것처럼 보였다. 약 한 시간 뒤에 그는 그의 설교를 끝내고 '치유의 시간'을 선포했다.

나는 생각했다. '치유의 시간? 아 이것이 이상해지는 곳이르군.' 윔버는 성령께서 이 집회에 남아 있는 사람들 가운데서 하시고자 하는 것이 무엇인지를 그에게 보여 주시도록 하나님께 기도할 것이라고 말했다.

"바로 지금 나는 우리가 어떤 방향을 취해야 할지 전혀 모릅니다. 그러나 나는 주님께서 오늘밤에 하시고자 하는 것을 우리에게 보여 주실 것이라는 것을 믿습니다. 나는 성령님께서 지금 오시기를 기도할 것입니다"라고 그는 말했다.

"성령님께 오시도록 기도한다고? 그런 기드가 성경의 어디에 있는가?" 나는 의아해 했다.

윔버가 성경에 있지 않는 기도를 하겠다고 선포했을 때, 그것은 나를 당황케 했다. 내가 성경에 있지 않은 기도들을 할 때는 걱정하지 않았다. 그러나 어쩐지 윔버가 그렇게 하는 것은 잘못인 것 같았다. 아마도 나는 그가 성령님께 이야기할 자격이 없다고 느꼈는지도 모른다. 그는 성령에 의해 그리스도를 통하여 성부께 이야기했어야만 했다. 적어도 그것이 일부의 사람들이 기도하는 유일한 방법이라고 믿는 공식이다.

또는 아마도 나는 그가 어떻게 편재하시는 성령님께 '오시라'고 요청할 수 있는지를 의아해 했는지도 모른다. 그러나 시편을 기록한 사람들은 주님께 정규적으로 '오시기'를 기도했다. 나는 그것이 나를 당황케 한 이유를 정말로 모르겠다. 혹은 아마도 누군가가 나를 괴롭히고 있는지도 모른다—두려운 생각이! 나는 성령께서는 하나님의 자녀들, 특히 흠없는 신학을 가진 자녀들을 두렵게 하면서 돌아다니지 않으시는 신사라고 나 자신에게 말함으로써 그런 생각을 지워버리려 했다.

나는 여전히 당황했다.

언뜻 보기에는 다른 사람들도 성령을 오시라고 하는 그런 간단하고 짧은 기도에 당황한 것 같았다. 왜냐하면 존 윔버조차도 청중들 속의 전체적인 불안해함을 인식했기 때문이었다. 그는 청중들을 깨우치기 위해 그의 '치유의 시간'을 중단시켰다.

"들어 보세요. 나는 성령님께서 오시기를 기도할 것입니다. 여러분은 이제 귀신들이나 마귀를 두려워할 필요가 없습니다. 여러분이 하늘에 계신 아버지께 성령을 구하면, 그분은 여러분께 뱀이나 전갈을 주시지 않을 것입니다."

모든 사람이 그 말에 잠잠해지고 안심이 된 것 같았다.

그러고 나서 웜버는 덧붙였다.

"자신들을 드러내게 될 유일한 귀신들은 여러분들이 데려온 것입니다."

마지막의 농담으로 모든 사람들은 다시 당황해 하는 것 같았다. 완전한 신학을 가진 사람들조차도 마찬가지였다.

결국 그는 정말로 성령께 오시기를 기도했고, 그러고 나서 그는 침묵했다. 청중들도 침묵했다.

약 1분이 지난 뒤에 그는 고개를 들고 말했다.

"좋습니다. 나는 오늘밤 주님께서 무엇을 하시길 원하시는지를 압니다. 그분께서는 내게 치유에 대한 지식의 말씀을 주셨습니다."

생각하건대, 그것은 하나님께서 그날 밤 청중 속에 있는 어떤 사람들을 치유하실 것이라는 것을 웜버에게 통보하고 계시다는 것을 의미했다. 나는 결코 그와 같은 예배에 참석했던 적이 없었다. 그래서 나는 그것을 어떻게 생각해야 할지 몰랐다.

"여기 한 여자분이 있습니다. 당신은 당신의 왼쪽 어깨에서 시작해서 등을 가로질러 오른쪽 신장에서 끝나는 통증을 가지고 있습니다. 앞으로 나오세요. 나는 주님께서 당신을 치유하실 것이라고 생각합니다"라고 웜버가 말했다.

이 말을 들었을 때 나는 생각했다. '저것은 믿을 수 없다.' 지금까지 나의 성경 연구를 통해서 나는 하나님께서 우리에게 경고와 지침들과 방향지시를 하시기 위하여 우리에게 말씀하신다고 믿게 되었다. 그러나 나는 성경 밖에서 하나님으로부터 그렇게 구체적인 것을 받는 사람을 본 적이 결코 없었다.

지금 나는 윔버가 단지 고린도전서 14:24-26을 예증하고 있었다는 것을 안다.

> 그러나 다 예언을 하면 믿지 아니하는 자들이나 무식한 자들이 들어와서 모든 사람에게 책망을 들으며 모든 사람에게 판단을 받고 그 마음의 숨은 일이 드러나게 되므로 엎드리어 하나님께 경배하며 하나님이 참으로 너희 가운데 계시다 전파하리라 그런즉 형제들아 어찌할꼬 너희가 모일 때에 각각 찬송시도 있으며 가르치는 말씀도 있으며 계시도 있으며 방언도 있으며 통역함도 있나니 모든 것을 덕을 세우기 위하여 하라

하나님께서는 그 사람이 치유의 손길을 체험할 수 있을 뿐만 아니라 전체 무리가 유익하도록 그분이 치유하시고자 하는 청중 속에 있는 누군가에 대한 계시를 윔버에게 주셨다. '이것은 믿을 수 없다. 이것은 바로 바울이 교회가 어떠해야 하는지를 말한 것이다' 라고 나는 생각했다.

그러나 아무도 앞으로 나오지 않았다.

나는 생각했다. '불쌍한 존 윔버. 하나님 나라에 대하여 설교했을 때, 그는 훌륭하게 해냈다. 그가 이 치유의 시간을 시도하지 않았더라면 오늘밤 이 집회는 성공적이었을 텐데.' 나는 당혹해 했고 또한 실망스러웠다.

윔버는 나와 같은 당혹감이나 실망을 느끼지 않는 것 같았다. 그는 이 여자에 대한 두번째 사실을 말했다.

"당신은 며칠 전에 의사에게 갔었고 그 의사는 당신에게 당신이 3년 동안 두통에 시달려왔고 계속해서 두통을 느끼며 살게 될 것이라고 말했습니다."

이것은 내가 들어본 가장 믿을 수 없는 것 중의 하나였다. 그것은 구약성경의 예언적 설화의 하나와 같았다.

그러나 어떤 여자도 일어나 앞으로 나오지 않았다. 이제 방 안에

는 긴장이 고조되어가고 있었다.

　윔버는 잠시 동안 기도하는 것 같았다. 그런 다음 그는 청중을 향해 고개를 들고 말했다.

　"당신의 이름은 마가렛입니다. 자 마가렛, 지금 일어나서 여기로 나오세요."

　중앙 부분 중간쯤의 통로 옆에서 마가렛이 일어나서 상당히 수줍어하며 앞을 향해 걸어가기 시작했다.

　나는 이것은 내가 본 것 중에서 가장 놀라운 일이라고 생각했다. 이것은 사도 바울이 그것이 일어날 것인지를 말했던 것이었다. 방 안에는 경외심과 확신이 있었다. 그러나 마가렛이 회중 앞으로 나오기 전에는 회의주의와 혐오의 물결이 나를 덮고 있었다. 나는 중얼거렸다. '그가 그녀에게 이 일을 하도록 돈을 지불했다면 어떻게 되는 거지? 그녀가 텍사스의 포트 워스의 여기에서 목요일 밤에는 마가렛이고, 그 다음 토요일 밤 다른 도시에서는 그녀가 메이블 맥클러츠버트(Mabel MacClutschbut)로서 그녀가 뱉아 낸 두 가지의 악성 종양이 담긴 봉투를 가지고 회중 앞으로 걸어 나온다면 어떻게 되는 거지? 나는 이 일이 사실이라고 믿을 수 없다.'

　내가 이 전체 진행 과정에 대해 의심하기 시작하는 것과 거의 동시에 내가 15년 동안 알아오고, 나의 교회의 교인인 옆에 앉아 있는 사람이 소리쳤다.

　"저 사람은 나의 형수인 마가렛이야!"

　마이크 핀크스톤(Mike Pinkston)의 형수인 마가렛은 존 윔버의 특별한 호명을 받은 후 회중의 앞으로 나아갔다. 그리고 두 명의 십대 소녀들이 그녀를 위해 기도했을 때, 그녀는 3년 동안 지녀온 건강 상태가 치유되었다. 나는 그 가족을 알았고, 그 치유에 관하여 조작된 것은 아무것도 없다는 것을 알았다. 이것은 정말로 고린도 전서 14장에서 사도 바울이 계시한 신약성경의 교회 생활의 생생한 예증이었다.

당신은 그 집회가 끝난 후에 존 윔버와 이야기하기 위해서 선줄의 맨 앞에 있던 사람이 누구였는지를 결코 추측하지 못할 것이다! 리사와 나는 그날 밤의 사건에 대하여 그에게 묻고 싶은 질문들이 많았다—치유에 관하여, 하나님으로부터 오는 계시에 관하여. 존은 우리에게 매우 친절했고, 참을성 있게 우리의 질문에 대답했고, 심지어 우리가 그날 밤 존과 다른 사람들이 사람들을 위해 기도하는 것을 지켜보았던 때처럼 우리에게 즉석에서 가르침을 주었다. 나는 성령의 치유와 계시적인 사역에 관한 신학적인 성경 지식을 가지고 있었지만, 윔버는 이러한 것들이 실제로 어떻게 역사하는지에 관한 실제적인 지식과 경험을 가지고 있었다.

그것은 흥미있는 저녁이었고 결코 잊지 못할 밤이었다. 그것은 존과 캐롤 윔버와의 우정이 시작된 저녁이었다. 그리고 그 우정은 결과적으로 4년 동안 함께 사역하도록 했다.

1986년의 나머지 기간과 1987년 사이에 존 윔버와 나는 친한 친구가 되었다. 리사와 나는 그 기간 동안 비니어드 교회의 사경회에 다녔다. 우리는 성경 속에서와 실제적인 경험 속에서 성령의 치유와 오늘날의 사역하심에 대해서 더 많은 것을 계속해서 배워갔다. 윔버와의 우정과 성령의 초자연적인 사역에 대하여 커가는 나의 관심으로 해서 결과적으로 나는 나의 교회를 사직하게 되었고, 결국 달라스 신학교에서 해고되었다. 그러나 달라스 신학교를 떠나기 전에 나는 내 인생의 행로를 바꾸기 위해 하나님께 사용된 또 다른 사람을 만났다. 그의 이름은 폴 케인(Paul Cain)이다.

1987년 7월에 달라스 신학교에서의 나의 마지막 학기 동안 나는 조지 맬론(George Mallone)이 텍사스 알링턴에서 그레이스 비니어드 교회를 시작하도록 도왔다. 조지와 내가 사경회를 위해 캔자스시에 가 있던 9월에, 그 당시에 캔자스시 교회(Kansas City Fellowship: 약 삼천 명의 성도를 가진 큰 교회)의 목사였던 마이크 비클(Mike Bickle)은 우리에게 폴 케인의 사역에 관하여 말해 주었다.

1940년대 말과 50년대 초에 젊은이로서 폴은 그 당시의 치유신앙부흥에서 중요한 역할을 했다. 마이크는 그의 탄생과 삶과 사역에서 일어났던 신약성경적인 특성을 가진 많은 기적들을 둘러싼 소위 초자연적 사건들에 대한 매혹적인 이야기들을 해 주었다.

1958년에 그는 그가 관계하고 있던 치유 운동에서 일반적이었던 타락과 폐해를 너무나 혐오하게 되어서 그 운동을 떠났다. 그후에 25년 이상 동안 그는 자발적으로 몇몇 교회에서 잠시 목회하고 나서 순회 설교 사역을 행하는 상대적인 낮은 신분으로 들어갔다. 때때로 그는 여전히 많은 집회에서 설교했다. 그러나 이것은 그의 초기의 사역에서 했던 것보다는 훨씬 더 드문 일이었다.

마이크는 폴이 50년대에 위대한 치유의 능력을 가졌었다고 소문이 났던 모든 사람들에 대한 역사적인 정보의 보고라고 말했다. 그는 실제로 그 운동에서 유명했던 모든 사람들을 알았다. 그는 그 운동의 좋은 측면과 나쁜 측면을 다 보아왔다. 그는 하나님께 은사를 받은 사람들이 좋게 시작해서 나쁘게 끝나는 것을 지켜 보았고, 그는 그 전체의 기간에 걸쳐 타락하지 않고 남은 소수—극소수—의 사람들을 지켜보아 왔다.

조지와 내가 캔자스 시에서 돌아왔을 때, 우리는 폴에게 전화를 걸어 우리와 점심식사를 하자고 청했다. 폴이 그 기간 동안에 일어났던 모든 사건들에 관한 이야기는 정말로 사실이었다. 우리는 그에게 거의 두 시간 동안 질문했었다. 그 다음해 동안 우리는 아주 가까운 친구가 되었다. 우리는 함께 식사를 자주 했고 종종 전화로 이야기했다. 이 기간 동안 나는 그가 설교하거나 가르치는 것을 결코 듣지 못했고, 그가 젊었을 때 그를 유명하게 했던 그의 계시적인 은사들을 사용하는 것을 본 적이 없었다.

그후 1988년 9월에 나는 가족과 아나하임의 비니어드 교회에서 사역하고 있는 존 윔버와 합류하기 위해 텍사스의 포트 워스를 떠나 아나하임으로 갈 준비를 하고 있었다. 그동안에 폴 케인과 나는 함께 우리의 최초의 집회를 하고 있었다.

우리는 엠마오 로드 신학교에서 전하고 있었다. 이것은 실제적인 사역을 위해 훈련하는 텍사스 율리스에 있는 학교였다. 이 학교는 T. H. 홀이 운영하고 많은 사람들 중에 두들리 홀, 잭 테일러 존 힐톤, 제임스 로비슨이 재직하고 있었다. 이 사람들 대부분은 성령의 은사들을 믿기 시작한 남부 침례교도들이거나 이전의 남부 침례교도들이었다. 폴과 나는 9월의 첫주 동안 아침 시간을 가르칠 책임을 공유해야 했다.

처음 이틀간에는 폴이 집회에 참석했다. 그러나 그는 설교할 만큼 건강이 좋지 않았다. 나는 치유에 대하여 설교할 것이었고, 폴은 직접 주님의 치유하심에 참여하여 명성을 얻을 것으로 기대되었기 때문에 이것은 다소 아이러니했다. 그러나 셋째 날 아침 사역에서 나는 성령의 사역에 대한 나의 생각을 영원히 바꿀 무엇인가를 보았다.

폴은 막 놀라운 메시지를 전하기를 마쳤고, 청중 속에 있는 사람들을 위해 기도하기 시작했다. 그날 아침 그곳에서 약 250명의 사람들이 있었다. 그는 당뇨병 환자들에게 일어나라고 말했다. 그가 당뇨병자들을 위해서 기도하기 시작했을 때, 나는 그의 오른쪽에 있는 은발의 한 부인을 보았다. 그는 그녀를 결코 만난 적이 없었지만(그 문제에 있어서 청중 속에 있는 다른 어떤 사람도 마찬가지였다), 그는 잠시 동안 그녀를 응시했다. 그리고 나서 말했다.

"당신은 당뇨병이 아닙니다. 당신은 저혈당입니다. 주님께서 지금 당신의 그 저혈당을 치유하셨습니다. 나는 당신이 노란 의자에 앉아 있는 환상을 봅니다. 당신은 '내가 오전까지 잘 견딜 수 있다면, 오전까지 단지 잘 견딜 수 있다면'이라고 말하고 있군요. 당신의 알레르기가 너무나 심하기 때문에 때때로 당신은 밤새 잠들지 못하고 깨어 있군요. 주님께서 지금 그 알레르기를 치유하십니다. 당신의 심장 판막의 문제, 그것은 지금 예수님의 이름으로 온전해졌습니다. 그리고 당신의 췌장의 그 종양도 치유되었습니다."

이때까지 방 안에는 주님에 대한 강한 경외감이 있었다. 그들이 드러나는 주님의 권능과 그의 자녀들 중 하나에 대한 주님의 관심을 보자 그들은 공공연히 울기 시작했다. 폴은 계속해서 그 여자를 바라보면서 말했다.

"마귀는 당신에게 신경쇠약을 줄 작정이었습니다."

그가 이렇게 말했을 때, 그녀의 옆에 앉아 있던, 후에 그녀의 남편으로 판명된 남자가 울기 시작했다. 그는 아내가 곧 신경쇠약에 걸릴 것 같다는 것을 알았다. 폴은 말했다.

"주님께서 지금 그 계획을 막으셨습니다. 당신은 신경쇠약에 걸리지 않을 것입니다."

그리고 나서 폴은 그 여자에 대하여 이야기를 시작했던 것만큼이나 갑자기 멈추었다. 그리고 말했다.

"나는 그것이 주님께서 지금 내가 하길 원하시는 것의 전부라고 생각합니다." 그리고 나서 그는 앞줄에 앉았다.

우리들은 모두 깜짝 놀랐다. 우리는 이와 같은 일은 결코 본 적이 없었다. 나는 지난 2년 동안 치유들을, 몇몇의 놀라운 치유들을 보아왔다. 그러나 나는 그처럼 청중 속에서 설교자가 알지 못하는 누군가를 불러내서 그녀의 신체 속에 네 가지의 증상이 있다는 것을 확인할 뿐만 아니라 치유되었음을 선언하는 것을 본 적이 없었다.

이것은 시리아의 장군이 그의 침실에서 세우는 계획을 이스라엘의 왕에게 말해 줄 수 있었던 엘리사의 계시적 능력을 기억나게 했다. 그것은 또한 신약성경에 나타난 사도들의 치유와 같았다. 거기서 사도들은 치유를 위해 기도하기보다는 오히려 치유를 명령했고, 선포했다. 우리는 아무말도 못할 정도로 완전히 놀랐다. 아무도 집회를 어떻게 끝내야 할지를 몰랐다. 방 안에는 하나님에 대한 두려움이 너무나 강해서 아무도 주제넘는 행동하길 원하지 않았다. 결국 잭 테일러가 눈에 눈물이 고인 채 일어나서 찬양으로 우리 모두를 인도했다.

그날 폴이 치유되었음을 선포했던 그 여자의 이름은 린다 티드웰이다. 1988년 9월의 그날 이래로 나는 린다와 그녀의 남편 짐과 여러 번 대화를 나누었다.

다음은 그녀에 대한 폴의 사역의 영향으로 일어났던 일이다. 그녀는 주치의사에게 가서 검진을 받았다. 그녀의 저혈당은 이제 정상이었고, 그녀의 알레르기들은 즉시 사라졌다(그것들은 폴이 말했던 만큼 심했었다). 어린 시절부터 그녀가 가졌던 심잡음이 치유되었다. 그리고 그녀의 체장에 있던 문제도 사라졌다. 그녀의 우울증과 신경과민적인 상태도 역시 사라졌다. 그리고 그 다음 몇 달 동안 그녀는 걱정과 염려로 인해 찐 35파운드의 살이 빠졌다. 폴이 언급했던 모든 의학적 증상은 정확했고, 또 치유되었다.

일 년 뒤에 그녀는 폴이 말했던 한 가지가 그녀에겐 사실이 아니었다고 나에게 말했다. 그는 "당신이 노란 의자에 앉아 있는 것이 보입니다"라고 말했었다. 그후로 그녀는 오랫동안 이리저리 생각했다. 그들은 노란색 의자가 없었기 때문에 그것은 그녀에게 이해가 되지 않았었다. 그러나 나중에 그녀는 그들이 포트 워스로 이사오기 전에 그녀가 노란 색이었던 흔들의자를 검정색으로 칠했고, 얼마 후에 그녀는 그것이 노란색이었던 것을 잊어 버렸다는 것을 기억해 냈다. 폴은 포트 워스로 이사오기 이전의 그녀의 환상을 정확히 보았고 그때 그녀의 알레르기들은 최악의 상태였었다. 그 이래로 린다는 하나님께서 그녀에게 행하신 놀라운 치유를 간증하면서 달라스/프트 워스 메트로플렉스에 있는 많은 교회들을 방문하고 있다.

1988년 9월 이래로 나는 주님께서 이런 방식으로 폴을 글자 그대로 전세계에서 사용하시는 것을 보아 왔다. 나는 한 사람을 높이기 위해서 이것을 이야기하고 있는 것이 아니다. 나는 오늘날에도 하나님께서 세계의 많은 다른 지역에서 폴과 같은 많은 사람들을 사용하시고 계시다는 것을 믿는다.[1] 나는 주님께서 우리에게 이러한 사역을 신장하기 위한 방법들을 주셨다고 믿는다. 나는 또한 교회가 오늘날 이러한 사역을 금하는 실수를 저지를 수 있다고 생각한다.

이제부터 나는 성령의 능력에 힘입어 사역할려는 사람들을 괴롭혀온 모든 과장된 선전과 폐해없이, 당신이 성령의 은사들의 실제를 따르고 체험하는 방법을 배우도록 성경에서와 실제적인 경험에서 내가 몇 년 동안 배워온 것들 중의 몇 가지를 여러분과 나누기를 원한다. 나는 또한 성령의 오늘날의 초자연적인 사역에 대하여 내가 부딪치는 성경적이고 신학적인 반론들과 내가 그러한 반론들을 제거하는 대책들을 당신과 나누고자 한다. 결국 나는 성령의 능력에 힘입어 사역하고자 노력하는 중에 내가 경험했던 두려움과 방해와 이런 것들이 어떠했으며, 어떻게 제거되고 있는지에 대하여 이야기하고자 한다.

풀려진 오해들

제4장
순수한 성경적 객관성의 신화

한번은 어느 정신과 의사가 자신이 죽었다고 생각하는 한 환자를 치료하고 있었다. 아무리 많은 논증으로도 그렇지 않다는 것을 그 환자에게 확신시킬 수 없었다. 마침내 그 정신과 의사는 마지막으로 한 가지의 훌륭한 계획을 제안했다. 그는 죽은 사람들은 피를 흘리지 않는다는 것을 그 환자에게 증명하기로 결정했다. 그는 그 환자에게 여러 권의 의학서적들을 읽어 보도록 주고, 그 다음주 진료를 위해 약속을 정했다.

환자는 그 책들을 읽었고, 약속된 시간에 정신과 의사의 사무실에 도착했다.

"자, 책을 읽으면서 어떤 것을 발견했습니까?" 그 의사가 물었다.

"저는 의학적 증거가 죽은 사람들은 피를 흘리지 않는다는 것을 증명한다는 것을 발견했습니다"라고 환자가 대답했다.

"따라서 만일 어떤 사람이 피를 흘린다면, 당신은 그 사람이 죽지 않았다는 것을 확실하게 알겠습니까?"

"확실합니다"라고 그 환자가 말했다.

이것이 바로 그 의사가 기다리고 있던 순간이었다. 그는 핀을 뽑아서 그 환자의 손가락을 찔렀다. 즉시 피 한 방울이 나왔다.

환자는 기겁하며 손가락을 내려다보았다. 그리고 소리쳤다.
"아이고 맙소사, 죽은 사람이 피를 흘리다니!"
우리 모두는 우리가 아주 분별력이 있고 객관적이라고 생각하기를 좋아한다. 그러나 사실은 누군가가 말했듯이, 우리는 종종 우리가 이미 믿고 있는 것을 정당화시키기 위해서 뒤로 처진 우리의 지력을 끌어당긴다는 것이다.

나는 경험에 의해서 살지 않고 하나님의 말씀에 따라 산다고 자신에게 말하기를 좋아하는 그런 그리스도인들 중의 하나였다. 나의 실천과 나의 신앙은 성경의 가르침에 따라 결정되었다―혹은 나는 그렇다고 생각했다. 겨우 최근의 몇 년이 지나면서 그와 같은 교만한 이야기가 나에게 명백해졌다.

어쨌든 나는 내가 예레미야 17:9절의 가르침에 대해서는 예외라고 생각했었음에 틀림없다. "만물보다 거짓되고 심히 부패한 것은 마음이라 누가 능히 이를 알리요?" 무엇이 나의 마음이 아주 순결해서 내가 믿고 행하는 것에 대한 나의 동기들을 정확하게 이해한다고 생각하게 했을까? 사실은 우리 모두가 믿고 행하는 것에 대한 많은 이유들을 가지고 있고, 성경이 그러한 이유들 중의 하나라는 것이다. 때때로 우리가 그 반대 명제에 아무리 항의한다고 하더라도 성경은 우리의 신념들 혹은 우리의 실천들에는 기본적인 이유조차도 아니다.

타락한 인간이 구속받았다고 할지라도, 그들의 모든 실천과 신념을 결정하는 일에 있어서 순수한 성경적인 객관성에 도달할 수 있다는 생각은 환상이다. 우리는 모든 환경에 지대하게 영향을 받는다. 즉 우리가 살고 있는 문화, 우리가 성장한 가정, 우리가 출석하는 교회, 우리의 스승들, 우리의 소망과 목표, 우리의 실망과 비극, 충격들. 우리의 경험이 우리가 믿고 행하는 것들의 대부분을 결정짓는다. 그리고 그것은 종종 우리가 인식하거나 인정하는 것보다도 훨씬 더 많은 것을 결정짓는다.

당신을 위해 이것을 예증해 보고자 한다. 신학 교수들이 그들의 경험이 아니라 성경이 그들의 교리를 좌우한다고 주장하는 것은 일반적인 것이다. 만일 당신이 달라스 신학교의 어느 교수에게 천년왕국(계 20:4-6에 묘사된 그리스도의 천년 간의 통치)에 대한 그의 견해를 물어본다면, 그는 당신에게 자신이 전천년주의자라고 말할 것이다. 그것은 그리스도께서 다시 오시던, 그는 지상에 왕국을 세우고 새 하늘과 새 땅이 창조되기 이전의 천 년 동안 여기에서 통치하실 것이라는 것을 의미한다. 당신이 그에게 왜 그것을 믿는지를 묻는다면, 그는 그것이 성경의 명백한 가르침이라고 말할 것이다.

만일 당신이 웨스터민스터 신학교 출신의 어느 교수에게 동일한 질문을 한다면, 그는 아마도 당신에게 자신이 무천년주의자라고 말할 것이다. (달라스 신학교와 달리 웨스터민스터 신학교는 그들의 교수진에게 천년왕국에 대한 어떤 확실한 견해를 취하도록 요구하지 않는다. 그러나 웨스트민스터의 교수진의 대다수는 무천년주의자이다.) 그것은 문자 그대로 그의 재림과 새 하늘과 새 땅의 창조 사이에 지상에서의 천 년 간의 통치가 없을 것이라는 것을 의미한다. 만일 당신이 왜 그가 그것을 믿는지를 묻는다면, 그는 그것이 성경의 명백한 가르침이라고 말할 것이다.

둘다 옳을 수가 없다. 그리고 사실상 둘다 옳지 않을 수도 있다. 웨스터민스터 신학교와 달라스 신학교에는 소수의 성경 교리에 대하여 동의하지 않은 경건하고, 지성적이며, 유능한 성경 해석가들이 있는 것도 사실이다. 그러나 양측은 그들의 입장을 취하는 이유는, 그것이 성경의 명백한 가르침이기 때문이라고 주장한다. 나는 이것이 전적인 사실이라고 생각하지 않는다.

사실은 만일 당신이 천년왕국에 대한 견해를 갖지 않은 한 학생을 선택해서 그를 웨스터민스터 신학교에 보낸다면 그는 아마도 무천년주의적 견해를 갖게 될 것이라는 것이다. 만일 당신이 동일한 학생을 선택해서 그를 달라스 신학교에 보내면, 그는 훨씬 더 전천년주의자로 나타날 것이다. 이러한 법칙에는 예외가 거의 없을 것이다. 우리의 환경과 우리의 신학적 전통과 우리의 스승들은 우리가 깨닫는 것보다도 훨씬 더 우리가 믿는 것과 관계가 있다. 어떤 경우에 그들은 성경 그 자체보다도 우리가 믿는 것에 훨씬 더 많은 영향력을 가지고 있다.

앞의 예를 생각해 보자. 무천년주의자나 전천년주의자 중의 하나는 틀림없이 틀렸다. 만일 전천년주의자가 틀린다면, 전천년주의의 교리가 오류라고 가정한다면 그때는 그들이 아무리 강하게 항의한다고 하더라도 그들의 교리는 성경이 그것을 가르치지 않기 때문에 성경의 가르침에서 유도되었을 수 없다.

여러 해 동안 나는 그리스도인들이 믿는 것의 대다수가 그들 자신들의 끈기있고 면밀한 성경 공부에서 유래되지 않는다는 것을 발견했다. 그리스도인들의 대다수는 경건하고 존경받는 선생들이 그들에게 그것이 옳다고 말하기 때문에 그들이 믿고 있는 것을 믿는다. 나는 이것이 수백 가지의 방법으로 예증되는 것을 보아왔다. 그러나 다음의 예는 내가 결코 잊지 못할 이야기이다.

박사학위 과정을 시작하고자 원하는 신학교 대학원생들은 입학 허락을 받기 전에 필기시험과 구술시험을 통과하도록 규정되어 있다. 교수로서의 나의 임무 중 하나는 동료 몇 명과 함께 이들 시험을 집행하도록 돕는 것이었다.

이 특별한 날에 우리는 세 명의 젊고, 희망차고, 장래성 있는 박사학위의 학생들을 시험하고 있었다. 우리는 그들에게 입학 조건 중 가장 신경을 건드리는 부분인 구술시험을 보는 중이었다. 이 시험에서 네 명 내지 다섯 명의 교수들이 그 장래성 있는 학생에게 히브리어와 인간학과 구약성경과 관련된 다른 기술적인 연구 분야들에 대해서, 그리고 신학에 대한 그들의 개인적인 견해에 대해서 질문들을 한다. 후자에 대해 묻는 이유는 우리의 신학교에서 인정하지 않는 신학을 가진 학생에게 우리의 Th.D. 학위를 수여하기를 원하지 않기 때문이다.

그날 시험을 본 첫번째 학생은 그가 전에 다니던 신학교의 교육 과정에서 거의 모두 A학점을 받았었다. 그리고 그는 다른 신학교에서 일 년 동안 가르쳤었다. 그는 구약성경에 관하여 우리가 그에게 묻는 모든 기술적인 질문들을 어렵지 않게 통과했다. 그가 마지막으로 시험받을 분야는 그의 신학적 견해에 관한 것이었다. 이날 나의 동료들과 나는 내가 그 신학적인 질문들을 하기로 결정했었다.

나의 처음 질문은 "당신은 예수 그리스도의 신성에 대하여 무엇을 믿는가?"였다. 그의 대답에 나는 웃었다—그것은 당신의 박사학위의 시험 기간 동안 하기엔 좋은 일이 아니다! 당신이 당신의 학위를 받을 때까지 기다렸다가 그때 당신의 교수들을 놀리는 것이 더 나을 것이다. 나는 그에게 내가 진심으로 묻는 것이고, 정말로 그가 예수님의 신성이 대하여 믿는 것에 관심이 있다고 말했다.

"저는 주 예수 그리스도의 완전한 신성을 믿습니다"라고 그가 대답했다.

나는 그에게 그가 주 예수 그리스도의 신성을 믿는 것은 좋은 일이고 우리도 역시 그의 신성을 믿는다고 말했다. 그러고 나서 나는 그에게 왜 그리스도의 신성을 믿는지를 물었다.

"왜냐하면 성경이 예수님께서는 하나님이시라고 가르치기 때문입니다"라고 그는 말했다.

"좋습니다. 그것은 우리도 역시 믿는 것입니다. 이제 예수님께서 하나님이시라는 것을 명백하게 가르치는 구약성경이나 신약성경에 있는 구체적인 본문을 하나 말해보십시오."

전체 시험 기간 동안에 처음으로 그의 얼굴에서 자신있는 모습이 사라졌다. 그는 잠시 동안 주저했다. 그리고 나서 "예수님의 신성은 신약성경의 어디에나 나타나 있습니다"라고 단언했다.

"조금만 더 구체적일 수 없습니까? 그의 신성을 명백하게 가르쳐주는 본문 하나를 우리에게 말해보세요."

잠깐 동안의 주저함은 무척이나 길게 느껴졌다. 그는 마침내 "나와 아버지는 하나이다"라고 불쑥 말했다. 나는 그에게 요한복음 10장 30절이 그렇게 말한 것은 사실이라고 말했다. 그러나 그것은 정말로 예수님이 하나님이시라는 것을 의미했는가? 예를 들어서, 나는 그와 내가 하나라고 말할 수 있지만 그것은 동일한 가정 출신이라는 것은 제외하고도 우리가 동일하다는 것을 증명하지 않았다. 예수님께서는 그와 성부께서는 목적에 있어서 하나이시라는 것을 의미했을 수도 있었다.

그 시점에서 그는 요한복음 10장 30절을 사용하려는 것을 포기했다. 그는 유대인들이 이것이 신성에 대한 주장이라는 것을 이해했다는 것을 명백히 보여주는 그 다음의 몇 구절을 인용할 만큼 충분히 알지 못했다. 그가 그렇게 했더라면, 나는 이 인용문을 예수님의 신성을 가르친다는 것을 인정했을 것이었다. 그리고 그것은 명백히 그렇다. 결국 그는 우리에게 주 예수 그리스도의 신성에 대하여 성경의 분명한 인용문을 제시할 수 없었다. 성서대학의 4년과 신학교의 4년을 막 마친 사람이 있었다. 그는 신학석사 학위를 가지고 있었고, 그는 보수주의 성서 신학교에서 일 년 동안 가르쳤던 적도 있었다. 그러나 그는 예수님의 신성에 대하여 성경 속에서 하나의 명백한 인용문을 제시하지도 변호하지도 못했다.

그에게 한 나의 다음 질문은 사람이 어떻게 천국에 들어가는가에 관한 것이었다. 내가 그에게 원한 것은 우리에게 주 예수 그리스도를 믿음만으로 의로워진다는 교리에 대한 하나의 분명한 인용문을 제시하는 것이었다. 이 질문은 첫번째 질문과 정확하게 똑같이 되었다. 그는 그리스도를 믿음만으로써 의로워짐에 대한 하나의 분명한 인용문을 제시할 수 없었다.

내가 그에게 세번째 질문을 했을 때, 즉 그가 성령의 기적적인 은사들에 대하여 어떻게 믿고 있는지를 물었을 때, 그는 자신감을 되찾았다. 주저하지 않고 그는 그것들은 더 이상 주어지지 않는다고 대답했다. 다시 그가 이렇게 생각하는 이유는 그것이 성경의 명백한 가르침이라는 것이었다. 나는 그에게 성령의 기적적인 은사가 소멸되었다는 것을 뒷받침해 줄 수 있는 성경으로부터의 가장 강한 증거가 무엇인지를 물었다.

"성경은 하나님께서 그의 백성들을 다루시는 역사 속에서 기적들이 일반적이었던 것은 단지 세 번의 기간뿐이라고 가르칩니다. 기적들은—모세와 여호수아의 시대, 엘리야와 엘리사의 시대, 그리고 그리스도와 사도들의 시대에는 일반적이었다—각기 두 세대씩 세 번의 기간 그 다음의 기적들은 환란이 될 것입니다"라고 그는 한순간의 주저함도 없이 대답했다.

"당신은 면밀한 귀납적인 성경 공부를 통하여 이러한 견해에 도달했습니까?"라고 내가 물었다.

"맞습니다."

이 시점에서 나는 그가 진실을 말하고 있지 않다는 것을 알았다. 그는 면밀한 성경 공부를 통하여 이러한 견해에 도달하지 않았다. 프린스톤 대학의 신학자인 벤자민 브레켄리지 워필드(Benjamin Brechenridge Warfield)는 20세기 초에 그러한 견해를 일반에 널리 퍼뜨렸다. 결과적으로 그 이래로부터 개혁파 신학자들과 세대주의 신학자들이 그 견해를 사용해 오고 있다. 우리들 중의 한 명 혹은 그 이상이 학생들에게 계속해서 이러한 가르침을 전해왔고, 지금 그는 그가 그것을 면밀한 성경 공부를 통하여 습득했다고 주장하려 하고 있었다.

그의 부정직은 내가 참을 수 있는 정도를 훨씬 넘는 것이었다. 그래서 나는 말했다.

"당신이 지금 그 견해를 변호할 수 있는지 봅시다. 성경적 증거가 당신의 이론을 뒷받침하는지를 알아보기 위해서 창세기 1장에서 시작해서 구약성경의 모든 장들을 통해 우리의 방식을 끝까지 생각해 봅시다. 기억하시오. 우리는 기적들이 일반적이었던 세 번의 기간만을 찾아야만 합니다. 성경의 첫장에서는 무슨 일이 일어났습니까?"

"그것을 하나님께서 세계를 창조하신 장입니다."

"2장은 어떻습니까?"

"그것은 인간을 중심으로 한 세계 창조의 이야기입니다."

"3장은?"

"그것은 마귀가 아담과 이브에게 와서 그들이 죄를 짓도록 유혹하고, 하나님께서는 그들을 동산에서 추방해야만 했던 장입니다."

"이러한 것들은 기적적인 것입니까?"라고 내가 물었다.

"예, 다시 계속하시지요."

"좋습니다. 4장?"

"최초의 살인입니다"라고 그가 말했다.

"5장은 계보입니다. 6장과 9장에서는 무슨 일이 있습니까?"

"그것은 하나님께서 홍수로 온 땅을 일소하시고 모든 종류의 생물들을 불가사의하게 방주 안으로 모으셨고, 방주 안에 있던 여덟 명을 구원하신 장입니다."

"10장은?"

"또 다른 계보입니다."

"11장은?"

"바벨탑입니다. 그리고 하나님께서 그곳으로 내려오셔서 땅 위에 있는 모든 족속들을 언어를 만들어 혼잡케 하셨습니다."

"따라서 창세기의 처음 열한 장은 실제로 당신의 이론에 부합되지 않습니다. 그렇죠?"

"예, 그러나 그것은 초기의 역사입니다. 저는 당신이 태초에 그와 같은 것들을 기대한다고 생각합니다."

"좋습니다. 논증을 위해서 성경의 처음 열한 장을 잊어 버립시다. 12장에서와 창세기의 나머지 장들을 향해 우리는 단순한 설화적 전기로 옮겨갑니다. 12장에는 무슨 일이 있습니까?"

"하나님께서는 아브라함을 갈대아인들의 땅 우르를 떠나서 그가 전체 세상을 구속하기 위한 계획을 시작하시려는 땅으로 가도록 주권적으로 부르셨습니다."

"아브라함의 일생의 다른 경우에 그 밖의 어떤 것이 초자연적이거나 기적적인 것으로 당신에게 감명을 주었습니까?"

"15장에서 아브라함이 놓은 희생물들의 사이를 지나간 초자연적인 연기나는 화덕과 타오르는 불꽃이 있습니다(창15:17). 게다가 17장에 있는 하나님의 대화 외에도 18장에서 주님과 천사와 같은 존재가 아브라함에게 나타나셔서 아브라함과 함께 식사하셨습니다. 그리고 나서 하늘로부터 불과 유황이 비오듯이 쏟아진 소돔과 고모라의 멸망이 있습니다(창 19). 그 다음에 21장에 나타난 이삭의 초자연적인 출생이 있고, 22장에서 아브라함이 제단 위에 이삭을 올려 놓았을 때 하나님의 천사와의 만남이 있습니다."

"따라서 모세와 여호수아의 시대까지는 기적들과 초자연적인 일들이 일반적인 것이 아니라는 당신의 이론에 부합하지 않습니다, 그렇죠?"

"그렇습니다."

"이삭이나 야곱이나 요셉은 어떻습니까? 거기의 어떤 것이 당신에게 기적적이거나 초자연적인 것으로 여겨지는 것은 없습니까?"

"28장입니다. 야곱이 잠자는 동안 사다리 위로 오르락 내리락하는 천사에 대한 예언적인 메시아의 이상 말입니다."

"그 밖의 야곱의 일생은 어떻습니까?"

"32장입니다. 그는 실제로 하나님과 혹은 성육신하시기 이전의 그리스도와 밤새 씨름을 합니다. 그리고 나서 요셉에 대해서는 꿈들과 그 해석들이 있습니다."

"증거가 제시되는 한 창세기는 당신의 이론과 부합되지 않습니다, 그렇죠?"

"그렇습니다."

"이제 출애굽기입니다. 그런데 우리는 이미 모세와 여호수아의 일생은 기적들과 초자연적인 사건들을 포함한다고 말했습니다. 따라서 출애굽기에서 여호수아서를 건너뛰어 사사기로 왔습니다. 사사기 속에서 어떤 것이 당신에겐 기적적인 것으로 여겨집니까?"

"하나님의 천사가 실제로 기드온에게 나타나셨고, 양털에 일어났던 모든 것들입니다. 그 다음에 하나님의 천사가 삼손의 부모에게 나타나셨고, 삼손의 불가사의한 힘이 있습니다."

"따라서 사사기서는 당신의 이론에 실제적으로 부합되지 않습니다, 그렇죠?"

"그렇습니다."

"사무엘상에는 어떤 것이 있습니까?"

"그의 말이 땅에 떨어지지 않는 선지자가 있습니다(삼상 3:19-21)."

그리고 토론은 계속해서 진행되었다. 장장마다 그 학생은 기적들은 이스라엘의 역사에서 세 번의 시기에만 일어났었다는 그의 주장에 모순이 되는 기적적인 일들이나 초자연적인 사건들을 나열해야만 했다.[1] 그 학생은 그가 그의 견해를 변호할 수 없었을 뿐만 아니라 그의 견해가 실제로 성경이 모순된다는 것을 인정해야만 했다.

그 학생이 떠난 후에, 우리는 희망에 찬 두 명의 젊은이를 더 시험했다. 그들은 구약성경에 관련된 기술적인 질문들에는 잘 답하였다. 그러나 내가 그들에게 예수님의 신성과 믿음에 의한 칭의와 성령의 기적적인 은사들에 관한 동일한 세 가지 질문을 했을 때, 그들의 모습은 거의 처음의 학생 모습만큼이나 비참해 보였다. 그날 마지막 학생이 떠났을 때, 나는 나의 동료들에게 그날의 경험이 얼마나 실망스러웠는가를 말했다. 나는 말했다.

"그 학생들은 성경이 그들이 믿는 것을 가르치고 있기 때문에 그것을 믿고 있는 것이 아닙니다. 그들은 그들의 삶 속에서 만난 권위를 가진 사람들이 그들에게 그러한 교리들이 사실이라고 말했기 때문에 그들이 믿는 바를 믿고 있는 것입니다. 그들은 어떤 면밀한 성경 공부를 통해서 그들의 믿음을 얻은 것이 아닙니다. 그들은 성경구절을 사용해서 그들의 믿음을 변호할 수조차도 없습니다."

나이든 교수들 중의 한 사람이 말했다.

"그것은 사실입니다만 나는 오늘날의 경험은 이런 시험 기간 동안의 예외라기보다는 통상적인 것을 말해야만 할 것입니다."

이 모든 학생들은 그들이 단지 성경이 그것을 가르치기 때문에 그들이 믿고 있는 것을 믿는다는 확신을 가지고 그 시험에 들어 왔다. 그러나 그들은 심각하게 속고있는 것이다. 만일 그것이 신학교의 환경 속에서 사실이라면, 당신은 비학술적인 환경 속에서는 그것이 얼마나 더 사실이라고 생각하는가? 면밀하고 끈기있으며 직접적인 성경 공부보다는 오히려 경험과 전통이 교인들이 믿는 것의 대부분을 좌우한다.

J.I. 패커(Packer)는 "아무도 전통들에서 벗어날 수 있다고 주장할 수 없다. 사실상, 전통주의에 그대로 빠져들게 되는 한 가지의 확실한 방법은 사람들이 그것에서 벗어났다고 생각하는 것이다…. 그렇다면 문제는 우리가 전통들을 받아들였는가 하는 것이 아니라 우리의 전통들이 이러한 문제들에 있어서 유일한 절대적인 기준, 즉 성경과 도순이 되는가 하는 것이다"라고 쓰고 있다.[2]

패커뿐만 아니라 나도 모든 전통이 나쁘다라고 주장하고 있는 것은 아니다. 나는 다음과 같은 패커의 말에 동의한다.

> 모든 그리스도인들은 전통의 수혜자들인 동시에 희생자들이다. 수혜자들이란 지난 세대들 속에서 가르쳐 길들여진 하나님의 신실하심으로부터 나온 진리와 지혜를 받는 사람들이다. 희생자들이란 지금 문제시할 필요가 있는 것들을 당연하다고 여기고, 그리하여 인간적이며 일시적이고 상대적인 것으로 보여짐에 틀림없다는 것을 믿음과 행위에 대한 거룩하고 절대적인 모범으로 취급하는 사람들이다. 우리 모

두는 훌륭하고 현명하고 건전한 전통의 수혜자들이고, 어설프고 지혜 롭지 못하고 불건전한 전통들의 희생자들이다.[3]

예를 들어서 예수님의 신성을 믿지만 성경구절을 통해 그의 신성을 결코 변호할 수 없는 그리스도인들이 많다. 그들은 성경이 예수님을 하나님이라고 가르친다고 믿음에도 불구하고, 그들은 면밀한 성경 공부를 통해 이 믿음에 도달한 것이 아니다. 그것은 그들의 선생들에 의해 그들에게 전수되어 온 전통의 일부분이다. 이런 경우에, 이 특별한 전통이 성경의 가르침에 충분히 의거하기 때문에 그들은 전통으로부터 혜택을 받는다.

그러나 우리의 믿음의 체계는 신앙의 근본적인 원리들(예수님의 신성, 믿음에 의한 칭의, 예수님의 대리적 구속 등)을 넘어서 근본 원리가 아닌 것들(세례의 방식, 성찬의 행하는 방법, 혹은 천년왕국에 대한 특별한 견해)로 옮겨갈 때, 우리는 우리가 깨닫는 것보다도 훨씬 더 전통에 의존적이다. 이런 경우에 있어서, 패커는 건전한 충고를 제시한다.

> 오히려 우리가 해야만 하는 일은 좋던 나쁘던 간에 우리가 깨닫는 것보다도 훨씬 더 전통에 젖어 있다는 것을 인정하는 것이다. 그리고 그리하여 우리가 당연하다고 여겨온 비판적인 문제들을 성경의 조명에 의해 의문하는 법을 배워야만 한다.[4]

그러나 일부의 사람들은 우리의 견해를 결정하거나 형성하는 것에 대한 우리의 환경들 속에 있는 전통과 다른 요소의 중요성을 인정하지 못한다. 에드워드 그로스(Edward Gross)는 왜 그렇게 많은 해석들이 있는가를 묻는다. 그의 대답은 다음과 같다.

> 왜 그렇게 많은 해석들이 있는지는 간단한 두 가지의 이유가 있다. 즉 포괄적인 연구의 부족과 해석학(성경해석학)의 간단한 규칙들을 따르지 않음이다.[5]

그는 다음에 성경은 성경의 문법적이고 역사적인 면에서 해석되어야만 한다, 성경이 성경을 해석해야 하고 자체에 모순이 되어서는 안 된다, 그리고 성령의 인도하심은 성경을 해석하기 위해서 추구되어야만 한다는 찰스 핫지(Charles Hodge)에 의해 요약된 해석학적 원리들을 인용한다.[6] 그로스는 다음과 같이 결론을 맺는다.

> 이러한 원리들을 사용하는 것은 우리가 성경의 진정한 의미를 결정하도록 우리를 도울 것이다. 만일 그리스도인들이 계속해서 이러한 간단한 원리들을 철저한 연구에 적용한다면 해석상의 차이점들은 실제적으로 사라질 것이다.[7]

나는 그로스와 같이 연구의 부족과 해석학적 차이점들이 현대의 신학적 다양성을 설명할 수 있다고 믿는 성실한 다른 사람들이 있다고 확신한다. 그러나 나는 그로스의 견해에 동의하는 유능한 신학자들이나 통찰력있는 성경 해석자들이 아주 많다고 생각하지는 않는다.

내가 달라스 신학교에 있을 때, 교수진 중에서 내가 아는 모든 교수들은 핫지에 의해 요약된 세 가지의 해석학적 원리들에 동의했었다. 그리고 우리 모두는 말씀의 포괄적인 연구를 믿었었다. 그럼에도 불구하고 우리는 그로스가 그의 책 전체에서 인용하고 있는 개혁주의적인 신학적 견해와는 아주 달랐다. 우리 세대주의자들은 우리가 동의하지 않는 개혁주의 신학자들만큼 포괄적으로 성경을 연구하지 않았는가? 우리는 세 가지의 해석학적 원칙들에 대한 우리의 적용에 모순되었는가? 분명한 사실은 성경의 포괄적인 연구의 부족함과 다른 해석학적 원리들은 아주 많은 현대의 신학적 차이점들을 설명할 수 없다는 것이다.[8]

전통과 성령의 은사들

만일 당신이 새로이 믿게 된 그리스도인을 성경 한 권을 주고 방 안에 가둔 다음, 성경이 치유와 기적들에 관해서 말하는 것을 연구하라고 말한다면 그는 결코 은사소멸론자가 되어서 그 방에서 나오지는 않을 것이다. 나는 나의 경험으로 이것에 관해 안다. 17세의 나이로 회심하기 이전에 나는 신학이나 성경이나 기독교의 역사에 대한 교육을 받지 않았었다. 주님께서 나를 구원하신 직후에 나는 성경을 탐독하기 시작했다. 나는 주야로 성경을 읽고 암기했다. 내가 성경에 기록된 기적들에 대하여 새로이 찾은 그리스도인 선생들에게 물었을 때, 나는 하나님께서는 더 이상 인간적 대리인을 통하여 이와 같은 종류의 것들을 행하시지 않으신다고 배웠다. 나는 진정한 기적, 정말로 문제가 되는 유일한 기적은 잃어버린 자들의 회심이라고 배웠다. 내가 존경하는 경건한 사람들이 나에게 이렇게 말했기 때문에, 그리고 이러한 가르침에 역행하는 어떠한 기적도 나 자신의 경험 속에서 본 적이 없었기 때문에 나는 그것을 사실로서 받아들였다. 나는 복음전도에 헌신했고, 기적들이나 치유를 위해 기도하는 것에 대해서는 즉시 잊어 버렸다.

이것은 내가 나 자신의 생각에 근거하여 제안해 온 교리 체계가 아니다. 나는 성령의 은사들을 소멸되었다고 배워야만 했다. 27년이 지난 지금 44세의 나이에 나는 이러한 신학적 논쟁의 양쪽 입장에 다 있어 보는 특권을 가지게 되었다. 나는 성경이 성령의 은사들이 마지막 사도의 죽음과 함께 소멸되었다고 가르치지 않는다는 것에 절대적으로 확신한다. 사람들이 기적적인 은사의 현대적 사역을 믿지 않도록 한 것은 성경의 가르침이 아니다.

오늘날 성경을 믿는 그리스도인들이 성령의 기적적인 은사들을 믿지 않는 하나의 근본적인 이유가 있다. 그것은 바로 이것이다. 즉 그들은 성령의 은사들을 본 적이 없다는 것이다. 물론 그들의 전통이 그들의 믿음 부족을 뒷받침한다. 그러나 그들의 전통은 기적들에 대한 그들의 경험 부족과 결부시켜 생각하지 않는다면 성공의 가능성이 없을 것이다. 반복해 보자. 그리스도인들은 성경이 이러한 은사들이 소멸되었다고 가르치기 때문에 성령의 기적적인 은사들을 믿지 않는 것이 아니다. 오히려 그들은 은사들을 경험하지 못했기 때문에 성령의 기적적인 은사들을 믿지 않는다.

내가 아는 어떤 은사소멸론의 작가도 그의 주장을 성경에만 근거해 확인하려 하지 않는다. 이런 작가들 모두는 그들의 주장을 뒷받침하기 위하여 성경과 현재 혹은 과거의 경험에 호소한다.[9] 과거 이든 현재이든 간이 이러한 경험에 대한 호소는 실제로 경험으로부터 나온 논의, 혹은 경험 부족에서 나온 논의라는 것을 종종 간과한다.

한번은 내가 성령의 은사들에 대한 주제에 대하여 잘 알려진 신학자와 논쟁한 적이 있다. 나는 성경에는 성령의 은사들이 소멸되었다는 쥐꼬리만한 증거도 없다고 말했다. 그는 말했다.

"나는 그것을 인정하지 않을 것입니다. 그러나 나는 당신이 성경을 통해서 은사들이 소멸되었다는 것을 증명할 수 없다는 것을 압니다. 그러나 우리는 후기 교회사에서 은사들을 분명히 보지 못하고, 은사들은 우리의 신학적 전통의 일부분도 아닙니다."

이 사람은 기적적인 은사들에 대한 접근법에 있어서 교의적으로 은사소멸론을 주장하는 신학교에서 가르쳤다. 그러나 개인적인 대화에서 그는 이러한 교리가 성경에 의해 증명될 수 없다는 것을 거리낌없이 인정했다.

그는 실제적으로 사람들이 성령의 은사들을 믿지 않는 두번째로 매우 중요한 이유를 언급했다. 즉 그들은 교회사에서 신약성경에 있는 정도의 기적들을 발견하지 못한다는 것이다. 성령의 은사들을 믿지 않는 세번째로 매우 일반적인 이유는 현대의 교회들과 치유운동들에서 그 은사들의 남용이나 인식되어진 남용에 의해 야기된 반동이다.

이러한 이유들 중의 어떤 것도 결국 성경에서 발견되지는 않는다. 그것들은 개인적인 경험에 근거한다. 실제로 처음의 두 가지 이유의 경우에, 그들은 개인적인 경험의 부족에 근거한다.

카리스마적인 사람들이 그들의 신학을 경험 위에 세운다고 비난당하는 것은 일반적인 일이다. 그러나 모든 은사소멸론자들은 결국 그들의 경험 부족에 근거하여 그 기적적인 은사들에 대한 그들의 신학을 확립한다. 현대의 남용에 대한 호소조차도 은사들에 대한 부정적인 경험에 근거된 논의이다.

   그러므로 내가 말하고 있는 것은 오늘날 성령의 은사들을 믿지 않는 진정한 이유는 결코 성경에 근거하지 않는다는 것이다. 그것들은 경험에 근거한다. 뒤에 이어지는 장들에서 나는 이러한 세 가지의 이유들을 좀더 자세하게 살펴보고자 한다.

제5장
그리스도인들이 기적적인 은사들을
믿지 않는 진짜 이유

　앞 부분에서 나는 그리스도인들이 기적적인 은사들을 믿지 않는 진짜 이유는 단지 경험 속에서 기적들을 본 적이 없기 때문이라고 말했다. 그러나 아무도 이것이 그들의 불신의 이유라는 것을 공개적으로 인정하지 않는다. 나는 신학자들과 세계 도처에서 온 평신도들과 수많은 대화를 해왔다. 내가 그들에게 그들이 오늘날 성령의 기적적인 은사들을 거부하는 이유를 물었을 때, 그들은 대개 현대의 '치유의 사역들'은 사도들의 치유의 사역과는 상당히 다른 것이라고 말한다. 나 역시 그런 식으로 생각했었다.
　내가 예수님과 사도들의 치유의 사역을 보았을 때, 나는 즉각적이고 다시 되돌이킴이 없는 완전한 치유를 보았다.[1] 나는 또한 그들이 상상할 수 있는 한의 아주 어려운 유기적인 원인으로 인한 질병들을 치료하는 것을 보았다. 소경으로 태어난 사람들이 갑자기 볼 수 있게 되었다. 앉은뱅이가 걸을 수 있었고, 심지어는 기뻐서 뛸 수도 있었다. 문둥병자들은 부드럽고 새로운 피부를 갖게 되었다. 절름발이와 손발이 절단된 사람들이 온전해지고 건강해졌다. 죽은 사람이 살아났다. 그리고 사나운 폭풍우가 명령으로 잠잠해졌다.

마치 예수님과 사도들을 어떤 조건 하에서도 마음대로 치료할 수 있었던 것 같다.

나는 이와 같은 종류의 치유를 경험했거나 본 적이 있다는 사람을 결코 만난 적이 없었다. 내가 들어 본 모든 치유의 소문들은 정신-신체적인 것처럼 들렸다—누군가의 두통이나 복통은 그들의 정신적 스트레스가 풀렸기 때문에 사라졌다는 것과 같은 것이었다. 내가 진정한 유기적 치유에 관한 보고를 들었을 때, 그것은 입증될 수 없었다. 혹은 그것은 제삼자나 제사자에 의한 간접 보고였다.

나나 내가 신뢰하는 사람들도 사도들의 치유처럼 참으로 즉각적이고 완전하고 되돌아가지 않는 치유라는 것을 입증할 수 없었기 때문에, 나는 이러한 것들은 오늘날에는 일어나지 않는다는 결론을 내렸다. 나의 경험으로 입증될 수 있는 점진적이고 부분적이며 때론 원래 상태로 되돌아가는 치유들은 내가 신약성경의 치유의 은사인 것으로 생각하는 것에 들어맞지 않았다.

언뜻 보기엔 성령의 은사들을 거부하는 이러한 이유는 성경적 논증처럼 보인다. 그러나 결국은 그렇지 않다. 기껏해야 그것은 경험 부족의 고백이다. 나는 그 논증은 단지 신약성경에 기록된 것과 같은 류의 기적을 행하는 현대의 성직자를 보거나 그들에 대하여 들어본 적이 없다는 것을 말하는 것이다. 그러나 나의 제한된 경험은, 그러한 사역은 오늘날에는 존재하지 않는다는 것의 증거로서 사용될 수 없다.

나는 하나님께서는 오늘날에도 교회에서 신약성경에 기록된 것과 같은 기적들을 행하고 계시고, 전 교회사를 통하여 그 기적들을 행해 오셨다고 믿는다. 그러나 논의를 위하여, 오늘날에는 그러한 사역이 존재하지 않는다고 가정해 보자. 그것은 여전히 하나님께서 신약성경의 기적의 사역을 회수하셨다는 것을 증명할 수 없다. 우리는 이 사역이 오늘날에는 존재하지 않는 이유를 알아야만 할 것이다. 정말로 그 이유들 중의 하나는 사실상 하나님께서 의도적으로 이 사역을 회수하셨다는 것일 수 있다. 그러나 그 은사들의 소멸에 대한 궁극적인 이유는 교회의 반응 때문일 수도 있다. 관료적인 지도부의 부상은 결국 교회 내에서 '은사받은' 개인들을 억누르는 데에 성공적이었다는 것일 수 있다. 혹은 성령의 은사들의 부재(不在)는 교회 내의 불신이나 많은 다른 요소들이 널리 퍼졌기 때문일 수도 있다.

우리는 어떻게 결정해야만 하는가? 우리가 보는 것이나 보지 못하는 것에 대한 호소에 의해서가 아니라 오히려 성경 자체의 분명하고 구체적인 가르침에 호소함으로써이다. 그리고 우리는 즉시 이것을 할 것이다. 그러나 지금 나는 단지 기적적인 은사들의 현실적인 부재나 인식된 부재는 성경으로부터의 논의가 아니라 경험으로부터의 논의라고 주장하고자 한다.

또한 내가 위에서 언급한 치유에 대한 견해와 관련된 몇 가지의 성경에 기초를 둔 문제가 있다. 그것은 신약성경에 기록되어 있는 치유에 대한 거짓된 두 가지의 가정에 근거한다.

거짓 가정: 치유는 '자동적'이었다

첫번째 가정은 예수님과 사도들의 치유의 은사는 '자동적'이었다는 것이다. '자동적'이란 말로써 나는 그들이 누구든지 어디에서 언제나 마음대로 치료할 수 있었다는 견해를 언급하고 있는 것이다. 나는 이러한 은사를 그들의 임의대로 행사할 수 있는 영원한 소유로서 간주했다. 그들이 언제나 마음대로 치유나 기적들을 행할 수 있었고 예언의 말을 할 수 있다고 생각했었다.[2]

이것이 치유의 은사들에 대한 당신의 견해라면, 나는 당신은 결코 치유의 은사를 가진 사람을 발견할 수 없을 것이라는 것을 장담할 수 있다. 그리고 당신이 성경을 검토한다면, 당신은 예수님도 사도들도 치유의 은사를 가지지 않았다고 결론내려야만 할 것이다. 예수님과 그의 사도들조차도 항상 임의대로 치료할 수 없었다(단일 '언제나 임의대로' 란 말로써 우리가 언제 어디서나 어떤 여건 하에서 나를 의미한다면).

예수님의 생애에서의 세 가지 사건들은 그가 어떤 여건 하에서나 마음대로 치료하시도록 자유롭지 않으셨다는 것을 증명한다. 가버나움의 중풍병자에 대한 이야기의 시작 부분에서 누가는 "하루는 가르치실 때에 갈릴리 각 촌과 유대와 예루살렘에서 나온 바리새인과 교법사들이 앉았는데 병을 고치는 주의 능력이 예수와 함께 하더라"(눅 5:17)라고 쓰고 있다.

예수님께서 언제 어떤 여건에서나 간단히 그의 임의대로 치료하실 수 있었다면, 왜 누가가 '병을 고치는 주의 능력이 예수와 함께 하더라' 라고 말했겠는가? 우리가 치유를 때로는 병을 고치는 그의 능력을 나누어 주시고 다른 때는 그것을 회수하시는 성부 하나님의 주권적 특권으로 간주한다면 이 말은 뜻이 통한다.[3]

두번째 사건은 정말로 교훈적이다. 요한복음 5장은 38년 동안 마비되어 있던 사람에 대한 치유의 이야기를 포함한다. 그가 예수님을 만났을 때, 그는 베데스다 못가에 누워 있었다. 그 연못 주변에는 누워 있는 많은 병자들이 있었다. 이것은 일 년에 한 번씩 하나님의 천사가 내려와서 연못의 물을 동하게 하고, 천사가 물을 동하게 한 뒤에 물에 처음 들어가는 사람은 치료될 수 있다는 전통이 있었기 때문이었다. 따라서 베데스다 연못은 사람들이 친구들과 친척들과 사랑하는 사람들을 치료되도록 물 속에 처음으로 들어갈 수 있다는 희망을 가지고 데려가는 고대의 병원과 같았다. 요점은 예수께서 그날 그 병자를 만나셨을 때, 연못의 주변에는 다른 많은 병자들이 또한 누워 있었다는 것이다(요 5:3).

예수께서 그 마비 환자에게 일부의 사람들은 이해하기 어려운 질문을 하셨다. "네가 낫기를 원하느냐?"(요 5:6) 내가 병자들을 위해서 기도하기를 시작할 때까지 나는 결코 그 질문의 중요성을 이해하지 못했었다. 나는 모든 병자들이, 특히 중풍이나 눈이 먼 것과 같은 만성적 질병을 가진 사람들은 낫기를 원한다고 추측해 왔다. 그러나 지난 칠 년 동안 세계 도처에서 수천의 병자들을 위하여 기도한 후인 지금 나는 수많은 병자들이 결코 낫기를 원하지 않는다는 것을 알았다. 사실상, 그들의 전체 정체성은 아프다는 것과 밀접한 관계가 있고, 그들이 온전해진다면 그들은 문자 그대로 그들의 삶에서 일어나게 될 변화를 두려워한다. 만일 당신이 치료되는 것을 보고 싶어 하는 어떤 사람에 대해서도 그것이 마찬가지라고 생각한다면 당신이 그들을 위해 기도하려 하기 전에 그들과 상담하고 그 문제를 확인하는 것이 중요하다. 어쨌든 이 이야기 속의 사람은 결코 낫기를 원한다고 말하지 않았다. 그러나 예수께서는 그를 즉시 완벽하게 치료하셨다.

당신은 그렇게 하신 후에 예수께서 베데스다 연못가에서 그곳에 있던 다른 사람들을 치료하실 것이라고 가정할 것이다. 복음서에 기록된 많은 경우에 그는 많은 무리의 사람들을 치료하신다. 여러 번 우리는 '그리고 그는 그들 모두를 치료하셨다'라는 말을 접한다 (마 8:16, 12:15; 눅 6:19). 그러나 그날 그는 그 연못가에서 오직 한 사람만을 치료하셨다.

왜 그는 다른 모든 병자들을 무시하셨는가? 우리는 그를 치료하신 직후 예수께서는 종교 지도자들과 신학적인 논쟁에 개입되신 것을 발견한다. 이 논쟁 도중에 예수께서는 왜 연못가에서 다른 사람들을 치료하시지 않았는가 하는 질문에 답하신다. 그리고 우리에게 그의 전 사역을 통제하는 원리를 말씀하신다.

요한복음 5:19은 "예수께서 저희에게 이르시되 '내가 진실로 진실로 너희에게 이르노니 아들이 아버지의 하시는 일을 보지 않고는 아무것도 스스로 할 수 없나니 아버지께서 행하시는 그것을 아들도 그와 같이 행하느니라'"라고 말한다.

예수께서는 그날 그 연못가에서 한 사람만을 치료하셨다. 왜냐하면 그의 아버지께서 한 사람만을 치료하셨기 때문이다. 만일 그의 아버지께서 치료하시지 않으신다면, 그때는 예수께서도 치료하실 수 없으셨다. 예수께서는 그의 모든 사역 기간 동안 그의 하늘에 계신 아버지의 주권적 의지에 완전하게 복종하셨다. 예수께서는 그의 아버지의 의지에 독립해서는 어떤 것도 하시지 않거나 바라지 않도록 약속하셨다. 그는 항상 그의 아버지를 기쁘시게 하는 일들을 하셨다. 이것은 요한복음에 있는 고립된 가르침이 아니다. 그것은 요한복음에서 중요한 주제이다. 예수께서는 그의 아버지께서 하시는 것만 행하시고, 그의 아버지께서 그에게 말씀하시도록 주시는 말씀만을 하시고, 그의 가르침은 그의 것이 아니라 그를 보내신 분의 것이라고 수없이 말씀하신다(요 3:34, 5:30, 7:16, 8:28, 12:49-50, 14:10, 24, 31).

덧붙여 말하면, 이 원리는 내가 항상 질문받는 물음에 대답해 준다. 즉 "당신의 치유를 믿고, 당신이 치유의 은사나 사역을 가졌다고 생각한다면, 가서 병든 자들을 치료해서 병원들이 텅 비게 하는 게 어떻습니까? 혹은 당신이 정말로 선한 일을 할 수 있는 캘커타(Calcutta)와 같은 빈민가로 들어가는 것이 어떻습니까?" 그런 질문에 대한 대답은 치유의 은사는 자동적인 것이 아니라는 것이다. 왜냐하면 그것은 언제나 당신의 임의로 행사될 수 있는 것이 아니기 때문이다. 주 예수 자신께서도 고대의 '병원'에 계셨다. 그리고 그는 그곳에서 오직 한 사람만을 치료하셨다. 치유의 은사를 가진 사람이 병원이나 캘커타의 슬럼가에서 효과적인 사역을 행할 수 있는 유일한 방법은 주 예수 그리스도께서 실제로 그곳에서 치유하도록 그 은사를 받은 사람을 보내시고 인도하실 때에 가능할 수 있을 것이다.

이 원리는 또한 다른 형태로 질문될 때에도 동일한 질문에 대한 유효한 대답이다. 때때로 사람들은 병자들이 기도받는 어떤 집회들에서 '사소한' 질병을 가진 일부의 사람들은 치료받는 반면에 왜 가장 심각한 질병을 가진 사람들은 치료되지 않는가를 묻는다. 왜 어떤 경우엔 편두통을 가진 사람들을 위해 기도하도록 지식의 말씀이 주어지는데 휠체어에 앉아 있는 사람들을 위해서는 주어지지 않는가? 신유에 대하여 회의론자들은 이것을 비극이라 부르며 치료받지 못한 휠체어에 앉아 있는 모든 사람들에 대한 '관심'을 표한다. 그들은 '사소한' 질병의 치유를 정신-신체 상관적인 것으로 조롱한다.

만일 집회를 행하는 사람들이 사기꾼이 아니라 정말로 주님의 인도를 따르려 하고 있는 신실한 종들이라면, 그들은 실제로 어떤 종류의 치유가 일어날 것인지, 어떤 종류의 지식의 말씀이 치유를 위해 주어질 것인지에 대하여 말할 권리가 없다. 요한복음 5:19의 원리에 따르면, 하나님께서 누가 치료될 것인가를 결정하시고, 그에 따라서 그의 종들을 인도하신다. 누가 치료될 것인가를 결정하는 것보다는 오히려 그러한 지시에 귀기울이고 그에 따르는 것이 우리의 책임이다.

하나님께서 '심각한' 질병들보다 오히려 '사소한' 경우를 치료하시기로 결정하셨을 때 비웃는 사람들은 실제로 우리 아버지 하나님의 지혜와 의지를 비웃고 있는 것일 수도 있다. 반면에 '치유자들'이 그들의 특별한 집회들에서 하나님께서 휠체어에 앉아 있는 사람들을 일으키실 것이고, 눈먼 자들을 고치실 것이라는 등의 약속을 하는 방법으로 집회들을 광고하고 그런 일이 일어나지 않는다면, 그땐 비판의 여지가 있는 것이다. 후자의 경우에 정직성이 없다면, 그 집회들을 인도하는 사람들의 분별력은 공정한 논의의 대상이 될 수도 있다.

예수님의 생애에서 세번째 사건은 그가 모든 여건 하에서 마음대로 치료하실 수 없었다는 것을 결정적으로 증명해 준다. 그것은 그가 나사렛에 있는 그의 집으로 돌아가실 때 발생했다. 그의 고향 사람들은 "거기서는 아무 권능도 행하실 수 없어 다만 소수의 병인들에게 안수하여 고치실 뿐이었고 저희의 믿지 않음을 이상히 여기셨더라"(막 6:5-6)라는 결과에 걸맞게 그를 배척했다. 마태는 이 동일한 사건에 대해 예수께서는 "저희의 믿지 않음을 인하여 거기서 많은 능력을 행치 아니하시니라"(마 13:58)라고 쓰고 있다. 환언하면, 하나님께서 적어도 어떤 경우에는 사람들의 불신 때문에 아들의 치유의 사역이 제한되도록 하셨다. 그리하여 예수님 자신도 자신의 임의대로 어떤 여건 하에서나 하나님께로부터 독립하여 치료하실 수 없으셨다.[4]

이것이 하나님의 아들에게도 이 정도면, 당신은 그것이 사도들에게는 얼마나 더 그러했겠다고 생각하는가? 우리가 사도들의 사역을 검토해 볼 때, 이것은 바로 우리가 발견하는 것이다. 예수께서는 요한복음 15:5에서 사도들에게 "나를 떠나서는 너희가 아무것도 할 수 없음이라"고 말씀하셨다. 예수께서는 동일한 것을 자신에 대해서도 말씀하셨다.

> 내가 아무것도 스스로 할 수 없노라 듣는대로 심판하노니 나는 나의 원대로 하려하지 않고 나를 보내신 이의 원대로 하려는고로 내 심판은 의로우니라(요 5:30)

동일한 방식으로 사도들은 주 예수님과 그의 하늘에 계신 아버지의 주권적인 뜻을 떠나서는 신령한 어떤 것도 행할 수 없었다. 우리는 사도들의 삶에서 이 원리에 대한 수많은 예증들을 발견할 수 있다.

예를 들면 주님께서 미문이라 불리는 성전 문에서 앉은뱅이를 고치도록 베드로를 사용하셨을 때(행 3:1 이하), 사람들은 놀라서 베드로를 바라보았다. 베드로는 사람들이 어쨌든 이 치유로 인해 그를 신뢰할 수도 있다는 것을 생각하고 두려워했다. 그러므로 베드로는 사람들에게 외쳐 말했다.

> 이스라엘 사람들아 이 일을 왜 기이히 여기느냐 우리 개인의 권능과 경건으로 이 사람을 걷게 한 것처럼 왜 우리를 주목하느냐 아브라함과 이삭과 야곱의 하나님 곧 우리 조상의 하나님이 그 종 예수를 영화롭게 하셨느니라(행 3:12-13)

베드로는 이 치유가 그 자신의 사도적 능력이나 거룩함의 결과가 아니라는 것을 명백하게 했다. 그것은 하늘에 계신 베드로의 아버지의 주권적 의지의 결과이었다.

누가 베드로가 원하는 어느 날에 성전으로 단지 걸어 들어가서 그가 원하는 누군가를 치료할 수 있다고 생각하는가? 그렇다. 베드로와 다른 사도들의 삶 속에는 치유의 능력과 은혜의 특별한 흘러나옴이 있었다. 그러나 이 흘러나옴은 사도들에 의해 시작된 것이 아니라 하늘에 계신 그들 아버지의 주권적 의지에 의해 시작되었다. 그들의 역할은 하나님의 인도하심을 떠나서 어떤 사역을 시작하는 것이 아니라 하나님 아버지의 주도권을 인정하고 순종하는 것이었다.

이와 동일한 원리가 바울의 삶 속에서도 하나의 기적에 의해 예증된다. 바울이 루스드라(Lystra)에서 복음을 전파하고 있을 때, 태어날 때부터 앉은뱅이였던 한 사람이 그의 설교를 듣고 있었다. 누가는 바울이 "그를 주목하고 그가 치료받을 만한 믿음을 가지고 있음을 보고 '네 발로 바로 일어서라!' 라고 큰소리로 말했다"고 했다(행 14:9-10). 다시 말해서 이 치유는 바울이 시작한 것은 아니었다. 그는 그 사람이 치료받을 만한 믿음을 가지고 있는 것을 보고 나서 그가 치료되었다고 선포했다.

이것은 바울이 임의대로 할 수 있었던 것은 아니었다. 그는 환경들이 치유에 도움이 될 때만, 그것을 할 수 있었다. 만일 하나님께서 이 사람의 믿음이 치료받을 수 있을 만한 것으로 인정하시지 않았더라면, 그때 바울은 그 치유를 결코 선언할 수 없었을 것이다.[5]

반면에, 바울의 삶 속에는 그가 그의 친구들을 치유하지 못했을 때의 세 가지의 부정적인 예가 있다. 바울은 에바브로디도를 치료할 수 없었다(빌 2:25-27). 그는 드로비모를 아픈 상태로 밀레도에 남겨 두어야만 했다(딤후 4:20). 그리고 그는 그의 사랑하는 아들인 디모데가 복통과 잦은 질병을 위해 약간의 포도주를 마시도록 권면해야만 했다(딤전 5:23).

어떤 사람들은 그가 그리스도인들에 대한 치유의 은사를 사용할 자유가 없었기 때문에 바울이 이 세 사람들은 치료할 수 없었다고 추정한다. 그들은 치유의 은사는 그들에게 복음의 진리를 확신시키기 위해 불신자들에게 혹은 불신자들의 앞에서만 사용되어야만 했다고 추정한다.[6] 만일 이것이 그러한 경우였다면, 왜 바울은 신자들만 있는 곳에서 신자인 유두고를 죽은 자들로부터 살려냈는가? (행 20:7-12) 게다가 고린도전서 12:9에 언급된 치유의 은사는 그 교회에 속한 사람들의 유익을 위한 것이라고들 한다(고전 12:7).

다른 사람들은 바울이 에바브로디도, 드로비모, 디모데를 치료하지 못한 것은, 하나님께서 바울의 치유(신유)의 은사를 철회하셨기 때문이라고 주장한다. 이것은 믿을 수 없는 설명이다. 여기서 우리는 기적들은 사도들의 죽음 이전에도 그쳤었다는 것을 인정해야만 한다. 그러한 제안을 뒷받침할 만한 전후 관계로 판단되는 논증이 없다.

위에서 언급된 본문의 조명에서 사도들이 임의대로 치유할 수 없었다는 것을 믿는다는 것은 훨씬 쉽다. 그들은 주 예수님의 의지에 의존했다.[7]

사도들이 임의대로 치유할 수 없었다는 마지막 예증은 간질병이 든 소년의 경우에서 증명된다. 이것은 예수께서 그들에게 모든 귀신들과 모든 질병들에 대한 권세를 주신 후에 발생했기 때문에 특별히 중요하다(마 10:1; 눅 9:1). 그러나 그들은 자해적인 간질로 고통받는 그 귀신들린 소년을 치유할 수 없었다(마 17:16). 예수께서 그 소년을 치유하신 후에 제자들은 예수께 왜 그들은 귀신을 쫓아낼 수 없었는지를 물었다. 예수께서 그들에게 말씀하셨다.

너희의 믿음이 적은 연고니라(마 17:20)

임의대로 누구든지 치유할 수 있다고 생각하는 것은 단지 성경에 대한 오해일 뿐이다. 주님과 사도들의 관계, 우리와 주님과의 관계는 치유에 대한 그러한 기계적인 설명에 대해서는 너무나 개인적이다. 그러므로 오늘날 치유의 은사를 이해하려는 우리의 시도에서 우리는 임의대로 치유할 수 있는 사람들을 찾거나 또는 찾기를 기대해서는 안 된다.

그러나 이러한 한정이 있음에도 불구하고, 나에게는 여전히 사도들의 치유의 사역과 오늘날의 사역자들 사이의 간격은 너무나 넓어서, 내가 오늘날의 사역들을 성경적인 것으로써 받아들일 수 없는 것 같았다. 사도들에 의해 치유된 사람들의 치유의 정도와 수는 내가 오늘날에도 계속되고 있다고 생각하는 것보다 훨씬 더 우위였다. 내가 치유와 기적들에 관한 신약성경의 사역에 대한 두번째의 거짓 가정을 깨달은 것은 바로 이때쯤이었다.

거짓 가정:사도들의 치유의 사역은
치유의 은사와 동일한 것이었다.

내가 하루의 수업을 마치고 집으로 가던 어느 날, 사도들의 치유의 사역과 그리스도의 몸(교회) 안에서 다른 사람들에게 주어진 치유의 은사 사이에는 구별이 있어야만 한다는 생각이 떠올랐다.

내가 그 결론에 도달한 방법이 여기에 있다. 첫째, 나는 고린도전서 12:8-12에서 바울이 단지 사도들에게만이 아니라 그리스도의 몸(교회) 전체에게 주어진 기적적인 은사들을 서술하고 있다는 것을 깨달았다. 이 널리 퍼진 은사들의 분배에 대한 많은 증거가 있다. 예를 들어 예언은 데살로니가(살전 5:20), 로마(롬 12:6), 에베소서(엡 4:11)에 있는 교회와 사도행전(11:27; 13:1; 15:32; 19:6; 21:9)의 전체에 나타나 있는 다른 지역의 교회에서 발견된다. 이와 마찬가지로 방언의 은사는 고린도뿐만 아니라 예루살렘(행 2장)과 사마리아(행 8:5 이후)와 가이사랴(행 10:46)와 에베소서(행 19:6)에서 발견된다. 기적은 갈라디아의 교회들에서 행해졌다(갈 3:5).

그리스도의 몸(교회) 전체에 걸친 이 은사의 폭넓은 주어짐은 요엘 선지자가 마지막 때에 모든 사람들 위에 임하는 성령을 보았을 때 예언했던 것이다(욜 2:28-29). 베드로는 오순절날에 주어진 방언의 은사는 요엘 선지자 예언의 성취의 표시들 중의 하나라는 것을 주장하기 위하여 요엘의 예언을 사용했다(행 2:16). 오순절에 성령의 임하심과 함께 그리스도의 교회(몸) 전체에 은사들이 임했다. 사실상 베드로는 각각의 그리스도인이 은사, 즉 카리스마 (charisma)를 받았다고 말한다(벧전 4:10).[8] 이것은 바울이 성령의 은사들에 대하여 고린도전서 12장(4, 9, 28, 30-31절)에서 사용했던 말과 정확히 동일한 말이다. 또 바울은 모든 은사들이 고린도 교회에서 역사한다(고전 1:7)고 단언했다. 그러므로 신약성경의 증거를 통하여 우리는 그 기적적인 은사들이 단지 사도들에게 제한된 것이 아니라 그리스도의 몸(교회) 전체에 널리 주어진 것이라는 결론에 도달한다.

내가 깨달은 두번째 것은 성령의 은사들이 그들의 열심과 힘을 변화시킨다는 것이다. 바울은 예언의 은사와 관련하여 이것을 인정했다. 로마서 12:6에서 그는 "우리에게 주신 은혜대로 받은 은사가 각각 다르니 혹은 예언이면 믿음의 분수대로 사용하라"고 말한다. 다양한 은사들을 행하도록 주어진 다양한 분량의 은혜와 믿음이 있다. 바울 자신도 고린도에 있는 어느 누구보다도 더 큰 방언의 은사를 받았다(고전 14:18).[9] 디모데는 그의 성령의 은사들 중의 하나가 힘이 약해지게 되었고, 그래서 바울은 그에게 "내가 나의 안수함으로 네 속에 있는 하나님의 은사(charisma)를 다시 불일 듯 하게" 하라고 권면해야만 했다(딤후 1:6). 이들 본문들 모두는 성령의 은사들이 열심과 힘의 다양한 정도에 따라서 나타난다는 것을 증명한다.

대개는 기적적이지 않은 것으로서 간주되는 성령의 은사들이 그들의 힘을 변화시킨다는 것을 인식하는 데는 문제가 없다. 어떤 교사들은 다른 교사들보다 더 잘 가르치는 은사를 가진다. 예를 들어서, 누가는 아볼로를 묘사할 때 '성경에 능한'(헬라어:dunatos) 설교가요 교사로 그리고 있다(행 18:24). 어떤 전도자들은 다른 전도자들보다 더 큰 은사를 가진다. 우리는 이를 서로 비교하여 성령의 기적적인 은사들과 같은 것들을 기대해야 한다.

이것은 사도행전에 있는 사도들 중에서조차 그 예가 될 것 같다. 사도들 중에서 베드로와 바울은 치유와 기적들을 행하는 은사를 가장 많이 받은 사람들로서 제시된다. 베드로의 사역은 너무나 특별해서 그의 그림자조차도 명백히 치유를 위해 하나님께 사용되었다(행 5:15). 사도들 모두가 표적과 기사를 행하는 데에 익숙했다(행 5:12). 그러나 누가는 베드로를 사도들 가운데 탁월한 사람으로 뽑은 것 같다. 바울이 무대에 나타났을 때, 그 역시 누가에 의해서 특별한 치유의 능력을 가졌고, "그래서 그의 몸에 닿았던 그의 손수건과 앞치마조차도 병자들에게 가져갔고, 그로 인하여 그들의 병이 치유되었고, 악령들이 그들을 떠났다"고 묘사된다(행 19:12). 바울과 베드로는 누가가 죽은 사람들을 살렸다고 언급하는 유일한 사도들이었다. 그러므로 사도들 가운데서조차도 신약성경은 그들의 은사를 행하는 일에 있어서 다양한 정도의 힘이 있었다는 것을 지적하는 것 같다.

내가 발견한 세번째 것은 대충 말하자면, 사도들은 신약성경에 의해서 교회 안에서 은사를 가장 많이 받은 사람들로 제시된다. 나는 사도들이 그리스도의 몸 안에서 다른 사람들처럼 카리스마를 받았다는 것을 확신하지만, 신약성경은 결코 카리스마라는 용어로써 그들이 치유의 사역을 묘사하지 않는다. 사도들의 기적적인 사역은 표적과 기사라는 표현으로서 명시된다.

표적과 기사는 무엇인가? 구약성경에서 그 표현은 하나님께서 이집트에 내린 큰 재앙과 그 결과로 일어난 그의 백성들을 그 나라로부터 인도해 내심을 묘사하기 위해서 자주 사용되었다(신 4:34; 6:22; 7:19; 23:9; 26:8; 34:11; 느 9:10; 시 135:9 등). 신약성경에서

'표적과 기사'는 예수님(행 2:22)과 사도들(행 2:43; 5:12; 14:3; 15:12; 롬 15:18-19:2; 고후 12:12)과 스데반(행 6:8)과 빌립(행 8:6)의 사역들을 묘사한다.[10]

'표적과 기사'라는 표현은 기적을 행하기 위한 성령의 특별한 임재를 묘사하는 데에 사용된다. 그 표현은 한두 개의 기적이나 치유가 일어나는 문맥들에서는 사용되지 않는다. 그것은 많은 기적들이 발생하는, 그래서 표적과 기사를 본 사람들이 놀라는 문맥들 속에서 사용된다(행 5:12; 8:7).[11] 마술에 능했던 시몬과 같은 사람조차도 빌립의 사역에 놀랐다(행 8:13). 표적과 기사들은 복음의 선포와 관련하여 신앙부흥이 한창일 때 일어났다. 그리고 주 예수와 사도들을 제외하고 표적과 기사를 행했다고 하는 유일한 사람들은 스데반과 빌립이다.

여기에 내가 이러한 관찰들로부터 유도해 낸 결론이 있다.

첫째, 표적과 기사와 치유의 은사 사이에는 구별이 있다. 표적과 기사는 신앙부흥과 복음선포와 관련이 있는 특별한 기적의 흘러나옴이다. 치유의 은사는 교회의 유익을 위해 교회에게 주어진 것이고(고전 12:7), 반드시 신앙부흥이나 많은 기적들과 관련이 있는 것은 아니다.

둘째, 표적과 기사에 대한 사도들의 사역이 신약성경 시대의 보통 그리스도인에게 주어진 치유의 은사에 관한 표준이라고 주장하는 것은 잘못이다. 표적과 기사를 행하는 사도들의 사역에 대한 생생한 묘사들이 있다. 하지만 사도들의 사역을 제외하고는 치유의 은사를 가진 보통의 그리스도인에 대한 묘사도, 교회에서 기적적인 은사들이 어떻게 역사했는지에 대한 예들도 없다.

모든 기적적인 성령의 은사들이 올바른 성령의 은사들로서 인식되기 위해서 그들의 열심이나 힘에 있어서 사도들의 그것과 똑같다고 주장하는 것은 온당하지 않다.[12] 어느 누구도 가르침이거나 전도와 같은 기적적이지 않은 은사들에 대하여 이것을 주장하지 않을 것이다. 예를 들어 바울 이래로 교회사에서 어떤 사람이 그리스도의 몸(교회)에 대하여 은사를 받은 선생이었는가?[13] 루터? 칼빈? 오늘날 누가 선생으로서 바울과 견줄 만하다고 주장하겠는가? 나는 과거나 현재에 그러한 주장을 하고자 하는 사람을 알지 못한다. 그러므로 아무도 사도 바울의 것과 견줄 만한 가르침의 은사를 가진 사람이 없었으므로, 우리는 가르침의 은사가 교회에서 철회되었다고 결론내려야만 하는가? 이와 마찬가지로 우리는 전도의 은사를 가진 모든 사람들이 사도 바울처럼 전도하려고 한다고 추정해야 하는가? 누가 사도 바울이 했던 것만큼의 깊이와 권위를 가지고 같은 수의 교회를 세우고, 같은 수의 새로운 일을 시작했는가? 우리는 전도의 은사와 가르침의 은사와 다른 은사들의 다양한 정도의 열심과 자질을 인정할 수 있다. 왜 우리는 치유의 은사를 가지고 그렇게 할 수 없는가? 또는 기적의 은사는? 혹은 예언의 은사는?

물론 우리는 사도들의 치유의 사역이 그리스도의 몸(교회) 안에서 다른 사람들의 그것보다 더 훌륭하리라고 믿어야 한다. 그들은 주님께서 직접 뽑은 대표자들이 되기 위해 특별히 주님에 의해 선택되었다. 그래서 그들은 모든 귀신들과 모든 질병들에 대한 권위와 능력을 부여받았다(마 10:1; 막 3:13-15; 눅 9:1). 그들은 "위로부터 능력을 입히울" 것을 약속받았다(눅 24:49; 행 1:8 참고). 그들은 그리스도의 몸 안에서 그외에 다른 누구도 갖지 않은 권위를 소유했다. 예를 들어 바울은 실제로 그의 육체가 멸하도록 누군가를 사탄에게 인계할 수 있는 권위를 가지고 있었다(고전 5:1-5).

만일 우리가 사도의 사역을 로마서 12장과 고린도전서 12장에 있는 은사들을 판단해야 하는 기준이라 말하고자 한다면, 우리는 기적적이든 기적적이 아니든 간에 은사들은 사도 시대 이래로는 주어지지 않는다는 결론을 내려야만 할 수도 있다. 왜냐하면 어떤 면에서는 아무도 사도들의 지위에 어울릴 수 없기 때문이다.

셋째, 우리는 표적과 기사들이 사도들의 죽음과 함께 끝났음에 틀림없다는 결론을 내려서는 안 된다. 스데반과 빌립은 사도가 아니였다. 그러나 그들은 사도들의 그것과 비슷한 표적과 기사의 사역을 받았다. 그리고 스데반과 빌립 외에도 다른 사람들이 있었을 수도 있다.

표적과 기사를 수반하는 신앙부흥들에 대한 미래의 흘러넘침을 미리 배제하는 것은 신약성경에 아무것도 없다. 사실상 그러한 신앙부흥을 소망하고 기도하는 것은 매우 성경적이다. 사도행전 4:29-30의 기도를 고려해 보라.

> 주여 이제 저희의 위협함을 하감하옵시고 종들로 하여금 담대히 하나님의 말씀을 전하게 하여 주옵시며 손을 내밀어 병을 낫게 하옵시고 표적과 기사가 거룩한 종 예수의 이름으로 이루어지게 하옵소서

만일 교회가 이 기도를 진지하게 취하고자 한다면, 신앙부흥에서 어떤 종류의 넘쳐나는 표적과 기사를 하나님께서 우리에게 주시고자 하는지 누가 알겠는가?

내가 그리스도의 몸(교회)을 바라볼 때, 나는 사도들의 사역에서 일어났던 정도와 양의 기적들을 행하는 사람을 알지 못한다. 그러나 그것으로 인해 나는 더 이상 하나님께서 오늘날에는 기적과 치유를 행하도록 사람들을 사용하고 계시지 않는다는 결론을 내리지 않는다.

사실상 치유와 기적을 행하는 은사를 받은 존 윔버와 같은 많은 사람들과 친구가 되는 것은 나의 특권이다. 내가 앞에서 언급했던 폴 케인은 내가 만났던 사람들 중에서 기적을 행하는 사역에서 가장 은사가 큰 사람이다. 나는 폴이 내가 사도적인 능력의 세계라고 부르는 것에 반문하는 것을 보았다. 그것으로써 나는 그가 병자들을 위해 기도하기보다는 오히려 치유를 명령하고 선포하는 것을 지켜보아 왔다는 것을 의미하는 것이다. 나는 그가 영들을 침묵시키거나 나오도록 명령하는 것과 단 한 번의 명령으로 영들이 떠나

는 것을 보아왔다.

　1990년 3월에 우리는 오스트레일리아의 멜버른에서 케빈 코너(Kevin Connor)가 담임하고 있는 와벌리 그리스도 교회에서 함께 집회를 열고 있었다. 집회의 마지막 부분에 폴은 청중 가운데 몇 사람을 위해 기도했다. 그는 뒤쪽에 있는 한 남자를 가리키면서 말했다.

　"당신의 오른쪽 어깨가 빠졌군요." 폴은 전에 그 사람을 결코 본 적이 없었다. 그래서 그의 어깨가 빠졌다는 것을 지적할 만한 아무런 증거도 없었다. 폴은 말했다.

　"당신의 손을 주 예수님을 향하여 앞으로 펴세요. 그러면 당신의 어깨는 치료될 것입니다." 그 사람이 손을 앞으로 뻗었을 때, 그의 어깨는 즉시 치료되었다. 그리고 그는 양팔을 흔들면서 주님께 감사드리기 시작했다.

　1992년 6월에 칼리포니아 투스틴의 에드워드와 제웰 리브슨(Jewell Levsen)은 폴 케인이 강사하고 있는 미주리주의 켄자스 시의 한 사경회에 참석하고 있었다. 리브슨 부부는 은퇴해서 아이오아 주로 돌아갈 준비를 하고 있었다. 그들은 하나님께 향한 그들의 사역이 끝났거나 그들의 은퇴한 후에는 아주 축소될 것이라고 느끼고 있었다. 그들은 심각한 신체적 문제를 가지고 있었다. 에드워드는 어깨에 심각한 관절염이 있었고, 제웰은 목과 등에 문제가 있었다.

　리브슨 부부는 폴 케인이 강사였던 다른 사경회에 참석한 적이 있었다. 그래서 그들은 주님께서 폴의 예언의 은사와 치유의 은사를 사용하시는 방법에 익숙했다. 그러나 두 사람은 폴이 그들에 대하여 정말로 어떤 직접적인 공적 사역을 할 것이라고 기대하지 않았다.

　그 사경회가 시작되기 약 일주일 전의 어느 날 오후에 제웰은 이렇게 기도했다.

"아버지, 저는 폴 케인이 집회에서 지도자를 불러내는 것을 압니다. 그러나 당신께서는 폴이 보통 사람들을 불러내도록 하신 적이 있으신가요? 저는 제가 불리워질 것으로 기대하지 않습니다. 하지만 혹시 저의 이름이 불리워진다면, 저를 제웰 플로이드라고 불러주세요(플로이드는 제웰의 결혼 전의 이름이었다)."

"만일 당신께서 폴 케인을 통해서 제게 말씀하신다면, 저는 당신에게 한 가지를 질문하고 싶습니다. 저는 많은 사람들이 여자 사역자들에 대하여 이야기하는 것을 들어왔습니다. 그러나 저는 당신께서 여자 사역자들에 대하여 어떻게 생각하시는지를 제게 말씀해 주시기를 원합니다. 저는 너무 늙어서 더 이상 사역할 수 없다는 것을 압니다. 그러나 저는 여전히 당신께서 여자 사역자들에 대하여 생각하시는 바를 알기를 원합니다."

일주일 뒤, 그 사경회 기간 동안에 폴이 집회가 시작되기 전 호텔 방에서 기도할 때, 주님께서는 폴에게 제웰과 그녀의 남편에 대한 환상을 주셨다. 그날 저녁 집회 후에 폴은 청중들을 주의해 둘러보았다. 그리고 말했다.

"이곳에 에드워드라고 불리는 사람이 있습니다. 당신은 서부에서 왔고, 당신의 아내의 이름은 제웰입니다."

그리고 나서 에드워드와 제웰이 일어섰을 때, 폴은 제웰을 바라보았다.

"제웰 플로이드라는 이름이 당신에게 어떤 것을 의미합니까?"

즉시 제웰은 주님의 다정하시고 전지하심에 압도되어서 울기 시작했다.

폴은 그녀의 실망에 대해서 말했다. 그는 제웰에게 말했다.

"주님께서는 당신을 부르셨다고 말씀하셨습니다. 그리고 그것은 아이오아에서였습니다. 주님께서는 당신을 부르셨고 그의 능력을 당신 위에 두셨습니다. 그의 능력은 당신들의 소명이 끝날 때까지 끝나지 않습니다! 그리고 리사(그들의 딸)에게 무슨 일인가 일어날 것입니다. 당신의 전 가정에 뭔가가 일어날 것입니다. 당신의 기도를 들으셨습니다. 그리고 리사는 그녀에게 다가 올 이 삶을 변화시킬 일을 위해 주님을 이미 만났습니다. 들어보세요. 당신들은 오늘 밤 내가 말하고 있는 60세 이후에 꿈을 가질 수 있는 두 사람입니다. 당신들은 살아 있는 동안에 여전히 하나님의 영광을 보고 경험할 것입니다. 나는 당신들의 소명이 아직 끝나지 않았다는 것을 말하고 싶습니다."

제웰을 바라보았을 보며 폴은 말했다.

"당신은 목에서부터 척추까지와 발과 다리에 통증이 있습니다."

제웰은 이것이 사실이라는 것을 인정했다. 폴은 그녀에게 그날 밤에 주님께서 그녀를 치료하실 것이라고 말했다. 그리고 폴은 에드워드를 바라보며 말했다.

"나는 지금 당신의 고통에 대한 환상을 보고 있습니다. 당신의 어깨는 몹시 약해져 있고, 어깨 관절염은 악화되어 가고 있습니다. 주님께서 그 관절염을 치료하실 겁니다."

그러고 나서 그는 제웰을 보면서 말했다.

"나는 당신의 생일이 칠 월이라고 생각합니다. 주님께서 생일 선물로 당신의 남편을 지금 막 치료하셨습니다."

약 6주 뒤에 나는 제웰로부터 편지를 받았다. 그녀는 다음과 같이 썼다.

> 폴 케인이 인도한 금요일 밤 집회 직후에 나는 나의 목을 만져 보았습니다. 그리고 나는 목의 전체 근육 구조가 달라지는 것과 같은 창조적인 기적이 내 목에서 일어났다는 것을 알았습니다! 이후로 나는 매우 좋아졌고, 목에서부터 척추까지 고통을 주던 병이 치료되었다는 것을 알았습니다. 의사가 진단한 것을 당신에게 쓰려한다면 편지로 두세 장이 될 것입니다.

나는 1992년 가을에 에드워드와 제웰을 만났다. 그들은 텍사스 율리스에 있는 엠마오 로드 신학교에 입학했다. 그들은 폴이 지적했던 상태에서 여전히 완전하게 치료되어 있었고, 그들의 마음속에 하나님을 향한 새로운 열정으로 가득 차 있었다. 그들은 그들에게 주어진 하나님의 치유하시는 위엄을 두려워하고 있었다. 그러나 제웰은 그 사경회가 개최되기 일주일 전에 한 그녀의 기도에 대해 하나님께서 주신 구체적인 응답에 정말로 감사하고 있었다. 하나님께서 그녀의 결혼 전의 이름인 플로이드로 그녀를 부르심으로써, 하나님께서 여자들을 부르시고 사용하신다는 것을 그녀에게 알려주심으로써, 그리고 하나님께서 그들을 사역자로서 사용하시기엔 그다지 늙지 않았다는 것을 그녀와 에드워드에게 알려주심으로써 제웰에 대한 하나님의 다정하신 사랑을 증명해 주셨다.

이들 두 가지 예는 거의 사도들의 치유의 수준이다. 첫째, 그 질병은 폴에게 초자연적으로 계시되었다. 둘째, 주님께서는 그가 이 건강 상태를 고치시겠다고 계시하셨다. 폴은 그들의 치유를 위해 기도하지 않았다. 그는 단지 그들의 치유를 선포했다. 이런 유형의 치유는 종종 주 예수와 사도들의 사역의 성격을 나타낸다.

나는 폴 케인이 이런 영역에서 살고 있다고 말하고 싶지만 그것은 사실이 아니다. 폴이 우리들 모두와 마찬가지로 누군가의 치유를 위해 기도할 때도 있다. 그러나 수많은 경우들이 있고, 그가 사도들의 치유의 이 영역을 방문하는 그러한 경우들은 지금 더 자주 나타나고 있는 것 같고, 그의 사역과 사도들의 사역 사이에는 중요한 유사성이 있다.

왜 우리는 주님께서 오늘날 이와 같은 방법으로 사람들을 사용하신다는 것을 믿는 데에 어려움을 겪어야 하는가? 왜 우리는 어떤 사람들이 단지 다른 사람들보다 치유를 위해 기도하는 데에 은사가 더 크다는 것을 믿는 것에는 어려움을 겪어야 하는가? 우리가 어떤 사람들이 가르치는 일에 은사가 더 크고, 다른 사람들은 전도하는 데에 은사가 더 크고, 또 다른 사람들은 행정하는 일에 은사가 더 크다는 것 등을 믿는 데는 어떤 어려움도 없다. 왜 우리는 동일한 것이 치유와 기적에도 마찬가지라는 것을 믿는 데에 어려움을 겪어야 하는가?

　이러한 설명은, 나에게는 사도들의 치유의 모범과 내가 오늘날의 교회에서 보고 듣고 있는 것들 사이의 모순에 관한 문제를 해결했다.[14] 만일 우리가 오늘날 교회에서 사도들의 치유를 볼 수 없다면, 우리가 확실하게 유도해 낼 수 있는 유일한 결론은 단지 우리가 사도들의 치유를 보고 있지 않다는 것이다. 그것은 하나님께서 사도들의 치유를 베푸시지 않는다거나 하나님께서 그리스도의 몸(교회)으로부터 치유의 은사들을 철회하셨다는 것을 의미하지는 않는다.[15]

　우리가 "여호와께서 과연 여기에 계시거늘 내가 알지 못하였도다"(창 28:16)라고 고백해야 했던 야곱과 같을 수 있는 가능성이 항상 있다.

교회사 내의 기적적인 은사들

　그리스도인들이 기적적인 은사들을 믿지 못하는 첫번째 이유가 그들이 기적들을 본 적이 없기 때문이라는 것이라면, 두번째로 가장 강력한 이유는 사도들의 죽음과 오늘날 사이에 기적적인 은사들에 대한 증거가 없다고 느낀다는 것이다. 만일 이러한 은사들이 영원한 것이라면, 어떻게 그것들이 교회사 전체에 걸쳐, 혹은 많은 기간 동안 상실될 수 있겠는가?

　잠시 동안만 그 은사들이 실제로 상실되었다고 가정해 보자. 하나님의 사람들이 하나님께서 주신 은사들을 상실한 것은 처음은 아닐 것이다. 모세가 죽은 후 언젠가 모세오경과 신명기가 상실되었다. 그것은 요시아의 통치 기간 동안인 약 B.C. 622년까지는 발견되지 않았다(왕하 22:8). 그것에 대하여 생각해 보라. 하나님의 사람들이 그들의 성서를 잃어버리다니!

　모든 실제적인 목적을 위해, 이 일은 교회사에서 사람들이 더 이상 히브리어 구약성경의 원전이나 헬라어 신약성경이나 라틴어 번역 성경을 읽을 수 없었던 때에 두번째로 발생했다. 종교개혁의 시기에 와서야 비로소 성경은 그들의 언어로 다시 사람들에게 다가갈 수 있었다. 이것은 분명히 하나님께서 그의 백성들로부터 성경을 숨기신 경우가 아니라 오히려 성경에 대한 교회의 태만 때문이었다.

또 다른 예들도 있다. 교회에 주어진 가장 소중한 가르침들 중의 하나는 그리스도를 믿음으로써만 의로워진다는 교리이다. 그러나 사도들이 죽은 직후에도 사도적 교부들 중의 몇몇의 글은 믿음에 의한 칭의의 교리는 이미 곡해된 것을 보여주기 시작한다(바나바의 서신과 헤르마스의 목자들을 참고). 결국 이 교리는 상실되었고, 15세기와 16세기에 일어난 종교개혁 때까지 크게 회복되지 않았다. 우리는 약 1500년 동안 하나님께서 성령의 가르침의 사역을 철회하셨다거나 믿음에 의해 의로워진다는 교리는 더 이상 그에게 중요하지 않다고 추정함으로써 이 부재를 설명해야 하는가?

이런 종류의 예들은 더 추가될 수도 있다. 예를 들어서, 세대주의자들은 초대교회는 전천년설과 환란 전의 휴거를 믿었다고 주장한다. 그러나 그들은 이 두 가지의 교리는 전해지는 바에 의하면 교회사 속에서 상실되었고, 19세기의 달비(Darby: 영국의 종교가, 프리머스 형제단의 창시자)의 시대까지는 회복되지 않았었다는 것을 인정해야만 한다. 교회가 어떻게 영원하도록 의도된 것을 잃어 버릴 수 있었는가? 교회는 성경과 근본적인 교리들을 쉽게 잊어 버렸던 것 같다. 왜 우리는 교회가 영적 은사들을 잊어 버리는 것은 어렵다고 믿어야 하는가?

또한 교회사 속에서 은사들의 부재로부터 나온 논의는 성경적인 논의가 아니라는 것을 지적해야 할 필요가 있다. 그것은 경험에 근거한 논의이다. 만일 은사들이 역사 속에서 상실되었다면, 가장 중요한 질문은 그들이 상실되었는가 하는 것이 아니라 그 은사들이 왜 상실되었는가이다. 물론 그것은 어떤 사람들이 주장해 온 것처럼 하나님에 의해 계획된 소멸 때문일 수 있었다. (그러나 우리가 기적들의 목적과 성령의 은사들을 연구할 때, 우리는 이 설명을 사용할 수 없다는 결론을 내려야만 할 것이다.) 반면에 하나님께서 결코 이 은사들을 의도적으로 그치게 하시지 않았다는 것이 가능한 일이다. 그러나 오히려 이 은사들을 거부해 온 것은 바로 교회이다. 이러한 은사들의 상실은 은사받은 사람들을 내쫓는 은사를 받지 못한 관료적 지도력의 부상 때문일 수 있었다.[16] 이런 견해에 대하여 사람들이(하나님의 명령들에 대한 직접적인 불순종으로:고전 12:31; 14:1, 39) 성령의 은사들의 구하기를 멈추고, 그들의 교회 내에서 은사들의 역사를 대비하기를 멈출 때 그들은 은사들을 경험하지 못한다. 혹은 그 은사들의 상실은 교회 안에서의 불신, 바교 혹은 율법주의에 대한 하나님의 심판 때문일 수 있었다. 또한 교회사 속에서 추정된 은사들의 부재에 관하여 다른 많은 이유들이 제시될 수 있었다.

다시 우리의 결론은 그 기적적인 은사들의 특성과 목적에 관한 성경의 분명하고 구체적인 언급에 근거해야만 한다. 궁극적으로 이 질문을 해결할 수 있는 것은 역사적인 연구가 아니라 단지 성경뿐이다.

역사적인 연구는 불완전한 학문이다. 누가 정말로 역사를 그렇게 잘 알겠는가? 우리는 마지막 사도가 죽은 시기에서부터 종교개혁의 초기까지의 단편적인 문헌만을 가지고 있을 뿐이다. 즉 우리가 우리의 연구를 기초할 수 있는 아주 부족한 역사적인 자료들은 가지게 된 것은 1400년 동안이다. 이것은 성령은 은사들이 교회사 전체에 걸쳐 교회에서 상실되었다는 확신을 근거하는 충분한 증거인가?[17]

그러나 그 은사들을 정말로 상실되었는가? 사실상 교회사 전체에 걸쳐 교회 안에서 그 은사들의 사용될 것에 대한 풍부한 증거가 있다. 성령의 기적적인 은사들에 대한 역사적인 문헌들을 연구한 후에 카슨(D.A. Carson)은 이렇게 결론맺었다.

> 꽤 많은 형태의 '카리스마적' 은사들이 수세기에 걸친 교회사에서 산발적으로 계속되었다는 충분한 증거가 있다. 따라서 모든 보고가 위조이거나 악마의 행위나 심리적인 이상의 결과라는 교조주의의 이유들을 주장하는 것은 무익한 것이다.[18]

그러나 이런 증거가 항상 공정한 방법으로 다루어져 온 것은 아니다. 증인들이 미혹되기 쉬운 사람들이었다거나 혹은 그들이 잘못된 신학을 가졌었다고 주장되기 때문에 기적에 대한 기록들은 종종 불신되어 왔다.

예를 들면, 어거스틴은 그 기적적인 은사들은 교회로부터 철회되었다는 것을 믿음으로써 시작했다. 그러나 말년에 그는 일련의 철회문들을 썼고, 이것은 그가 철회했던 말들 중의 하나이다. 그의 저서인 『하나님의 도시』(The City of God)에서 그는 2년이 채 지나기 전에 그의 도시 히포(Hippo)에서 기록되거나 증명된 70여 건 이상의 기적들이 일어난 경우들을 알게 되었다고 말한다. 5세기에 글을 썼던 어거스틴만큼 유명하지 않은 어떤 인물도 그가 2년이라는 기간이 채 지나기 전에 그의 도시에서 70건 이상의 기적들을 증명할 수 있다고 말하지 않는다.

보통은 어거스틴을 믿을 만한 증인으로 받아들이고, 그를 교리사에 지대한 공헌을 했다고 간주하는 워필드(Warfield)는 여기서 어거스틴의 증언을 받아들이지 않을 것이다. 워필드가 어거스틴의 증언을 거부하는 이유들 중의 하나는 어거스틴이 기록하는 치유들 중의 일부는 유물들, 특별히 스데반의 유골을 통하여 이루어졌다는 사실 때문이다.[19] 명백하게 워필드에게 있어서 이것은 어거스틴이 믿을 만한 증인이 아니라는 것을 증명하는 충분한 근거이다. 워필드는 결코 스데반의 유골을 통해 이루어졌다고 전해지는 치유들은 일어나지 않았거나 일어났을 리가 없었다는 것을 애써서 증명하려 하지 않는다. 그는 결코 엘리사의 유골이 실제로 어느 죽은 사람을 살렸다는 사실(왕하 13:21)과 어거스틴에 의해 인용된 기적에 대한 이 본문의 계시에 대하여 토론하지 않는다.

사실상 워필드는 4세기부터 계속해서 기적들에 대한 수많은 증인들의 보고가 있다는 것과 이들 증인들이 신뢰하기 어려운 신경증 환자들이 아니라 '오히려 그 시대의 탁월한 학자, 신학자, 설교가와 조직자들'이었다는 것을 인정한다.[20] 이와 관련하여 워필드는 그가 당대의 가장 훌륭한 사상가로서 신뢰했던 어거스틴뿐만 아니라 당대의 지도적인 성경 학자인 제롬(Jerrome), 니사의 그레고리(Gregory)와 아타나시우스(Athanasius), 그 시대의 가장 훌륭한 설교가인 크리소스톰(Chrysostom), 당시의 가장 훌륭한 성직자인 암브로스(Ambrose)에 관해 언급한다.[21] 이 모든 지도자들은 워필드에 의해 기적에 대한 신뢰할 수 없는 증인들로서 제외되었다. 워필드의 역사적 증거에 대한 왜곡된 논법은 통렬한 비판 하에 놓이게 되었다.[22]

이상(異常)함이 진리에 대한 판단의 근거가 아니라는 것을 여기서 지적하는 것이 좋을 듯하다. 그것은 또한 어떤 것이 성서적인지 혹은 비성서적인지를 판단하기 위하여 우리가 사용하고자 하는 판단의 근거도 아니다. 성경 속에는 대단히 이상한 일들이 많다.

예를 들어서, 예언자 이사야는 이집트와 구스에 대한 예표로서 삼 년 동안 벗은 몸과 벗은 발로 지냈다(사 20:3). 선지자 호세아는 창녀와 결혼하라는 명령을 받았다(호 1:2). 엘리사의 유골은 실제로 죽은 자를 살렸다(왕하 13:21). 베드로의 그림자는 그것이 덮은 병자들을 치료했다(행 5:15). 바울의 몸에 닿았던 손수건과 앞치마가 병자들을 치료했고, 귀신들을 내쫓았다(행 19:12). 그리고 이것들보다 훨씬 더 이상한 일들이 성경 속에서 발견될 수 있다.

내가 당신에게 하나님의 보좌에 관한 환상을 보았다고 말하고자 한다고 가정해 보자. 나의 환상 속에는 사자와 송아지와 사람과 독수리를 닮은 네 가지의 생물이 있었다. 그리고 그들 각각은 여섯 개의 날개가 있었고 그 날개들의 안과 주위에 눈이 가득 차 있었다. 이 생물들은 하나님의 보좌 주변을 주야로 날아다니면서 '거룩하다, 거룩하다, 거룩하다'라고 말하고 있었다. 그것이 이미 요한계시록 4:6-8에 기록되어 있지 않았더라면 누가 이것을 이치에 맞는 환상이라고 믿겠는가? 나는 우리가 우리에게 들려오는 모든 이상한 것을 믿어야만 한다고 말하고 있는 것이 아니다. 그러나 나는 아무것도 그것이 단지 이상하기 때문에 사실이 아니라든가 비성서적이라든가로 무시되어서는 안 된다는 것을 말하고 있는 것이다.

최근의 연구는 교회사 전체에 걸쳐 일어난 기적적인 사건들에 대한 보고들을 훨씬 더 긍정적인 조명 속에서 관찰하는 경향이 있다.[23]

나는 표적과 기사들에 대한 사도들의 사역을 평범한 그리스도인들에게 주어지는 치유를 은사들과 같다고 잘못 생각해 왔다는 것을 알았을 때, 기적적인 은사들의 현대의 사역에 대한 신학적 반대의 이유가 사라졌다. 그것은 또한 예수님과 사도들의 치유의 사역은 일종의 자동적이거나 기계적인 양상으로 작용하지 않았다는 것을 이해하는 데에 도움이 되었다. 그것은 내가 그들이 임의대로 치료할 수 있었다고 믿게 한 신약성경을 피상적으로 읽은 것과 결합된 신학적 편견이었다. 이제 나는 처음 열린 마음으로 성경이 치유와 기적들에 대하여 말하는 것을 연구하는 입장에 있었다.

나는 또한 실제로 성령의 은사들에 대한 증거를 찾으면서 열린 마음으로 교회사를 읽기 시작했다. 나는 내가 믿어 왔던 것보다 교회사 전체에 걸쳐 있는 기적적인 은사들의 존재에 대한 훨씬 더 많은 증거가 있다는 것을 알았다.

그러나 나는 이 문제에 대하여 진실로 열린 마음으로 성경을 연구할 수 있기 전에 중요한 장애물을 두 개 더 건너야만 했다. 성령의 은사들을 믿는 것이 내가 카리스마적 운동의 남용을 공유한다는 것을 의미한다면, 나는 그것들을 믿으려고 할지 확실하지 않았다. 그러나 그 은사들의 어떤 남용은 별문제로 하고 나는 계시적 은사들, 특히 방언의 은사—그것은 내게 매우 주관적인 것 같았다

―에 대한 급격한 변화를 겪었다. 그것은 또한 성경의 중요성과 그 권위를 손상시키는 것 같았다. 그러나 성경의 가르침은 나로 하여금 나의 의지에 반대하여 그 은사들을 향하게 하고 있었다.

제6장
영적인 남용에 대한 반응

거의 모든 사람들은 오순절 운동과 카리스마 운동 내에서와 다른 성령의 은사들을 믿는 그룹들 내부의 남용들을 경험해 본 적이 있거나 들어본 적이 있다. 이들 남용의 일부는 아주 굉장한 것일 수도 있다. 내가 처음 비니어드 교회의 집회에 참석하기 전에 나는 카리스마적 혹은 오순절이라고 불릴 수 있는 집회에는 단지 한번 참석해 본 적이 있었다. 이것은 대학교 3학년 때의 일이었다. 모두 기독교적 사역으로 일하고 있던 우리 그룹은 으리 도시에서 잘 알려진 오순절 교회에서 부흥회를 열고 있는 한 젊은 오순절파 부흥사의 설교를 들으러 갔었다. 우리는 그 예배에 대하여 비난하고 즐기려 했다.

그 젊은 전도자는 최근에 유행하는 '히피' 의상을 입고 무대 위로 나왔다(그해는 1970년이었다). 그는 성경으로부터 설교하는 것 대신에 그의 개인적인 회심에 대한 이야기를 했다. 전해 들은 바에 의하면, 그는 마약 상용의 혐의로 감옥에 있는 동안 회심했다. 그가 마약 기운이 떨어진 증상을 경험하면서 감방 구석에 앉아 있을 때, 그는 주 예수님과 두 명의 천사가 그 위에 떠 있는 것을 보았다. 예수께서는 그 젊은이를 내려다 보기 위해 멈춰 서셨다. 그러나 한 천사는 예수님의 팔을 잡고 말했다.
"예수님, 어서 갑시다. 그는 가치가 없어요. 그는 단지 쓰레기일 뿐이에요." 예수님은 그 천사에게 그가 이 젊은이를 위한 위대한 계획을 가지고 계시기 때문에 멈추라고 말씀하셨다.

그날 저녁 그 젊은 부흥사가 말한 어느 것도 그에 대한 진실의 울림이 없었다. 우리의 견해로는 그의 현란한 차림새도 그의 신뢰성을 더하지 못했다.

그의 메시지의 마지막 부분에 주어진 초청은 죄인들의 구원을 위한 것이 아니었다. 그대신에 성령 세례와 방언의 은사를 받고자 하는 사람에게 베풀어진 것이었다. 초청이 주어졌을 때, 나의 친구들 중의 일부가 좀더 잘 보기 위해 앞으로 갔다. 그들은 초청을 받아들인 세번째 사람을 위해 기도하는 두 사람을 보았다. 그 두 사람은 그 사람에게 입을 열고 소리를 내라고 말했다. 그 사람은 그렇게 했고, 즉시 그는 방언의 은사를 받은 것으로 선포되었다.

그날 저녁에 우리가 경험한 것은 이미 우리가 아는 것이었다. 즉 성령의 은사들은 주어지는 것이 아니고, 오늘날 그러한 종류의 은사들에 대한 모든 주장은 단지 속기 쉽고, 속는 사람들 편에서의 거짓이었다. 더 나쁘게 말하면, 그것들은 계획적인 속임수였다.

성령의 은사들이 남용되거나 위조되는 집회에 참석했었기 때문에 나는 성령의 은사들이 행해지는 모든 집회들은 단지 그와 같은 것이라는 결론을 내렸다. 하나님께서 내가 진실을 보지 못하게 하신 것은 놀라운 것이 아니다. 당신이 닫혀진 마음으로 산다면, 하나님께서 당신의 편견을 깨시는 일은 드물다. 나는 그날 저녁에 신실한 탐구자가 아니었다. 그러므로 하나님께서 그의 진주를 골라 돼지에게 던지시지 않기로 결정하셨다면 나는 놀라지 않았을 것이다.

성령의 은사들을 믿고 행하는 어떤 그룹들 내에 심각한 남용이 있다는 것은 부정할 수 없다. 나는 통제하고 교묘히 다루는 방법으로서 감정주의와 과장적 표현들과 엘리트 의식과 예언적인 말들을,

그리고 다양한 집회와 운동들에서 영적인 기초의 부족을 목격해 왔다. 그러나 나는 이것이 성령의 은사들을 행하는 대다수의 그룹들에도 마찬가지라고 말하고 싶지는 않다.[1] 그리고 나는 내가 이런 운동들 가운데서 개인적으로 아는 지도자들은 이러한 부절제와 남용을 재빨리 고치는 것을 보았다.

남용의 중요성

우리는 이러한 남용에 어떤 중요성을 부여해야만 하는가? 우리는 그것들이 성경에서 간주되는 것과 같은 조명으로 그것을 고찰해야만 한다. 놀랍게도 성경은 하나님께서 영적인 남용과 교리적인 오류와 심지어 부도덕을 지닌 사람들 가운데서도 역사하신다고 가르치고 있다.

구약성경과 신약성경은 이러한 견해를 충분히 예증해 주고 있다. 삼손은 지방의 경기장에서 길고 힘든 연습을 통해 그의 큰 힘을 얻은 것은 아니었다. 그의 힘은 초자연적인 것이었다. 왜냐하면 성경은 그것이 성령의 힘 주심 때문이었다는 것에 의심의 여지를 주지 않기 때문이다(삿 14:6, 19; 15:14). 가자 시에서 한번은 삼손이 한 창녀와 밤을 보냈다(삿 16:1). 우리는 분명히 그와 같은 성적 부도덕은 그가 성령의 능력을 잃게 할 것이라고 예상할 것이다. 그러나 그의 적들이 그를 잡기 위해 성을 포위했을 때, 하나님께서는 그에게 힘을 주셔서 그 도시의 성문을 뽑아 그것을 팔레스틴 사람들을 조롱하면서 산 꼭대기로 가져가게 하셨다(삿 16:2-3).

신약성경 역시 그러한 예를 가지고 있다. 고린도 교회는 영적인 은사들에 있어서 부유해, 바울은 그들이 어떤 영적인 은사에 부족함이 없다고 말할 수 있었다(고전 1:7). 그러나 그들은 상당한 쉰판 분쟁의 영을 나타나서 바울은 그것들을 "육에 속한 자"라 불렀다(고전 3:1 이하). 게다가 이방인들이 행하는 것보다 더 악한 성적 부도덕이 그들 가운데에 있었다. 그리고 그들은 그 성적 부도덕을 묵인했다(고전 5:1-2). 그들은 주의 만찬 동안에 술취하는 죄를 범하기조차 했다. 일부 고린도 사람들은 신약성경에 언급된 최악의 교리적 오류를 범했다. 그들은 죽은 자들로부터의 부활이 없다고 주장했다(고전 15:12). 여기에 도덕적인 악습과 교리적 오류을 가진 교회가 있었다. 그러나 고린도 교회는 신약성경에 언급된 은사가 가장 많았던 교회들 중의 하나이다.

바울이 갈라디아의 교회들에게 편지했을 때(아마도 A. D. 49년), 교리적 이단이 그 교회들의 마음을 사로잡고 있어서 바울은 그들에게 "그리스도의 은혜로 너희를 부르신 이를 이같이 속히 떠나 다른 복음을 좇는 것을 내가 이상히 여기노라"고 말했다(갈 1:6). 그들의 상황의 심각성은, 바울이 "어리석도다 갈라디아 사람들아, 예수 그리스도께서 십자가에 못박히신 것이 너희 눈 앞에 밝이 보이거늘 누가 너희를 꾀더냐?"라고 묻는 다른 절에서도 나타나 있다(갈 3:1).

갈라디아의 교회들은 그들을 구원한 바로 그 복음을 버리려하고 있었고, 그때 바울은 갈라디아인들에게 편지를 쓰고 있었으며, 하나님께서는 그들 가운데서 기적을 행하고 계셨다. "너희에게 성령을 주시고 너희 가운데서 능력(기적)을 행하시는 이의 일이 율법의 행위에서냐 듣고 믿음에서냐?"(갈 3:5) "너희 가운데서 능력(기적)을 행하시는"이라는 구절에서 '행하다'라는 동사는 현재시제이다. 이것은 바울이 그들에게 편지를 쓰고 있는 것과 동시에 기적들이 갈라디아인들 사이에서 일어나고 있었다는 것을 바울이 주장했다는 것을 의미한다.

이 간단한 조사를 통해 우리는 세 가지의 피할 수 없는 결론에 도달하게 된다.

첫째, 기적이 일어나는 기독교의 그룹들 내에서의 남용의 실재와 심지어 부정한 행위는 고린도에서 그랬던 것 이상으로 그들의 기적이 하나님께로부터 오는 것이 아니라는 것을 증명하지 못한다.

둘째, 기적이 일어나는 기독교의 그룹들 내에 교리적 오류의 실재는 갈라디아 교회에서 그랬던 것 이상으로 그들의 기적들이 무가치하다는 것을 증명하지 못한다.[2]

셋째, 기적은 개개의 교회들이나 기독교 그룹들의 독특한 교리나 실행을 확인하거나 뒷받침하지 않는다. 갈라디아에서의 기적들이 이단의 가르침을 뒷받침하지 않는 것은, 고린도에서의 기적의 은사가 주의 만찬에 대한 그들의 남용을 뒷받침하지 않는 것과 같다. 성경에 따르면, 신약성경의 기적들이 뒷받침하고 확인하는 단 하나의 메시지가 있고, 그것은 예수 그리스도의 인성과 사역이 관한 복음의 메시지이다.

지난 세기 동안 많은 은사소멸론의 문헌들은 이 세 가지의 결론을 이해하는 데에 실패해 왔다. 기적적인 은사들이 역사에 나타날 때마다, 은사소멸론자들은 이러한 은사들이 나타나는 그룹 내부의 남용이나 교리적 오류들을 찾는다. 그들이 교리적 오류들이나 남용을 발견하게 될 때, 그들은 즉시 이러한 은사들이 실제적이었을 리 없다는 결론을 내린다.[3] 그들은 고린도와 갈라디아에서의 은사들도 역시 실제가 아니었다는 결론을 내려야 할 것이다!

오늘날 교회 내에서의 비카리스마의 남용

사람들은 종종 성령의 은사들이 오늘날에는 주어지지 않는다는 것을 증명하기 위하여 카리스마의 남용을 사용한다. 그러나 기독교의 모든 표현에는 남용이 있다. 그것은 단지 우리가 우리들 자신의 남용에 익숙하다는 것과 그것들은 다른 그룹의 남용만큼 나쁜 것 같지 않다는 것이다 그러나 그것이 사실인가?

내가 여전히 달라스 신학교의 교수였을 때, 어느 날 나는 일단의 학생들과 함께 점심을 먹고 있었다. 그런데 한 명이 존 윔버와 피터 와그너에 대해 언급했다. 또 한 명이 말했다.

"난 그 사람들에 대한 심각한 문제가 있습니다."

"왜?" 내가 물었다.

"그들이 풀러 신학교에서 가르치기 때문입니다."

나는 그에게 풀러 신학교가 무엇이 그렇게 나쁜지를 물었다. 그는 교수진과 신학교의 위원회로서 그들은 더 이상 성경의 무오성의 교리를 만장일치로 긍정하지 않고, 그러므로 그곳에서 가르치는 사람은 누구도 신뢰할 수 없다고 말했다. 토론이 진척되어감에 따라 그가 이 문제에 대하여 아주 강하게 심지어는 분노를 느낀다는 것이 분명했다.

그날 이후에 그 학생이 나의 사무실로 개인적으로 찾아와서 그가 15년 간 외설물에 대한 탐닉의 문제와 싸우고 있다고 고백했다. 그는 또한 나에게 그가 신학교에 다니는 동안 세 번 매춘부를 찾아 갔었다고 말했다.

이 젊은이는 부인과 아이들까지 있었으며, 또한 지역 교회의 목사이기도 했다. 나를 놀라게 한 것은 그가 매춘부들을 찾아가는 것을 간음으로 여기지 않는다는 것이었다. 나는 그가 그 자신의 간음에 대한 것보다도 성경의 무오성에 대한 풀러 신학교의 견해에 훨씬 더 강한 반응을 보이는 것에 더욱더 놀랐다. 그는 그가 15년 동안 정욕에 묶여 있었고, 그의 가족과 교회 앞에서 거짓으로 살고 있다는 사실보다도 성경의 무오성의 교리에 대하여 더 감정적인 격함을 느꼈다.

후에 지역 카리스마적 교회에서 온 몇몇의 사람들이 (그의 요청에 따라) 그를 위해 기도하고 하나님께 그의 삶을 누르고 있는 정욕의 힘을 끊어 주시기를 간구할 때, 그는 그 사람들 중의 한 명이 아주 조용하게 방언으로 기도했기 때문에 극도로 동요하게 되었다. 다시 그는 그가 정욕에 사로잡힌 간음자라는 것보다 어떤 사람이 방언으로 기도한다는 사실에 더 많은 관심을 보였다.[4]

내가 그 젊은이를 도우려하는 동안에 나는 종종 그의 상태를 깊이 생각해 보았다. 가장 불온한 면은 그가 심한 성적인 죄에 빠져 있고, 정욕에 사로잡혀 있다는 것이었다—나는 그런 일이 오늘날 모든 분파의 교회의 그리스도인들에게 일어나는 것을 보아왔다.[5] 이 젊은이에 관하여 나를 가장 혼란스럽게 하는 것은 그가 그의 도덕적 삶보다 교리를 더 높이 평가한다는 분명한 사실이었다. 이 우선 순위는 회심한 마음에는 자연스러운 것이 아니었다. 이 우선 순위는 그의 선생들이 그에게 부지 중에 세워놓은 것이었다. 그는 일생 동안 교리적 권위를 그들의 가장 높은 가치로 평가하는 일부의 종교적인 권위자들로부터 이러한 강조를 배웠다. 이러한 강조는 신약성경의 가르침 속에서는 발견할 수 없는 것이다.

　사실상 이러한 강조는 신약성경의 교리를 곡해시킨다. 왜냐하면 그것은 마음(즉 감동)보다 지성을 더 중요하게 여기기 때문이고, 옳은 것을 믿는 것이 옳은 일을 행하는 것보다 더 중요하다고 주장하는 것이기 때문이다. 이 목사는 지식을 인생에 있어서 최고의 가치로 삼았다. 그는 교리의 순수성에 대한 그의 추구를 자신의 삶에서의 순결성에 대한 추구보다 우위에 놓았다.

　나는 이게 그런 종류의 교리의 결과를 바라고고 있었다. 한 젊은 목사는 그의 죄들에 대하여 울 수 있는 능력을 잃어버렸다. 그러나 그는 여전히 성경의 권위를 변호하려는 열정을 가지고 있었다. 우리들 자신의 개인적인 성결함을 희생하여 이러한 지적인 교리적 순수성을 추구하는 것은 카리스마적인 운동내의 어느 것만큼이나 큰 남용이다.

　또 하나의 예를 제시해 보겠다. 나는 신학 대학원에 다니는 한 사람을 안다. 신학교 학생 때와 졸업 후의 몇 년 동안에 그는 동성연애자였다. 그는 이중생활을 하는 데에 매우 기술적이었기 때문에, 그의 그리스도인 친구들과 그가 출석하는 교회의 어느 누구도 그를 의심해 본 적이 없었다. 그는 동성애적 타락함 중에서 최악의 상태에 이르러 있었다.

　그의 이러한 생활은 여러 해 동안 계속되었다. 그러고 나서 그는 갑자기 생명의 위협을 받고 괴로워하게 되었고, 자신이 병원의 수술실로 실려 들어가고 있는 것을 발견했다. 담당의사가 그에게 아마도 그가 수술실에서 살아서 나올 수 있을 것 같지 않다고 말했다. 그 사람이 이 말을 들었을 때, 그는 하나님께 울면서 자비를 구했다. 그는 그가 행해 온 이중생활에 대해, 하나님께 신실하지 못했던 것에 대해, 그리고 그의 친구들을 속인 것에 대해 하나님께 회개했다. 그는 그의 동성애를 회개했고, 결코 다시는 그것으로 향하지 않겠다고 약속했다. 그리고 그는 하나님께 그를 치료하시기를, 그에게 한번 더 기회를 주시기를 기도했다. 당신은 그러한 환경 속에서 행해진 그와 같은 기도에 하나님께서 어떻게 응답하셨을 것이라고 생각하는가?

하나님께서는 그의 생명을 구해주셨다. 그뿐만 아니라 수술과 그에 따르는 치료로부터의 회복은 의사들이 예상했던 것보다 훨씬 더 빨랐다.

나는 그의 빠른 회복을 기적이라 부르려 하지 않았다. 그러나 기적은 정말로 그에게 일어났다. 그가 수술에서 회복되었을 때, 모든 동성애적 욕망이 그에게서 사라졌다. 그가 그렇게 여러 해 동안 섬겨왔던 잔인한 주인(동성애)은 어디에서도 발견되지 않았다. 그는 자유로웠다. 십자가 보혈의 능력은 내가 아는 어떤 신체적 치유보다도 더 큰 기적을 이루었다.

병원에서 퇴원한 후에 이 사람은 하나님께 한 맹세를 수행하기로 결정했다. 그는 최상의 출발점은 교회로 돌아가서 죄와 속임수를 다 고백하는 것이라고 생각했다. 이미 그는 에이즈(AIDS)에 걸려 있었고, 그는 또한 야고보서 5:14-16에 따라 교회의 장로들이 그에게 기름을 붓고 그를 위해 기도해 주기를 원했다.

당신은 그 교회의 장로들이 이 탕자가 집으로 돌아오는 것을 기뻐했을 것이라고 생각할 것이다. 그러나 그렇지 않았다. 첫째, 일부의 사람들은 그가 신자인지를 의심했다. 둘째, 그들은 그에게 그 교회를 떠나도록 요청했다. 셋째, 그들은 그를 위해 기도하기를 거절했다. 그래서 그가 교회를 떠날 때, 일부의 사람들은 에이즈에 걸리는 것을 두려워해 악수조차 하지 않았다.

나는 당신에 대하여 아는 바가 없다. 그러나 내가 나의 교회에서 가장 나쁘고 가장 우둔한 형태의 감정주의를 가지는 것과, 이 사람이 회개 후에 경험한 것과 같은 냉정한 형식주의와 함께 사는 것 사이에서 선택해야 한다면, 나는 감정주의를 선택할 것이다.

당신은 이것들이 고립된 이야기라고 생각할 수도 있다. 그러나 그렇지 않다. 이런 종류의 사건들은 결코 반카리스마적이고, 성경 교리의 가르침에 높은 가치를, 아마도 최고의 가치를 두는 교회의 입장에서는 보기드문 것이 아니다. 나는 20년 이상 동안 그 교회의 편에서 살았다. 그리고 나는 몇 권의 책을 채울 만큼이나 충분한 이런 종류들의 남용을 모아 왔다.

교회의 이런 특별한 분파는 내가 카리스마적 분파에서 본 적이 있는 어떤 사람만큼 하나님의 말씀을 남용하는 죄를 범한다. 그들은 단지 다른 방법으로 하나님의 말씀을 남용하는 것이다. 그들은 예언을 믿지 않는다. 따라서 그들은 그것을 사람들을 통제하고 다루는 수단으로써 그것을 사용할 수 없다. 그러나 그들은 그들의 교회에서 사람들을 통제하고 다루기 위해서 하나님의 말씀과 그것에 대한 그들의 해석을 사용한다.

J.I. 패커는 이 그룹을 다음처럼 묘사한다.

> '인간의 전통'에 대한 그들의 경멸에도 불구하고, 눈을 감고 입을 열어 입 속으로 들어오는 것은 무엇이든지 간에 삼키라고 명령받는 어린 아이들의 태도로 어른들이 믿음과 실천의 전통을 받아들여야 한다고 요구하는 많은 보수적인 그리스도인들의 주장은 성숙된 것이 아니다. 기껏해야 그것은 완고한 신앙(편협)으로 이끌거나 최악의 경우라도 그것은 광신으로 이끌 뿐이다.[9]

패커가 묘사한 일부의 교회는 분명히 교황의 무오설을 비난하는 것이다. 그러나 그들은 그들 자신의 해석적이고 설명적인 전통을 오류가 없는 것으로 여긴다. 게다가 그들은 성경이 그들 자신의 해석이나 실행에 적합하지 않을 때마다 논쟁이 되는 구절을 매우 바보스러운 해석을 함으로써 성경을 모독한다.

근본주의가 남용될 때

나는 당신이 앞의 예들을 오해하지 않기를 바란다. 나는 나의 신학교를 비난하고 있는 것이 아니다. 나는 달라스 신학교에 내가 결코 갚을 수 없는 빚을 지고 있다. 스승들은 나의 가장 귀중한 보배가 되어 온 하나님의 말씀에 대한 사랑과 거룩한 존경을 나에게 전해 주셨다.

나는 스승들을 통해 친절과 사랑과 단언을 보았다. 나는 나의 배움이나 달라스 신학교에서 일한 몇 년을 어떤 것과도 바꾸지 않을 것이다.

나는 나의 신학교도 다른 교회의 비카리스마적 분파들도 비판하고 있는 것은 아니다. 내가 비판하고 있는 것은 그것이 남용될 때의 근본주의이다. 나는 이미 카리스마적 교회의 남용이 실제적인 것이고 심각하다는 것에 동의했다. 나는 이 장에서 그러한 남용들을 함부로 예증하려 애쓰는 것이 아니다. 최근에 쏟아져 나오는 카리스마적 서적들이 이 일을 지겹도록 해 왔다. 그러나 그들이 하지 않은 것은 그들 자신의 남용이 그만큼 심각하다는 것을 인정하는 것이다. 내가 앞서 언급한 남용의 유형은 근본주의의 교회들이나 교리적 정통성을 그들의 최고의 가치로 여기는 다른 교회들 안에서는 보기드문 것은 아니다.

모든 교회들은 그들 자신들의 독특한 남용을 가지고 있다. 일부 교회들은 감정주의의 경향을 가지기 쉬운 반면에, 다른 교회들은 냉정한 율법을 존중하는 독선적인 형식주의의 경향을 가지기 쉽다. 두 가지 다 심각하게 잘못된 것이다. 대부분의 남용은 잘못된 강조나 혹은 선한 것의 잘못된 적용에서 유래하기 때문에 우리는 종종 우리들 자신의 남용에 대해서는 무감각해진다. 우리는 우리의 약점을 남용하지 않는다. 우리는 우리의 힘을 남용할 뿐이다. 그것이 우리가 우리들 자신의 남용을 본다는 것이 그렇게도 힘든 이유이다—그것은 힘, 우리와 다른 사람들을 복주는 것을 잘못 사용하는 것이다.

영적인 남용에 대한 우리의 태도

이 장의 목적은 카리스마적이나 혹은 오순절 교회의 남용을 변명하거나 일부의 전통적인 교회들을 비난하려는 것은 아니다. 오히려 우리는 영적인 남용에 대한 우리의 경건하고 성경적인 태도를 연마할 필요가 있다(그것이 어디에서 일어나든지 간에).

교회 내에서 우리가 취할 수 있는 두 가지의 다른 태도가 있다. 우리는 그것들을 남용되는 것을 제거함으로써 통제하려 할 수 있다. 예를 들어 우리는 사람들이 방언을 말하는 것을 금함으로써 방언의 은사의 남용을 제거할 수 있다. 우리는 다양한 자유들을 금함으로써 그러한 자유의 남용을 제거할 수 있다. 성경이 이러한 접근법을 금한다고 할지라도 그것은 교회사의 초기부터 바로 오늘날까지도 계속되고 있기 때문에 일반적인 것이다.

그러나 성경을 믿는다고 공언하는 그룹이 어떻게 이렇게 할 수 있겠는가? 그것은 간단하다. 그들은 고려 중인 특별한 성경의 명령을 합리화해 버린다. 바울이 방언으로 말하는 것을 금하지 말라고 말했을 때(고전 14:39), 일부 사람들은 단지 그것이 오늘날에는 적용되지 않는다고 말한다.

그러한 방법이 가지는 문제점은 성경을 모독하는 것일 뿐 아니라 이런 종류의 권위주의적인 통제가 자발성을 억누르고 교회의 생명을 서서히 쇠진시킨다는 것이다. 그것은 죄와 남용을 다루기에 훨씬 더 어려운 곳으로 숨기는 것이다. 나는 오늘날의 기독교 교회들의 스펙트럼 중의 다른 어떤 곳에서보다도 권위주의적인 근본주

의적 교회에서 훨씬 더 많은 약점들과 은밀한 죄를 보아왔다.[7]

  나의 의견으로는 더 나은 접근법은 남용과 교리적인 오류들을 천국의 이러한 측면에 대하여 피할 수 없는 것으로 간주하는 것이다. 우리가 그러한 것들을 볼 때, 충격을 받는 대신에 우리는 그것들을 은근하고 끈기있게 고쳐가야만 할 것이다. 어떤 경우에 우리는 우리가 남용이라고 생각하는 것이 결코 남용이 아니라 일보의 진보라는 것을 발견할 것이다.

  예를 들면, 조지 위트필드(George Whitefield:1714-1770) 시대의 사역자들은 야외 설교를 예수 그리스도의 복음의 이름을 더럽히는 것으로 간주했다. 그러나 결과적으로 교회는 위트필드를 반대하는 사람들이 복음의 이름을 더럽히는 것을 보게 되었고, 그들은 야외 설교가 사람들을 그리스도께로 인도하는 정당한 방법이라는 것을 받아들였다.

  우리는 또한 상당한 정도의 겸손이 필요하다. 우리는 우리의 마음이 거짓되고 부패하다는 것을 인식할 필요가 있다(렘 17:9). 우리는 우리의 해석뿐만 아니라 실천도 결코 잘못이 없을 수는 없다는 것을 깨달아야 할 필요가 있다. J.I. 패커가 말하는 것처럼, 우리는 '우리들 자신의 전통의 희생자들이자 수혜자들이다.'

  우리가 분명하게 보기 시작할 수 있는 것은 바로 우리가 진실로 속고 있다는 것에 대한 가능성을 믿을 때이다. 우리가 우리들 그리스도인의 삶을 통하여 우리를 따라 다니는 많은 맹목에서 벗어날 수 있는 것은, 바로 우리가 우리의 잘못들을 계시해 주시도록 하나님께 호소할 때이다. 다윗은 그가 기도할 때 그의 혹독한 맹목을 고백했다.

> 하나님이여 나를 살피사 내 마음을 아시며
> 나를 시험하사 내 뜻을 아옵소서
> 내게 무슨 악한 행위가 있나 보시고
> 나를 영원한 길로 인도하소서(시 139:23-24)

만일 시편의 많은 부분을 쓰도록 특권을 받은 '하나님의 마음에 합한 사람'이 하나님께서 그의 잘못과 죄들을 계시하셔야 할 필요성을 보았다면, 우리는 얼마나 더 많이 그 계시적 사역을 구해야만 하겠는가?

*　　*　　*

하나님께서는 종교적인 교만의 편견을 대개 침해하시지 않으신다는 것이 나의 고찰이었다. 많은 형식주의자들은 그들 자신의 전통과 편견의 정당성을 절대적으로 확신하면서 죽어갔다. 그들의 종교적인 교관은 하나님께서 기꺼이 그들에게 주시고자 하는 고침으로부터 그들을 차단시켰다. 왜냐하면 "하나님이 교만한 자를 대적하시되 겸손한 자들에게 은혜를 주시기" 때문이다(벧전 5:5).

비극은 그들의 많은 교리들이 성경적이었고 참이었다는 것이다. 그러나 나는 모든 견에서 완벽한 정통성을 가졌으되 겸손이 없는 것보다는 차라리 약간의 잘못된 교리가 있어도 겸손을 택하겠다. 틀린 교리와 겸손을 가진 사람은 수정될 수 있다. 대체로 옳은 교리를 가졌으나 겸손이 없는 사람은 그가 섬긴다고 고백하는 주님에 의해 대적될 것이다.

제7장
성령님께 압도되다

1906년 4월 18일에 「로스엔젤스 타임즈」(*Los Angeles Times*)는 그 도시에서 일어나고 있는 이상한 새로운 신앙부흥에 대하여 보도했다. "이상한 왁자지껄한 방언"이라는 제목으로 그 신문의 한 기자는 다음과 같이 말했다.

> 집회들은 산 페드로 가 근처의 아주사 가의 한 무너져가는 오두막에서 열린다. 그리고 이상한 교리의 광신자들은 매우 광신적인 의식을 행하고, 가장 엉뚱한 이론들을 설교하고 그들의 특별한 열증으로 광적인 흥분의 상태에 들어간다. 흑인들과 극히 소수의 백인들이 회중을 이루고 있다. 그리고 밤은 그 숭배자들의 울부짖음으로 거의 무서워진다. 그리고 그 숭배자들은 신경을 건드리는 태도의 기도와 기원을 하면서 앞뒤로 흔들거리며 여러 시간을 보낸다. 그들은 '방언의 은사'를 받아서 그 왁자지껄한 소리를 이해할 수 있다고 주장한다.[1]

같은 날 샌 프란시스코에는 대 지진이 일어났고 그 도시의 많은 지역이 파괴되었다. 그 지진으로 인한 진동이 아주사 가에 있는 그들에게 느꼈을 때, '영적인 지진'이 그 집회를 흔들었고, 그것은 거의 히스테리적인 수준으로 높아졌다.[2]

샌 프란시스코 지진의 진동이 캘리포니아 해안의 위아래에서 느껴졌지만, 영적 지진으로 인한 진동은 그 지역의 전역에 퍼졌다. 그 신앙부흥은 삼 년 동안 주야로 계속되었고, 현대판 오순절주의를 낳았다. 그러나 바로 그 시작으로부터 그 신앙부흥에서 발생했던 물리적인 현상은 '종교적인 열정의 격앙'으로서 조소되었고, 방언을 말하는 사람들은 '표현되지 않는 이야기를 목구멍에서 콜록콜록 소리내는 것'이라고들 했다.

이상한 물리적인 표현은 교회사에 걸쳐 죽, 특별히 신앙부흥의 기간 동안에 일반적인 것이었다. 때때로 이러한 표현들은 가장 그럴 것 같지 않은 환경들 속에서 일어났다.

1730년대 후반과 1740년대 초에 있었던 영국 신교의 신앙부흥 기간 동안, 존 웨슬리는 수많은 '외적인 표적들'이 그가 전도하는 동안에 일어나는 것을 보았다. 1739년 6월 17일에 웨슬리가 야외에서 설교하며 모든 죄인들에게 '이 새롭고 살아 있는 방법'을 통하여 '성소에 들어가도록' 진지하게 초청하고 있는 동안에

> 듣고 있던 많은 사람들은 크게 외치고 울면서 하나님을 부르기 시작했다. 일부의 사람들은 몸이 구부러졌고 그들에게는 힘이 남아 있지 않았다. 다른 사람들은 떨며 진동했다. 일부의 사람들의 이는 발작적인 움직임으로 고통스러워했다. 그리고 그것은 매우 격렬해서 네다섯 사람이 그들 중의 한 사람도 잡을 수 없었다.[3]

그의 친구이자 동료 설교자인 조지 위트필드가 처음으로 이러한 표적들에 대하여 들었을 때, 그는 격렬하게 반대했다. 그러나 1739년 7월 17일에 웨슬리는 그의 일기 속에 다음과 같이 기록한다.

> 나는 하나님의 내적인 역사에 매우 자주 수반되는 그러한 외적인 표적들에 대하여 그와 함께 이야기할 기회를 가졌었다. 나는 그의 반대가 주로 사실상 조잡한 허설에 근거했다는 것을 발견했다. 그러나 다음날 그는 더 잘 알 수 있는 기회를 갖게 되었다. 그가 (그의 설교의 적용에서) 모든 죄인들을 그리스도를 믿도록 초청하기 시작하자마자 네 사람이 그의 가까이에서 거의 동시에 꼬꾸라졌다. 그들 중의 하나는 어떤 의식이나 동작 없이 누워 있었다. 두번째 사람은 몹시 떨었다. 세번째 사람은 그의 온 몸에서 강한 경련을 일으켰다. 그러나 신음 소리 외에는 어떤 소리도 내지 않았다. 네번째 사람은 똑같이 경련을 일으켰고 큰소리로 울며 하나님을 불렀다.

웨슬리는 다음의 말로 그날의 일기를 맺는다.

> 이때로부터 나는 우리 모두가 그를 기쁘시게 하는 방법으로 하나님께서 그의 역사를 행하시도록 할 것이라는 것을 믿는다.[4]

같은 기간 동안, 누가 미국 역사상에서 가장 큰 신앙부흥들 중의 하나인 대 각성으로 여겨지는 그러한 종류의 '표적들'이 차분한 뉴잉글랜드의 환경에서 일어날 것이라고 생각이나 했겠는가? 그러나 이것은 정확히 많은 사람들이 미국의 가장 위대한 신학자로 여기는 조나단 에드워즈의 집회에서 정규적으로 일어나는 것이다.

그의 교회에서 있던 집회 하나를 묘사하면서 에드워즈는 다음과 같이 쓰고 있다.

> 그 감동은 빠르게 방 안 전체로 퍼졌다. 많은 젊은 사람들과 어린 아이들이…하나님의 역사하심의 위대함과 영광에 대한 인식과 존경과 사랑과 기쁨고 찬양과 자신들을 구원받지 못한 상태에 있다고 생각하는 다른 사람들에 대한 불쌍히 여김에 압도된 것처럼 보였다. 그리고 많은 사람들이 그들의 죄그 비참한 상태와 상황에 대한 고통에 사로잡혔다. 그래서 방 안 전체는 오로지 부르짖음과 기절과 같은 것으로 가득 차 있었다(나의 강조).[5]

그 가을에 에드워즈는 다음을 썼다.

> 고통과 존경과 기쁨으로 인한 부르짖음과 기절과 경련, 그리고 그와 같은 것으로 가득 찬 집을 보는 것은 자주 일어나는 일이었다…. 그것은 아주 자주 있어서 매우 감동된 사람들이 였었고 그들의 몸은 압도되어 그들은 집에 갈 수 없어서 그들이 있는 곳에 밤새 머물러 있어야만 했다 (나의 강조).[6]

또 다른 경우에 에드워즈는 부엘(Buell) 씨의 사역을 기술한다.

> 그는 내가 돌아온 후 2주간 혹은 3주간 여기에 계속 있었다. 여전히 그의 수고로 나타나는 듯 징조들이 있었고, 그들의 종교적인 감동 속에서 많은 것이 그들이 전에 본 것을 훨씬 초월해서 일어났고, 그들의 감각이 마비된 채, 그러나 강한 환상들 속에서 평균 반응 시간이 지나 그들이 천국에 가스 영광스럽그 기쁜 대상의 환상을 보는 것처럼, 아마도 24시간 동안 내내 움직임 없이 일종의 황홀경 속에 누워 있는 경우의 사람들

도 몇이 있었다. 그러나 사람들이 이런 정도까지 격앙되었을 때, 사탄은 이를 이용하여 자주 사탄의 간섭함이 곧 매우 분명해졌다. 그리고 주의와 노력이 사람들, 그들 중의 많은 사람들이 열광적인 상태에 빠지지 않도록 했다(나의 강조).[7]

이런 종류의 표현들은 두 가지의 다른 면에 대한 관심을 불러일으켰다. 에드워즈가 마지막 구문에서 제시한 것처럼, 그 표현들이 성령의 순수한 역사에 대한 옳은 반응이었다 할지라도 그것들은 사람들을 타락하게 하도록 사탄에 의해 악용될 가능성이 있다.

또 다른 면에 대하여 이런 종류의 표현들이 많은 보수적인 기독교의 사역자들이 조나단 에드워즈와 그의 집회들을 육체의 역사 혹은 마귀의 역사로 비판하게 했다. 에드워즈 시대의 일부 사람들은 이런 종류의 표현들은 문제가 되는 역사가 하나님께로부터 온 것이 아니라는 것을 증명했다고 확신했다.

에드워드 그로스(Edward Gross)는 오늘날 에드워즈의 반대자들의 편에 서고 육체적인 표현에 대한 에드워즈의 이해에 반대하는 사람들 중의 한 본보기이다. 그로스는 다음과 같은 결론을 내린 찰스 핫지의 말을 인용한다.

> 우리가 이러한 육체적인 감동을 종교적인 감동의 올바른 결과로 여기도록 하는 것이 성경에는 아무것도 없다. 그러한 결과들은 그리스도나 그의 사도들의 설교에 따르지도 않았다. 우리는 그들이 주장하는 집회 내에서의 울부짖음이나 기절이나 경련 혹은 헛소리에 대해 들어보지 못했다.[8]

핫지의 말에 반하여 성경에는 '육체의 감동'이 성령에 대한 올바른 영향일 수 있다는 것을 지적해 주는 부분이 많다. 이러한 육체적인 표현은 구약성경과 신약성경에서 발생한다.

성경에 나타난 육체적인 표현

성경에 따르면, 성령의 사역은 때때로 사람들 속에서 육체적인 반응을 일으킨다. 이러한 반응들은 떠는 것, 흔들리는 것, 황홀경에서부터 심지어는 병과 육체의 쓰러짐까지 다양할 수 있다.

이러한 반응을 일으키는 하나님의 역사는 두 가지로 나눌 수도 있다. 하나는 이러한 반응들이 성령의 역사하심과 연합하여 일어나는 극적이고 눈으로 볼 수 있는 현상으로 일어나는 것이다. 위에서 언급된 육체적인 표현들은 하나님의 현현[9](출 19:16-25), 천사의 출현(마 28:4), 귀로 들을 수 있는 하나님의 음성(마 17:6-7), 환상들[10] (단 8:27; 10:1-11; 행 10:10-23), 그의 지상 사역 기간 동안에 예수께 대한 반응들(요 18:6), 그리고 영광받으신 예수님의 출현(행 9:1-9)을 통해서 일어날 수 있다. 나열된 모든 현상들은 다소 명백하고 눈으로 볼 수 있는 경험들이다.

성경은 또한 그 정도가 보다 작은 눈으로 볼 수 있는 하나님의 역사에 대한 육체적인 표현을 기록한다. 하나님의 임재와 함께 일어나는 다른, 볼 수 있고 확실한 현상(하나님의 현현, 천사의 출현, 귀에 들리는 목소리 등)이 없을 때도 사람들은 하나님의 임재 속에서 떨고 있다. 때때로 시편 기자들은 그들이 '주님을 두려워함'으로 하나님의 임재를 경험했을 때 떨었다. 시편 119편의 작가는 "내 육체가 주를 두려워하므로 떨며 내가 또 주의 판단을 두려워하나이다"라고 쓴다(120절).

하나님의 사람들이 그의 임재 속에서 떠는 것은 결코 이상한 것이 아니었다. 사실상 하나님께서는 그의 백성들로부터 그러한 반응을 기대하셨다. 그는 그의 선지자 예레미야의 입을 통해 말씀하셨다. "여호와께서 말씀하시되 '너희가 나를 두려워 아니하느냐? 내 앞에서 떨지 아니하겠느냐?'"(렘 5:22)[11]

주목해야 할 중요한 것은 그를 두려워하는 사람들 가운데서 주님의 무형의 임재도 몸의 떪을 야기시킨다는 것이다(사 66:2; 스 9:4). 주님을 두려워하지 않는 사람들은 결코 그런 방식으로 행동하지 않을 수 있다.

우는 것은 하나님의 무형의 임재에 답하는 또 다른 표현이다. 에스라가 사람들에게 율법서를 읽어 주고 있을 때, 그들은 율법의 말씀을 들을 때 자연스럽게 울기 시작했다(느 8:9). 그들의 우는 것은 히스테리나 심리적인 속임수의 결과가 아니었다. 왜냐하면 집회의 지도자들은 사람들이 울기를 원하지 않았고, 그들은 그들을 제지하려 했다(느 8:9).

우리가 성경의 말씀과 하나님의 말씀을 지키지 못하는 것에 대한 우리의 실패에 대하여 울 수 있는 능력은 오늘날 신장되어야 하고 소망되어야 할 것이다. 그것은 약함이나 감정적인 불안정의 표시가 아니다. 오히려 그것은 하나님의 말씀에 대한 민감함과 죄에 대한 혐오감의 표시이다. 그것은 또한 영적이고 감정적인 건강의 표시이다. 이러한 것들에 대한 무력은 외상을 입었다거나 굳어진 마음의 표시이다.

황홀경 역시 주님의 임재에 대한 반응일 수 있다. 예를 들어 바울은 평범한 기도를 하는 기간 동안 황홀경에 빠졌다. 그는 그의 경험을 다음과 같은 방법으로 설명한다.

> 후에 내가 예루살렘으로 돌아와서 성전에서 기도할 때에 비몽사몽간에 보매 주께서 내게 말씀하시되 속히 예루살렘에서 나가라 저희는 네가 내게 대하여 증거하는 말을 듣지 아니하리라 하시거늘
> (행 22:17-18)

바울의 그 경험의 결과는, 그에게 주님의 사람이나 역사하심에 대한 어떤 새로운 계시를 주는 것이 아니라, 오히려 그의 생명을 구하고 그의 사역의 경로를 바꾸시려는 것이었다(행 22:19-21).

때때로 신자들은 주님의 임재에 반응하여 술취한 것처럼 보이는 상태에 들어 갈 수도 있다. 이것은 기도하는 동안 한나에게 일어났다(삼상 1:12-17). 그리고 본문은 취한이란 단어를 사용하지는 않지만, 사울은 분명히 성령이 그에게 임했을 때 취한 것처럼 보였다. 그리고 그는 그의 옷을 다 벗고 하루 종일 누워 있었다(삼상 19:23-24).

제7장 성령님께 압도되다 _115_

오순절날에 일부의 구경꾼들은 성령으로 충만한 사람들이 술취했다고 추정했다. 그들의 술취한 듯한 모습은 그들이 외국어로 말하고 있다는 사실 때문이 아니었다. 그것 자체는 술취함이 아니라 지성의 표시였다. 오히려 성령에 대한 그들의 반응은 분명히 보통 술취함이 따르는 어떤 특징들을 일으켰다.

마지막으로 항상은 아니지만, 자주 넓은 범위의 육체적인 표현을 야기시키는 성령의 역사의 또 다른 범주가 있다. 나는 다른 것들 중에서 날카로운 비명이나 경련과 의식불명으로 끝나는 귀신들을 쫓아내는 것에 대하여 언급하고 있는 것이다(막 1:23-28; 9:14-29 참고).

이 모든 반응들은 우리가 인간이 단지 지성과 의지 이상이라는 것과 하나님께서 우리의 지성뿐만 아니라 우리의 감정과 우리의 육체까지도 간섭하신다는 것을 깨달을 때 뜻이 통하게 된다. 그러나 이 시점에서 나는 이전의 증거에서 단지 하나의 결론을 유도하고자 한다—성경은 성령의 역사하심에 대한 육체적인 반응이 아주 다양한 방법으로 일어날 수 있다는 것을 뒷받침한다.

성령은 혼란에서 질서를 이끌어 낸다

조나단 에드워즈의 시대 일부 사람들은, 그들이 하나님은 혼란의 하나님이 아니라 질서의 하나님(고전 14:33, 40)이시라고 말했기 때문에 대 각성을 하나님의 성령의 역사로 보지 못했다. 그들은 육체적인 표현들이 혼란스러움으로 끝나기 때문에 하나님께서는 이러한 집회들에서 일어나는 육체적인 표현에 책임이 있을 수 없다고 느낀다. 이런 비난은 여전히 오늘날 비슷한 종류의 집회에로 돌려지고 있다. 에드워즈 그로스는 다시 찰스 핫지의 말을 인용한다.

> 성경의 증언은 이 주제에 대하여 단지 부정적인 것은 아니다. 성경의 권위는 그러한 모든 혼란에 직접적으로 반대된다. 성경의 권위는 모든 것들이 점잖게 질서 속에서 이루어져야 한다고 정한다. 성경의 권위는, 하나님께서는 모든 성도들의 교회에서 어지러움의 하나님이 아니라 화평

의 하나님이시라고 우리에게 가르친다(고전 14:33, 40). 이러한 구절은 대중 예배를 행하는 방법에 대한 특별한 언급을 한다. 그들은 질서와 엄숙함과 헌신적인 태도에 맞지 않는 모든 것을 금한다. 큰소리의 울부짖음과 경련은 이러한 것들과 부합하지 않는다는 것은 분명하다. 그러므로 억제되어야만 한다. 그것들은 하나님께로부터 올 리가 없다. 왜냐하면 하나님은 혼란스러움의 하나님이 아니시기 때문이다.[12]

에드워즈가 그의 비판자들의 비난에 제시한 대답은 현대의 비판자들에게도 역시 적용된다.

> 그러나 만일 하나님께서 사람들이 큰 외적인 표현들을 회피하지 않도록 그들이 참석하고 있는 공적인 수단을 방해하거나 흩어져 버리는 것에 대하여 사람들의 양심을 깨닫게 하시는 것을 기뻐하신다면, 내가 이것이 혼란스러움이나 불행한 방해라고 생각하지 않는 것은 사람들이 비오기를 기도하기 위해서 들에 모였다가 소나기가 오면 그들의 행위를 멈추는 것과 같다. 원컨대 세상의 모든 공적인 집회들이 그 다음 안실일에 이와 같은 혼란스러움을 지닌 그들의 모든 의식을 그만두기를! 우리는 그 명령이 주어지는 목적을 이룸으로써 중용의 명령을 어기는 것을 유감스러워할 필요가 없다. 보물을 파내려 하는 사람은 여행하던 중에 보물을 만나서 여행을 그만두는 것을 유감스러워할 필요가 없는 것이다.[13]

다시 말하면 에드워즈는 하나님께서 질서를 가져오시기 위하여 혼란한 방법을 사용하실 수 있다는 것을 말하고 있는 것이다. 어떤 사람이 마귀의 속박에서 해방되고 있는 동안에 마루에서 몸부림치고 있는 것을 지켜보는 것은 독자에게는 그다지 질서적으로 보이지 않을 수도 있다. 그러나 만일 그 사람이 진실로 그 마귀로부터 해방된다면 그 결과는 하나님의 질서를 그 사람의 삶에 주입할 것이다.

따라서 우리가 실제로 성령의 불을 소멸시킨 정도까지 질서있게 행해지도록 하기 위하여 모든 것이 점잖게 하라는 바울의 권면을 사용하는 것은 큰 실수일 것이다.

하나님의 진짜 역사하심을 계시하는 의무

때때로 우리가 영적인 남용이라고 해석하는 것은 결코 남용이 아니라 성령의 진짜 역사하심이다. 그러나 우리는 어떻게 진짜가 아닌 것에서 진짜인 것을 구별할 수 있는가?

조나단 에드워즈가 대 각성 기간 동안에 받은 비판들을 그로 하여금 그의 전형적인 평론인 "하나님 성령의 역사하심의 두드러진 특징"을 쓰도록 했다. 그 평론에서 에드워즈는 무엇이 성령의 진짜 역사하심인지를 결정하기 위한 판단의 표준들을 설명한다. 그의 첫 번째 문제는 그의 집회 기간 동안에 일어나고 있는 육체적인 표현의 중요성을 결정하는 것이었다. 그는 다음과 같이 썼다.

> 역사하심은 눈물을 흘리거나 몸을 떨거나 신음을 하거나 큰소리로 울부짖거나 몸의 고통을 느끼거나 신체의 힘이 빠지는 것과 같은 인간의 몸에서 일어나는 어떤 감동에 의해서 판단되는 것이 아니다. 사람들이 받는 영향력은 육체에서 일어나는 그러한 감동에 의해서 어느 쪽이든 판단되는 것이 아니다. 그리고 그 이유는 성경의 어디에서도 우리에게 그와 같은 규칙을 제시하지 않기 때문이다.[14]

다시 말하면 그 표현 자체는 아무것도 증명하지 않는다. 그것들이 아무것도 증명하지 않는 첫째 이유는, 성경이 우리에게 이러한 표현들을 판단할 수 있는 어떤 일반적인 규칙을 제시해 주지 않기 때문이다. 성경은 분명히 이런 표현들이 하나님의 진짜 역사하심에 대한 정당한 반응일 수도 있다는 것을 인정한다. 그러나 성경은 그것들이 항상 진짜라고 가르치는 것은 아니다. 어떤 경우엔 육체적인 표현들은 결코 성령의 역사하심 때문이 아니라, 단순히 인간 본성의 어떤 면이나 심지어는 마귀가 주는 이유들 때문일 수도 있다. 성령께서는 아무런 표현도 나타나지 않는 곳에서도 강력하게 역사하실 수 있다는 것도 또한 사실이다. 사람들은 신음하거나 몸을 떨거나 혹은 다른 관찰될 수 있는 육체적인 현상들 없이도 치료되거나 구원받을 수 있다.

어떤 사역이나 역사하심이나 가르침에 대한 가장 우선이 되는 테스트는 그것이 성경의 가르침에 부합하느냐 아니냐 하는 것이다. 그러나 우리는 이러한 경우 성경구절에 대한 우리 자신의 특별한 해석이 아니라 성경이 기준이라는 것을 확실히 해야만 한다.

한때는 여자들이 화장품을 사용한다면, 그들은 정숙하지 못하게 행동하는 것이고 디모데전서 2:9에 있는 바울의 교훈을 어기는 것이라고 주장하는 일은 특정한 근본주의 그룹들 가운데서 일반적이었다. 20세기 초반에 화장하는 여자들은 성경에 불순종하는 것이 아니라 오히려 근본주의의 성경 해석에 불순종하는 것이었다. 우리가 어떤 행위가 성서적이지 않다는 것을 선언하기 전에, 우리는 그것이 정말로 분명하고 명확한 성경의 가르침을 어기는 것이라는 것을 매우 확실히 해야만 한다.

에드워즈는 성경이 어느 특별한 문제에 대하여 직접적으로 말하지 않을 때, 하나님의 진짜 역사하심을 결정하기 위한 유일한 테스트는 그 역사하심이 성령의 열매를 나타내느냐 하는 것이다.[15] 이것은 정확히 예수께서 우리에게 진실된 예언적 사역과 거짓된 것을 분별하도록 주신 테스트이다.

> 그 열매로 그들을 알찌니 가시나무에서 포도를, 또는 엉겅퀴에서 무화과를 따겠느냐 이와 같이 좋은 나무마다 아름다운 열매를 맺고 못된 나무가 나쁜 열매를 맺나니 좋은 나무가 나쁜 열매를 맺을 수 없고 못된 나무가 아름다운 열매를 맺을 수 없느니라 아름다운 열매를 맺지 아니하는 나무마다 찍혀 불에 던지우니라 이러므로 그의 열매로 그들을 알리라(마 7:16-20)

어떤 일의 열매를 테스트하는 것은 성경이 침묵하는 경우에 절대적으로 필수적인 것이다. 이러한 테스트는 또한 사람들이 올바른 교리를 신봉하지만, 그들 삶의 열매와 사역이 그 교리에 따르게 하지 않는다는 것을 보여 주는 경우에도 적용된다. 그들은 의식적인 속임수를 시도하고 있는 것일 수도 있다. 혹은 그들 자신이 속고 있는지도 모른다. 그 어느 경우든 그들의 사역의 열매가 그들을 드러낼 것이다.

다시 우리는 그것이 우리에게 얼마나 색다르고 이상한가에 의해서 무엇인가를 평가해서는 안 된다. 이상함은 어떤 행위나 사역이 하나님께로부터 온 것인가를 결정하는 성경적인 규칙이 아니다.

우리가 알콜 중독자이며 아내를 때리고, 하나님을 미워하는 어떤 사람이 종교적인 집회 기간 동안 고음의 날카로운 목소리로 비명을 지르면서 움직임없이 쓰러져 있는 것을 보았다고 가정해 보자. 그 사람이 결코 다시는 술을 마시지 않고 그의 아내를 때리지 않고, 오히려 그리스도께서 교회를 사랑하신 것처럼 그녀를 사랑하고 하나님과 그분의 말씀을 사랑한다면 어떻게 하겠는가? 그것이 우리에게 색다른 것만큼 우리는 성령께서 그의 삶 속에서 역사하시고 계시다고 결론내려야만 할 것이다. 마귀도 육친도 하나님께 향한 사랑을, 그의 가족을 향한 사랑을, 혹은 중독들로부터의 자유를 가져올 수 없다. 이런 종류의 일들이 과거의 신앙부흥에서 일어났던 것처럼, 그런 일들은 오늘날에도 사람들이 성령의 불을 끄지 않는 곳에서 일어나고 있다.

오늘날 육체적인 표현들에 대한 반응

하나님께서 오늘날에 육체적인 표현들을 주시기를 기뻐하실 때, 우리는 그로부터 그것들을 받아들여야 하며, 그것들을 찬양하는 실수를 범해서는 안 된다. 우리가 그런 표현들을 아주 특별한 것으로 여기고 그것들에 대하여 이야기하면서 많은 시간을 보내게 될 때, 우리는 항상 사람들을 거짓 믿음과 그릇된 강조로 이끄는 것이다. 결국 궁극적으로 중요한 것은 그런 표현들이 아니라 오히려 성령의 역사하심이다. 그런 표현들은 단지 성령의 역사하심에 대한 반응일 뿐이다. 우리는 잘못을 입증하시고 용서하시고 구원하시고 치료하시고 자라게 하시는 성령의 역사하심에 영광을 돌리기를 원한다(그의 역사하심에 대한 육체적인 반응이 아니다).

우리가 만일 그러한 표현들에 많은 중요성을 부여한다면, 사람들은 그런 표현들을 성령의 역사하심과 같다고 생각할 것이다. 그리고 심지어 그것들을 영적인 일의 상징으로 간주할 것이다. 그런 일이 일어난다면, 불안전한 사람들은 종종 그들의 주목을 끌고 '영적인' 것으로 생각하기 위해 이러한 표현들을 흉내낸다.

  동일하게 중요한 실수는 그런 표현들을 억제하려 하는 것이다. 정확히 지옥의 고통을 느끼고 있는 죄들에 대해, 성령에 의한 강한 입증의 결과 때문에 떨고 있는 사람을 상상해 보자. 이제 그와 같은 사람에게 다가가서 그에게 즉시 태도를 바꾸라고 말하는 큰 어리석음을 상상해 보라! 만일 우리가 성령의 역사하심의 실제적인 육체적 표현을 억제하려 한다면, 우리는 성령의 불을 끄는 위험 속에 있는 것이다.

  우리는 진짜의 육체적인 표현도 두려워해서는 안 된다. 나는 마귀들이 들을 수 있는 목소리로, 즉발적인 생각들로 말할 수 있고, 육체적인 흥분과 다른 육체적인 영향을 일으킬 수 있다는 것을 믿는 것에는 문제가 없는데, 하나님께서 오늘날 이러한 일들을 하실 수 있고, 하시고자 한다는 것을 믿지 않는 그리스도인들을 자주 만난다. 그러므로 그들이 이러한 육체적인 표현들 중의 하나를 볼 때마다, 그들은 자동적으로 그것이 마귀의 역사라고 생각한다.

  마귀에 대한 모든 두려움은 비이성적인 두려움이다. 어떤 그리스도인도 사탄이나 어떤 마귀도 두려워해서는 안 된다. 신약성경에서 가르치는 그리스도인이 두려워해야 할 유일한 존재는 하나님 바로 그분이다. 만일 하나님께서 이들 표현들을 일으키신다면, 그는 그것들의 선을 위하여 사용하실 것이다. 만일 마귀가 어떤 특별한 표현을 일으킨다면, 그것은 그리스도의 보혈의 능력을 통하여 멈춰질 수 있다. 둘 중에 어느 경우이든 우리는 육체적인 표현을 두려워할 성서적인 근거가 없다.

  마지막으로, 하나님께서 성령의 진짜 역사하심에 수반하는 육체적인 표현을 주시지 않는다해도 우리는 결코 실망해서는 안 되고, 암시나 어떤 자연적인 방법을 통하여 그것들을 일으키려 해서도 안 된다. 하나님께서는 그의 목적들을 이루시기 위하여 그러한 표현들을 필요로 하시지 않는다. 만일 우리가 이러한 반응을 만들려고 시도한다면, 우리는 성령의 순수한 역사하심을 더럽힐 수 있고, 그 역사하심을 끝나게 할 수도 있다.

나는 이 문제에 대하여 마지막으로 작은 충고를 하고자 한다. 사람들이 집회에서 육체적인 표현들을 '조작하고 있는' 것을 볼 때, 그것을 나는 심히 걱정하곤 했다. 그것은 에드워즈의 시대에 일어났었다. 그리고 그것은 오늘날에도 일어난다. 사실상 그것은 성령의 강력한 역사하심에 반응하는 진정한 육체적인 표현들이 있는 곳 어디에서나 일어난다. 진짜의 것은 항상 위조되는 경향이 있다. 때때로 그 위조는 발견하기가 쉽다. 그리고 때로 그것을 탐지한다는 것은 쉽지 않다. 이러한 거짓된 표현들에 대한 나의 경험을 통하여 나는, 그것들은 내가 처음에 상상했던 것만큼 거의 심각한 것은 아니라고 믿게 되었다.

예배의 시작 무렵에 자신의 손을 자발적으로 흔들거나 몸을 떠는 종류의 사람들은 보통은 '위험한' 사람들이 아니다. 그들 대부분은 종종은 불안정하지만 좋은 신자들이다. 한주간 내내 누구도 그들에게 거의 관심을 두지 않을 것이다. 종종 누군가가 다가가서 그들에게 안수하고, 그들을 위해 기도하면 단 한번 누구나 그들에게 교회의 집회에서 있을 수 있는 사랑이나 애정을 보인다. 그들은 자신들에 대한 관심을 끌고 그리스도의 몸에 속한 다른 사람들로부터 사역받을 방법으로써 몸을 떨거나 흔들거나 어떤 다른 육체적인 표적을 사용한다. 나는 지난 몇 년 동안 이런 현상에 면밀한 관심을 두어 왔다. 그리고 나는 그것이 그다지 누구에게도 심각한 어려움을 초래하지 않는다는 것을 발견했다. 누구도 그것 때문에 놀림당하지 않는다. 그리고 그것 때문에 진짜로 회피되는 유일한 사람들은, 이런 문제에 대한 이해가 거의없이 예배를 관찰하고 있는 방문자들이었다. 단일 방문자들이 신실하고 단지 비평하기 위해서만 온 것이 아니라면, 그들은 항상 이런 '거짓된 반응들'에 대한 힘을 이해하는 누군가에게 질문할 수 있고 그들을 떨게 하는 것이 무엇인지에 대한 충분한 설명을 받을 수 있다.

　어떤 사람의 행동이 진짜로 이상하고 자기과시적인 경우엔 목회의 지도자들은 그 사람에게 다가가서 부드럽고 단호하게 그런 행동을 제지해야만 한다. 나는 우리가 육체적인 표현들의 성경적인 중요성에 대하여 이야기하고 그것들에 대하여 공개적으로 토론할 때 이 분야에 남용이 거의 존재하지 않는다는 것을 알았다.

제8장
기적은 일시적인 것으로 계획되었는가

    어느 누구도 성경을 읽기 시작한 다음, 하나님께서는 더 이상 표적과 기사들을 행하시지 않으신다는 것과, 성령의 은사들은 소멸되었다는 결론을 내리지 않았다. 은사소멸론의 교리는 성경에 대한 면밀한 연구에서 나온 것이 아니다. 은사소멸론의 교리는 경험에서 나온 것이다.
    자신의 경험에서 기적들을 보지 못하는 것과 과거의 역사 속에 기적들을 발견하지 못하는 것은 설명을 요구했다. 신약성경이 기적들로 가득 차 있는데, 당신은 당신이 기적을 경험하지 못한 것을 어떻게 설명할 수 있는가? 필수적으로 세 가지의 가능성이 있다. 첫째, 당신의 경험에는 뭔가 잘못된 것이 있다. 둘째, 하나님께서는 단지 기적들을 일시적인 목적들에 맞게 계획하셨기 때문에 기적을 철회하셨다. 셋째, 대답은 선택 혹은 예정의 신비와 같은 하나님의 신비 속에 숨겨져 있다. 두번째 대답은 당신으로 하여금 결코 기적적인 것을 기대하게 하지 않는다. 세번째 대답은 질문을 해결하지 못한다.
    내가 아는 한 아무도 세번째 대답을 진정으로 찬성하려 하지 않았다. 종교개혁 시대 이래로 많은 신교 신학자들은, 은사들은 사실상 단지 일시적이었다는 두번째 대답을 찬성해 왔다. 종교 개혁자들이 현대의 기적들에 대한 신학적인 논쟁들을 공식화하고 조직화하는 데에 두 가지의 중요한 이유가 있다.

첫째, 그들의 적인 가톨릭교도들은 가톨릭의 교리를 옹호하여 가톨릭의 기적들에 호소했다. 실제로 그들은 말한다. "우리는 하나님께서 우리의 교리를 인정하신다는 것을 보여주는 기적들을 가지고 있습니다. 게다가 우리는 신약시대로 거슬러 올가라는 긴 기적의 역사를 가지고 있습니다. 당신은 하나님께서 당신의 교리를 인정하신다는 것을 보여주는 어떤 기적을 제시할 수 있습니까?" 이러한 공격 때문에 종교 개혁자들은 과거와 현재의 가톨릭 교회의 기적들의 정당성을 부인하고 현대의 기적들에 반대하는 신학적인 논의들을 공식화했다.[1]

그러나 나는 그것은 종교 개혁자들이 현대의 기적들에 반대하기 위하여 성경을 사용하려 했던 중요한 이유는 아니라고 믿는다. 나는 기적적인 것들에 대한 그들의 경험 부족이라고 믿는다. 그들이 주목할 만한 기적들을 목격했었다면, 그들은 결코 기적들이 일시적이었다고 주장하지 않았을 것이다.

그리하여 종교 개혁자들은 하나의 선택에 직면했다. 즉 그들이 기적적인 것들을 경험하지 못하는 것은 그들의 경험 속에 있는 결점 때문인가 아니면 하나님의 계획된 기적의 철회 때문인가? 그들은 후자를 믿기로 결정했다. 이제 하나님께서는 일 세기의 교회에서는 그토록 기적을 아끼지 않으셨는데, 왜 그 이후에는 그렇게 기적에 인색하신가를 설명해야 하는 큰 임무가 그들 앞에 있다. 속임수가 기적들을 일 세기에 일시적인 목적들을 이루기 위한 것이었다는 것을 증명해야만 했다. 그러나 그들은 어떻게 그것을 증명할 수 있나?

그들은 본질적으로 이것을 증명하는 세 가지 방법을 가지고 있다.

첫째는 단연 최고로, 하나님께서는 기적들을 일시적인 것으로 의도하셨다는 구체적인 성경적인 진술들이었다.

둘째는 신학적인 추론이었다. 이러한 방식의 논의는 성경의 구체적인 진술만큼 강한 것은 아니다. 그러나 그것은 교리들을 증명하는 타당한 방법이다.

세번째 증거는 경험이었다. 그들은 그들 자신의 경험이나 과거 역사 속의 다른 사람들의 경험으로부터 결론을 유도할 수 있었다. 그리하여 그들은 이전 세기에 살았던 그리스도인들 가운데에 성령의 은사들에 대한 확실한 증거가 있는지를 보기 위하여 이전의 1300년 간의 교회사를 조사할 수 있었다.

경험으로부터 나오는 논의는 분명히 세 가지 종류의 논의들 중에서 가장 약한 것이다. 우리가 과거 역사를 살펴볼 때, 우리는 종종 사실들이나 혹은 그 사실들의 해석을 확신할 수 없다. 게다가 우리가 우리 자신의 경험을 볼 때, 우리는 그 사실들을 알 수도 있다. 그리고 그 사실들에 대한 이유는 알 수 없을 수도 있다. 예를 들어서 우리는 우리가 우울하다는 것을 알지만 왜 우울한지는 모를 수도 있다. 우리가 우울하게 하는 뭔가를 행했는가? 우리의 우울증은 우리가 통제할 수 없는 환경의 결과인가? 그리스도인의 삶에서 우울함이란 정상적인가? 따라서 우리가 정확하게 사실들을 확인할 수 있을 때에조차도 우리는 그러한 사실들의 이유를 이해할 수 없을 수도 있다.

종교 개혁자들은 분명히 그들이 다른 모든 것들보다도 더 높이 평가한 이 세 가지의 논의들 중에서 어느 것을 허용했다. *Sola Scriptura*('오직 성경만이')는 종교개혁의 큰 슬로건들 중의 하나였다. 그러나 여기서 그들은 만만찮은 장애뿐만 아니라 넘을 수 없는 장애에 직면한다. 왜냐하면 그들은 기적들이나 혹은 성령의 은사들이 신약시대로 한정된다는 성경의 구체적인 본문을 제시할 수 없기 때문이다. 또한 그때 이래로 그 어느 누구도 그것을 행할 수

없었기 때문이다.²⁾

　그들의 무기고에서 가장 강력한 무기를, 즉 성경의 구체적인 진술을 박탈당했기 때문에 종교 개혁가들은 신학적 추론들에 호소해야만 했다. 그러나 어떻게 그들은 기적들로 시작해서 기적들로 지속되고, 기적들로 끝나는 책으로부터 기적들이 일시적으로 의도되었는 것을 추론했겠는가?

주요한 은사소멸론의 논의

　여기에 그들이 추론한 방법이 있다. 종교 개혁가들은 신약성경의 기적들의 주요 목적은 믿을 만한 성경의 저자들로서 사도들을 확증하기 위한 것이었다. 이러한 논의가 기적들이 일시적이었다는 것을 어떻게 증명하는가? 사도들이 신약성경을 다 기록한 후에 기적들은 그들의 목적을 이루고 더이상은 필요치 않기 때문에 현재의 교회는 기적적으로 증거되어 기록된 하나님의 말씀을 영원히 소유한다.³⁾ 이것은 현대의 은사소멸론자들 가운데서 주요한 논의로 남아 있다.

　은사소멸론자들이 기적들의 주요 목적은 예수님을 확증하기 위한 것이었다는 것을 증명하는 것은 무익한 것이다. 그것이 사실이라면, 왜 사도들이 기적들을 행했는가에 대한 설명이 있을 수 없다. 기적들의 주요한 목적이 주 예수를 하나님의 아들로서 확증하기 위한 것이라면, 왜 사도들은 기적들을 행해야만 했는가? 왜 그들은 오늘날 많은 설교자들이 하는 것처럼 예수께서 행하신 기적들에 대해서 단지 이야기만 할 수는 없었는가?

　혹은 은사소멸론자들은 기적적인 일들의 주요 목적이 예수에 대한 메시지를 확증하기 위한 것이라고 말할 수도 없다. 그것이 사실이라면, 그들은 기적들이 여전히 예수에 대한 메시지를 확증하기 위해서 필요하다는 것에 대한 이유를 설명할 수 없다. 다시 말하면, 초대교회의 새로운 회심자들이 복음의 메시지에 대한 기적적인 확증을 필요했다면, 왜 미래의 회심자들은 메시지에 대한 동일한 기적적인 확증이 필요하지 않는가?

유일하게 옹호할 수 있는 견해는, 기적들이 사도들을 확증했다는 것을 주장하는 것이다. 만일 누군가가 사도들은 그들의 증거가 믿을 만하다는 것에 대한 확증이 필요했는데 왜 계속되는 세대들의 증거에 대해서는 확증이 필요없는가를 묻는다면, 은사소멸론자들은 바로 가까이에 준비된 대답을 가지고 있다. 사도들은 단지 어떤 증인들이 아니다. 그들은 그들이 성경의 저자들이라는 것에서 독특하다. 그러므로 역사상의 어느 다른 증인들에게보다도 그들에게는 더 많은 신뢰가 요구된다. 따라서 기적들의 목적은 단지 사도들을 예수님에 대한 믿을 만한 증인들로서 확증하는 것만은 아니다. 기적들은 그들이 교리에 대하여 믿을 만한 선생들이라는 것을 보여주고 궁극적으로 그들을 하나님께서 인정하신 성경의 인간 작자들로서 확증했다. 즉 이것은 기적들의 진정한 목적은 성경을 확증하거나 승인하는 것이라는 것을 의미한다. 그들이 성경의 기록을 마치자마자, 기적들은 더 이상 필수적인 것이 아니고, 교회는 기록된 하나님의 말씀을 소유한다.

그들의 입장을 변호하기 위해서 은사소멸론자들은 두 가지를 증명해야만 한다.

첫째, 그들은 기적들이 사도들을 보증했다는 것을 입증해야만 한다.

둘째, 그들은 이것이 기적들의 주요 목적이었다는 것을 증명해야 한다. 만일 기적들이 사도들을 보증하지 않았다거나 혹은 기적들이나 성령의 기적적인 은사들 뒤에 다른 똑같은 중요한 목적들이 있다는 것이 설명될 수 있다면, 그들의 전체 주장은 붕괴된다.

신학계에 있는 대부분의 사람들처럼 나는 기적의 목적에 대한 은사소멸론자들의 설명을 특별히 벤자민 브렉켄리지 워필드의 『의조 기적들』(*Counterfeit Miracles*)에서 그 설명을 취한 대로 받아들였다. 다른 근본주의자들처럼 나는 그것이 성경이 가르치는 바이기 때문에 믿는다고 확신했었다.

나의 삶을 돌아볼 때, 나는 성경이 그것을 가르치기 때문에 이것을 믿는 것이 아니였다는 것을 안다. 나는 내가 어떤 기적도 보지 못했기 때문에 그것을 믿었고, 나의 경험 부족에 대하여 성경적인 변명의 이유가 필요했다. 화이트 박사와의 그 20분 간의 통화를 한 후에 나는 훨씬 더 열린 마음으로 은사소멸론자들의 논증을 검토해 보았다. 이번에 나는 그 논증이 허리케인 속에 있는 참새만큼의 힘을 가졌다는 것을 발견했다. 내가 생각한 것은 나의 '가장 큰 약점'으로 드러난 기적적인 은사들의 현대 사역에 반대하는 가장 강한 논증이었다.

화이트 박사와의 처음 대화 후에, 나는 기적들의 목적에 대하여 이야기되는 것을 정확하게 알기 위하여 신약성경에 나타난 치유와 기적들에 대한 모든 언급들을 조사해 보기로 결정했다. 나는 결코 전에는 그렇게 해 본 적이 없다. 내가 발견한 것은 나로 하여금 치유나 기적들은 일시적으로 계획된 것이 아니라는 것을 확신하게 했다.

기적들에 대한 더 면밀한 조망

내가 주목한 첫번째는, 신약성경에는 기적들의 목적에 관하여 직접적인 언급이 거의 없다는 것이었다. 나는 결코 "하나님께서…하시기 위하여 기적을 베푸셨다"는 취지의 언급을 발견하지 못했다. 나는 기적들의 목적은 때때로 기적들 자체를 수반하는 '기능'적인 말에 의해서 지적된다는 것을 발견했다. 예를 들어 마가는 기적들은 '확실히 증거한다'라고 말한다(막 16:20). 요한은 기적들이 '증거한다'고 말한다(요 5:36). 베드로는 예수께서 기적들에 의하여 '증거되신다'고 말한다(행 2:22). 다른 경우에는 기적의 목적은 종종 문맥으로 혹은 기적의 결과들로부터 추론되어져야만 한다.

한 가지 분명한 기적들의 목적은 예수님의 성품과 하늘에 계신 그의 아버지와의 관계를 확증하는 것이었다. 이점에 관해서는 기적들은 다음을 증명한다.

> 하나님께서 예수와 함께 계시다(요 3:2)
> 예수께서는 하나님께로부터 오셨다(요 3:2: 9:32-33)
> 하나님께서 예수를 보내셨다(요 5:36)
> 예수께서는 세상에서 죄를 용서하실 권세를 가지셨다
> (막 2:10-11: 가 9:6-7: 눅 5:24-25)
> 예수께서는 하나님께 인정받으셨다(행 2:22)
> 아버지께서는 예수 안에 계시고 예수께서도 아버지 안에 계시다
> (요 10:37-38)
> 하나님의 나라가 예수 안에서 임했다(마 12:28: 눅 11-12)
> 그리고 예수께서는 메시아이시다(마 11:1-6: 눅 7 18-23)
> 하나님의 아들이시다(마 14:25-33)

기적들의 두번째 목적은, 예수께 대한 메시지를 확증하는 것이었다. 이것은 사도들의 사역에 관한 한 기적들의 중요한 기능이었다. 마가는 주님께서 "그의 말씀(사도들이 전파한 것)을 그것에 따르는 표적들로 확실히 증거하셨다"고 말한다(막 16:20).[4] 누가가 이그니온에서의 바울과 바나바의 사역을 묘사할 때, 주님께서 "그들이 기적적인 표적과 기사들을 행하게 하심으로써 그의 은혜의 메시지를 확증하셨다"라고 말했다(행 14:3). 이들 두 본문 속에서 주님께서 사도들을 확증하신 것이 아니라 오히려 사도들이 전파하고 있던 '그의 말씀' 혹은 '메시지'를 확증하시는 것을 주목하라. 표적과 기사들로 사도들이 아니라, 사도들에 의해서 전파되는 구원의 메시지가 증거된다. 따라서 기적들에 의해 확증되는 두 가지의 중요한 것은 주 예수와 주 예수에 대한 메시지이다.

내가 이 모든 언급들을 조사했을 때, 나는 기적들이 사도들에 대한 증거를 제시하고[5] 사도들을 확증하거나[6] 사도들을 증명한다는 어떤 언급도 하지 않는다는 것을 발견하고 놀랐다. 간단히 말해 기적들은 사도들을 확증하지 않는다! 그리고 우리가 신약 신학에 대

하여 생각한다면, 이것은 완벽하게 이치에 맞는다. 예수 그리스도의 오심으로 하나님께서는 모든 관심이 그의 아들에게 모아지기를 원하신다. 성령의 주요 임무는 예수 그리스도를 높이는 것이다. 하나님께서는 그의 종들을 증거하는 것에 관심을 두신 것이 아니라 그의 아들과 그의 아들에 대한 메시지에 관심을 두신다.

고린도후서 12:12에서 나온 논의

때때로 사람들은 표적과 기사들이 사도들을 확증한다고 말하는 것 같은 본문으로서 고린도후서 12:12에 호소한다. NIV의 번역은 그런 인상을 준다. "사도의 특색을 이루는 것들—표적들과 기사들과 기적들—이 너희들 가운데서 매우 참을성 있게 행해졌다." 그러나 이 번역은 부정확하다. 문자적인 번역은 "사도를 표하는 것들은 표적들과 기사들과 기적들과 함께 모든 인내로 너희들 가운데서 행해졌다"이다.

이 구절에서 바울은 두 가지의 다른 방법으로 '표적'이란 말을 사용한다. '사도의 표적들'이라는 구에서 처음 사용된 '표적'은 기적을 언급할 수 없다. 왜냐하면 그때 바울은 "사도의 기적들은 너희 가운데서 표적들과 기사들과 기적들과 함께 행해졌다"고 말하고 있는 것이었기 때문이다. 그 말의 핵심은 무엇이 되겠는가? 바울은 '사도를 표하는 것들은 기적'이라고 말하지 않고 오히려 '사도를 표하는 것들이 표적들과 기사들과 기적들을 동반한다'고 말한다.[7] 만일 바울이 그의 사도직을 표하는 것들이 표적들과 기사들과 기적들이라는 것을 의미했다면, 그때 그는 헬라어의 다른 구문 분석을 사용했을 것이다.[8]

그렇다면 바울의 사도직의 표적은 무엇이었는가? 거짓 사도들 (고후 11:13-15)과 대조하여 바울은 그의 사도직에 대한 입증으로서 그의 고난받음을 제시한다(고후 11:16-33; 갈 6:17; 고전 4:9-13; 고후 6:3-10)[9]. 휴즈(Hughes)는 바울의 부끄러움 없는 삶을 그의 사도직의 표적이었다고 주장한다.[10] 플러머(Plummer)는 바울의 전파의 효과, 즉 바울의 설교를 들은 사람들 가운데서 그 많은 회심자들 역시 그의 사도직의 표적이었다고 주장한다.[11] 이러한 표적들 외에도 마틴은 하나님의 소명을 덧붙인다(고전 1:1; 고후 1:1).[12] 마틴에 따르면, 기적들은 거짓 사도들에 의해 위조될 수 있기 때문에,

> 바울은 12장 12절의 상반절에서 그러한 표적들은 어떤 사람이 사도인지 아닌지를 결정하는 중요한 표준이 아니라고 주장하고 있다. 대신에 그는 사도직―그의 삶과 사역―의 진정한 표적들이 가장 중요한 표적들이라고 주장하고 있다…. "표적들과 기사들과 능력을 행하는 것"들이 사도직에 대한 기본적인 표적이라고 말하는 것은 11장에서 13장까지(1~9장뿐만 아니라)의 바울의 가르침에 위배된다.[13]

나는 "바울의 행함들(12:12b에 있는)은 그의 확증된 사도직에 대한 증거가 아니라 그의 사도직의 행함이다"라는 마틴의 결론에 동의한다.[14]

기적들이 사도들이나 그들의 사역을 확증하기 위하여 주어졌다는 견해를 정말로 깊이 생각하기 시작했을 때, 나는 그것이 비성서적일 뿐 아니라 비논리적이라는 것을 알았다. 만일 표적들과 기사들과 기적들의 주요 목적이 사도들을 확증하기 위한 것이라면, 스데반과 빌립은 왜 표적과 기사들을 행했는가? 만일 누군가가 그것은 사도들이 스데반과 빌립에게 안수했기 때문이라고 말한다면, 그것은 그 질문에 진정으로 대답한 것이 아니다. 만일 기적들의 주요 목적이 사도들을 확증하는 것이라면, 왜 그 밖의 다른 사람은 표적들과 기사들과 기적들을 행하는 사역을 가졌는가? 왜 하나님께서는 교회에 치유와 기적의 은사들을 주셨는가?(고전 12:7; 갈 3:5) 나는 그 질문에 대한 충분한 대답을 읽어 본 적도, 들어 본 적도 없다.

아직 이 전체의 논의에 대한 또 다른 중요한 문제가 있다. 앞서 내린 결론을 재검토해 보자. 만일 예수께서 행하신 기적들이 그가 하나님의 아들이심을 확증하고 그의 메시지를 확증하기에 충분했

다면, 왜 사도들이 기적들을 행해야만 했는가? 기본적인 대답은 사도들은 그들이 예수 그리스도에 대한 믿을 만한 증인들이고, 믿을 만한 교리 선생들이라는 것을 보이기 위해서 기적을 행해야만 했다는 것이다. 그러나 왜 그들은 오늘날 많은 교회에서 하는 것만큼 기적들에 대해서 단지 선포할 수만은 없었는가? 우리는 오늘날 기적들을 행함이 없이 믿을 만한 증인들로서 여겨질 수 없을까? 만일 그렇다면, 왜 사도들은 기적들이 필요했는가? 종교 개혁가들은 사도들은 단순한 증인 이상이고, 그들은 틀림이 없는 성경의 저자들로 영감받았다고 대답했다. 기적들은 그들의 글들을 성경으로서 확증하기 위해서 필수적이었다고 한다. 이것이 전체 논의의 밑바닥에 놓여 있는 가정이다. 그러나 그것은 성경적인 가정인가? 기적들은 성경을 확증하기 위해서 필수적이었는가?

성경의 권위는 기적들에 근거하는가?

성경의 저자들 중의 어느 누구도, 그들이 성서를 쓰고 있다는 그들의 주장을 뒷받침하기 위해서 기적에 호소하지 않았다. 그들은 그들이 성서를 쓰고 있다는 것을 분명히 알았다. 예를 들어 바울은 다음과 같이 썼다. "만일 누구든지 자기를 선지자나 혹은 신령한 자로 생각하거든 내가 너희에게 편지한 것이 주의 명령인 줄 알라" (고전 14:37; 살전 4:15 참고). 그러나 바울은 그가 성서를 쓰고 있다는 사실을 뒷받침하기 위해서 그의 사역 속에서 일어나는 기적들에 호소하지 않았다. 바울의 글들을 성서로 언급할 때 베드로 역시 그러지 않았다(벧후 3:16).

성경의 어떤 본문도 성경의 권위가 기적들에 근거한다고 말하지 않는다. 성경은 기적들을 확증한다. 그러나 기적들이 성경에 대한 확증은 아니다. 모세는 오래전에 이것을 명백히 했다. 그는 만일 선지자나 꿈꾸는 자가 그들에게 표적이나 기사를 보이고 그것이 인정된다고 하더라도 그들에게 이미 계시되었던 것을 위조했다면, 그 기적을 무시해야만 한다고 백성들에게 경고했다(신 13:1-5). 만일 기적들의 주요 기능이 성경을 확인하는 것이라면, 어떻게 누구든지 거짓 선지자들의 기적들(마 7:15-23)을, 거짓 그리스도들과 그들의 예언자들(마 24:24)을 혹은 적그리스도(살후 2:9)를 판단하겠는가?

이 이론은 또한 성경의 정경에 대한 실제적인 특성에 모순된다. 사도가 아니었고 어떤 기록된 기적도 행하지 않은 사람들도 성경의 저자들이다. 여기에는 마가와 누가와 유다(유다서를 쓴 주님의 형제)가 포함된다. 심지어 히브리서는 저자 불명이다. 이 모든 저자들은 사도가 아니었고, 그들 중의 어느 누구도 기적을 행했다는 기록이 없다. 그들이 쓴 성경이 바울의 서신보다 더 적은 권위를 가졌는가? 만일 성경의 권위가 그 저자가 행한 기적들에 근거한다면, 이 글들은 필연적으로 더 적은 권위를 가지지 않겠는가?

만일 이러한 이론을 가진 사람들이 누가가 사역에 있어서 바울의 친구이거나 동역자였고, 그의 글이 영감받아 쓰여진 것으로 간주되는 이유라고 대답한다면, 그때 그들은 기적들이 성경을 확증하기 위하여 필요된다는 생각을 포기해야만 할 것이다. 그들은 정전(正典)이기 위하여 새로운 표준을 추가해야만 한다(즉 사도들과의 우정이나 동역자의 관계). 정전(正典)이기 위한 이런 표준 역시 어떤 직접적인 성경의 뒷받침이 부족하다. 만일 그들이 베드로가 마가에게 마가복음서를 쓰도록 위임했다고 주장한다면, 그들은 이제 성경 자체보다는 오히려 전통에 의존하고 있는 것이다. 그것은 성경이 우리의 궁극적인 권위라고 하기보다는 전통이 성경의 권위를 확립하게 하는 어색한 자리에 그들을 놓는 것이다.

어쨌든 우리는 성경의 아주 많은 부분을 차지하며, 기적들이 성경을 확증하기 위하여 필수적이었다는 이론으로 설명될 수 없는 다섯 권—마가복음, 누가복음, 사도행전, 유다서, 히브리서—의 작품을 가지고 있다.

정통 신학은 오랫동안 성경의 권위는 기적에 근거하지 않는다고 주장해 왔다. 성경의 권위는 그 저자에 근거한다.[15] 우리에게 성경의 권위에 대하여 확신을 주는 수많은 요소들이 있을 수 있지만, 우리는 궁극적으로 성령의 내적인 증언에 의해 그것의 권위를 믿게 되었다.[16]

기적은 교회를 일으키기 위해 필요되었었는가?

일부 사람들은 기적들이 일 세기에 복음의 메시지를 듣게 하기 위하여 필수적이었다고 가르친다. 그들은 기적들과 예수님과 사도들의 치유가 교회를 '일어나게' 하고 복음의 메시지를 청중에게 전하는 일종의 로케트의 보조 추진 장치로 여긴다. 나중에 교회가 확립되고 복음의 메시지가 다른 세계의 종교들 가운데 자리를 잡은 후에, 로케트의 보조 추진 장치는 교회에 어떤 큰 손실을 주지 않고 방기될 수 있다.

토마스 에드가(Thomas Edgar)는 이러한 견해를 다음과 같이 표현한다.

> 초대교회는 5세기 뒤의 교회의 그것과는 다른 상태에 있었다. 1세기 말까지 교회와 기독교는 세계의 잘 알려진 주요 중심지에 세워졌다…. 그러나 기독교의 처음 상태는 인간의 시각으로부터 나온 배경이 없었다. 메시지는 이상하고 놀라웠다. 아주 작은 지역에서 처형된 한 사람이 하나님의 아들로서 제시되었다. 그리고 그는 모든 사람을 대신해 죽기 위해 오시었고, 그를 믿는 사람들에게 하나님께서는 분명히 은혜로 말미암아 그들의 죄를 용서하실 것이라고 했다. 이스라엘 밖의 사람들은 거의 예수에 대하여 들어 본 적이 없었다. 그는 교회가 세워지기 전에 죽었다. 그는 짧은 이력을 가진 후에 처형되었다. 적어도 그러한 사실들은 초대 전도자들이 직면했던 어려움을 시사한다. 누가 그러한 메시지를 받아들일 수 있었겠는가?
>
> 그러나 기적들은 메시지가 하나님께로부터 온다는 증거이기 때문에 기적적인 표적의 은사들이 이 전체의 메시지를 다른 각도로 돌려놓는다. 1세기 이래로 그 상황은 결코 동일하지는 않았다. 정글 지역으로 가는 선교사들은 세상에 관한 한 세상에서 명성을 지닌 한 개인에 대하여, 인정된 종교와 종교적인 인물에 대하여 언급하고 있다. 이들 선교사들은 이 종교가 널리 보급된 곳에서 수세기를 지나며 이어져 온 여러 그룹의 신

자들 출신이다. 그것은 많은 사람들에 의해서 오늘날 이 복음의 기적적인 확증을 갖도록 도와주는 것으로 여겨질 수도 있다. 이것은 사실일 수도 있고, 사실이 아닐 수도 있다. 왜냐하면 충분하고 잘 증명된 확증은 이미 그리스도와 사도들에 의해서 주어졌고, 그런데도 여전히 그것이 잘 알려진 곳에서 수세기 동안 살아온 사람들에 의해서 무시되기 때문이다. 그러나 처음에는 확증에 대한 필요성이 오늘날 이것에 대한 필요성보다도 더 큰 것이었다는 것에는 의심의 여지가 거의 없다.[17]

다시 말하면 유아기의 교회는 성장을 돕는 기적들이 필요했지만 성숙된 교회는 더 이상 기적들이 필요치 않다는 것이다. 이 논의는 그 안에 에드가가 해결하려 하지 않은 모순이 있다. 만일 초대교회가 그것의 성장과 확장을 위해서 기적들을 필요로 했다면, 교회는 왜 20세기에는 기적을 필요로 하지 않는가? 만일 기적들이 그 당시에 교회에 유익했다면, 왜 지금은 아닌가? 오래전에 워필드는 이러한 설명은 비성서적이라고 비난했다.[18] 사실상 그의 전 논의 기간 동안 에드가는 그의 이론을 뒷받침하기 위하여 성경을 한 구절도 인용하지 않는다. 워필드 역시 이런 류의 추론은 비논리적이라고 지적했고, 그것을 '구식한' 것으로 비웃었다.[19]

에드가의 설명 역시 그것이 하나님의 능력을 세속적인 인식으로 대치하기 때문에 거짓되었다. 에드가는 기독교가 '상당한 명성을 지닌 인식된 집단이 된' 후에 그것은 더 이상 기적의 힘을 필요로 하지 않는다고 말한다. 누가 하나님의 기적을 행하시는 능력을 세속적인 명성과 바꾸기를 원하겠는가? 워필드는 다음과 같이 쓰면서 이 이론에 대하여 약간 다른 형태로 답한다. "세상에서 가장 강한 권력(예를 들어 로마 제국)의 보호가 확보된다면, 하나님의 능력인 것처럼 보이는 개념은 더 이상 필요치 않다."[20] 성경의 어느 곳에서든 그러한 개념을 뒷받침하는 것을 찾을 수 있을까?

결국 나를 괴롭히고 있는 이 논의에는 무엇인가 그 밖의 것이 있다. 나는 이미 주님과 사도들의 기적들의 합당한 기능들 중의 하나가 예수님과 그분에 대한 메시지를 확증하고 증언한다는 것을 언급했다. 그러나 기적들은 사람들이 복음을 믿게 하기 위해서 필수적이었는가? 에드가는 적어도 초대교회에서는 그랬던 것처럼 쓰고 있다. 왜? 에드가에 따르면, 복음의 메시지에 대한 역사적인 불명료함과 새로움을 증명하기 위해서 기적들이 요구되었던 것 같다. 그는 묻는다. "누가 그러한 메시지를 받아들일 수 있었겠는가?"

이것은 위험스럽게도 복음의 메시지 본래의 능력을 격하시키는 것과 같다. 분명히 '구원을 위한 하나님의 능력인' 복음은 기적들이 없어도 충분하다. 분명히 하나님께서는 그의 목적들을 이루시기 위하여 기적을 행하실 필요는 없으셨다.

세상에서 가장 큰 기적은 하나님께서 우리를 사랑하신다는 것과 그의 아들이 우리를 위하여 죽으셨다는 것이다. 우리를 위한 그분의 사랑은 설명할 수 없는 신비이고 영원히 계속될 것이다. 여태껏 발생한 가장 놀라운 초자연적인 사건은 영원하신 성자께서 성육신하셔서, 인간이 되셔서 죄악 된 인간을 대신하여 죽으신 것과 육체로 부활하신 것이었다. 분명히 가장 큰 기사는 예수 그리스도를 믿음만으로 우리가 영생의 선물을 받았다는 것이다. 분명히 어느 누구나 알 수 있는 가장 큰 능력은 예수 그리스도의 십자가의 능력이다. 십자가를 통하여 우리는 용서하심을 받았을 뿐 아니라 하나님의 영광스런 임재에 가까이 나아갈 수 있게 되었다.

그리스도의 죽으심의 능력은 너무나 커서 어떤 그리스도인도 도덕적인 속박 아래서 살 필요가 없다. 어느 그리스도인도 정욕, 분노, 죄, 두려움, 죽음 혹은 사탄에 좌우되지 않는다. 이 좋은 소식은 분명히 이제까지 주어진 소식들 중에서 가장 큰 소식이다. 이 메시지는 분명히 그것을 따르는 어떤 기적들보다도 더 큰 것이다. 복음은 분명히 기적을 요구하지 않고도 사람들의 마음을 사로잡을 수 있다.

내가 열일곱 살이고 반항적이었을 때, 한 친구가 나에게 복음의 설명할 수 없는 은혜에 대하여 말하는 것을 들었을 때 나의 마음은 예수님께로 사로잡혔다. 나는 신약성경의 나머지에 대하여, 다른 기적들에 대하여 아무것도 알지 못했다. 그러나 그날 밤, 1965년 12월 18일 새벽 2시에 주 예수 그리스도를 믿는 믿음만으로 나는 새로운 피조물이 되었다. 그것은 정확하게 사도 바울이 복음의 메시지가 행할 것이라고 말한 것이다. 바울은 다음과 같이 썼다.

> 내가 복음을 부끄러워하지 아니하노니 이 복음은 모든 믿는 자에게 구원을 주시는 하나님의 능력이 됨이라 첫째는 유대인에게요 또한 헬라인에게로다 복음에는 하나님의 의가 나타나서 믿음으로 믿음에 이르게 하나니 기록된 바 오직 의인은 믿음으로 말미암아 살리라 함과 같으니라(롬 1:16-17)

바울은 예수 그리스도의 위대하고 영광스런 복음에 대한 최고의 확신을 가졌었다. 그는 그의 확신을 기적이나 인간의 능력이나 혹은 인간의 선함에 둔 것이 아니었다. 이 메시지는 인간이 들은 가장 영광스러운 메시지이다. 그것은 인간의 딜레마에 대한 유일한 해답이다.

에드가는 "누가 그러한 메시지를 받아들일 수 있겠는가?"라고 말한다. 한 가지 예로써 리디아와 그녀의 가족은 어떤 수반하는 기적들이 없이도 바울이 그것을 전파했다는 것을 들었을 때, 이 메시지를 받아들이는 데에 전혀 문제가 없었다(행 16:14-15). 1세기에 성령은 기적들이 없어도 완벽하게 확신과 믿음을 일으킬 수 있었다(요 16:8). 세례 요한의 사역 역시 확신과 회개를 불러일으킬 수 있었다. 그러나 요한은 기적을 행하지 않았다(요 10:41). 세상의 종교들과 이교들조차도 기적의 능력 없이도 생겨났고 번성해 왔다. 우리는 정말로 예수 그리스도의 복음 능력을 대신하여 무엇인가 덜한 것을 주장하고자 하는가?

나는 기적들은 확증하는 기능을 한다고 믿는다. 그리고 나중에 기적들이 복음의 선포를 위한 문을 활짝 열고, 사람들이 회개하도록 할 수 있다는 것을 논의할 것이다. 그러나 단순한 복음의 선포는 역사 속에서 어느 때에나 기적들 없이 이 모든 일들을 할 수 있었고, 오늘날에도 여전히 할 수 있다. 복음 선포를 확증하기 위하여 하나님께서 기적을 허락하실 때, 그것은 복음의 메시지의 부족함을 보충하기 위하여 하나님께서 필요로 하시기 때문이 아니라 은혜에 근거해서 이루어진다. 기적들은 많은 기능을 하는 하나님께로부터 온 은혜로운 선물이다. 그러나 우리가 그렇게 하는 것에 대한 분명한 성경적인 증거를 가지고 있지 않는 한 우리는 결코 하나의 기능을 분리해서도, 그것을 기적의 궁극적이고 필수적인 목적으로 간주해서도 안 된다.

오늘날 기적들을 뒷받침하기 위하여 복음서와 사도행전을 이용하는 것

사도행전은 '변천'의 책이기 때문에 우리는 하나님께서 오늘날도 치유하시거나 기적들을 행하신다는 증거로서 사복음서와 사도행전을 사용해서는 안된다고들 말해왔다. 사도행전은 우리에게 구약성경 시대로부터 신약성경 시대까지의 변천에 대한 기록을 전해 준다. 사도행전은 교회의 유아기와 미완성 시기를 보여준다. 그러므로 우리는 사도행전에 근거한 교회 생활에서 무엇이 정상적인지를 결정할 수 없다. 우리가 결정할 수 있는 전부는 교회의 미완성 시기에 무엇이 정상적이었는지이다. 무엇보다도 우리는 사도행전에서 교리를 유도해 낼 수 없다―혹은 논의 역시도 그렇다. 교회에 대한 교리는 바울의 서신들에서 유도되어야 한다.

이 논의가 확실한 근거가 있다면, 그것은 실제로 복음서와 사도행전이 오늘날의 치유와 기적들에 대한 예수님의 태도에 대하여 우리에게 아무것도 말해주지 않는다는 것을 의미한다. 그것은 단지 교회 탄생의 초기에 그의 태도를 반영한다. 그러나 이 논의는 많은 이유들 때문에 거짓이다.

첫째, 신학자들은 항상 교리를 위하여 복음서와 사도행전을 사용해 왔다. 예를 들어서, 칼빈 시대 이래로 개혁주의 신학자들은 무조

건적 선택의 교리를 증명하기 위하여 요한복음 6:44과 사도행전 13:48을 사용하기를 좋아해 왔다. 이와 마찬가지로 세대주의자들은 그들의 세대주의를 증명하기 위하여 복음서와 사도행전에 호소한다. 요한복음 1:17은 율법과 은혜의 세대들 사이에는 분명한 구분이 있다는 것을 증명하기 위하여 세대주의자들에 의해서 이용된다. 선교학 교수들과 복음주의자들은 선교와 복음주의에 대한 교리들을 가르치기 위하여 정식으로 복음서와 사도행전을 이용한다. 복음서와 사도행전은 우리 그리스도론 교리의 주요한 근거들이다. 복음서와 사도행전은 신약성경이 구약성경을 사용한 방법 연구를 위한 중요한 자료들이다. 사도행전은 또한 우리가 교회 정치에 대하여 무엇을 믿어야 할 지를 결정하는 데에 있어서 결정적이다(행 20:17 이하를 참고). 우리가 교리를 위하여 복음서와 사도행전을 사용할 수 없다는 것은 분명 사실이 아니다. 모든 사람들이 그렇게 한다.

이 논의가 정말로 의미하는 것은 우리가 오늘날 교회사에서 일어나는 초자연적인 사건들에 대한 교리를 결정하기 위하여 복음서와 사도행전을 사용해서는 안된다는 것이다. 환언하면, 그들이 사도행전을 읽을 때 이 논의를 사용하는 사람들은 실제로 반초자연적 해석법을 사용하고 있는 것이다.

이 말로 내가 의미하는 바를 설명하고, 그 다음 그것을 예증하겠다.

해석학은 해석의 학문이다. 그것은 해석의 규칙들을 다룬다. 그것은 우리가 성경(혹은 그 문제에 대하여 기록된 어떤 본문)을 해석해야만 하는 방법인 것이다. 반초자연적 해석은 성경의 초자연적인 요소들을 제거하는 해석 체계이다. 불트만과 같은 독일의 자유주의 신학자들은 신약성경의 기적들을 '추방함'으로써 이렇게 했다. 즉 그들은 결코 기적들은 일어나지 않았다고 주장한다. 기적들은 고대 근동에서 널리 퍼져 있던 신화들을 표현하기 위하여 고안되어진 이야기들이라고 주장한다. 이러한 교만한 태도로 성경을 다루려고 꿈도 꾸지 않았던 보수주의적 작가들은 반초자연적 해석을 사용하는 또 다른 방법을 가지고 있다. 그들은 그 모든 기적들은 그 당시엔 일어났지만, 오늘날을 위해서 예정되지 않았다고 말하는 방식으로 성경을 읽는다.

예를 들어 나의 학생들 중 하나가 나에게 그가 사도행전에서 바울에 대한 이야기를 읽고 이와 같은 일을 하고 싶은 영감을 받았기 때문에 선교사가 되어서 교회들을 세우고 싶다고 말했다면, 나는 그를 축복했을 것이다. 나는 하나님께서 한 학생이 선교사가 되어 교회들을 세우도록 영감주시기 위하여 사도행전에 기록된 바울의 이야기를 사용하신다는 것을 믿는 데에 아무런 의심도 없었다. 나는 이것이 성경을 합당하게 사용하는 것이라고 생각했다. 그러나 그 학생이 사도행전을 읽은 후에 그가 하나님께서 치유의 사역으로 그를 사용하시기를 원한다고 내게 말하고자 했다면 나는 즉시 그를 바로잡으려 했을 것이다. 나는 그에게 이것은 성경을 잘못 사용하는 것이라고 말했을 것이다. 환언하면, 나는 "당신은 복음서와 사도행전에 기록된 비기적적인 요소들을 따라하는 것은 자유이지만 기적적인 요소는 따라해서는 안된다"고 말하는 해석 방법을 사용했다.

나는 반초자연적 해석법의 렌즈를 통하여 복음서와 사도행전을 읽고 있었다. 내가 기적적인 이야기를 읽을 때마다 이 렌즈는 그 이야기가 일어났었다는 것에는 동의한다. 그러나 렌즈는 그 구절에 대한 오늘날의 기적적인 적용을 제거해 버렸다.

이 반초자연적인 해석을 어떻게 증명할 것인가? 성경의 어디에서 성경을 이렇게 읽으라고 하는가? 성경의 어디에서 비기적적인 것은 따라서 해도되지만 오늘날에 기적적인 사건들은 따라하거나 기대해서도 안된다고 말하는 해석을 제시하고 있는가?

이 논의는 두번째 이유 때문에 거짓이다. 고대의 세계에서, 특히 성경의 일부분인 고대 근동의 세계에서 신학을 전하는 가장 일반적인 방법은 설화를 말하는 것이었다. 설화들은 신학적 교리를 전달하기 위하여 기록되었다. 때때로 현대의 작가들은 복음서와 사도행전을 마치 그것들이 일어났던 일에 대한 '신문' 기사에 지나지 않는 것처럼 다룬다. 복음서와 사도행전은 분명 그 이상이다. 그들은 그 자체가 신학이다. 누가가 누가복음과 사도행전을 썼을 때, 그는 독자들에게 명확한 신학적 진리를 가르치기 위하여 그의 모든 자료를 매우 조심스럽게 선택했다.[21]

이것은 오늘날에도 여전히 동양에선 일반적이다. 나는 싱가프르에서 열린 대규모의 사경회에서 막 돌아왔다. 그런데 그곳에서 목사 하나가 그의 교회에서 한 중국인 기독교도 아버지가 그의 아이의 의문스러운 신학적 질문에 대답하는 것은 매우 일반적인 일이라고 나에게 말해주었다. 구약성경과 신약성경이 얼마나 많은 설화문학으로 구성되어 있는가를 생각할 때, 우리는 하나님께서도 역시 이러한 방법으로 신학을 가르치는 것을 좋아하신다는 결론을 내리게 되었다.

흠정역 성경의 신약성경에 따르면 복음서와 사도행전은 205쪽, 바울의 서신들은 87쪽, 다른 서신들은 34쪽, 요한계시록은 22쪽으로 되어 있다. 복음서와 사도행전이 신약성경의 59퍼센트를 차지한다. 모든 서신서들을 합하면 35퍼센트를 차지한다. 만일 우리가 교리의 근거 자료로서 복음서와 사도행전을 사용해서는 안된다는 논의가 사실이라면, 그것은 우리가 신약성경의 59퍼센트를 교리적 가치가 없는 것으로서 실제적으로 버려야만 한다는 것을 의미한다. 그것은 우리의 교리를 결정하도록 신약성경의 오직 35퍼센트만을 우리에게 제시한다는 것이다.

물론 아무도 이것을 진짜로 믿지 않는다. 그들은 단지 당신이 교회의 현재의 사역을 위하여, 기적들의 계시를 결정하기 위하여 복음서와 사도행전을 사용해서는 안된다는 것을 의미한다. 그리고 이것은 완전히 임의적인 결정이다. 그것은 성경의 가르침에 근거한 것이 아니라 오히려 개인적인 편견에 근거한 것이다.

이 논의가 거짓이 되는 세번째 이유는 그것이 성경을 부인하기 때문이다. 사도 바울은 "모든 성경은 하나님의 감동으로 된 것으로 교훈과 책망과 바르게함과 의로 교육하기에 유익하니"라고 말했다 (딤후 3:16). 바울은 모든 성경—단지 서신서들이 아니라 복음서와 사도행전도—이 가르치기에 유익하다고 말했다.

그 논의는 또 다른 방법으로 성경을 부인한다. 바울은 그의 글에서 적어도 여섯 번은 그가 그리스도의 본을 따르는 것처럼 그를 본받으라고 그리스도인들에게 명령하거나, 그를 본받는 사람들을 인정했다(고전 4:16-17; 11:1; 빌 3:17; 4:9; 살전 1:6; 살후 3:9). 바울은 그의 삶 속에서 기적적인 요소들과 기적적인 것으로 여겨지지 않는 요소들을 구분하지 않았다. 바울은 그리스도를 본받았다. 그리스도께서는 그의 삶 속에서 기적적인 요소들을 가지셨었다. 바울도 그랬다. 우리는 예수의 삶과 바울의 삶에서 단지 비기적적인 요소들만을 본받아야 하는가? 그들은 단지 도덕적인 삶의 본이 되어야만 하고 기적적인 사역을 위한 본이 되어서는 안되는가? 바울은 그가 우리에게 그를 본받으라고 교훈할 때 그러한 구분을 하지 않았다.

우리는 우리가 교회사에 대하여 가지고 있는 혹은 앞으로 갖게 될 유일하게 영감으로 기록된 것은 사도행전이라는 것을 기억해야만 한다! 이것은 우리가 교회사 중에서 우리의 기록이 백 퍼센트 정확하다는 것을 절대적으로 확신할 수 있는 유일한 기간이다. 그것은 우리가 교회사 중에서 교회의 생활과 사역에 대한 하나님의 선택을 절대적으로 확신할 수 있는 유일한 기간이다.

사도행전은 성령이 교회에 임하셔서 역사하실 때, 우리가 정상적인 교회의 생활이 어떠해야 하는지를 결정해야 하는 최고의 자료이다. 여기서 우리는 하나님을 향한 열정을 가지고 있고, 기꺼이 희생—순교까지도—하고자 하며, 기적이 역사하고 있는 교회를 발견한다. 우리는 왜 하나님께서 오늘날의 교회가 무엇인가 다른 것이 되기를 원하신다고 생각하는가? 누가 정상적인 교회 생활의 모델로서 칼빈 시대의 교회나 20세기 미국의 교회를 진지하게 취하겠는가?

만일 그의 회심 이전에는 기독교의 역사나 신약성경에 대하여 아무것도 몰랐던 새로운 회심자가 있어 당신이 그를 일주일 동안 성경 하나를 주고 방에 가두어 둔다면 그는 자신이 주 예수 그리스도를 열렬히 사랑하는 집단, 그리고 계속해서 기적들을 경험하고 기적들을 행하는 집단의 구성원이라고 믿으며 나오게 될 것이다. 이 새로운 회심자를 다르게 확신시키기 위해서는 기적적인 일들에 대한 경험이 전혀 없는 똑똑한 신학자가 필요할 것이다.

* * *

신약성경 시대의 기적들에 대하여 어떤 목적을 부여하든지 간에 우리는 하나님께서 최초의 복음 선포를 둘러싼 부족함들을 보충할 필요성이 있어서 기적들을 행하셨다고 말해서는 안된다. 치유와 기적들은 전적으로 하나님의 은혜였다. 복음은 어떤 기적들과 상관없이도 믿을 수 있고, 믿어졌을 것이다. 또 우리는 하나님께서 사도들을 보증하시기 위하여 또는 성경의 권위를 증명하시기 위하여 기적들을 행하셨다고 말해서도 안된다.

그러나 전체 신약성경—복음서와 사도행전을 포함해서—은 하나님께서 기적들을 행하셨고, 사람들을 치유하셨고, 또 이러한 행동들에 대한 중요한 목적을 가지셨다는 것을 계시해 준다. 우리는 다음의 두 장에서 이러한 목적들을 더욱 충분하게 조사할 것이다.

제9장
하나님께서는 왜 치유하시는가?

18여 년 전 어느 금요일 오후에 우리는 나의 아내가 우리의 첫아들이 될 아기를 임신했다는 사실을 알았다. 우리는 가족들과 함께 금요일 밤에 큰 축하식을 가졌다. 그러나 토요일 오전에 리사는 조산기가 있었기 때문에 부랴부랴 의사에게 서둘러 가야만 했다. 역시 좋은 친구였던 그 의사는 말했다.

"솔직하게 말해야 겠군요. 나는 당신이 이 아이를 얼마나 원하는지를 압니다. 그러나 이 임신은 유산으로 끝날 것입니다. 나는 당신에게 적절한 치료를 해드리고 댁으로 돌아가셔서 쉬도록 보내드리겠습니다. 그러나 난 이것이 도움이 될 것이라고 생각하지 않습니다. 나는 당신에게 기대를 갖게 하고 싶지 않습니다."

우리는 그날 의사에게 다녀온 후에 우리의 작은 아파트 쇼파에 앉아서 말없이 울었다. 우리는 그러한 비극에 관련되는 모든 감정들을 경험했다. 그러나 슬픔 속에서 나는 생각했다. '잠깐만. 나는 신학에 있어서 사람의 의견을 취하지 않았다. 그런데 왜 내가 의학에 있어서 사람의 의견을 취해야만 하겠는가?'

나에게는 다른 주에 살고 있는 의사인 또 다른 친구가 있었다. 그는 부인과 의학에 관한 교재를 집필한 적이 있었다. 나는 그 친구에게 전화를 해서 말했다.

"우리는 지금 막 의사에게 다녀왔는데, 그는 리사가 유산할 것이라고 말했네. 나는 자네의 의견을 듣고 싶네."

"그녀의 증상은 어떤가?" 나의 친구가 물었다.

그래서 나는 그녀의 증상들을 나열했다.

"그녀는 제대로 진단받은 것이네. 이 아이가 태어난다 하더라도 그 아이는 신체적으로 심하게 불구가 되거나, 정신적으로 결함이 있어서 자네가 그 아이를 돌보느라 많은 돈과 자네의 남은 인생의 대부분을 소비하게 될 가능성이 80퍼센트나 되네. 리사는 유산할 것 같네. 그리고 결국 그것은 하나님의 축복일 수도 있네. 자네들은 둘다 젊으니까 다른 아이를 가질 수 있을 것이네. 만약에 자네가 그리스도인들이 아니라면, 나는 자네에게 이것은 단지 생존할 만큼 충분하게 강하지 못한 무엇인가를 제거하는 자연의 법칙이라고 말했을 것이네. 그러나 자네 부부는 그리스도인이니까, 나는 하나님께서 이 아이가 유산되게 하심으로써 큰 고통과 많은 비용에서 자네를 구하시는 것이라고 생각한다고 말하고 있는 것이네."

18년 전에 나는 이 말에서 위로를 얻었고 그 아이를 포기하기로 했다. 오늘 나는 하나님의 본성과 목적들과 능력이 어떠하신지를 알기 때문에, 그와 같은 말에 결코 위로를 얻지 않을 것이고 그 아이를 잃는 것으로 단념하지도 않았을 것이다. 그러나 그 당시에 나는 신학적 지식이 지금보다 더 적었었고 하나님에 대한 훨씬 더 많은 제한을 두었던 지금과는 다른 사람이었다.

나는 전화를 끊고 리사가 있는 방으로 들어갔다. 나는 그녀가 같은 말에서 위로를 얻기를 원했다. 그녀는 여전히 울면서 쇼파에 앉아 있었다. 그녀의 얼굴은 붉고 부어올라 있었고, 눈은 부어서 거의 감겨져 있었다. 나는 말했다.

"리사, 괜찮아질 거 야. 지금 막 다른 의사하고 이야기를 해봤어." 그리고 나서 나는 우리의 친구가 방금 전에 전화로 말한 모든 것을 그녀에게 말해주었다. 그러나 리사는 내가 하는 말을 한마디도 듣지 않는 것 같았다.

나는 그녀가 너무나 마음이 상해서 들을 수 없다고 생각했다. 그래서 나는 그녀에게 더 가까이 다가가서 더 큰 목소리로 내가 방금 전에 그녀에게 했던 말을 반복했다. 그녀는 여전히 내가 하는 말을 인정하기를 거부했다. 그 시점에서 나는 그녀가 단지 이치를 따르려하지 않았기 때문에 화가 나기 시작했다.

그러나 그녀의 분노가 나의 분노를 차단시켰다. 그녀의 눈은 부어서 거의 감겨져 있었지만, 불타는 듯한 분노가 그녀의 눈에서 번뜩였다. 그녀는 말했다.

"나는 당신이 말하는 것에 상관하지 않아요. 이 아이를 잃는 것이 축복이라는 것을 나는 믿을 수 없어요. 난 이 아이를 진정으로 사랑해요. 세상에서 나에게 일어날 수 있는 최악의 일은 이 아이를 잃는 것이에요. 나는 이 아이가 어떤 결함을 가지든 혹은 이 아이가 어떻게 태어나든지 상관하지 않아요. 나는 하나님께서 내가 이 아이를 갖게만 해주신다면 이 아이를 돌보면서 나의 남은 생을 보낼 거예요."

나는 너무나 놀라서 아무런 말도 할 수 없었다. 나 역시 내가 거룩한 땅에 서 있는 것 같은 느낌이었다. 나는 이 아기에 대한 내 아내의 감정들을 공감하거나 이해할 수조차 없었지만, 그 밖에 아무런 말도 하지 않는 것이 더 낫다고 결정했다.

그녀는 그 태어나지 않은 아이에 대하여 어떻게 그렇게 느낄 수 있었을까? 그녀는 단지 24여 시간의 짧은 시간 동안 그녀가 임신했다는 것을 알았었다. 그 24시간 동안 이 아이가 그녀에게 행한 모든 것은 그녀를 아프게 하고 그녀의 생명을 위협한 것이었다. 그런데 지금 그녀는 그녀에게 있어서 세상에서 최악의 일은 그 아이를 잃는 것이라고 말하고 있다. 그녀는 어디에서 이런 종류의 사랑이 생겼을까? 이런 류의 불쌍히 여김은 어디에서 왔을까? 이런 질문들에 대하여 깊이 생각하면서 그곳에서 놀라 앉아 있을 때, 천사와 같은 저격병으로부터 날아온 총알처럼 *raham*이라는 단어가 나의 머리 속에서 번뜩이며 떠올랐다.

구약성경에서 하나님의 불쌍히 여기심을 표현하는 주요 방법은 '자궁'을 뜻하는 히브리어 단어 *raham*을 사용하는 것이었다.[1) 하나님의 긍휼히 여기심을 표현하기 위하여 도대체 왜 히브리인들은 '자궁'이라는 단어를 선택했을까? 그것은 아마도 그의 임신한 아내가 그녀의 자궁 속에 있는 아직 태어나지 않은 태아에 대하여 갖는 강한 감정(동정)에 대한 히브리인 남편의 관찰에서 왔을 것이다. 그는 그가 아직은 경험할 수 없는 그 아이에 대한 동정과 사랑을 그녀가 가졌다는 것을 알았다.

당신도 알다시피 우리는 자궁 속에 있는 그 태아와 같다. 우리는 도덕적으로 스스로 어떻게 할 수 없으며 우리의 삶을 위해 하나님께 전적으로 의존적이다. 리사가 임신하고 있던 그 아이는 그녀에게 고통을 야기시켰고 그녀의 생명을 위협했다. 우리 역시 하나님께 고통을 드렸다. 우리는 그분의 아들의 생명을 위협했을 뿐만 아니라, 실제로 그 아들의 생명을 취했다. 그러나 우리의 하늘 아버지께서는 여전히 우리의 고통을 어루만져 주실 수 있다. 그분은 그의 '가장 작은 자들' 중의 하나를 잃어버리는 것조차도 싫어하신다(마 18:6). 하나님께서는 긍휼히 여기시기 때문에 그분은 그의 자녀들에 대한 강한 열망과 그들의 모든 어려움 속에 있는 그들을 도우시고자 하시는 소망을 가지고 계신다.

일부의 사람들이 나에게 하나님께서는 더 이상 치유하시지 않는다거나 단지 아주 드물게 치유하신다고 말하고자 한다면, 나는 그들에게 묻고 싶다.

"주님의 긍휼히 여기심은 어디로 가버렸는가? 예수 그리스도께서는 더 이상 우리의 교회들 가운데서 함께 하시지 않으시는가? 그분은 더 이상 우리의 고통을 인식하시지 않으시는가? 그분께서는 더 이상 정신병원에 사랑하는 사람들을 보내놓고 있는 사람들을, 혹은 그들의 아기들이 뒤틀린 몸으로 태어난 가족들을 돌보시지 않으시는가?"

나는 그분의 긍휼히 여기심은 결코 변화되었다고 생각하지 않는다. 나는 단지 그분께서 1세기에 하셨던 것만큼 기꺼이 우리의 영혼과 육체를 어루만져 치유하시기를 원하신다고 생각한다. 나는 변화된 것은 하나님이 아니라 바로 교회라고 생각한다.

이번 장에서 우리는 하나님의 긍휼히 여기심뿐 아니라 그는 과거에 치료하셨고, 오늘날에도 계속 치유하시고 계신 것에 대한 다른 이유들 중에서 몇 가지를 검토할 것이다.

하나님께서는 긍휼히 여기심과 자비로써 치유하신다.

예수의 치유의 사역은 긍휼히 여기심으로 인해 유발되었다. 하나의 전형적인 사건이 마태복음의 14:13-14에 기록되어 있다.

> 예수께서 들으시고 배를 타고 떠나사 따로 빈들에 가시니 무리가 듣고 여러 고을로부터 걸어서 좇아간지라 예수께서 나오사 큰 무리를 보시고 불쌍히 여기사 그중에 있는 병인을 고쳐 주시니라.

긍휼히 여기심으로 인하여 예수께서는 문둥병자들(막 1:41-42), 귀신들린 젊은이(막 9:22), 눈먼 자들(마 20:34)을 치료하셨고, 심지어는 죽은 자를 살리시기도 했다(눅 7:11-17). 마태복음에서 4천명을 먹이신 것은 예수께서 자신이 생명의 양식이라는 것을 증명하시고자 하는 소망 때문이 아니라, 오히려 예수께서 무리를 불쌍히 여기셨기 때문이었다. 이처럼 예수께서는 자비를 구하는 그들의 외침에 응답하시어서 눈먼 자들(마 9:27-31; 20:29-34)과 귀신들린 자들(마 15:22-28; 17 14-21)과 문둥병자들(눅 17:13-14)을 치유하셨다. 신약성경에 기록된 가장 심하게 귀신에 들린 사람의 치유조차도 결국은 하나님의 자비에 의한 것이다.

지금 막 언급된 적은 수의 본문들은 하나님의 긍휼의 여기심과 자비가 신약성경에 나타난 치유들의 주요 요인들이었다는 것을 증명해 준다.[2] 예수께서 팔레스틴의 먼지처럼 메마른 길을 걸으실 때, 그는 그의 주변에 있는 사람들의 고통과 질병들 때문에 마음이 움직이셨다. 그는 몸이 문둥병으로 뒤덮인 사람들을 싫어하신다고 뒤로 물러서지 않으셨다. 그는 실제로 그의 손을 그들의 병든 몸에 얹으셨고 그들을 치료하셨다. 그는 한 과부의 독자를 싣고 가는 장례행렬을 보시고는 불쌍히 여기셨다. 사람들이 그에게로 저는 자들과 눈먼 자들과 불구된 자들을 데려왔을 때, 그는 그들의 고통에 냉담하시지 않았다. 그는 그들에게 신학적 상투적인 말을 해주시지 않았다. 그는 그들을 치료하셨다.

병든 자들과 상한 자들에 대한 그리스도의 긍휼히 여기심을 이해하는 것은 매우 실제적인 세 분들이다. 나는 병든 자들을 위해 기도하는 열성적인 사람들을 자주 만난다. 그들은 매주 병든 자들을 위해 기도하는 데에 아주 많은 시간을 헌신한다. 그러나 그들 중의 일부는 치유가 일어나는 것을 거의 보지 못한다. 얼마 동안 그들과 대화하고 나면 그들이 그토록 성공하지 못하는 이유를 알게 되는 것은 어렵지 않다. 종종 병자들을 위해 기도하는 그들의 주요 동기는 뭔가 흥미로운 것, 초자연적인 것을 보기 위한 것이거나 하나님께서는 결국 치유하신다는 것을 그들의 신학적 반대자들에게 증명하기 위한 것이다.

이러한 것들은 치유에 대한 신약성경의 동기들이 아니다. 하나님께서는 흥분에 대한 우리의 소망을 만족시키셔야 할 이유도, 또는 그의 일부 자녀들을 다른 사람들과의 논의에서 이길 수 있게 도우셔야 할 이유도 없다. 그분은 긍휼히 여기시는 것이다. 당신이 병든 자들과 상처입은 자들에 대한 그의 긍휼히 여기심을 공감할 수 있을 정도가 될 때에 당신은 예수의 치유의 능력이 통하여 흘러 넘칠 수 있는 그릇이 될 수 있다. 만일 당신이 진정으로 치유의 사역으로 사용되기를 원한다면, 당신의 하늘 아버지께 당신이 상처입은 자들을 향하신 그의 긍휼히 여기심을 느낄 수 있게 해주시도록 구하라.

예수께서 치유의 사역을 오늘날 교회로부터 철회하셨다는 것에 동의하는 것은 그가 또한 교회로부터 그의 긍휼히 여기심을 철회하셨다는 것에 동의하는 것이다. 그러나 우리가 긍휼히 여기시는 구세주를 믿는다면, 우리는 오늘날 교회에서 치유하시고자 하는 그분의 소망을 믿어야만 한다.

하나님께서는 자신과 그의 아들을 영화롭게 하시기 위해 치료하신다.

때때로 치유에 대한 정해진 목적은 하나님께 영광을 돌리기 위한 것이다. 그것이 나사로를 죽은 자 가운데서 살리신 주요 목적이었다. 예수께서는 그의 제자들에게 말씀하셨다.

> 이 병은 죽을 병이 아니라 하나님의 영광을 위함이요 하나님의 아들로 이를 인하여 영광을 얻게 하려함이라 (요 11:4)

그리고 나서 그는 마르다에게 말씀하셨다.

> 내 말이 네가 믿으면 하나님의 영광을 보리라 하지 아니하였느냐
> (요 11 40)

이 기적은 또한 예수께서 부활이며 생명이신 것을 증명했다. 그러나 정해진 목적은 하나님께서 영광받으신다는 것이다. 실제로 이 두 가지의 목적은 모순되지 않는다. 예수께서 죽은 자 가운데서 나사로를 살리셨을 때, 그는 그가 부활이시요, 생명이신 것을 증명하셨다. 그리고 이 증명은 하나님과 하나님의 아들께 큰 영광을 돌렸다.

동일한 목적이 사도들의 치유에서도 나타난다. 베드로가 성전 미문에 앉아 있던 앉은뱅이를 치유한 것을 다음과 같이 설명한다.

> 베드로가 막 발생한 기적을 보고 사람들이 기이히 여기고 놀라는 것을 보고 그들에게 말했다. 이스라엘 사람들아 이 일을 왜 기이히 여

기느냐 우리 개인의 권능과 경건으로 이 사람을 걷게 한 것처럼 왜
우리를 주목하느냐 아브라함과 이삭과 야곱의 하나님 곧 우리의 조
상의 하나님이 그 종 예수를 영화롭게 하셨느니라 빌라도가 놓아 주
기로 결정하였지만 너희가 그를 넘겨주어 죽게 하였고 빌라도 앞에
그를 부인하였었노라(행 3:12-13)

이 치유는 의도된 결과를 이루었다. 왜냐하면 누가가 나중에 "그
들 모두는 일어난 일로 인해 하나님께 영광을 돌렸다"라고 말하기
때문이다(행 4:21 NASB).

이것은 예수의 기적을 행하시는 사역을 지켜본 사람들 가운데서
의 정상적인 반응이다. 그들은 자주 이스라엘의 하나님을 찬양하고
영광돌림으로써 반응했다. 예를 들어서 마태는 우리에게 말한다.

그리고 많은 무리가 절뚝발이와 불구자와 소경과 벙어리와 기타 여
럿을 데리고 그에게로 와서 그들을 그의 발 아래에 두었다. 그가 그
들을 치료하셨고 무리가 벙어리가 말하고, 불구자가 회복되고, 저는
자가 걷고, 눈먼 자가 보는 것을 보고 놀았다 그리고 그들은 이스라
엘의 하나님께 영광을 돌렸다(마 15:30-31 NASB)

이것이 누가복음의 중요 주제이다. 사람들은 그들이 예수께서 지
붕을 뚫고 내려지는 중풍병자를 고치시는 것을 보았을 때(눅 5:24-
26), 예수께서 나인성 과부의 아들을 죽음에서 살리셨을 때(눅 7:
16), 예수께서 귀신들려 앓으며 구부려져 펴지 못하던 여인을 치료
하셨을 때(눅 13:13, 17), 그리고 그가 눈먼 자를 치유하셨을 때(눅
18:42-43) 하나님을 찬양했다. 누가는 이 주제를 주 예수의 승리적
인 입성에서 어울리는 결론을 내린다. 그는 다음과 같이 쓴다.

이미 감람산에서 내려가는 편까지 가까이 오시매 제자의 온 무리가
자기의 본 바 모든 능한 일을 인하여 기뻐하며 큰 소리로 하나님을
찬양하기 시작했다(눅 19:37)

예수께서는 실제로 하나님의 치유의 능력을 받은 사람들이 그를
찬양하기를 기대하셨다. 열 명의 문둥병자가 치유함을 받은 뒤 오
직 한 사람만이 돌아와서 감사드릴 때, 예수께서는 말씀하셨다.

열 명이 치료되지 않았느냐? 그런데 아홉 명―그들은 어디에 있느냐?

> 이 이방인을 제외하고는 돌아와서 하나님께 영광돌리는 자가 아무도
> 없느냐?(눅 17:17 NASB)

주 예수의 자연 기적들 역시 하나님을 영화롭게 했다. 그가 물로 포도주를 만드셨을 때, 요한은 이것은 "그의 영광을 나타냈다"고 말하고 있다(요 2:11).[2] 이 모든 본문들은, 기적들은 예수와 그의 메시지를 흐증하기 위해서 뿐만 아니라 성부 하나님과 성자 하나님께 영광을 돌리기 위하여 주어졌다는 것을 증명한다.

하나님의 긍휼히 여기심처럼 이 목적은 일부 일시적인 역사적 환경에 뿌리를 둔 것은 아니다. 하나님께서는 항상 자신과 그의 아들에게 영광을 돌리는 것에 관심을 두어 오셨다. 오늘날의 치유도 동일한 기능을 한다. 많은 경우에 나는 공적이든 혹은 개인적으로든 간에 하나님께서 누군가를 치유하실 때, 사람들이 하나님께 영광돌리고 찬양함으로써 반응하는 것을 보아왔다.

치유들과 기적들을 통하여 주님께 영광을 돌린다는 이 주제는 윌리암 듀마(William Duma)의 사역에서 두드러졌었다. 이 사람은 1977년 사망할 때까지 많은 주목할 만한 기적들과 치유들을 행한 유명한 남아프리카의 흑인 설교자였다. 듀마의 명성은 너무나 커서 백인들도 예수 그리스도를 통하여 치유받고자 그의 교회를 방문했었다. 이것은 백인들이 흑인 교회들을 방문한다는 것이 받아들일 수 없었던 때와 장소에서 일어난 일이었다.

듀마는 그의 사역을 위해 주님께로부터 다음해를 위한 지시를 받기 위하여 완전히 홀로 되어 매년 21일간 금식을 계속하는 매우 거룩한 사람이었다. 그러나 그는 그의 거룩함을 그의 치유의 사역의 비결로서 신뢰하지 않았다. 그의 전기의 제목인 『주여, 영광받으소서』가 진정한 비결을 보여준다. 그가 병자들에게 손을 얹고 그들을 위해 기도할 때, 그의 지배적인 생각은 주님께서 영광받으신다는 것이었다. 주께서는 죽은 자들로부터 어린 소녀를 살린 것을 포함한 많은 주목할 만한 기적들을 행하심으로써 그 소망을 이루셨

다.[4]

　이것은 나에게 오늘날 교회에서의 치유에 대한 가장 일반적인 장애들 중의 하나를 생각나게 했다. 세계를 두루 여행할 때 나는 그들의 교회에서 치유의 사역을 원하는 많은 사람들을 본다. 종종 그들은 나에게 그들이 병든 사람들에게 안수하고 그들을 위해 기도할 때, 그들은 하나님께서 아픈 사람을 치료하시지 않으신다면 자신들이 얼마나 어리석어 보일 것인가에 대하여 염려한다고 말한다. 이것은 특별히 사람들이 처음으로 병자들을 위해 기도하기 시작할 때 그렇다.

　우리가 병자들을 위해 기도할 때 우리가 어떻게 보일 것인가를 염려하는 것은 우리의 기도가 응답받는 효과적인 방법은 아니다. 그것은 하나님께서는 우리가 어떻게 보이는가에 우선적으로 관심을 두시는 것이 아니기 때문이다. 하나님께서는 그의 아들이 십자가에서 죽으실 때 그가 세상에 어리석어 보이는 것을 허락하셨다(고전 1:18-25). 하나님께서는 또한 그의 사도들이 전 세계 앞에서 구경거리가 되는 것을 허락하셨다(고전 4:9-13). 하나님께서 사도들이 그리스도로 인하여 어리석어 보이도록 하셨는데(고전 4:10), 우리는 왜 그가 우리의 명성에 대하여 염려하신다고 생각하는가? 하나님께서는 우리가 어리석어 보이지 않도록 하시기 위하여 누군가를 치료하시지 않을 것이다. 하지만 하나님께서는 그의 아들을 영화롭게 하시기 위하여 누군가를 치료하실 것이다. 성경은 이것을 증명한다. 그리고 기적적인 방법으로 치료되어 온 모든 사람들의 경험도 그렇다.

　나는 내가 처음으로 병든 자들을 위해 기도하기 시작했을 때 이 두려움을 경험했다. 나는 신학교의 동료들이 나에 대하여 무엇이라 생각할지를 염려했다. 나는 또한 교회에 있는 친구들이 나를 어떻게 생각할 것인지를 염려했다. 여러 해 동안 나는, 하나님께서는 하신다 하더라도 우리 시대에는 좀처럼 초자연적인 방법을 통하여 치유하지 않는다고 그들에게 가르쳤었다. 내가 만일 병든 자들을 위해 기도하기 시작했는데 사람들이 치유되지 않는다면, 그들을 나를 어떻게 생각하겠는가?

그 당시에 주께서는 나와 '협상하셨다'. 그것은 마치 그분께서 "누군가가 치료될 때 네가 믿지 않는다면, 그들이 치료되지 않을 때 너는 비난할 필요가 없을 것이다"라고 말씀하시는 것 같았다. 바꿔 말하면, 우리가 모든 치유와 모든 기적과 모든 기도에 대한 응답으로 인해 주께 영광을 돌린다면, 그때 그가 치료되지 않는 사람들에 대한 모든 비난을 받으실 것이다.

실제로 오늘날 일부 치유의 사역들은 심각한 문제라는 단서들 중의 하나는 중요한 치유에 사용된 사람들에게 주어지고, 받아들여지는 것은 유명인의 신분이다. 순진하고 잘못 인도된 그리스도인들은 자주 치유의 사역에 사용되는 사람들에게—혹은 치유의 사역을 행함으로써 명성을 얻은 사람들에게 큰 존경을 보인다. 때때로 목회자들과 전도자들은 그들 자신들이 주 예수보다도 오히려 관심의 대상이 되는 근사한 이야기들을 말함으로써 이렇게 하도록 도모한다. 그들 자신들 가운데서 영광을 주고 받음은 이 과정에서 개입된 사람들에게 해를 주거나 심지어 그들을 파멸시킬 수 있다(요한복음 5:44에서 바리새인들에 대한 주님의 비난을 보라).

인간적인 종들을 영화롭게 하는 것은 특별히 종교적인 텔레비전에서 일반적이다. 나는 큰 치유의 사역을 광고하는 사람들은 사기꾼들이라고 믿는다. 그들의 사역의 초에 다른 사람들은 치유와 기적들을 위해 주님께 중요한 방법으로 사용되었다고 믿는다. 그러나 그 방법에 따라 그들은 자신들이 속을 수 있는 여지를 남겨두었고, 이제 그들은 하나님의 아들보다 자신들을 더 놓이고 있는 것이다. 그런 종류의 높임은 큰 무리들을 모을 수 있고 아주 많은 양의 돈을 거두어 들일 수 있다. 하지만 그것은 하나님을 기쁘시게 하지 못한다. 그리고 하나님께서는 그것이 계속되도록 허락하시지도 않을 것이다. 결과적으로 자신들을 높이는 사람들은 그들의 사역과 주님과의 친밀한 관계를 잃게 될 것이다.

만일 당신이 병든 자들을 위해 기도할 때 중요한 방법으로 주님께 사용되기를 원한다면, 하나님의 아들이 영광받으시는 것을 보고자 하는 소망에 전념하라. 성자 하나님의 영광만을 소망하는 것이 내가 아는 우리 자신들을 속지 않도록 하고, 오류에 빠지지 않게 하는 가장 효과적인 방법이다.

하나님께서는 믿음에 따라 치유하신다

12년 동안 혈우병을 앓던 한 여인은 주님의 뒤로 소리없이 다가가서 그의 옷자락을 만졌고, 그때에 즉시로 그녀의 혈우병은 치유되었다. 그의 능력이 그의 몸에서 나간 것을 아시고 예수께서는 그녀를 찾기 위하여 돌아서셨다. 그가 그녀를 발견했을 때, 그는 그녀에게 말씀하셨다. "딸아, 안심하라 네 믿음이 너를 치료하였다"(마 9:22). 예수께서 귀신들린 가나안 여인의 딸을 치유하시도록 한 것은 바로 그녀의 믿음이었다. 예수께서는 그녀에게 말씀하셨다. "여자야, 네 믿음이 크도다. 네 소원대로 되리라"(마 15:28). 예수께서 가버나움에서 지붕을 통해 내려진 중풍병자를 치료하시도록 한 것은 무엇이었는가? 성경은 "예수께서 그들의 믿음을 보셨을 때"(마 9:2) 그는 그 중풍병자를 치료하셨다고 말한다.[5]

하나님께서 믿음에 따라 치유하신다는 것에 대한 이 동일한 원리는 사도들의 사역에서도 발견된다. 누가는 다음과 같이 쓰고 있다.

> 루스드라에 발을 쓰지 못하는 한 사람이 있어 앉았는데 나면서 앉은 뱅이 되어 걸어 본 적이 없는 자라 바울의 말하는 것을 듣거늘 바울이 주목하여 구원받을 만한 믿음이 그에게 있는 것을 보고 큰 소리로 가로되 네 발로 바로 일어서라 하니 그 사람이 뛰어 걷는지라
> (행 14:8-10)

신약성경은 하나님께서 믿음에 따라 치유하신다는 것을 분명하

게 가르친다.

예수의 사역에서 세 가지의 치유에 대한 이야기는 오늘날의 주님의 치유의 사역에 특별히 중요하다. 첫번째 이야기는 치유를 요청하면서 예수께 나아온 눈먼 두 사람을 묘사한다. 예수께서는 그들에게 물으셨다.

> 너희는 내가 이 일을 할 수 있다고 믿느냐 (마 9:28)

예수의 질문은 치유를 위한 믿음의 중요성을 강조할 뿐만 아니라 믿음의 특성에 대한 무엇인가를 우리에게 말해 준다. 하나님께서 치유하신다는 것을 믿음은 그가 치유하실 수 있는 능력을 가지신 것을 믿는 것이다. 나는 하나님께서 오늘날에도 치유하실 수 있다고 생각하지 않는다고 말하는 일부의 그리스도인들을 만난 적이 있지만, 많은 수의 그리스도인들은 하나님께서 치유하실 수 있다고 주장한다. 그들은 하나님께서는 무엇이나 하실 수 있다고 말한다. 그것은 그들이 그들의 입으로, 그들의 지성으로 말하는 것이다. 그러나 그들이 마음으로 말하는 것은 상당히 다른 것이다.

한번은 나는 일단의 전문적인 신학자들과 함께 토론하면서 테이블에 둘러앉아 있었다. 주제가 치유에 대한 것에 이르렀다. 그런데 그 사람들은 농담하기 시작했다. 그들은 그들이 하나님께 치유해 주시기를 간구하지 않는 것들을 열거했다. 어떤 사람들은 그들은 눈먼 것이나 귀먹은 것을 고쳐주시기를 하나님께 기도하지 않는다고 말했다. 다른 사람들은 하나님께 불구자를 고쳐주시기를, 혹은 잘려나간 팔다리가 다시 자라나오게 해달라고 기도하지 않는다고 말했다. 그들은 그들이 하나님께 치료해 주시기를 간구하지 않는 모든 것들을 나열하는 것을 멈췄을 때, 감기나 두통을 제외하고는 위해서 기도해야 할 것이 별로 남아 있지 않았다. 토론이 끝나기 전에 그 모임에 있던 모든 교수들은 사실상 오늘날에는 신약성경에 기록된 것과 같은 어떤 기적들이 일어날 가능성을 부인했다.

이제 각 사람은 하나님께서 먼 눈을 고치시거나 죽은 자들을 살리실 수 있다고 말할 것이다. 그들의 입으로 그들은 오늘날에도 하나님께서는 치료하실 수 있다고 확신까지도 할 것이다. 그러나 그들이 이런 일들 중에 어떤 것을 위해서도 기도하지 않는다는 것은, 실천적인 면에서 그들은 사실상 오늘날에도 이러한 일들을 하실 수 있는 하나님의 능력을 부인한다는 것을 의미했다. 그들은 하나님께서 치료하실 수 있다는 말에는 지적으로는 동의하고 있었다. 그러나 그들의 마음속에서 그들은 하나님께서 정말로 '어려운' 어떤 것을 치료하신다는 것을 진정으로 신뢰하지 않았다. 그 문제는 하나님께서는 치료하실 수 있다는 것이 아니라 하나님께서는 정말로 치료하신다는 것이다. 당신은 하나님께서 오늘날 행하신다고 믿지 않는 어떤 것을 하나님께 결코 구하지 않을 것이다.

두번째 이야기에서 한 문둥병자가 예수께 와서 말했다. "주여 당신이 원하시면, 저를 깨끗케 하실 수 있나이다"(마 8:2). 그 사람은 절망적인 질병을 고치실 수 있는 예수의 능력을 확실하게 믿었다. 그는 거리낌 없이 인정했다. "저를 깨끗케 하실 수 있나이다." 그러나 그는 또한 믿음에 대한 그 밖의 무엇인가를 이해하고 있었다. 그는 단지 그가 치료하실 수 있는 예수의 능력을 믿기 때문에 자동적으로 치유될 것이라고 생각하지 않았다. 그는 '주여, 당신이 원하시면'이라고 말했다. 하나님께서 치유를 위해 요구하시는 믿음은 그가 우리를 혹은 우리가 위해서 기도하는 사람들을 치료하실 것이라는 심리적인 확신이 아니다. 그것은 치유하시는 그의 능력과 치유하시는 그의 선한 의지에 대한 믿음이다. 그것은 하나님께서는 그의 자녀들을 사랑하시고 정식으로 그들을 치유하신다는 신뢰이다.

오늘날 일부 교회의 편에서 거의 주제넘음에 가까운 치유의 교리가 있다. 그 교회는 이 세상에서 모든 질병을 치유하시는 것이 하나님의 의지라고 주장한다. 이 가르침에 따르면, 우리가 해야만 하는 모든 것은 우리의 치유됨을 고백하고 주장하는 것이고, 그러면 하나님께서는 치유하시지 않으면 안된다. 그 문둥병자는 그러한 접근법을 취하지 않았다. 그는 예수께서 그를 치유하실 수 있다는 것을 알았다. 그러나 그는 또한 덧붙여 말했다. "주여, 당신이 원하신다면, 저를 깨끗케 하실수 있나이다." 예수께서는 "내가 원하노니 깨끗함을 받으라!"(마 8:3)고 말씀하심으로써 그의 믿음을 인정하셨다. 그 문둥병자는 그의 믿음에 따라 예수께서 치료하셔야만 한다고 생각하지 않았다.[6]

한번은 '나는 치유되었다' 라고 184번을 고백한 후에 치유되었다고 하는 한 여자의 이야기를 들어본 적이 있다. 그 이야기를 한 사람은 "그녀가 183번째에 그만 두었다면 어떻게 되었겠는가?"라고 말했다. 지금 나는 그 치유가 일어났다는 것을 부인하려는 것은 아니다. 나는 하나님께서 그 여자가 치유되었다고 184번을 고백한 후에 하나님께서 그 여자를 치유하셨다는 것을 부인하려는 것도 아니다. 하나님께서는 그가 우리의 삶 중에서 역사하시기 위해서 우리가 완벽한 신학을 가지거나 실천을 해야 한다고 명령하시지 않았다. 그러나 나는 이런 종류의 가르침은 매우 파괴적일 수 있다고 믿는다. 그것은 하나님의 선하심과 그의 능력을 신뢰하기보다는 오히려 치유받고자 하는 사람에게 무거운 짐을 주는 것이다. 그것은 사람으로 하여금 치유에 대한 심리적 확신, 하나님께서 결코 주시지 않을 수도 있는 확신을 촉구하게 한다. 그리고 그것은 하나님께서 요구하시지 않는 치유를 위한 조건—심리적 확신의 조건—을 추가한다.

나는 하나님께서 치유에 대한 심리적인 확신을 주시는 경우들을 안다. 내가 누군가의 치유를 위해 기도해 온 지난 몇 년 동안 나의 삶 속에는 하나님께서 치유하실 것이라는 것을 내가 결코 의심하지 않았던 수많은 예가 있어 왔다.

약 이 년 전에 우리 교회에 출석하는 한 젊은 아기 엄마인 카렌 허솜(Karen Hersom)이 전화했다. 그녀는 매우 마음이 상해 있었고 너무 울어서 거의 그녀의 말을 이해할 수 없었다. 카렌은 임신 6개월이었고, 그녀는 의사에게 다녀온 후였다. 그녀의 초음파 검사는 아이가 딸이고, 그 아기의 신장 중 하나가 오글어들어서 자라지 않는 것을 보여주었다. 의사는 카렌에게 신장이 '죽었'고, 기능을 하지 않을 것이라고 말했다. 그러나 의사는 다른 신장은 정상이고, 그녀의 아기는 하나의 신장으로 아주 잘 살아갈 수 있다고 그녀를 확신시켰다. 하지만 그 소식은 결코 카렌을 위로하지 못했고, 그녀는 상심해서 병이 날 지경이었다. 그녀가 전화로 이런 사실들을 말하고 있는 동안 하나님의 평화가 내게 임했고, 나는 그녀에게 "걱정하지 말아요, 카렌. 우리가 당신을 위해서 기도할 것이고 하나님께서 당신의 아기를 치료하실 것입니다"라고 말하고 있는 나 자신을 발견했다.

"정말로 그렇게 생각하세요?" 그녀는 말했다.

"그렇습니다. 모든 것이 다 잘 될 것입니다."라고 나는 말했다.

내가 전화를 끊었을 때, 나는 내가 막 무엇을 말했는지를 깨닫기 시작했다. 나는 내가 병자들을 위해 기도할 때 좀처럼 한 적이 없는 일을 했다. 나는 카렌에게 치유를 약속했다.

그 다음날 카렌이 나의 사무실로 왔을 때 나의 친구 스티브 짜리트(Steve Zarit)와 나는 그녀를 위해 기도했다. 우리가 기도할 때 카렌에겐 정말로 하나님의 능력의 육체적인 표현이 있었다. 약 열흘 후에 그녀는 같은 의사에게 갔고, 두번째 초음파 검사를 했다. 그 아기의 신장은 둘 다 정확하게 동일한 크기였고, 둘 다 이제는 건강하고 정상적이었다. 그 아기는 삼개월 뒤에 아주 건강하게 태어났다.

그 전에도 그리고 그 이래로도 나는 유산된 아기들과 죽어서 갓 태어난 다른 아기들을 위해서 기도해 왔다. 나는 각각의 경우에 치유에 대한 심리적인 확신을 일으킬 수 없었다. 내가 정말로 심리적인 확신을 갖을 때, 그것은 만들어지는 것이 아니라 하나님께로부터 와서 받게 되는 선물이다. 그러나 만일 당신이 정말로 하나님의 능력인 치유하심을 믿지 않는다면, 당신은 아마도 결코 그와 같은 종류의 치유을 위한 믿음을 경험할 수 없을 것이다.

마가복음 9장에 기록된 귀신이 주는 간질에 걸린 소년을 묘사하는 세번째 이야기는 치유를 위한 믿음에 관하여 또 다른 중요한 원리를 가르친다. 소년의 아버지는 괴로워하는 아들을 제자들에게 데려왔다. 그러나 제자들은 귀신을 쫓아낼 수 없었다(18절). 그 소년의 아버지가 처음에 어떤 믿음이 있었다면, 제자들의 실패는 분명히 완전히 사라지지 않았을지라도 그 믿음을 약화시켰다. 그 아버지는 예수께 "그러나 당신이 뭔가 하실 수 있다면, 우리를 불쌍히 보시고 도와주소서"(18절)라고 말했다. 예수께서는 "믿는 자에게는 모든 것이 가능하다"(23절)고 말씀하셨다. 이것은 예수께서 계속해서 가르치신 원리이다(마 21:21-22). 예수께서는 우리가 하나님께 간구할 수 있는 것에 대한 어떤 제한도 두지 않으셨다. 그런데 우리가 왜 하나님을 제한해야만 하는가?

내가 조금 전에 언급한 신학교 교수들은 하나님께 먼 눈이나 잘려나간 사지를 치유하시기를 간구하시지 않을 것이다. 그러나 그들은 하나님께 두통을 치료해 주시기를 기도하고, 수술하는 외과 의사의 손을 인도하시고, 의약이 제대로 작용하도록 도와주시기를 기도한다. 왜 두통을 치료하고 외과 의사의 손을 인도하시는 것으로 하나님을 제한하는가? 그것은 그들이 치유에 대하여 가르치기를 거부하고 병자들을 위한 기도를 격려하지 않을 때, 교회 지도자들은 결국 하나님의 치유의 능력을 제한하고 있는 것이다.

아마도 당신은 주께서 먼 눈이나 절단된 사지를 치유하시는 것을 결코 본 적이 없을 것이다. 그러나 왜 당신의 경험이 하나님을 제한하게 하는가? 당신은 그가 다른 면에서는 초자연적으로 행하실 수 있다고 믿는다. 그런데 그가 초자연적으로 사람의 몸을 치유하실 수 있다는 것을 믿지 못하는가?

내가 신학교의 학생이고 선생이었던 기간 동안 하나님께서 그들의 필요를 얼마나 초자연적인 방법으로 공급하셨는가에 대하여 간증하는 것을 듣는 것은 흔한 일이었다. 어느 학생이 전기요금을 내기 위해 139달러 12센트가 필요했고, 어느 누구에게도 그것에 대하여 말하지 않았는데도 그가 요금을 내야할 시간에 꼭 맞게 우편으로 도착했다고 말하는 것은 보기 드문 일이 아니었다. 나는 그와 같은 수많은 이야기를 들어왔다. 대다수의 그리스도인들은 하나님께서 그와 같은 경제적인 상황에서 초자연적인 방법으로 역사하신다는 것을 믿는 데에는 결코 어려움이 없다. 그런데 하나님께서 척추를 곧게하실 수 있다거나 누군가의 몸을 화학적으로 조절하셔서 그들의 당뇨병을 떠나게 하실 수 있다는 것을 믿는 것은 왜 그렇게 어려운가?

하나님께서 당신의 경제적인 필요를 충족시키는 것보다 굽은 척추를 펴는 것이 더 어려운가? 물론 아니다. 우리가 종종 믿음에 따라 우리의 경제적 필요에 대하여 기도하는 것은 정당한 것이다. 그런데 우리가 믿음에 따라 우리의 신체적인 필요에 대하여 기도하지 않는다. 만약 신약성경에 기록된 하나님께서 믿음에 따라 치유하셨다면, 왜 그분은 오늘날에는 믿음에 따라 치료하시지 않는가? 나는 오늘날 치유의 역사가 부족한 곳에서의 문제는 하나님의 능력이나 기꺼워하심에 있는 것이 아니라 오히려 치유에 대하여 하나님을 믿는 교회의 능력에 있다고 믿는다.

믿음에 관한 이 세 가지 특징을 기억하라.

 (1) 예수의 치료의 능력을 믿음은 또한 그가 치료하시는 것을 믿음이다.
 (2) 예수의 치료의 소망을 믿음은 심리적 확신과 같은 것은 아니다. 그는 우리가 심리적 확신을 갖지 않을 때 치유하실 것이다.
 (3) 믿음은 그의 자녀들을 위하여 역사하시는 하나님의 능력에

제한을 두지 않는다. 왜냐하면 '믿는 자에게는 모든 것이 가능하기 때문이다.'

하나님은 그분 자신의 약속에 따라 치유하신다

치유가 오늘날 교회의 주요 사역이 되어야 한다는 것을 믿는 것에 대한 또 다른 반박할 수 없는 이유가 있다. 야고보서 5:14-16에서 하나님은 전 교회가 치료하도록 위임하셨다.

> 너희 중에 병든 자가 있느냐 저는 교회의 장로들을 청할 것이요 그들은 주의 이름으로 기름을 바르며 위하여 기도할찌니라 믿음의 기도는 병든 자를 구원하리니 주께서 저를 일으키시리라 혹시 죄를 범하였을찌라도 사하심을 얻으리라 이러므로 너희 죄를 서로 고하며 병 낫기를 위하여 서로 기도하라 의인의 간구는 역사하는 힘이 많으니라

이제 당신 자신에게 물어보라. 하나님께서 치유를 교회 생활의 표준적인 부분이 되도록 의도하시지 않았다면, 왜 하나님께서는 교회에게 병든 자들을 위해 기도하라고 명하셨고, 그들이 기도한다면 교회에 치유를 약속하셨는가를. 그들의 성경의 무오성을 믿는 많은 교회들은 야고보서 5:14-16이 그들의 성경 속에 있다는 것을 거의 알지 못한다. 나는 내가 학생들에게 야고보서 5:14-16을 적용하라고 권하기 이전에 10년 동안 신학교에서 가르쳤다. 나를 가르쳤던 사람들은 나에게 결코 병든 자들에게 기름을 붓고 그들을 위해 기도하는 것이 교회의 책임이라는 것을 말해주지 않았다.

교회의 구성원들은 결코 그들이 그렇게 하도록 배우지 않는 한 그들의 장로들에게 치유를 위한 기도를 요청하지 않을 것이고, 하나님께서 치유하신다는 것과 또 그분께서 치유하시는 데에는 이유가 있다는 것을 배우지 않는 한, 그들은 하나님께서 치유하신다는 것을 결코 믿지 않을 것이다. 우리가 적은 기대감을 갖고 야고보서 5:14-16을 가르치고 실천하기 시작하자마자 하나님께서는 우리의 교회에서 치유하시기 시작했다. 내가 2장에서 언급했던 동맥류를

치유받은 루스 게이는 우리가 최초로 위하여 기도했던 사람들 중의 하나였다.

병든 자들을 위해 기도하는 사람들은 장로들만이 아니라는 것에 주목하라. 16절에서 야고보는 모든 그리스도인들에게 "치유되도록 서로를 위하여 기도하라"고 명한다. 만일 전 교회가 하나님의 명령을 진지하게 따르고자 한다면, 우리는 우리가 현재에 보는 것보다 훨씬 더 많은 양의 치유를 볼 것이다.

* * *

이번 장에서 우리는 하나님의 치유의 역사가 하나님 자신과 그의 아들을 영화롭게 하시려는 영원한 소망과 고통받고 있는 자들을 심히 긍휼히 여기심과 믿음을 가진 사람들에게 계속하여 기꺼이 응답하심에 근거한다는 것을 보았다. 하나님께서는 또한 교회에 주신 그의 명령과 약속에 따라 치유하신다. 이 네 가지 이유들만이 치유에 대한 하나님의 목적은 일시적인 역사적 환경들이 아니라 그의 변하시지 않는 본성에 뿌리를 둔다는 것을 확신해야 한다.

그러나 성경은 하나님께서 치유하시는 많은 다른 이유들을 제시해 준다. 이런 것들은 부록 1에서 충분히 논의되어 있지만, 나는 여기서 그것들에 대하여 간단히 언급하고자 한다. 하나님께서는 사람들을 회개하게 하고 복음의 문을 열도록 하시기 위하여 치유하신다. 하나님께서는 사역과 헌신의 장애물들을 제거하시기 위하여 치유하신다. 하나님께서는 우리에게 하나님 자신과 그의 나라에 대하여 가르치시기 위하여 치유하신다. 하나님께서는 그의 나라의 임재를 증명하시기 위하여 치유하신다. 하나님께서는 단지 사람들이 그에게 간구하기 때문에 치유하신다. 그리고 하나님께서는 자신만이 아시는 주권적인 목적들을 위하여 치유하신다.

이러한 이유들 중에서 어느 것도 초대교회의 변화하는 역사적인 환경에 근거하지 않는다. 그 이유들은 하나님의 성품과 영원한 목적들에 그 원인이 있다. 만일 주께서 상처입은 자들에 대한 긍휼히 여기심과 자비로 인하여 1세기에 치유하셨다면, 왜 우리는 하나님께서 사도들이 죽은 후에 그 긍휼히 여기심에 철회하셨다고 생각하는가? 왜 우리는 하나님께서 문둥병자들이나 에이즈(AIDS)로 죽어가고 있는 사람들을 보실 때, 더 이상 긍휼히 여기시지 않는다고 생각하는가? 왜 우리는 하나님께서 건강 상태를 치유하시는 은혜보다는 오히려 그 고통을 참게하시는 은혜를 주심으로써만 그 긍휼히 여기심을 증명하신다고 생각하는가? 단일 예수와 사도들이 하나님께 영광을 돌리기 위하여 1세기에 치유하셨었다면, 왜 우리가 하나님께서 하나님 자신과 그의 아들께 영광받으시기 위한 중요한 신약성경의 교훈을 버리셨다고 생각하겠는가?

사실상 치유에 대한 모든 성경적 목적들은 오늘날에도 여전히 유효하다. 그들이 병든 자들을 위해서 기도하거나 상처입은 자들을 위해 사역할 때 어느 개인이나 교회가 이러한 목적들에 동조할 정도라면 그들은 그들의 사역에서 치유가 일어나는 것을 볼 것이다.

제10장
왜 하나님께서는
기적적인 은사들을 주시는가

　1987년 가을에 나는 일주일에 한 번씩 성경 공부를 인도하는 것을 돕고 있었다. 이 특별한 수요일 저녁에 아마도 백 명이 넘게 참석해 있었을 것이다. 모임이 끝나갈 무렵에 우리는, 주께서 거기에 참석한 사람들에게 유익할 것이라고 계시하셨다는 것을 함께 나눌 수 있는 기회를 주었다. 카렌 포트슨(Karen Fortson, 지금은 톰 데이비스의 부인)이라 불리는 한 젊은 여자가 앞줄에 앉아 있었다. 그녀는 즉시 일어나서 매우 조용하게 말했다.
　"주님께서 한 젊은 남자가 오늘밤 처음으로 이 모임에 참석하고 있고, 그가 호색함에 사로잡혀 있다는 것을 저에게 보여주십니다. 주님께서는 그를 도와주시기를 원하시며 그를 부끄럽게 하시지 않을 것입니다. 그는 그들이 그를 위해 기도하도록 끝난 후에 지도자들 중의 하나를 만나야만 합니다."
　모임이 끝난 후에 카렌은 주님께서 그녀에게 사실은 그녀가 돌아보기를 두려워한다고 말씀하셨다고 나에게 말했다. 그녀는 주님께서 그녀에게 이 젊은이가 누구인지를 보여주실 것이라고 생각했고 그녀는 알고 싶지 않았다!

모임이 끝났을 때 그 젊은이가 떨며 창백한 얼굴로 땀을 흘리면서 나에게로 다가왔다. 그는 말했다.

"그 젊은 아가씨가 말한 사람이 바로 접니다."

그는 십대 초반부터 호색함에 사로잡혀 있었다. 그는 이제 아내와 아이들이 있는 신학생이었지만 여전히 호색함에 사로잡혀 있었다—사실상 그것은 전보다 더 강해졌다. 그러나 그날 저녁이 지나기 전에 그는 나와 또 다른 목사에게 모든 것을 다 고백했고, 우리는 그를 위해 기도하고 있었다.

고린도전서 14:24-25에서 바울은 그날 저녁 우리의 성경 공부 모임에서 일어났던 일을 기술하고 있다.

> 그러나 모든 사람이 예언을 하면 믿지 아니하는 자들이나 무식한 자들이 들어와서 모든 사람에게 책망을 들으며 모든 사람에게 판단을 받고 그 마음의 숨은 일이 드러나게 되므로 엎드리어 하나님께 경배하며 하나님이 참으로 너희 가운데 계시다 전파하라

그 신학생은 성령의 은사들이 오늘날에도 주어진다고 믿지 않았고 방언의 은사에 다소 반감을 가지고 있었다. 그는 분명히 '이해하지 못하는 누군가'에 딱 맞는 사람이 있었다. 전에 그는 우리의 주간성경공부모임에 결코 참석한 적이 없었다. 사실상 그는 우리의 성경모임을 평가하기 위해서 그날 밤 그곳에 참석했었다. 그러나 하나님께서는 그를 평가하시기로 결정하셨다.

이것과 같은 이야기들은 결코 보기드문 것이 아니다. 그러나 하나님께서 오늘날에도 교회에 기적적인 은사들을 사용하시고 계신다는 보고에도 불구하고 많은 사람들은 이러한 은사들이 사도들의 죽음과 함께 끝났다고 주장한다. 그러나 이 문제는 모호한 신학적인 추론들이나 단순한 주장들에 의해서가 아니라 구체적인 성경의 진술에 의해 해결되어야만 한다. 고린도전서 12-14장은 기적적인 은사들은 주님께서 다시 오실 때까지 교회 안에서 계속될 것이라는

여섯 가지의 이유를 제시한다. 이 이유들 중에서 가장 중요한 것은 은사들의 정해진 목적이다.

하나님께서는 교회를 강화시키기 위하여 성령의 은사들을 주셨다.

바울은 모든 성령의 은사들의 목적에 관하여 확실히 하였다. 각각의 은사는 교회를 강화시키고 세우기 위하여 주어진다. 고린드전서 12:7에서 바울은 "각 사람에게 성령의 나타남을 주심은 유익하게 하려 하심이라"라고 쓰고 있다. 그가 이렇게 말할 때, 그의 마음 속에는 어떤 종류의 은사들이 있었는가? 다음의 네 구절에서 그는 계속해서 말한다.

> 어떤 이에게는 성령으로 말미암아 지혜의 말씀을, 어떤 이에게는 같은 성령으로 지식의 말씀을, 다른 이에게는 같은 성령으로 믿음을, 어떤 이에게는 한 성령으로 병고치는 은사를, 어떤 이에게는 능력 행함을, 어떤 이에게는 예언함을, 어떤 이에게는 영들 분별함을, 다른 이에게는 각종 방언함을, 어떤 이에게는 방언들을 통역함을 주시나니 이 모든 일은 같은 한 성령이 행하사 그 뜻대로 각 사람에게 나눠 주시느니라

바울은 고린도전서 14:26에서 성령의 은사들의 목적을 재차 단언한다. 다시 그가 언급하는 구체적인 은사들에 주목하라.

> 그러면 형제들아 우리가 무엇을 말할꼬? 너희가 함께 모이면, 모두에게 찬송의 시도 있으며 교훈의 말씀도 있으며 계시도 있으며 방언도 있으며 방언의 통역도 있나니, 이 모든 것들은 교회의 강화를 위해서 행해져야만 한다.[1]

하나님께서는 교회를 강화하기 위하여 성령의 은사들을 주셨기 때문에 1세기에는 사도들이나 소수의 사람들에게 한정되지 않았다. 그것들은 교회에 널리 퍼졌다. 앞서서 내렸던 결론을 재고해 보자.

예언은 로마에 있는 교회(롬 12:6), 고린도 교회(고전 12:10), 에베소서에 있는 교회(엡4:11), 데살로니가에 있는 교회(살전 5:20),

안디옥에 있는 교회(행 13:1)에서 발견된다. 신약성경 역시 사도들은 아니지만 선지자로 불리거나 계시적 은사들을 행한 많은 개인들의 이름을 말하고 있다. 아가보란 선지자(행 11:28; 21:10-11)와 선지자 유다와 실라(행 15:32), 여 선지자들이었던 빌립의 네 명의 결혼하지 않은 딸들(행21:9)과 아나니아(행:10-19)가 있었다. 기적을 행하는 은사는 고린도(고전 12:10), 갈라디아의 교회들(갈 3:5)에서 역사했다. 방언의 은사는 예루살렘(행 2:1-13)에서와 이방인 개종자들 가운데서 가이사랴(행 10:44-48), 에베소서(행 19:1-7), 사마리아(행 8:14-25)와 고린도(고전 12-14)에서 발견된다.[2]

교회를 강화시키는 데에 있어서 성령의 은사들의 가치는 특별히 예언의 은사에도 마찬가지이다. 바울은 "예언하는 사람은 누구나 그들의 강화와 격려와 위로를 위하여 사람들에게 말하라"(고전 14:3)고 말하고 있다. 다시 그는 "예언하는 자는 교회의 유익을 위하여 하라"(고전 14:4)고 쓰고 있다.

유익이 성령의 은사들의 주요 목적이기 때문에 사람이 어떻게 성령의 은사들이 교회로부터 제거되었다고 결론내릴 수 있는가? 만일 성령의 은사들이 1세기에 교회를 세웠다면, 왜 그 은사들은 20세기에 교회를 세우지 않겠는가? 성령의 은사들의 목적에 대한 성경의 진술을 통하여 우리는 성령의 은사들이 주께서 다시 오실 때까지 계속되기로 작정되었다는 결론에 도달한다. 오직 그리스도께서 다시 오실 그때만이 더 이상 성령의 은사들에 대한 필요가 없을 것이다.

하나님께서는 우리에게 열심히 성령의 은사들을 사모하라고 명하신다

성령의 은사들이 그리스도의 몸을 세우기 때문에 바울은 고린도인들에게 성령의 은사들을 "더욱 사모하라" 또는 "얻으려 애쓰라"고 세 번 명했다는 것은 놀라운 일이 아니다(고전 12:31; 14:1, 39).

그는 그들에게 단순히 은사들을 받아들이라거나 묵인하라고 말하지 않았고 은사들을 "열망하라"고 말했다.[3]

바울은 고린도교인들이나 혹은 다른 어떤 신약성경의 그리스도인들이 성령의 은사들에 대하여 수동적인 태도를 가지는 것을 원하지 않았다. 그것은 성령의 은사들의 오용이 심각한 문제들을 야기시켰던 고린도에서의 상황을 고려하면 더욱더 중요하다. 고린도에 있는 교회는 은사를 갈망하는 상태가 되었었다. 그러나 그러한 논쟁에 대한 바울의 해결책은 은사들을 포기하거나, 은사들의 사용에 대하여 수동적이 되라기보다는 은사들을 열망하고 그가 12-14장에서 정한 규칙들에 따라 은사들을 사용하는 것이었다.

현재의 많은 교회가 성령의 은사들을 열망하라는 하나님의 명령에 순종하지 않고 있다. 일부의 교회들은 은사들에 대하여 수동적일 뿐만 아니라 실제로 은사들에 대하여 적대적이다. 그들은 은사들을 추구하는 사람들을 박해하고 다른 사람들이 은사를 추구하지 않도록 설득한다. 그것은 기록된 하나님의 말씀에 대한 완전한 불순종이다.

성령의 기적적인 은사들을 믿는 대다수의 사람들은 성령의 은사들이 신약성경의 완성이나 사도들의 죽음과 함께 끝났다는 주장을 그만두었다. 마지막으로 기록된 신약성경은 요한계시록이고 이것을 일부의 학자들은 A.C. 69년 초에 기록된 것으로 추정하지만, 대부분의 신약성경 학자들은 약 AD. 95년경에 기록된 것으로 추정한다. 아마도 마지막으로 죽은 사도는 요한이었고, 그는 A.D. 95년 직후의 어느 시기에 죽었을 것이다. 바울은 약 A.D. 55년경에 고린도전서를 썼다. 그것은 성령의 은사들, 특히 예언의 은사를 구하라는 바울의 명령은 단지 교회 안에서 약 40년간 유효했다는 것을 의미한다. 마지막 사도의 죽음과 요한계시록의 완성과 함께 고린도전서 12:31, 14:1, 14:39은 이러한 견해에 대하여 제외되어 왔다. 나로서는 바울이 고린도 교인들에게 명령이 주어진 후 단지 40년 동안만 유효할 뭔가를 추구하라고 명령했다는 것을 믿는다는 것이 불가능한 것이다. 나는 신약성경 그 밖의 어느 곳에서도 그런 류의 해석에 찬성하는 유비에 관하여 알지 못한다.

바울은 왜 고린도 교인들에게 성령의 기적적인 은사들을 열심히 사모하라고 명령했는가? 왜냐하면 성령의 은사들은 교회를 세우는 데 귀중했기 때문이다. 성령의 은사들은 그 당시에 귀중했다. 그리고 지금도 성령의 은사들은 귀중하다.

하나님께서는 우리에게 방언으로 말하는 것을 금하지 말라고 명령하신다

방언의 은사는 오늘날 교회 안에서 모든 은사들 중에서도 가장 쉽게 논쟁의 여지가 있는 것이다. 그것은 또한 1세기의 고린도 교회에서도 마찬가지였다. 이것에 대한 많은 이유들이 있지만 그들 중에서 중요한 이유는 방언의 은사를 받은 일부의 사람들의 태도이다. 그들은 방언의 은사가 모든 은사들 중에서 가장 큰 것이라고 생각한다. 그리고 그들은 그들이 방언의 은사를 받았기 때문에 다른 그리스도인들보다도 영적으로 더 우위라고 믿는다.

하나님께서 우리가 우리 자신들보다도 다른 사람들을 더 중요하게 여기기를 원하시는(빌 2:3) 이유들 중의 하나는, 우리가 우리 자신을 영적으로 우월하다고 여기기 시작할 때, 우리는 항상 교회 내에서 다툼을 일으키기 때문이다. 방언의 은사를 남용하는데 따르는 분쟁으로 인하여 많은 목사들은 나에게 방언의 은사가 오늘날에도 주어진다 하더라도 그들은 그것을 자신들의 교회에서는 원하지 않는다고 말했다.

나는 그들의 심정을 알 수 있다. 내가 성령의 은사들이 오늘날에도 주어지고 있다는 것을 믿기 시작한 이후 오랫동안 나는 방언의 은사에 대한 감정적인 반응을 나타냈었다. 나는 방언의 은사에 대하여 아무것도 개의치 않았고, 나는 확실히 방언의 은사를 원하지

제10장 왜 하나님께서는 기적적인 은사들을 주시는가 173

않았다. 이 은사의 남용이 일으킬 수 있는 문제들을 생각하면 그것은 자연스러운 반응이다. 그러나 그것은 사도 바울이 교회내에서 가졌었거나 원했던 반응이 아니다.

왜냐하면 방언의 은사는 너무나 논쟁의 여지가 있고 잠재적으로 감정이 격하기 쉬워서 당신은 바울이 고린도 사람들에게 "더 이상 방언으로 말하지 말라"고 말했을지도 모른다고 생각할 수도 있다. 사실상 그는 그와 정반대로 말했다. "방언으로 말하는 것을 금하지 말라"(고전 114:39). 우리가 좋아하든 아니든 간에 하나님의 거룩하고 무오류의 말씀은 우리에게 방언으로 말하는 것을 금하지 말라고 명하신다. 만일 방언이 35년에서 40년이 지나면 철회될 단지 일시적인 은사라면, 바울의 명령은 결코 이치에 닿지 않는다. 왜 그 다음 40년 동안 그렇게 논쟁의 여지가 있는 것을 묵인해야 하는가? 왜 그것의 사용을 모두 함께 금하면 안 되는가?

한번은 어느 신학교 교수와의 대화에서 나는 방언을 말하는 학생들을 학교에 받아들이지 않는 그의 학교의 규칙에 이의를 제기했다. 나는 그에게 바울이 "방언을 말하는 것을 금하지 말라"고 말한 것을 환기시켰다. "그것은 오늘날에 해당하는 하나님의 말씀이 아닙니다"라고 그가 대답했다. 내가 그에게 그것을 성경적으로 증명해 보라고 요구했을 때, 그는 그렇게 할 수 없었다. 그러나 그는 고린도전서 14:39은 더 이상 오늘날에 해당하는 하나님의 말씀의 일부가 아니라고 확신했다.

내가 만일 동일한 방식을 바울의 다른 본문에 적용하고자 한다면 보수적인 신학자들은 무엇이라 말하겠는가? 내가 "모든 것을 적당하게 하고 질서대로 하라"(고전 14:40)는 바울의 명령은 오늘날에 해당하는 하나님의 말씀이 아니라고 말했다고 가정해 보자. 나는 그것을 성경적으로 증명할 수 없다. 그러나 나는 그것은 단지 바울의 문화적 환경의 일부였다거나 혹은 그들이 고린도에 있는 교회에서 가졌던 독특한 문제였을 것이라고 내가 확신한다고 해 보자. 혹은 내가 "결혼한 자들에게 내가 명하노니(이는 주의 명령이 아니다) 여자는 남편에게서 떨어져서는 안된다"(고전 7:10)는 바울의 교훈이 오늘날에 해당하는 하나님 말씀의 일부가 아니라고 말했다고 한다면 어찌하겠는가? 나는 그것을 성경의 구체적인 본문을 가지고 증명할 수 없다. 그러나 나는 그것이 오늘날에 적용된다고 생각하지 않는 몇 가지의 신학적이고 역사적인 이유를 가지고 있고, 만일 내가 이런 것들 중에서 하나를 기사로 썼다거나 그것들을 어느 사경회에서 말했다고 한다면, 나는 몇 달 내에 내가 더 이상 하나님 말씀의 가치를 인정하지 않는 신학적 자유주의자가 되었다는 것을 증명하기 위하여 수많은 글들과 테이프들이 교회 전체에 배포될 것이라는 것을 장담한다.

그러나 정통적인 신학자들이나 성경 선생들은 고린도전서 14:39을 가지고 바로 이 일을 행해왔다. 그들은 하나님의 말씀 일부를 무효한 것으로서 제쳐두었다. 그리고 그들은 구체적인 성경적 근거 없이 그렇게 했다. 만일 내가 신약성경의 일부를 오늘날에는 더 이상 유효하지 않은 것으로서 제쳐두려고 한다면, 나는 신학적 추론이나 나중의 역사적인 경험에 근거하여 그렇게 할 수 없다. 나는 어떤 특별한 명령이 무효화되었다고 나에게 말해주는 구체적인 본문을 신약성경내에서 찾아야만 할 것이다.

사도 바울은 방언의 은사를 소중히 했다

내가 성령의 은사들은 오늘날을 위한 것이 아니라고 확신했을 때도 고린도전서 12장에는 내가 생각하기를 싫어하는 두 구절이 있었다. 나는 사도들이 왜 그 두 구절을 포함시켰는지를 이해할 수 없었다. 첫번째 절은 "나는 너희 모두가 방언으로 말하기를 바라노라"라는 그의 말이다(고전 14:5). 그는 그 말로 무엇을 의도했을까? 또한 "그러나 나는 너희가 예언하기를 더 원하노라"고 말한 것을 이해하는 것 역시 혼란스러웠다.

나는 바울이 모든 그리스도인들이 방언을 말해야 한다는 것을 의미했다고 믿지 않았다. 예를 들어 그는 그의 독신생활을 성령의 은사로서(고전 7:7은 바울의 독신생활에 관하여 카리스마란 말을 사용한다) 여겼고, 모든 그리스도인들이 독신으로 지낼 수 있기를 바랬다. 그러나 그는 분명히 모든 그리스도인들이 독신으로 지내도록 되어 있다고 말하는 것은 아니었다. 그는 단지 그의 독신생활을 높이 평가했을 뿐이다. 나의 문제는 그가 그 자신의 독신생활을 높이 평가했던 만큼 같은 높이의 수준으로 방언의 은사를 평가한 것 같다는 것이었다. 바울이 모든 사람들이 그 은사받기를 바라게 한 방언의 은사는 무엇이 그렇게 높이 평가되는가?

나의 관심을 야기시킨 두번째 말은 "내가 너희 모든 사람들보다 방언을 더 말하므로 하나님께 감사하노라"(고전 14:18)는 그의 선언이었다. 바울은 이러한 표현으로 두 가지의 것을 의도했던 것 같다.

첫째, 그는 고린도에 있는 어떤 사람보다도 더 많은 시간을 방언을 말함으로써 보냈다.

둘째, 그의 방언의 은사는 고린도에 있는 어떤 사람의 은사보다도 강도에 있어서 더 강했다.[4]

셋째, 바울은 그의 헌신적인 기도생활을 언급하려 하는 것 같다. 왜냐하면 그는 다음과 같이 말함으로써 18절을 한정했다.

> 그러나 교회에서 네가 남을 가르치기 위하여 깨달은 마음으로 다섯
> 마디 말을 하는 것이 일만 마디 방언으로 말하는 것보다 나으니라
> (고전 14:19)

그렇게 많은 책임을 지고 있던 이 사람이 어떻게 다른 사람이 방언을 말하는 것보다 더 많은 시간을 방언을 말하며 보낼 수 있었을까? 그는 그의 영적인 생활과 하나님과의 친교를 증진시키는 데에 있어서 방언의 은사가 굉장히 귀중하다는 것을 알았기 때문에 그는 그렇게 할 수 있었다. 사실상 이것은 정확히 그가 "방언을 말

하는 자는 자신을 유익하게 한다"(고전 14:4)라고 말했을 때, 바울이 방언의 은사에 관하여 주장했던 것이다.[5] 그것이 그가 모든 그리스도인들이 그 은사를 받기를 바랬던 이유이다. 그것은 방언의 은사가 교회에 대하여 일시적인 가치를 지녔었다고 생각하는 어떤 사람의 태도처럼 들리는가? 그리고 나는 당신에게 우리가 여기서 고려하고 있는 바울의 태도 이상의 것을 가지고 있다는 것을 환기시켜야만 한다. 왜냐하면 바울은 성령의 영감을 받아 기록하고 있기 때문이다. 그는 우리에게 단지 방언의 은사에 대한 그의 견해가 아니라 하나님의 견해를 제시하고 있다.

나는 그의 글들 중에서 바울이 아마도 1세기로 제한된 무엇인가를 그렇게 높이 평가했던 또 다른 예를 발견할 수 없었다. 나는 바울이 나를 자극하던 뭔가를 높이 평가했다는 것과 나를 괴롭혔다는 것을 고백해야만 한다.

성령의 은사들은 그리스도 몸(교회)의 건강을 위해 필수적이다

고린도전서 12:4-11에서 바울은 그리스도의 몸에 주어지는 네 가지의 다른 종류의 은사들이 있으나 그것들은 모두 성령에 의해서 주어진다는 것을 강조한다. 그리고 12-27절에서 바울은 교회내에서 은사의 다양성을 각 육체에 비유한다. 그의 요점은 한 육체의 모든 지체들이 육체의 건강을 위하여 필수적인 것처럼 모든 은사들은 교회의 건강을 위하여 필수적이라는 것이다. 예를 들어서 그는 "만일 온 몸이 눈이면 듣는 곳은 어디며, 온 몸이 귀라면 냄새맡을 곳은 어디겠느냐?"(21절)고 말한다. 그리고 다시 "눈이 손더러 내가 너를 쓸 데 없다 하거나 또한 머리가 발더러 내가 너를 쓸 데 없다 하거나 하지 못하리라"(21절)라고 쓰고 있다. 그는 "만일 한 지체가 고통을 받으면 모든 지체도 함께 고통을 받는다"(26절)라고 말함으로써 이 부분을 결론내린다.

바울은 모든 성령의 은사들이 그리스도 몸(교회)의 건강을 유지하기 위하여 필수적이라는 것을 주장하는 데 몸의 비유를 사용하고 있다.[6] 사람들이 8-10절에 언급되는 기적적인 은사들이 사도들의 죽음과 함께 끝났다고 주장할 때, 그들은 바울의 인간 육체에 대한 유추를 말살하는 것이다. 그들은 또한 바울의 말에 반대되는 것을 말하는 것이다. "몸의 모든 지체들은 필요치 않다." 누가 고린도전서 12-14장에 있는 바울의 구체적인 언급에서 그것을 유도해 내겠는가?

성령의 은사들은 그리스도께서 다시 오실 때까지 끝나지 않을 것이다

바울은 고린도 사람들에게 "너희는 모든 은사(카리스마)에 부족함이 없이 우리 주 예수 그리스도의 나타나심을 기다림이라"(고전 1:7)고 말했다. 여기서 바울은 성령의 은사들을 주 예수의 다시 오심과 연결한다. 그것은 고린도 사람들이, 사실은 모든 그리스도인들이 그리스도께서 다시 오실 때까지 이 은사들이 귀중한 것임을 알 것이라는 것을 암시하는 것 같다. 그러나 고린도전서 13:8-12에서 바울은 단순한 암시를 넘어서 성령의 은사들은 예수께서 다시 오실 때까지 철회되지 않을 것이라는 것을 분명하게 말한다. 그는 다음과 같이 썼다.

> 사랑은 언제까지든지 떨어지지 아니하나 예언도 폐하고 방언도 그치고 지식도 폐하리라 우리가 부분적으로 알고 부분적으로 예언하니 온전한 것이 올 때에는 부분적으로 하던 것이 폐하리라 내가 어렸을 때에는 말하는 것이 어린 아이와 같고 깨닫는 것이 어린 아이와 같고 생각하는 것이 어린 아이와 같다가 장성한 사람이 되어서는 어린 아이의 일을 버렸노라 우리가 이제는 거울로 보는 것같이 희미하나 그때에는 얼굴과 얼굴을 대하여 볼 것이요 이제는 내가 부분적으로 아나 그때에는 주께서 나를 아신 것같이 내가 온전히 알리라

바울은 예언과 방언들과 지식이 그칠 때가 있을 것이라는 것을 인정한다. 사실상 모든 성령의 은사들이 그칠 때—주 예수 그리스

도께서 다시 오실 때—가 있을 것이다. 고린도전서 13:8-12에서의 세 구절을 통해서 우리는 그러한 결론에 이른다. 바울은 성령의 은사들이 철회될 것이라고 말한다. ① "장성한 사람이 될 때(완전함에 이를 때)", ② "우리가 얼굴과 얼굴을 대하여 볼 때", ③ "나를 아신 것같이 내가 온전하게 알 때"(10, 12절). 각 구절의 의미를 간단히 살펴보기로 하자.

어떤 사람들은 '장성함(완전함)'(10절)이란 단어는 교회의 완성을 말한다고 하였다. 만일 교회의 완전한 완성이 고려되었다면 이것은 받아들일 만한 해석일 것이다. '장성함'이라고 번역된 단어는 완성을 말할 수 있다. 그리고 11절은 완성을 포함하는 유비를 가진다. 성령의 은사들은 교회를 충분하고 완전한 완성으로 이끌기 위하여 주어졌다. 그리고 그것이 완성되었을 때 은사들은 더 이상 필요치 않다. 그러나 성경은 충분한 완성이나 장성함은 그리스도께서 다시 오실 때까지 이루어지지 않을 것이라는 것을 분명히 가르친다(요일 3:2-3; 엡 5:27을 보라).

그러나 어느 정도의 더 적은 형태의 완성이 의미된다면 이러한 해석은 극복할 수 없는 어려움들에 직면한다. 첫째로, 그것은 12절에서 요구되는 것을 만족시킬 수 없다. 오늘날에 교회에서 누가 예수 그리스도를 얼굴과 얼굴을 마주하여 뵌다고 말할 수 있겠는가? 혹은 누가 하나님께서 그들을 완전하게 아시는 것만큼 완전하게 안다고 주장하겠는가? 사실상 누가 교회가 초대교회의 그것을 초월하여 완성에 이르렀다고 말하겠는가?

다른 사람들은 그 '장성함(완전함)'이 성경의 완성된 정경을 언급한다고 주장하려 한다. 성경의 마지막 책인 요한계시록이 쓰여졌을 때, 교회는 완전한 성경을 가졌고, 더 이상 기적적인 성령의 은사들은 필요치 않았다. 이러한 견해 역시 그에 반대하는 확고한 논의들을 가지고 있다.

첫째, 인접한 문맥의 어디에서도 바울은 성경에 대하여 말하지 않는다.

둘째, 오늘날 우리는 성경을 가지고 있기 때문에 우리는 그리스도를 얼굴과 얼굴을 대하여 뵙고 있다고 말할 수 없고, 하나님께서 우리를 완전히 아시는 것처럼 우리가 완전히 안다고도 말할 수 없다. 또한 이러한 견해가 옳다면, 우리는 "바울은 단지 거울에 비친 조악한 영상을 보았지만 우리는 얼굴과 얼굴을 마주하여 본다. 바울은 부분적으로 알았지만 우리를 완전히 아신 것처럼 우리는 완전히 안다"라고 말해야만 할 것이다. 우리가 오늘날에 완성된 성경을 가지고 있지만, 누가 진정으로 하나님에 대한 우리의 지식과 경험이 사도 바울의 지식과 경험보다 우월하다고 주장하고자 하겠는가?[7]

'얼굴과 얼굴을 대하여'(12절)라는 표현은 또한 그리스도의 다시 오심을 가리킨다. 구약성경에서 이것은 하나님을 직접 만났다는 것을 의미했다. 예를 들어서 야곱은 그가 하나님의 천사와 씨름했을 때 하나님과 얼굴과 얼굴을 대하여 만났다(창 32:30). 하나님의 천사가 포도주 틀에서 기드온을 방문했을 때, 기드온은 "내가 주의 천사를 대면하여 보았다"고 외쳤다(삿 6:22). 출애굽기 33:11은 "여호와께서 사람이 친구에게 말하는 것처럼 모세와 대면하여 말씀하셨다"고 말한다.[8] 그러므로 바울이 이 표현을 사용할 때, 그는 우리가 예수를 대면하여 보게 될 때를 언급하고 있다. 그때는 그의 다시 오심만을 말할 수 있고, 그때에 모든 사람의 눈은 그를 볼 것이다(계 1:7).

마지막으로 "그때에는 주께서 아시는 것만큼 내가 온전히 알리라"(12절)는 말은 주님의 다시 오심만을 말할 수 있다.[9] 바울은 주께서 다시 오실 때 신자들은 주님처럼 전지해질 것이라고 말하고 있는 것이 아니다. 오히려 우리는 오보나 오해없이 정확하게 알게 될 것이라는 것이다. 현재 우리의 마음은 거짓되고 부패해 있다(렘 17:9). 그러나 주께서 다시 오시면, 그는 우리의 마음에서 모든 죄의 흔적을 제거하실 것이고, 그때에 우리는 주께서 우리를 아시는 것처럼 우리도 온전히 알게 될 것이다.

* * *

왜 하나님께서는 계속하여 교회에 기적적인 은사들을 주시는가? 우리가 이번 장에서 살펴본 것처럼 고린도전서 12-14장은 우리에게 초대교회에서 그랬던 것만큼 오늘날에도 적용할 여섯 가지의 이유를 제시해 준다.

(1) 하나님께서는 그리스도의 몸을 강화하기 위하여 기적적인 은사들을 주신다.
(2) 하나님께서는 우리에게 기적적인 은사들, 특별히 예언의 은사를 열망하라고 명하신다.
(3) 하나님께서는 우리에게 방언의 은사가 지대하게 남용되고 있을 때에조차도 방언을 말하는 것을 금하지 말라고 명하신다.
(4) 방언의 은사에 대한 바울의 높은 평가는 그 은사가 하나님과의 친밀한 관계를 구하는 데에 있어서 중요한 가치를 가졌다는 것을 지적한다.
(5) 교회가 육체와 같다는 바울의 유비는 모든 성령의 은사들은 그리스도의 몸의 건강을 위하여 필수적이라는 것을 지적한다.
(6) 성경은 특별히 성령의 기적적인 은사들이 주께서 다시 오실 때까지 그치지 않을 것이라는 것을 특별히 말한다.

성령의 기적적인 은사들에 대한 이 여섯 가지의 구체적인 진술들을 생각하면, 바울이나 성경이 주께서 다시 오시기 전에 은사들이 쇠퇴하는 것을 예견했다고 주장하는 것은 실제로 불가능하다.

제11장
하나님께서는 왜 치유하시지 않으시는가

1990년 1월 15일에 텍사스 브렌함(Brenham)의 제일침례교회 목사인 듀안 밀러(Duane Miller)는 주일 아침 예배가 끝나갈 무렵에 목소리를 잃었다. 그래서 주일 저녁에 설교할 수가 없었다. 의사는 그에게 6개월 간 휴식을 취하라고 말했다. 그가 회복되지 않았을 때 의사들은 그에게 성대의 미엘린을 싸고 있는 것이 손상되었고, 목소리는 돌아오지 않을 것이라고 말했다. 그는 목 치료를 받았다. 그러나 그것은 도움이 되지 못했다. 그래서 그는 1990년 가을에 목사직을 사임해야만 했다. 1992년 초에 그는 후스턴에 있는 제일침례교회의 주일학교에서 가르치기 시작했다. 그는 특별 마이크를 사용하여서 이 일을 할 수 있었다. 그러나 특별 마이크를 가지고서도 목이 너무 아파서 가르치고 난 후 이틀 동안은 거의 먹을 수도 마실 수도 없었다.

1993년 1월 17일 주일 아침에 그는 주일학교 수업에서 시편 103:3을 읽기를 막 끝마쳤다. "네 모든 죄악을 사하시며 네 모든 병을 고치시며." 그는 치유에 대한 두 가지의 극단적인 견해가 있다는 것을 말하면서 그 절에서 설명을 멈췄다. 듀안의 말을 들어 보라.

나는 한편으로는 하나님께서 항상 기적적으로 치유하신다는 것을 믿는 그룹이 있고, 다른 한편으로는 그것은 절대로 일어나지 않는다고 말하는 그룹이 있다고 말해왔습니다. 그러나 내가 깨달아야만 했던 것은 그것이 하나님을 상자 속에 담아두는 것이라는 것이고, 그래서 나는 그분을 상자 속에 담을 수 없다고 말했습니다.

나는 그들에게 당신이 신유에 관하여 해야 할 것은 단지 물러서서 "나는 하나님께서 때때로 치료하신다는 것을 압니다. 그러나 당신에게 그 이유를 말할 수 없습니다. 나는 왜 어떤 사람들은 치유되는데 어떤 사람들은 치유되지 못한 상태로 그대로 있으며 그것이 하나님의 지혜에 있다고 말하고 그렇게 되는지를 이해하지 못합니다"라고 말하는 것입니다.

나는 그렇게 말을 마치고 시편의 그 다음 절을 읽기 시작했습니다. "그가 나의 생명을 파멸에서 구속하신다…." 그러자 나의 목소리가 변하였습니다. 나는 첫말을 들었고 내 목구멍 속에서 내가 사라졌다고 느껴왔던 것을 다시 느꼈습니다. 거기에는 내가 삼 년 동안 느껴왔던 어떤 느낌도 없었습니다.

나는 당신에게 그것이 무엇이었는지를 정확하게 알았고 하나님께서 그것을 행하시기를 기대했으며 놀라지 않았다고 말하고 싶습니다. 그러나 그것은 거짓말일 것입니다. 나는 무서워서 죽을지경이었습니다.

나는 놀라서 멈췄습니다. 그래서 나는 두세 마디의 말을 했습니다. 그리고 생각했습니다. "나는 내가 듣고 있다고 생각하는 것을 듣고 있는 것인가?"

나는 그들에게 무슨 일이 일어나고 있는지는 이해하지 못하지만 하나님께서 무엇인가를 하시고 계신다는 것을 말했습니다.

나는 학습으로 돌아가려고 했습니다. 그러나 나는 그럴 수 없었고, 아무도 그것에 상관하지 않았습니다. 사람들은 박수를 치기 시작했습니다. 모든 사람은 울고 있었습니다. 그 수업에는 약 200여 명이 있었는데 울지 않는 사람이 없었습니다. 누군가가 찬송가를 부르기 시작했습니다. 다른 누군가가 우리는 하나님의 능력을 목격했다고 말했습니다. 우리는 단지 하나님께서 행하시고 우리 교회에서 함께 하시는 것에 대하여 주님께 감사드렸습니다.[1]

듀안 밀러가 목소리를 잃은 이후 그날까지 약 3년이 지난 후에 하나님께서는 그에게 목소리를 다시 돌려 주셨다. 하나님께서는 왜 그가 그의 목소리를 잃었었는지 혹은 왜 하나님께서는 그에게 목소리를 돌려 주셨는지를 설명하시지 않았다.

마지막 두 장에서 나는 왜 하나님께서 오늘날에도 치유하시고 기적적인 은사들을 주시는지에 대한 몇 가지 이유를 설명할 것이다. 그러나 하나님의 능력이 기적적으로 나타나거나 그 능력이 철회되는 것에 대한 이유들이 발견되지 않는 경우들도 있다. 때때로 하나님께서는 어떤 이유도 제시하시지 않은 채 치유하신다. 가버나움에서 지붕을 통하여 내려졌던 중풍병자에 대한 이야기가 주는 교훈은 단지 "하나님의 능력은 그가 병든 자들을 치유하시도록 함께 하였다"(눅 5:17)를 말해준다.[2]

다른 한편으로 하나님은 어떤 설명도 없이 치유하거나 구원하시기를 거부하실 수도 있다. 예를 들어서 사도행전 12장에서 야고보와 베드로는 헤롯에 의해 감옥에 갇혀 있었다. 하나님께서는 야고보가 죽임을 당하는 것을 허락하셨으나 초자연적인 방법으로 베드로를 구원하셨다. 성경은 왜 하나님께서 그렇게 하셨는지를 설명하지 않는다. 이 신비를 풀 수 있는 하나님의 이유도, 인간적인 이유도 제시되지 않는다. 야고보의 죽음과 베드로의 구원은 단지 하나님의 주권적인 목적에 따라 이루어졌다. 왜 하나님께서는 치유하시고, 혹은 왜 치유하시지 않는가 하는 것을 이해하려고 할 때, 우리는 항상 하나님의 방법은 우리의 방법이 아니라는 것을 기억해야만 한다(사 55:8). 그러나 성경은 하나님의 기적적인 능력이 왜 많은 상황속에서 철회될 수도 있는지에 대한 몇 가지의 매우 명확한 이유를 제시한다.

배 교

하나님의 임재를 말살하는 것은 어떤 것이나 하나님께서 그의 기적적인 능력을 철회하시도록 한다.[3] 하나님의 사람들이 배교를 하고,[4] 하나님에게서 떠나 그를 대신해서 다른 것들을 추구할 때, 하나님께서는 그의 백성들로부터 그의 자비하신 임재를 철회하신다. 그것은 한 개인에게, 한 그룹에게, 심지어 어느 한 민족 전체에게도 일어날 수 있다.

시편 중 몇 편은 이스라엘의 역사상 배교의 시기 동안에 쓰여졌다. 시편 74편은 이들 시편들 중의 하나이고, 아마도 망명 기간 동안에 쓰여졌을 것이다. 그리고 그때 바빌로니아인들이 이스라엘을 침략했고, 많은 이스라엘 사람들이 추방되었다.[5] 한 구절에서 시편 기자는 하나님께서 그의 백성들을 거부하셨다는 것을 슬퍼하고, 그 다음 구절에서 그는 하나님의 능력이 더 이상 보호하시지 않기 때문에 이스라엘의 적이 그 민족에게 행하는 파괴에 대하여 묘사한다. 그리고 그는 9절에서 11절까지 그의 애가의 성격을 바꾼다.

> 우리의 표적이 보이지 아니하며 선지자도 다시 없으며 이런 일이 얼마나 오랠는지 우리 중에 아는 자도 없나이다 하나님이여 대적이 언제까지 훼방하겠으며 원수가 주의 이름을 영원히 능욕하리이까 주께서 어찌하여 주의 손 곧 오른손을 거두시나이까 주의 품에서 빼사 저희를 멸하소서

시편 기자에 따르면, 기적적인 표적들과 선지자의 사역의 부재는 이스라엘 안에서는 정상적인 상태가 아니었다. 그것은 그 땅에 대한 심각한 하나님의 심판의 증거였다. 이스라엘 백성들의 배교는 하나님께서 전 민족에게서부터 하나님의 기적적인 능력을 철회하시도록 했다.

시편 77편도 비슷하다. 그러나 그것은 아마도 이스라엘의 역사상 또 다른 시기에 쓰여졌을 것이다. 그 시편의 중간에서 작가는 배교로 인한 하나님의 심판을 묘사하고 있다. 그리고 시편 기자는 하나님의 심판에 대한 그의 반응을 제시한다.

> 주께서 영원히 버리실까 다시는 은혜를 베풀지 아니하실까 그 인자하심이 길이 다하였는가 그 허락을 영구히 폐하셨는가 하나님이 은혜 베푸심을 잊으셨는가 노하심으로 그 긍휼을 막으셨는가 하였나이다 또 내가 말하기를 이는 나의 연약함이라 지존자의 오른손의 해 곧 여호와의 옛적 기사를 기억하여 그 행하신 일을 진술하리이다 또 주의 모든 일을 묵상하며 주의 행사를 깊이 생각하리이다 하나님이여 주의 도는 극히 거룩하시오니 하나님과 같이 큰 신이 누구오니이까 주는 기사를 행하신 하나님이시라 민족들 중에 주의 능력을 알리시고(시 77:7-14)

시편 기자에 따르면, 하나님께서는 그의 백성들에게 너무나 화가 나셔서 그들을 영원히 거부했던 것 같다.[6] 그들의 배교는 그들이 하나님의 자비와 끝없는 사랑과 인자를 경험하지 못하게 했다. 하나님께서 그의 백성들에게 자비를 보이지 않으셨다는 한 가지의 분명한 증거는 그 민족내에 하나님의 능력과 기적들이 없다는 것이었다. 시편 기자는 기적들이 오래전에 일어났던 것으로 말한다 (11절). 그러나 시편 기자는 그런 종류의 심판하에서 사는 것에 만족하지 않는다.

그는 하나님께 그의 능력을 새로이 보여주시기를 기도한다(11절, 하나님의 오른손은 성경에서 하나님의 능력을 가리키는 것으로 사용된다). 그는 현재에는 하나님의 능력을 경험하지 않고 있지만, 그는 하나님을 '기적을 행하셨던 하나님'이 아니라 '능력을 행하시는 하나님'으로서 현재 시제를 사용하여 하나님에 대하여 말하고 있다(14절). 환언하면, 시편 기자는 그의 시대에 기적들이 일어나지 않은 것은 기적에 대한 하나님의 태도가 바뀌어서가 아니라, 하나님 백성들의 배교 때문이었다는 것을 분명하게 깨달았다는 것이다.

아마도 배교의 결과에 대한 최고의 예증은 사사기에서 발견된다. 사사기는 사시적인(cyclical) 형식으로 쓰여졌다. 사시는 네 구절로 된다.

첫째, 사람들이 배교했다.

둘째, 하나님께서는 그들을 외국의 압제자들에게 넘겨 주셨다.

셋째, 사람들은 회개하고 자비를 구한다.

넷째, 하나님께서는 그들을 외국의 압제자들로부터 그들을 구원할 사사를 세우셨다.

그들의 배교 시기 동안에 그들은 하나님의 임재가 떠나심을 경험하고, 그로 인하여 하나님의 기적적인 능력을 경험하지 못한다. 그러나 사람들이 회개하고 하나님께 울부짖을 때, 하나님께서는 그들에게 삼손과 같은 구원자를 보내셨고, 그를 통하여 하나님의 능력이 흘러나왔고, 그 백성들은 그들의 적들로부터 구원되었다. 사사기는 하나님의 임재를 잃어버리는 것과 그로 인하여 하나님의 기적적인 능력을 잃어버리는 가장 분명한 방법들 중의 하나는 배교를 통한다는 것을 예증한다.

구약성경에서 배교는 자주 우상숭배의 형태를 취한다. 우상숭배는 불교와 힌두교와 같은 종교들이 지대한 영향력을 가진 세계의 모든 지역에서 여전히 문제이고, 배교의 형태는 더 서구화된 문명들 속에서는 다르게 표현된다.

사도 바울은 탐욕을 우상숭배라고 불렀다(골 3:5). 이런 형태의 우상숭배는 서양의 교회에서 매우 많이 살아 있다. 사실상 미국내의 여러 지역의 교회는 탐욕을 주님의 역사하심에 부여하는 중요 동기로 사용한다. 몇몇 설교자들은 예수께서는 부유하셨으며 유명 디자이너의 청바지를 입으셨고, 우리 모두가 부유하기를 원하신다고 말한다. 그들에 따르면 우리가 더 많이 주면 줄수록 우리는 더 많이 갖게 될 것이다. 이러한 '탐욕에 사로잡힘'은 실제로 우상숭배의 한 형태이고, 만일 집착된다면 주님의 임재를 말살시킬 것이고 교회로 하여금 그의 능력을 잃게 할 것이다.

배교는 본질적으로 순결함의 상실이다. 우상숭배는 예배에서 순결성의 상실이다. 그러나 우리는 다른 방식으로도 배교할 수 있다. 만일 어떤 그리스도인이 부도덕함(음란함)에 열중한다면 그는 도덕적인 배교를 하는 것이다. 요한은 "만일 우리가 하나님과 사귐이 있다하고 어두운 가운데 행하면 우리는 거짓말하는 것이고 진리를 행하지 않는 것이다"라고 말한다(요일 1:6). 우리가 어둠 가운데서 행한다면 하나님께서는 우리와 함께 하시지 않는다. 그러므로 우리는 그의 임재와 그의 능력을 잃을 것이다.

마지막으로 교리적 배교를 범할 가능성이 있다. 이것은 바울이 그들이 징계를 받아 훼방하지 않도록 하기 위하여 사탄에게 내어준 후메내오와 알렉산더가 행한 것인 것 같다(딤전 1:20). 예수의 신성과 믿음만을 통한 칭의와 대리적 속죄와 동정녀 탄생과 예수의 육체적 부활과 예수의 육체적으로 다시 오심과 천국과 지옥과 성경의 권위 등을 부인하는 자유주의 교회들은 하나님의 능력이 그들 가운데서 나타나도록 할 수 없다. 당신은 아마도 이와 같은 개인이나 교회들 가운데서 신유나 기적들을 결코 볼 수 없을 것이다.

하나님의 능력은 그들이 배교하기 시작한 후에는 얼마 동안 개인이나 그룹에 머무를 수도 있다. 심지어 두아디라의 이세벨과 같은 여자도 하나님께서 그녀를 심판하시기 전에 하나님께로부터 그녀의 음란함을 회개할 시간을 받았다(계 2:21-23). 그것은 하나님의 인자하심, 즉 바울이 하나님의 반역한 자녀들을 회개로 이끌기 위한 것이라고 말한 인자하심 때문이다(롬 2:4). 그러나 하나님의 인내조차도 다할 수 있고, 그것이 바로 하나님의 임재와 능력이 떠나는 때이고 심판이 시작되는 때이다.[7]

율법주의와 미지근한 신앙

이사야는 이스라엘 민족에게 행해진 가장 비극적인 심판들 중의 하나를 기록했다.

> 하나님께서 너희로 깊이 잠들게 하셨도다 너희의 눈(선지자들)을 감기셨도다 저가 너희의 머리(선견자들)를 덮으셨도다[8]

하나님께서 이스라엘에게 보내신 하나님의 무감각 때문에 그들은 왜 그들이 심판을 받고 있는지를 이해하지 못하게 했고, 그러므로 그들은 그들의 심판이 끝나도록 하기 위해 회개하지 못했다. 하나님께서는 이스라엘에서 가장 영적으로 민감한 사람들과 이스라엘을 위한 파수꾼으로서 행동하도록 되어 있던 선지자들과 선견자들의 눈을 멀게 하셨다. 이사야는 그 민족의 심판에 대한 그의 환상이 기록되어져서 그들에게 전해졌지만 그들의 눈멀음이 너무나 완벽해서 그들은 그것을 읽을 수 없다고 말했다(사 29:11-12). 무엇이 하나님으로 하여금 그의 백성들로부터 그의 계시의 영을 제거하시도록 하였는가? 그가 이 심판을 기록한 직후에 이사야는 다음과 같이 썼다.

> 주께서 가라사대 이 백성이 입으로는 나를 가까이하며 입술로는 나를 존경하나 그 마음은 내게서 멀리 떠났나니 그들이 나를 경외함은 사람의 계명으로 가르침을 받았을 뿐이라(사 29:13)

이스라엘 사람들의 율법주의가 하나님의 임재를 몰아냈다. 그들은 종교의 외적 형식을 지켰으나 그들의 마음이 하나님으로부터 멀리 떠나게 했다. 율법주의는 항상 영적 실체에 대하여 그 신자들의 판단력을 잃게 한다. 율법주의는 성령의 계시의 사역을 몰아낸다. 잠시 동안 그것에 대하여 생각해 보라. 당신은 얼마나 많은 율법주의자들을 아는가? 얼마나 많은 율법주의자들이 당신에게 그들이 율법주의자인 것을 고백했는가? 나는 율법주의에 사로잡혀 있는 어떤 사람이 그가 혹은 그녀가 율법적이라고 고백하는 것을 들어본 적이 없다. 나는 음란함(부도덕함)에 빠져있는 많은 사람들이 그들의 음란을 고백하는 것을 들어왔다. 그러나 나는 결코 율법주의자가 율법주의를 고백하는 것을 들어본 적이 없다. 그 죄에 대하여 너무나 분별력을 잃어버린 무엇인가가 있다.

율법주의에 관하여 최악의 것은 그것이 하나님의 임재를 몰아낸다는 것이다. 그의 사역의 초기에 이사야는 하나님께서 율법주의적인 방법으로 그에게 가져오는 수많은 희생제사에 관하여 한탄하시는 것에 대한 환상을 보았다(1:11). 그는 하나님께서 "헛된 제물을 다시는 가져오지 말라"(1:13)고 큰소리로 말씀하시는 것을 들었다. 하나님께서는 이스라엘 사람들을 보시지도 않을 것이고, 그들이 기도할 때에 그들의 기도를 들으시지도 않을 것이라고 말씀하셨다(1:15). 그들의 금식조차도 하나님의 관심을 끌 수도 없었다(58:3). 율법주의는 단지 우리를 하나님의 임재로부터 단절시킬 뿐이다.

이것에는 충분한 이유가 있다. 율법주의는 단순히 인간이 만든

율법들을 따르는 것 혹은 우리의 마음이 하나님으로부터 멀어져 있는 동안에 외적으로 올바른 행동을 하는 것 이상의 것이다. 이는 두 가지 형태의 율법주의이지만 율법주의의 본질은 이 둘 중의 어느 것보다도 훨씬 더 나쁘다. 율법주의의 본질은 하나님을 믿기보다는 오히려 종교적인 행위들을 믿는 것이다. 하나님의 한 위(位)보다는 오히려 행위를 신뢰하는 것이다. 그리고 분명히 이것은 우리를 그 위(位)보다 행위를 더 사랑하도록 할 것이다.

모든 삶의 목표는 온 마음과 영혼과 힘과 뜻을 다해 하나님을 사랑하는 것이다. 율법주의는 우리의 관심과 믿음을 그 위(位)로부터 종교적인 행위들로 옮기기 때문에 율법주의는 모든 명령들 중에서 가장 큰 명령에 대한 도전이다. 하나님께서는 고대 이스라엘 가운데서 율법주의를 묵인하시지 않았다. 예수께서는 서기관들과 바리새인들 가운데서도 율법주의를 묵인하려 하시지 않았다. 그리고 예수께서는 오늘날에도 그의 백성들 가운데서 율법주의를 묵인하지 않으신다. 율법주의는 그것이 예수의 사역기간 동안에 초대의 유대교에서 그랬던 것처럼 오늘날 교회에서도 만연하고 있다. 서기관들과 바리새인들은 결코 하나님의 능력을 알지 못했고, 오늘날의 교회가운데 율법주의자들 역시 그렇다.

율법주의 자매는 미지근한 자기만족의 신앙이다. 신약성경에 나타나 있는 이것의 좋은 예는 라오디게아에 있는 교회이다. 라오디게아 교회는 아시아에서 가장 부유한 교회들 중에 하나였다. 그러나 예수께서는 그 교회가 미지근하다고 말씀하셨다(계 3:16). 미지근한 교회의 명확한 특징은 "나는 부자다. 나는 부유하여 부족한 것이 없다"(계 3:17)라고 말하는 태도이다. 우리가 하나님께 대한 열정을 잃어버리고 현재의 영적인 상태에 만족하는 시점에 도달할 때, 그때 우리는 미지근해지는 것이다. 우리는 항상 우리가 하나님 안에서 가지는 모든 것에 감사해야 하지만 결코 만족해서는 안된다. 우리는 항상 하나님을 더 많이, 그의 임재와 축복을 더 많이 원해야만 한다. 우리가 더 많이 원하기를 멈출 때, 우리는 자족의 상태에 빠지는 것이고, 예수께서 미지근하다고 부르는 것이 된다. 만일 우리가 미지근한 상태에 머문다면 예수께서는 "나는 내 입에서 너를 토하여 뱉아 버리리다"(계 3:16 NASB)고 말씀하실 것이다. "너를 토하여 뱉아 버리리라"는 말이 그 밖의 무엇을 의미하든 간에 그것은 분명히 그의 자비하신 임재와 그의 능력의 상실을 포함한다.

배교가 순결함의 상실인 반면에 율법주의와 미지근한 신앙은 결국 하나님과의, 그리고 서로와의 친밀성 상실이다. 하나님과의 친밀성은 사역을 위해서는 절대적으로 필수불가결한 것이다. 예수께서 그의 아버지가 하신 것만을 행하셨다는 것을 기억하라(요 5:19). 예수의 기적적인 사역은 절대적으로 그의 아버지와의 친밀성에 의존했다. 이와 마찬가지로 사도들의 사역은 절대적으로 예수와 그들의 친밀성에 의존했다. 왜냐하면 그들은 예수님 없이는 아무것도 할 수 없었기 때문이다(요 15:5). 그러므로 친밀성의 상실은 사역을 위한 능력의 상실을 의미한다.

하나님과의 친밀성의 상실은 항상 신자들 가운데 일체감의 상실로 인도한다. 일체감은 하나님의 목소리를 듣는 것과 우리의 삶을 위한 현재 그의 우선 순위의 것들을 따르는 것에 근거를 둔다. 예수께서는 세상이 성부 하나님께서 예수를 보내셨고 교회를 사랑하신다는 것을 알게 하기 위하여 신자들의 일치를 위해 기도하셨다(요 17:23). 일치가 없다면 교회는 결코 세상에서 신뢰받지 못할 것이고 그 사역을 이룰 수 있는 능력도 갖지 못할 것이다.

배교, 율법주의 그리고 미지근한 신앙은 오늘날의 교회내에서 심각한 문제들이다. 이러한 것들은 현대의 신자들 가운데서 하나님의 기적적인 사역을 매우 방해한다. 그러나 나는 이 모두를 함께 두는 것보다 더 큰 장애가 되는 또 다른 요소가 있다고 믿는다. 나는 교회에 만연하고 있는 현재의 불신에 대하여 말하고 있는 것이다.

불 신

예수께서 그의 고향인 나사렛을 방문하셨을 때, 그는 불신과 심지어는 경멸에 직면하셨다. 그것은 그의 기적적인 사역에 어떤 결과를 가졌는가? 마가는 "그는 소수의 병든 자들을 안수하시고 그들을 치유하신 것을 제외하고는 그곳에서 다른 기적들을 행하실 수 없으셨다. 그리고 그는 그들의 믿음의 부족을 보시고 놀라셨다"고 말했다(막 6:5-6). 어떤 사람들은 '하실 수 없으셨다'는 구절을 이해하는 데에 어려움이 있을 것이다. 하나님의 아들은 전지하시다. 전지하신 존재가 어떻게 "그는 그곳에서 아무런 기적도 행하실 수 없으셨다"라고 이야기 될 수 있는가? 그러나 완벽하고 전지하신 존재가 하실 수 없는 몇 가지의 것이 있다. 예를 들어서 그는 거짓말을 하실 수 없고(히 6:18), 그는 어둠과 교제하실 수 없다(고전 6:14; 요일 1:6). 마가복음 6:5은 이와 동일한 범주안에 있는가?

마태는 동일한 사건에 대하여 기록했다. 그러나 그는 예수께서 나사렛에서 아무 기적도 행하실 수 없었다고 말하지 않았다. 그는 "그들의 믿음의 부족 때문에 많은 기적을 행하시지 않으셨다"고 말했다(마 13:58). 마태는 우리가 마가가 의미했던 바를 이해하도록 돕는다고 생각한다. 나는 우리가 마가의 '하실 수 없었다'를 절대적인 의미로 해석해야 한다고 생각하지 않는다. 믿음이 전혀 없는 곳에서도 예수께서 기적을 행하신 경우들이 있다.[9] 나는 마태와 마가가 우리에게 일반적으로 예수께서 불신의 환경 속에서 기적을 행하지 않으실 것이라는 것을 말하고 있다고 생각한다. 야고보는 또 다른 방식으로 이 원칙을 말한다. 그는 그의 독자들에게 "너희는 하나님께 구하지 않기 때문에 얻지 못한다"(약 4:2)고 말했다. 환언하면, 당신은 하나님께서 당신에게 주실 것이라고 믿지 않는 무엇인가를 하나님께 구하지 않을 것이다.

내가 앞서 말한 일단의 신학자들이 위해서 기도하지 않는 모든 질병들을 나열하면서 웃으며 테이블에 둘러 앉아 있었다는 이야기를 기억하는가? 그들이 웃으면서 위해서 기도하지 않는 것들을 나열하고 있는 동안에 나는 야고보서 4:2을 생각하지 않을 수 없었다. 어떤 사람이 그가 눈먼 사람이 치료되기를 위하여 기도하지 않는다고 말했을 때, 야고보서 4:2이 나의 마음에 떠올랐고, 나는 "너희는 치유될 것이라 생각하지 않는 것을 생각해 보라"를 생각했다. 이 사람들은 결코 기적적인 치유를 위해 기도하지 않을 것이다. 그리고 아마도 그들은 결코 기적적인 치유를 보지 못할 것이다. "너희는 하나님께 구하지 않기 때문에 얻지 못한다."

만일 당신이 어떤 진실한 기적적인 치유를 본 적이 없다면, 당신은 이러한 것들을 위하여 얼마나 자주 기도하는지를 당신 자신에게 물어보라. 나는 우리가 하나님께 의사들의 손을 인도해 주시기를 간구하고, 가족을 위로하며, 그들에게 모든 것이 협력하여 선을 이룰 것이라는 것을 알기 위해, 부재중인 병든 사람의 이름이 주일예배에서 다른 사람들과 함께 리스트에 언급되는 그런 의식적인 기도에 관하여 이야기하고 있는 것이 아니다. 이런 종류의 기도들은 자주 하나님께서 어떤 기적을 행하실 것이라는 진정한 기대나 혹은 예견이 없는 목회자의 예의로서 제시된다. 내가 당신에게 당신이 얼마나 자주 기적적인 치유를 위하여 기도하는가를 물을 때, 나는 당신이 얼마나 자주 병실에 가서 병들고 고통당하는 자들이 기적적으로 치유되기를 기도하는지를 묻고 있는 것이다. 당신은 얼마나 자주 당신의 교회에서 병든 자들에게 안수하며 그들을 위하여 기도하는가? 내가 이야기하는, 결코 기적을 본 적이 없는 대부분의 사람들은 대체로 믿음의 기도로 병든 자들에게 가서 그들을 안수하지 않는 사람들이다. 반대로 말하면, 나는 믿음의 기도로 병든 자들에게 정규적으로 안수하는데, 적어도 어떤 기적적인 치유를 보지 못한 사람을 아직 찾아야만 한다.

오늘날 나에게 놀라운 것은 하나님께서 보수적인 복음주의 교회 가운데서 얼마나 적게 치유하시는가가 아니라 하나님께서 치유하신다는 것이다. 아주 많은 교회들이 불신으로 가득 차 있어서 누군가가 치유된다는 것에 나는 실로 놀란다.

내가 가는 대부분의 보수적인 신학교들은 하나님께서 기꺼이 치유하시고자 한다는 것에 관하여 그들의 학생들에게 가르치고 있지 않다. 많은 신학교는 실제로 하나님께서 어떤 중요한 방법으로도 치유하시지 않으신다고 가르치고 있다. 그리고 일부는 실제로 기적을 구하는 것은 악이라고 가르치고 있다.[10] 이러한 신학교를 졸업하는 사람들이 미국의 교회 목사들이 되고 있는 것이다. 그들은 그들이 신학교에서 배운 바로 그것을 교회에 가르치고 있다. 그러므로 오늘날에 많은 교회가 하나님의 기적적인 능력을 거의 경험하지 못한다는 것이 과연 놀라운가?

나는 더이상 신학교의 교수는 아니지만 여전히 신학교들과 다른 학문적인 시설에서 강연하도록 초대받는다. 여행을 하면서 나는 많은 신학교의 교수들과 교회 지도자들을 만난다. 나는 이들 지도자들 중에서 매우 적은 수가 성령의 은사들이 사도들의 죽음과 함께 소멸되었다는 견해를 취하고자 하는 것을 발견한다. 사실상 나는 지도자들이 "나는 성령의 은사들과 치유의 기적을 행하시는 하나님께 대하여 열려 있습니다"라고 말하는 것을 자주 듣는다. 종종 사람들은 '열려 있다'는 것에 대해 무엇인가 고귀한 것이 있는 것처럼 이렇게 말한다. 그러나 열려 있다는 것은 하나님 편에서는 그다지 중요하지 않다. 단지 열려 있기만 한 사람은 여전히 아직 믿지 않는 사람이다.

어떤 비그리스도인이 예수께서 그의 죄를 대신하여 십자가에서 죽으셨을지도 모른다는 가능성에 대하여 열려 있는 동안에 죽었다면, 그 사람은 당연히 지옥에 갈 것이다. 하나님으로부터 축복을 받는 것은 단지 열려져 있는 것이 아니라 하나님께서 약속하신 것을 믿고 추구하는 것이다. 예수께서는 결코 "열려 있는 자는 복이 있나니"라고 말씀하시지 않았다.

당신은 그가 당신의 저축을 위해 이익을 내는 것에 대하여 열려 있다고 말하는 주식중개인에게 당신의 돈을 주겠는가? 열려 있다는 것은 그다지 중요하지 않다. 나는 대부분의 경우에 열려 있다는 것은 적대적인 것보다 더 낫다는 것을 확신한다. 그러나 열려 있는 상태는 우리가 영적인 것에서 진보하게 하지는 않을 것이다. 바울은 우리에게 성령의 은사들에 열려 있으라고 말하지 않았다. 그는 우리에게 성령의 은사들을 열심히 구하라고 말했다(고전 12:31, 14:1, 39). 1세기에 사람들은 치유와 기적들을 찾아 예수와 사도들을 따랐다. 그들은 질병과 귀신들이 떠나가기를 기대하면서 예수께와 사도들에게 그들의 병든 자들을 데려갔다. 나는 오늘날의 교회가 다시 한번 이러한 것들을 열망하지 않는 한 널리 퍼진 치유와 기적들을 볼 것이라고 믿지 않는다.

고난의 속죄적 가치

신약성경이 고난에 관하여 말하는 대부분의 경우에 그것은 육체적인 질병을 인내하는 것을 말하기보다는 오히려 의를 위하여 받는 핍박을 인내하는 것을 말한다. 그럼에도 불구하고, 나는 여전히 때때로 하나님께서는 우리가 위하여 기도하는 건강상태를 치유하지 않으시거나 기적을 베푸시지 않으시고, 그 대신에 그 불쾌한 여건을 인내하는 은혜를 주신다는 것을 확신한다. 아무도 정말로 '바울의 몸의 가시'가 무엇이었는지 모른다. 그것은 어떤 질병이었을 수도 있다. 혹은 그것은 그가 받고 있던 어떤 유형의 핍박이었는지도 모른다. 그것이 무엇이었든 간에 하나님께서는 그것을 제거하시지 않기로 결정하셨다. 바울은 말한다.

> 이것이 내게서 떠나기 위하여 내가 세 번 간구하였더니 내게 이르시기를 내 은혜가 네게 족하도다 이는 내 능력이 약한 데서 온전하여짐이라 하신지라 이러므로 도리어 크게 기뻐함으로 나의 여러 약한 것들에 대하여 자랑하리니 이는 그리스도로 내가 그리스도를 위하여 약한 것들과 능욕과 궁핍과 곤란을 기뻐하노니 이는 내가 약할 그때에 곧 강함이니라(고후 12:8-10)

바울은 그가 그리스도를 위하여 받는 제거되지 않는 고통을 인내할 때 구속의 은혜를 발견했다.

베드로는 많은 면에서 고통의 연단하는 가치를 표현한다. 그는 다음과 같이 쓴다.

> 그러므로 너희가 이제 여러 가지 시험을 인하여 잠깐 근심하게 되지 않을 수 없었으나 오히려 크게 기뻐하도다 너희 믿음의 시련이 불로 연단하여도 없어질 금보다 더 귀하여 예수 그리스도의 나타나실 때에 칭찬과 영광과 존귀를 얻게하려 함이라(벧전 1:6-7)

베드로는 하나님께서 고통을 제게허 주시기를 구하는 우리의 기도에 응답하시지 않을 때마다 우리에게 큰 위르를 줄 네 가지의 것을 말한다.

첫째, 그는 고난이 '지금'에 해당한다는 것을 우리에게 말해준다. 때때로 우리가 고난의 시기를 경험할 때, 우리는 그것이 영원히 계속될 것이라고 생각한다. 그러나 베드로는 우리에게 그것을 단지 현재의 것으로 생각하도록 교훈한다.

둘째, 그는 그 기간은 '잠시 동안'이라고 말한다. 영원을 생각하면, 모든 고난은 단지 한순간이거나 수증기에 지나지 않을 것이다.

셋째, 베드로는 고난은 '필요할 때'만 우리에게 온다고 말한다.

넷째, 우리의 모든 고난의 결과는 '불에 연단된' 정제의 과정에 비유된다. 그리고 결국 그것은 주 예수 그리스도께 주어지는 찬양과 영광과 즌귀가 될 것이다. 우리가 예수 그리스도에 대한 우리의 사랑이나 믿음을 감소시키거나 경감되지 않게 고난을 인내할 때, 이것은 우리가 그의 형상을 훨씬 더 닮아가게 하고 그에게 큰 영광을 드린다. 따라서 만약에 당신이 치료하시는 하나님을 신뢰하그 당신이 그분에게 치유하시도록 기도했는데 그가 치유하시지 않으셨다면, 그것은 그가, 당신이 당신의 고난을 통하여 그의 아들에게 영광돌리게 하시려는 것이라고 하는 것도 당연하다. 만일 이것이 그가 의도하신 것이라면, 그는 또한 당신에게 고난을 인내하는 은혜를 주실 것이다.

　나는 무엇인가에 대하여 당신에게 경고하고자 한다. 당신이 구속의 고난이 우리의 죄에 대한 하나님의 심판이거나 우리의 죄에 대한 징계와 동일한 것이라고 생각한다면, 당신은 굉장한 실수를 범하는 것이다. 베드로가 '필요할 때'라는 구절을 사용했을 때, 그는 심판을 말하고 있는 것은 아니다. 하나님은 우리의 죄에 대한 심판 외에 다른 많은 이유들 때문에 고난이 우리에게 임하도록 허락하실 수도 있다. 하나님께서는 욥을 지상에서 가장 의롭고 흠없는 사람이라 여기셨다. 그러나 하나님께서는 욥이 지독하게 고난받는 것을 허락하셨다. 분명히 이 고난은 욥의 인성에 정제하는 효과를 가졌었다. 그러나 어떤 환경 하에서도 성경은 우리가 욥의 고난을 그에 대한 하나님의 심판으로 간주하게 하지 않을 것이다. 나는 너무나 자주 하나님의 많은 자녀들이 그들의 고난을 그들에 대한 하나님의 심판의 증거라고 잘못 생각한다는 것을 발견한다.

　나는 하나님께서 우리의 죄 때문에 우리의 삶 속에 파국적인 심판들을 보내실 수 있다고 믿는다(고전 5:1-5 참고). 그러나 나는 우리가 심각한 배교적인 행동을 했을 때 이것을 행하신다고 생각한다. 만일 당신이 당신의 하나님에 반역하지 않는데 당신이 고난당한다면, 마귀가 당신에게 정죄의식을 갖게 하도록 하지 말라.

　주님께서 특별히 나에게 그가 그 고난을 제거하시고자 의도하시지 않는다고 말씀하시지 않는 한 나는 고난이 치유되거나 해방되는 경험을 위해 기도하는 것이다. 그런 경우에 나는 그를 사랑하는 하늘에 계신 아버지로서 신뢰하고자 하며 그가 나의 삶에 임하도록 허락하신 고난을 마음으로부터의 사랑과 신뢰로써 인내하고자 한다. 나는 '우리의 형제를 참소하던 자'(계 12:10)가 내게 아주 빠르게 쌓아놓을 모든 정죄의식을 거부하고자 한다. 그렇지 않으면 하나님께서 내게 두시고자 하신 고난의 정제하는 효과가 몹시 감소될 것이다.

주권적인 시기와 주권적인 신비들

나는 이번 장을 시작할 때 하나님께서는 그가 왜 치료하시는지 혹은 왜 그가 치료하시지 않는지에 대한 이유를 주시지 않으실 때가 있다는 것을 말했다. 예수께서 베다니 연못에 계실 때, 그 못 주변에는 누워있는 많은 병자들이 있었지만 예수께서는 단 한 명의 중풍병자만을 치유하셨다(요 5:1-15). 우리는 왜 하나님 아버지께서는 그 한 명만을 치유하셨고, 나머지 병자들은 계속해서 고통당하게 하셨는지에 관한 이유를 결코 들어본 적이 없다.

한때 나는 천성적 무뇌증의 아기를 위하여 기도하러 갔던 적이 있다. 뇌간의 작은 부분만이 발달되어 있었다. 이 아기는 이미 아들 둘을 비극적인 죽음으로 잃은 그리스도인 가정에서 태어났다. 내가 중환자실에 들어가서 그 어린 아이를 위해 기도하도록 요청받았을 때, 나는 마음에서 일어나는 믿음을 경험했다고 생각했다. 나는 거의 같은 상태로 부리티쉬 콜럼비아(British Columbia)의 뱅쿠버(Vancouver)에서 태어난 남자 아이의 의학적으로 증명된 유명한 치유를 기억했다. 아이의 아버지인 파디 두클로우(Paddy Duclow)는 뱅쿠버에 있는 의사들을 어리둥절하게 하고, 아들을 그 도시에서 의학적으로 놀라운 사람으로 만든 그 치유에 관하여 내게 말해 주었었다. 나는 그 어린 아이를 위해 기도하려고 중환자실로 들어갈 때 이 치유를 생각하였다.

나는 그 남자 아기를 보고 놀랐다. 그 아기는 아름다웠으며 너무나 건강하고 정상적으로 보였다. 그 가족의 목사들과 내가 아기를 위해 기도했다. 우리는 하나님의 특별한 임재를 느끼지 못했지만, 그 아기가 치유될 좋은 가능성이 있다고 생각했다. 그러나 그 아기는 다음날 죽었다. 집으로 돌아왔을 때, 나는 주님께서 우리 교회에 출석하고 있고 특별히 회개하지도 않은 한 성병에 걸린 여자를 치료하신 것을 발견했다. 나는 내 안에서 일어나는 분노를 느꼈다. 나는 하나님께 왜 치유할 가치가 없는 여자는 치유하시고 그 무고한 어린 아기는 죽게 하셨는지를 물었다.

주님께서 내게 "그렇다면 누가 치유받을 가치가 있느냐? 너는 나의 자비를 어떻게 나누어줄까를 결정하는 사람이 되고자 하느냐?"라고 말씀하시는 것 같았다. 그것은 내게 충분한 꾸짖음이었다. 하나님께서는 나에게 왜 그 아기는 죽었고, 왜 그 여자를 치유하셨는지를 설명해 주시지 않았다. 그러나 내게 그가 실제로 주권자이시며 그는 누구에게도 변명할 필요가 없으시다는 것을 환기시키셨다.

* * *

나는 다른 요소들이 기적들이나 그 부재에 영향을 미친다고 확신한다. 또한 신앙부흥의 역사에 있는 것처럼 기적적인 치유의 흘러나옴에는 성쇠가 있다는 것을 확신한다. 모든 시대에 사람들은 항상 구원되었고 항상 치유되고 있다. 그러나 이러한 일들이 풍부하게 일어나는 은혜의 주권적인 흘러나옴의 시대가 있다. 교회는 지속적인 신앙부흥을 경험하는 것은 아니고 오히려 지난 이천 년 동안은 신앙부흥이 있기도 했고 없기도 했다. 일부 지역의 교회들은 신앙부흥을 경험해 본 적이 없었다. 예를 들어 원주민들을 제외한 오스트레일리아인들은 결코 신앙부흥을 경험한 적이 없었다. 물론 이것으로 인해 하나님께서는 더 이상 신앙부흥을 주시지 않는다고 결론내린다면 틀리는 것이다. 그것은 단지 신앙부흥의 역사에는 성쇠가 있다는 것을 예증한다.

고난에 관하여 하나님의 거룩한 시기와 구속적인 가치에 있는 성쇠 외에도 나는 기적들의 빈도수에 영향을 주는 다른 성경적인 요소들이 있다는 것을 확신한다. 그러나 분명히 하나님의 기적적인 능력의 흘러나옴을 금하는 주요 인간적인 요소들은 이번 장에서 언급되어진 것들이다(모든 다양한 형태의 배교, 율법주의, 미지근한 신앙, 불신).

어떤 교회—카리스마적, 오순절, 제삼의 둘결, 비카리스마적, 혹은 반카리스마적이든 간에—나 내가 하나님께서 왜 치유하시지 않으시는가를 부분적으로 설명하기 위해 제시한 세 가지의 부정적인 이유(즉 배교, 율법주의와 미지근한 신앙, 둘신)들의 죄를 범할 수가 있다. 신유에 대한 강한 신학적인 믿음을 가진 교회조차도 실제로 병든 교인들을 위해 기도하는 실제적인 일을 하게 될 때 불신으로 가득 찰 수 있다. 사실상 개인적인 경험에 근거하면, 나는 후자의 현상은 보기드문 것의 전부는 아니라고 말하고 싶다.

나는 이러한 부정적인 요소들이 단지 그것들을 저항함으로서 극복될 것이라고 믿지는 않는다. 이러한 죄들에 대한 일화는 하나님의 한분 위(位)를 추구함이다. 하나님께서는 솔로몬에게 오늘날에도 여전히 유효한 약속을 주셨다.

> 내 이름으로 일컫는 내 백성이 그 악한 길에서 떠나 스스로 겸비하고 기도하여 내 얼굴을 구하면 내가 하늘에서 듣고 그 죄를 사하고 그 땅을 고칠찌니라(대하 7:14)

만일 교회가 그 권고를 따른다면, 나는 하나님께서 우리가 구하는 것(물론 우리의 요구가 성경과 일치한다고 가정한다면)은 무엇이나 주실 것이라고 믿는다. 그가 우리에게 신앙부흥, 기적들, 하나님의 계시, 무엇보다도 우리 중에 경험해 온 사람이 거의 없는 하나님과의 친밀한 관계를 주실 것이라고 믿는다. 우리 시대의 교회 지도자들의 중요한 임무들 중의 하나는 교회가 이 약속을 믿게 하는 것이다. 우리는 우리의 불신을 버리고 성경의 한없는 주님을 추구할 필요가 있다.

은사들과 그 주시는 자를 찾는 것

제12장
열심으로 은사들을 추구하는 것

리사와 나에게는 심한 두통으로 고통당하는 소중한 친구가 있었다. 지금까지 어떤 의사도 이 두통의 원인과 치료책을 발견할 수 없었다. 때때로 그의 두통은 약해져서 때때로 멈추기도 한다. 그 친구는 훌륭한 아내이자 어머니이고, 전심으로 하나님을 사랑한다. 그녀는 매일 아침 이른 시간에는 성경을 묵상하고 하나님 나라의 전진을 위하여 기도하면서 보낸다. 그녀는 일전에 우리에게 그러한 아침의 몇 시간이 그녀의 삶의 주요 이유라고 말했다. 그녀는 하나님께서 하나님의 영광이 나타나기를 기도하도록 하기 위해 그녀를 세상에 두셨다고 확신한다. 그녀는 내가 알아온 어떤 사람만큼이나 성실하게 기도해 왔다.

우리는 하나님께 우리의 친구를 이러한 두통에서 고쳐주시기를 기도해 왔다. 그러나 지금까지 그 두통은 더 악화되어 왔다. 최근에는 한 의사가 고통을 성공적으로 제거하는 약을 처방해 주었으나 문제는 그녀가 잠들기 전에 그 약을 먹여야만 한다는 것이다. 그리고 그것은 약 한나절까지 그녀를 그로기(groggy) 상태가 되게 한다는 것이다. 이제 그 친구는 이런 딜레마에 빠졌다. 즉 그 약을 먹으면, 그녀는 오전에 기도하고 묵상할 만큼 집중할 수 없으며, 만일 약을 먹지 않으면 그녀는 심한 두통을 참아야만 한다. 기도 시간은 그녀에게 너무나 중요해서 그녀는 아침 중보 기도를 계속하기 위하여 자주 약없이 지내며 두통의 고통을 참는다.

나는 자주 건강한 사람들로부터 치유가 매우 중요하다고 믿는 이유를 질문받는다. 두통으로 고생하는 우리의 친구에게 치유가 왜 중요한지를 물어보라. 그녀는 당신에게 육체적인 고통이 얼마나 괴로운 것인지를 말해 줄 것이다. 또 그 고통이 그녀의 기도생활을 방해하는 것이 얼마나 좌절스러운 것인지를 말해 줄 것이다. 분명히 하나님께서는 그녀에게 그 통증과 좌절을 인내할 수 있는 은혜를 주셨다. 그리고 그래야만 한다면 그녀는 계속해서 인내할 것이다. 그러나 그녀는 치유의 은혜를 받기를 더 원했다.

아픈 사람들이 당신에게 왜 치유가 중요한지를 말하는 것에는 아무런 문제도 없다. 사실상 모든 사람은 정말로 치유의 중요성을 믿는다. 사람들이 그 중요성을 믿기 때문에 병원들과 의료업이 있는 것이다. 서구세계에서 의료계는 고치는 것에 능숙해서 사람들은 더 이상 하나님을 필요로 한다고 생각하지 않는다. 신유는 우리가 의사들과 현대 의학이 우리를 도울 수 없는 정도의 지점에 이를 때까지는 그다지 중요한 것 같지 않다. 치료될 수 없거나 현대 의학적인 수단으로 뚜렷하게 완화될 수 없는 만성적인 건강 상태를 가진 사람은 누구나 곧 신유의 중요성에 관하여 다른 시각을 갖게 될 것이다.

나는 병원 침대 옆에 서서 에이즈로 죽어가고 있는 귀여운 어린 소년을 보고 있었다. 의사들과 병원측은 그들이 할 수 있는 모든 일을 다 했다. 그들은 부모에게 가망이 없다고 말했다. 그 가족이 출석하는 교회는 그들에게 가망이 없을 것이라고 말하고 심지어 신유에 반대되는 설교를 했다. 그러나 어린 아이의 부모는 그들의 교회가 틀리기를 바랐다. 그들의 얼굴에 나타난 고통은 신유의 중요성을 증명하고도 남았다.

당신은 신유가 중요하다는 것을 깨닫기 위하여 에이즈에 걸릴 필요는 없다. 우리의 질병과 고통들 중의 어느 것도 너무나 하찮아서 하나님께 가져갈 수 없는 것은 없다. 하나님께서는 실제로 우리에게 "너희 염려를 다 주께 맡겨버리라. 이는 저가 너희를 권고하심이니라"(벧전 5:7)고 명하신다. 우리로 걱정하게 하는 것은 무엇이나 그에게로 가져가는 것이 합당한 일이다. 그것은 의료계에서 치료할 수 없는 질병이나 만성적인 건강 상태일 수도 있고 우리가 치료를 감당할 수 없는 질병일 수도 있다. 그것이 무엇이든 간에 우리는 우선 그것을 하나님께로 가져올 수 있는 하나님의 허락을 받았다.

치유는 우리의 하늘에 계신 아버지께 너무나 중요해서 그는 교회의 장로들에게 그들의 보살피는 사역의 일부로서 병든 자들을 위하여 기도하라고 명하셨다(약 5:14-16). 우리의 아버지께서는 전인(全人)에 관심을 가지고 계신다. 그는 단지 우리의 지성이나 의지가 아니라 우리의 몸과 우리의 감정을 돌보신다. 하나님께서 정말로 우리의 몸을 돌보시지 않는다고 가르치는 오늘날의 많은 교회에는 영지적 심리 상태가 있다. 사도 요한은 그의 시대의 영지적 심리상태를 공유하지 않고 그가 성령의 영감 하에서 가이우스(Gaius)에게 편지할 때, 육체를 위한 하나님의 관심을 보여주었다.

사랑하는 자야 네 영혼이 잘되는 것같이 네가 범사에 잘되고 강건하기를 내가 간구하노라(요삼 2)

치유는 유일하게 중요한 성령의 은사는 아니다. 주님께서는 우리에게 은사들을 특별히 예언의 은사를 열심으로 구하라고 명하신다(고전 12:31; 14:1, 3). 성령의 은사들은 육체를 강화하기 위한 도구로서 우리에게 주어졌다(고전 12:7). 우리는 결코 하나님의 말씀으로 지나치게 지식이 있다거나, 성령의 은사들에 의해 지나치게 성숙하게 될 수는 없다. 나는 사도 바울이 도달했던 수준의 성숙과 지식에 도달한 사람을 알지 못한다. 그러나 바울은 결코 그가 성령의 은사들에 대한 그의 필요보다도 더 성장했다고 느끼지 않았다.

보통은 기적적인 것으로서 분류되지 않는 다른 성령의 은사들뿐만 아니라 각각의 기적적인 은사들은 그리스도의 몸(교회)을 이루기 위하여 귀중한 공헌을 한다. 그러나 교회의 지도자들이 그들의 교회(몸) 안에서 이러한 은사들을 신장하는 법을 배우지 않는 한, 그러한 공헌은 결코 이루어질 수 없을 것이고, 몸을 이룰 수 있었던 성장도 상실될 것이다.

성령의 은사들을 신장하는 방법

일부의 사람들은 초자연적으로 주어진 은사를 신장하고 발전시킬 수 있는 방법을 이해하는 데에 어려움이 있다. 이러한 어려움은 기적적인 은사들을 마술이나 혹은 무의식적인(기계적인) 것으로 간주하는 데서 기인한다. 교사는 가르치는 은사를 증대시킬 수 있고, 전도자는 전도의 은사를 증가시킬 수 있다. 그런데 어떤 사람이 치유나 예언의 은사를 증가시킬 수 있다고 믿는다는 것이 왜 어려운가?

사실은 우리가 모든 영적인 행사와 모든 성령의 은사를 증대시킬 수 있다는 것이다. 우리의 삶과 교회 안에서 성령의 은사들을 신장시키기 위하여 우리가 할 수 있는 많은 중요한 것들이 있다.

첫째, 당신은 성경이 은사들은 오늘날에도 해당하며 중요하다고 가르친다는 것을 확신해야만 한다. 그렇지 않으면 당신은 은사들을 행하거나 그것들을 위하여 기도하는 믿음을 갖지 못할 것이다. 이와 마찬가지로 당신은 은사들이 단지 소수의 특별히 자격이 있는 사람들에게보다는 모든 그리스도인들에게 주어진다고 확신해야만 한다(벧전 4:10). 한때 내가 이러한 두 가지 결론에 이르렀을 때, 나는 내 자신의 삶 속에서 은사들을 신장하기 시작하는 시점에 있었다.

내가 성경이 성령의 은사들이 오늘날에도 계속된다고 가르치는 것을 확신하자마자 나는 그것들을 열심으로 구하기 시작했다. 내가 성령의 은사들을 추구하는 데서 행한 가장 중요한 것은 주님께서 내게 주시고자 원하신다고 느끼는 성령의 은사들을 특별히 기도해 온 것이다. 성령께서 그가 의지하는 대로 각자에게 성령의 은사들을 나누어 주신다고 하더라도(고전 12:11), 바울은 여전히 고린도 교인들에게 은사들을 구하도록 권면했다. 예를 들어서 당신이 방언의 은사를 가졌다면, 바울은 당신이 방언 통변의 은사를 구해야만 한다고 말한다(고전 14:13). 수동적이 되지 마라. "하나님께서는 그가 주시고자 원하시는 은사는 어떤 것이나 나에게 주실 것이다"라고 말하지 말라. 하나님께서는 또한 그가 원하신다면 당신을 어떤 훌륭한 성경학자로 만드실 수 있다. 그러나 나는 성경의 지식을 열심히 추구함이 없이 된 훌륭한 성경학자들을 알지 못한다. 또한 전도를 열심히 구하지 않았는 데도 훌륭한 전도자가 된 자들을 알지 못한다.

"너희가 얻지 못함은 구하지 않음이라"라는 말을 기억하라(약 4:2). 나는 매일 나의 삶 속에서 역사하기를 바라는 성령의 은사들을 구하기 위하여 특별히 기도한다. 예를 들어 치유는 내가 나의 사역에서 일상적으로 경험하기를 원하는 은사들 중의 하나이다. 나는 주님께서 나에게 이 은사에서 권위와 능력을 주시기를 매일 기도한다. 내가 사람들을 위하여 기도할 때, 하나님께서 치유하시는 것을 보기를 원하는 종류의 질병과 건강 상태들을 특별히 언급한다.

아마도 나의 성령의 은사들을 추구하는 중에 내게 한두번째로 귀중한 것은 내가 그것들을 통상적으로 사용하려 시도해 왔다는 것이다. 이것은 종종 약간의 위험성을, 특히 어리석어 보일 수 있는 위험성을 포함한다. 내가 하나님께 치유의 사역을 주시기를 기도하자마자 나는 병든 자들을 위하여 기도하기 시작했다. 나의 사역의 초기에 내가 위하여 기도한 대부분의 병든 자들은 치유되지 않았다. 내가 처음으로 지식의 말씀을 공공연히 전하기 시작했을 때, 나는 몇 번의 당황스러운 순간들을 경험했다. 그러나 계속적인 실행과 위험에 처하는 것을 제외하고는 어떤 것이든 성장할 다른 방법은 없다. 당신이 볼 수 있는 유일하게 훌륭한 경기자는 포기하지 않았던 서투른 사람이다. 당신이 볼 수 있는 유일하고도 훌륭한 제자는 포기하지 않았던 서툰 사람이다. 처음에 제자들이 예수와 함께 출발했을 때, 그들은 믿을 수 없을 정도로 우둔했고 특별히 장래성이 있었던 것도 아니었다. 그러나 포기하지 않았던 열한 명은 교회의 지도자들이 되었다. 달란트의 비유에 의하여 성령의 은사들을 생각해 보라(마 25:14-30). 우리가 위험을 무릅쓰지 않는다면 우리의 은사는 성장하지 않을 것이고, 우리의 은사가 성장하지 않으면 주님께서는 우리를 기뻐하시지 않을 것이다.

내가 도움이 되는 것으로 알게 된 세번째 것은 물론 은사들을 공부하는 것이다. 성경은 수많은 초자연적인 사역의 예뿐만 아니라 성령의 은사들에 대해서도 말하고 있다. 성경은 우리에게 기적적인 사역에 관한 많은 도움이 되는 원칙들을 제시해 준다. 나는 초자연적인 사역들에서 강력하게 사용되었던 그리스도인들의 전기들뿐만 아니라 성령의 은사들의 사역을 다룬 많은 책들을 읽었고 계속해서 읽고 있다.

내가 성령의 은사들을 구하는 일에서 매우 도움이 되었던 또 다른 것은 나보다 은사들에서 더 앞선 사람들과 교제하는 것이었다 성경은 "철이 철을 날카롭게 하는 것같이 사람이 그 친구의 얼굴을 빛나게 하느니라"(잠 27:17)고 말한다. 나는 성령의 은사들에 관한 분야에서 나를 '다듬어 준' 존 윔버와 폴 케인과 같은 친구들에게 영원한 빚을 지고 있다. 교제는 대부분의 사람들이 깨닫는 것보다 훨씬 더 중요한 문제이다. 그것이 당신이 존경하고 닮고자 하는 사람들과의 교제를 증진시키는 것이 중요한 이유이다.

당신이 성령의 은사들을 행하기 시작할 때 비위협적인 분위기를 경험하는 것 역시 도움이 된다. 만일 당신의 교회가 방언의 은사를 믿지 않는다면, 주일 아침 예배는 당신이 그 은사를 행하기 시작할 자리가 아니다. 성령의 은사들에 대하여 배우기 시작하기에 가장 도움이 되는 것 중의 하나인 비위협적인 자리는 열 명에서 이십 명 정도의 작고 비공식적인 구역들이다. 작은 규모가 서로를 비교적 잘 알게 하고 어느 정도의 안전감을 느끼는 것을 가능하게 한다. 당신을 알고 사랑하는 이십 명 앞에서 예언의 말을 하는 것이 주일 아침에 당신을 전혀 알지도 못하는 오백 명의 사람들 앞에서 하는 것보다 훨씬 더 쉽다. 하나의 구역과 같이 비공식적인 환경에서 그 날 저녁 시도되는 사역에 대하여 이야기하고 분석하는 것이 더 크고 공식적인 환경에서 하는 것보다 쉽다.

나는 또한 성령의 은사들에 관한 사경회가 도움이 된다는 것을 알았다. 이상적인 사경회에서는 성령의 기적적인 은사들을 폭넓게 경험한 많은 사람들이 다양한 주제들에 관해 이야기할 것이다. 참석자들이 이 은사들이 어떻게 역사하는지를 직접 볼 수 있도록 그 사경회에 치유와 계시의 능력이 있을 것이다. 이런 성격의 이상적인 사경회는 참석자들을 성령의 은사들로 훈련시키는 것을 그 목적으로 한다. 또한 당신은 은사를 받은 어느 개인이 그의 능력을 사용하는 것을 단지 지켜보는 것과 반대로 실제로 성령의 은사들을 행할 수 있는 기회를 갖는다.

우리는 합당한 이유들로 성령의 은사들을 추구하기를 원한다. 수년 전에 내가 감독을 따라 조깅을 하고 있는 동안 나는 주님께 나의 사역에서 더 큰 치유의 은사들을 베풀어주시기를 기도하고 있었다. 내가 매우 구체적으로 기도하고 있었기 때문에 어떤 음성이 내 마음속에서 솟아났고 "너는 무엇을 위해 이 은사들을 원하느냐?"라는 말을 들었다. 나는 즉시 그 음성이 주님의 음성인 것을 알아차렸으나 그것은 내 기분을 상하게 했다. 성령의 은사들을 추구함으로써 나는 친구들을 잃었다. 나는 하나님을 위하여 성령의 은사들을 구하고 있었다. 그런데 그는 왜 나에게 그와 같은 질문을

사들을 구하고 있었다. 그런데 그는 왜 나에게 그와 같은 질문을 하셨는가? 그러나 나는 전지하신 분께서 정보를 구하기 위하여 질문하신 것이 아니라는 것을 서서히 깨달았다. 그 질문은 나의 심리에 대한 하나님의 개인적 지식의 차이를 채우기 위해서가 아니라 나를 위한 것이었다. 내가 그 질문을 가슴 아파하며 깊이 생각하려 하자 나의 기도 속에 들어 있던 불순한 동기가 떠오르기 시작했다. 나는 성령의 은사들을 구하는 나의 소망 속에는 여전히 많은 세속성이 들어 있음을 깨달았다.

하나님께서 그의 자녀들에게 주실 수 있는 가장 큰 기적들 중의 하나는 그들에게 그들의 죄를 보여주시는 것이다. 당신은 당신이 알 수 없는 죄를 회개할 수 없다. 하나님의 빛이 우리의 어둠을 드러낼 때, 우리는 회개할 수 있고, 고백할 수 있고, 그의 용서를 받을 수 있다(요일 1:9). 성령의 계시의 사역이 없다면, 우리는 우리의 마음속에 있는 동기들을 이해할 수 없다(렘 17:9-10). 이 모든 것은 우리가 성령의 은사들을 구하는 데에 있어서 매우 중요하다. 왜냐하면 우리의 동기는 우리의 삶 속에 능력이 역사하는 데에 있어서 중요한 요소이기 때문이다.

무엇 때문에 예수께서 치유하시고 기적을 행하셨는지를 기억하라. 그는 그가 하나님의 아들이라는 것을 증명하기 위하여, 복음의 진리를 보여주기 위하여, 하나님께 영광을 돌리기 위하여, 상처입은 자들을 긍휼히 여기심을 보이기 위하여, 전도의 문을 여는 것들을 위하여 기적들을 행하셨다. 우리가 그의 동기들을 공유할 때 그는 우리에게 그의 능력을 주실 것이다. 그러므로 나의 삶 속에서 성령의 은사들이 역사하기를 기도할 때, 나는 주 예수의 마음과 사랑 역시 나의 삶 속에서 드러나기를 기도한다.

마지막으로, 당신이 성령의 은사들에 대하여 배우고 있을 때에는 인내하라. 적은 시작의 날을 경시하지 말라. 당신이 배우고 있는 모든 것에, 그리고 주님께서 당신에게 주시는 모든 응답에 감사하라.

감사하라. 만일 당신이 주님과 그의 은사들을 끊임없이 추구한다면 당신이 요청하리라고 꿈꿨던 것보다도 더 많은 것이 당신에게 주어질 것이다.

하나님과 성령의 은사들을 더 많이 원하는 사람들은 대부분이 항상 너무 느리게 진행된다고 느끼며 얻지 못할 것이라고 두려워한다. 그러나 당신이 정말로 하나님과 그의 은사들을 더 많이 소망한다면, 그것은 하나님의 자비가 당신 위에 임하고 있다는 것이다. 이러한 소망들은 당신의 하늘 아버지께서 당신의 마음속에 두시는 것이다. 그리고 그는 당신을 포기하시기 위하여 혹은 이루지 못한 상태로 놔두시려고 이렇게 멀리 이끄신 것이 아니다. 당신이 지금 느끼는 거룩한 좌절은 당신을 계속 인도하시기 위한 것이다. 그는 당신이 가진 것에 대하여 감사하기를 원하신다. 그러나 그는 결코 당신이 현재 수준에서 하나님과의 친밀성에 만족하기를 원하시지 않는다. 사도 바울처럼 그는 당신이 "그리스도와 그 부활의 권능과 그 고난에 참예함을 알기 위하여 그의 죽으심을 본받기"(빌 3:10) 하시기를 원하신다.

그리스도를 믿으라

만일 당신이 정말로 성령의 초자연적인 역사를 경험하고자 한다면, 아마도 가장 중요한 것은 당신 자신의 선함이나 전통들이 아니라 그리스도의 용서를 믿는 것이다. 기적들을 행할 수 있는 능력은 우리의 선함에서 오는 것이 아니라 오히려 그것은 하나님 아들의 보혈을 통하여 얻어졌다. 예수께서 가버나움에서 모든 병든 자들을 치료하신 후에 마태는 말했다.

> 이는 선지자 이사야로 하신 말씀에 우리 연약한 것을 친히 담당하시고 병을 짊어지셨도다 함을 이루려 하심이라(마 8:17)

마태는 십자가 위에서 죄인들을 대신하여 죽으신 예수의 대속의 죽음을 기술한 구약성경에서 고난의 장인 이사야 53장을 인용했다.

마태는 우리에게 치유의 능력은 한 곳, 즉 그리스도의 십자가에서만이 발견될 수 있다는 것을 가르치고 있다.

어떤 병자가 그럴 만한 가치가 있으므로 그를 치료하시라고 하나님께 말하려 하지 말라. 그들이 그럴 만한 자격이 있기 때문에 치료되는 사람은 아무도 없는 것이다 우리는 우리를 위하여 그의 희생으로 표현된 하나님 아들의 선하심 때문에 치유될 뿐이다. 당신이 누군가를 위하여 기도할 때, 그 사람을 치유하는 것이 당신의 선함이라거나 혹은 당신의 개인적인 성결함의 능력이라고 생각하는 실수를 범하지 말라. 베드로가 성전 문에 앉아있던 앉은뱅이를 고치는 데에 놀란 군중을 보고서 "이스라엘 사람들아, 이 일을 왜 기이히 여기느냐? 우리 개인의 권능과 경건으로 이 사람을 걷게 한 것처럼 왜 우리를 주목하느냐? 아브라함과 이삭과 야곱의 하나님 곧 우리 조상의 하나님이 그 종 예수를 영화롭게 하셨느니라"고 말했던 것을 기억하라(행 3:12-13). 당신 자신의 선함이나 혹은 당신이 위하여 기도하는 사람들의 선함이 아니라 그리스도를 믿으라.

결코 공식이나 혹은 전통들을 의지하지 말라. 유대인의 제사장 스게와의 일곱 아들들은 그들이 귀신들을 쫓아내는 옳은 공식을 발견했다고 생각하였다. 어느 날 그들이 마귀에 사로잡힌 사람에게 "바울이 전파하는 예수의 이름으로 너희를 나오라고 명하노라"고 말했다(행 19:13). 그들은 올바른 이름 '예수'를 사용했다. 그들은 '바울이 전파하는 이'인 예수를 사용했다. 그리고 마침내 그들은 '나오라'고 옳은 명령을 했다. 공식에 따르면, 그들은 모든 것을 올바르게 했으나 귀신은 나오지 않았다. 대신에 귀신은 일곱 사람 모두를 억제하고 벗은 몸으로 피를 흘리며 생명을 구하기 위하여 도망가게 했다. 그들은 맞는 공식을 가지고 있었다. 하지만 그들은 옳은 관계를 가지고 있지 않았다. 하나님의 능력은 말로 역사하는 것이 아니라 직접적인 관계에 따라 역사한다(요 5:19, 15:5). 우리는 단순히 옳은 말을 하고, 올바른 명령을 외치고, 그 결과를 기대해서는 안된다. 예수께서는 그의 아버지의 인도하심을 받아야만 하셨고 우리도 그렇다.

나는 항상 이 원칙을 나 자신에게 환기시켜야만 했다. 때때로 하나님께서는 내가 특별한 방식으로 기도하거나 혹은 어떤 특별한 것을 하게 하실 것이다. 그리고 그것은 누군가의 치유나 귀신을 쫓아내는 일에 효과적인 것으로 증명된다. 나의 성향은 그런 성공적인 기도가 공식이 되기를 바라는 것이다. 나는 만일 그것이 전에 작용했다면 그것은 다시 작용할 것이라고 생각한다. 왜냐하면 일을 하는 데에는 공식이나 전통적인 방법을 신뢰하기가 매우 쉽고, 각각의 상황에 따른 교훈을 받기 위하여 하늘에 계신 우리의 아버지 말씀을 들으려 하는 것보다 훨씬 더 안전하다고 느껴지기 때문이다. 그러나 모든 것 중에서 가장 초자연적인 사역을 행하셨던 분이 "나는 아버지께서 하시는 것을 본 것만을 행한다"고 말씀하셨다(요 5:19). 우리의 공식들이 아니라 혹은 우리의 전통들이 아니라 예수께서 우리의 모델이 되어야만 한다.

전통이 우리를 반대하여 작용할 수 있는 또 다른 면이 있다. 나의 친구인 랄프 너이보르(Ralph Neighbour) 박사는 내가 들어 본 중에서 가장 멋진 제목—*교회의 마지막 일곱 마디의 말, "우리는 전에 그런 식으로 그것을 행하지 않았다"*—으로 책을 썼다. 네이보르 박사가 말하고 있는 것은 우리가 전통에 얽매이기 때문에 임재하신 성령의 인도하심을 깨닫지 못한다는 것이다. 만일 하나님께서 정말로 심각하게 "나의 생각은 너희의 생각과 다르며 내 길은 너희 길과 다르다"(사 55:3)고 말씀하신다고 할지라도, 그때 우리는 우리의 논법과 해석과 전통을 계속해서 의지함으로써 하나님의 인도하심을 깨닫지 못할 것이다.

너무나 많은 교회들이 새로운 것이나 그들의 전통들과 다른 것을 시도하는 것을 두려워한다. 그들은 속게 될 것을 두려워한다. 그들은 뉴 에이지가 스며들어 오는 것을 두려워한다. 사실상 그들이 지난 오십 년 동안 지녀온 방식과 거의 완전하게 일치하지 않는 것은 어떤 것이나 두려워한다. 너무나 많은 교회가 우리를 인도하시는 예수 그리스도의 능력을 믿기보다는 우리를 속일 수 있는 사탄의 능력을 더 믿어 왔다.

나를 오해하지 말라. 나는 다양한 신비로움과 뉴 에이지 운동들이 교회를 위협하는 심각한 요소라고 생각한다. 그러나 뉴 에이지보다도 교회의 생명과 능력을 위협하는 훨씬 더 큰 위협이 있다. 율법주의, 형식주의, 그리고 전통의 노예가 되는 것은 외부로부터 우리를 공격할 수 있는 그 어떤 것보다도 교회내에서 훨씬 더 큰 위협이다. 이러한 맹목적인 전통주의가 교회로부터 생명력을 흡입해들이고, 성령께서 우리 가운데서 자리잡게 하고자 하시는 어떤 새로운 역사를 박해한다.

그러므로 우리가 우리를 속이는 사탄의 능력이 아니라 우리를 인도하시는 주님의 능력을 더 신뢰하는 것이 절대적으로 필요하다. 그리고 우리는 우리의 선함이나 혹은 우리의 전통들이 아니라 그리스도의 보혈의 능력을 믿어야만 한다.

당신의 은사들을 확인하는 것

우리가 받은 성령의 은사들을 확인하는 것은 일부의 사람들이 상상하는 것만큼 어려운 것은 아니다. 은사들을 깨닫는 데에는 몇 가지의 비결이 있다. 가장 분명하고 실제적인 단서는 사역하는 데에 있어서 다양한 시도들이 성공하는 정도이다. 당신의 가장 성공적인 분야는 바로 당신이 은사를 받은 분야일 것이다. 만일 당신이 가르치는 일에는 계속해서 실패하지만 전도하는 일에 성공적이라면, 그것은 당신이 가르치는 은사보다는 오히려 전도의 은사를 받았다는 것을 지적할 수도 있다. 보통은 당신이 어떤 은사를 받았는가를 결론짓기 전에 당신은 다양한 분야에서 사역해야만 할 것이다.

나는 또한 우리의 소망들은 자주 우리가 가진 은사들을, 혹은 주님께서 우리에게 주시고자 원하시는 은사들을 가리킨다는 것을 발견한다. 내가 치유의 은사로 사용되기를 소망하기 시작했을 때, 나의 이전의 사역에서는 주님께서 내게 그런 방식으로 은사를 주셨다는 증거가 없었다. 내가 주님께 치유하기 의하여 나를 사용하시기를 기도하기 시작하고, 내가 사람들이 치유되기를 기도하기 시작했을 때, 나는 이것은 주님께서 나에게 주시고자 했던 은사들 중의 하나라는 것을 알았다. 기억하라. 당신은 당신의 영적인 은사들에 관하여 수동적이 되어서는 안된다. "주님께서 나에게 그가 원하시는 은사를 주실 것이다. 따라서 나는 단지 그가 주시기를 기다릴 것이다"라고 말하지 말라. 물론 그것은 신학적으로는 옳다. 그러나 그것은 종종 수동성에 대한 변명이 된다. 바울은 우리에게 성령의 은사들을 열심히 구하라고 말했다는 것을 기억하라(고전 12:31, 14:1, 39). 그는 또한 우리에게 우리는 성령의 은사들을 달라고 기도할 수 있다고 말했다(고전 14:13). 당신의 소망들을 기도로 변화시켜라. 그러면 곧 당신은 주님께서 당신에게 주시고자 하시는 은사들을 알게 될 것이다.

다른 사람들의 조언 또한 중요할 수 있다. 우리가 우리의 은사들에 관하여 우리들 자신을 속일 수 있는 가능성도 항상 있다. 나에게는 놀라운 전도의 은사를 가진 한 친구가 있다. 그러나 그는 그 전도의 은사를 무시하고 교사가 되려 하고 있다. 나는 그가 가르치는 은사가 있다고 생각하지 않으며 그를 잘 아는 다른 사람들도 그렇게 생각하지 않는다. 이와 같은 상황에서 다른 사람들, 특별히 신뢰받는 친구들의 조언은 우리를 많은 좌절과 낭비되는 노력에서 구할 수 있다.

마지막으로 은사들은 예언의 말과 함께 안수함을 통하여 주어질 수 있다. 신약성경에서 바울이 디모데를 위해서 했던 것처럼 사도들은 이렇게 할 수 있었다(딤후 1:6). 그러나 사도들이 성령의 은사들을 전할 수 있는 유일한 사람들은 아니었다. 바울은 디모데에게 "네 속에 있는 은사 곧 장로의 회에서 안수받을 때에 예언으로 말미암아 받는 것을 조심없이 말라"(딤전 4:14)고 권면했다. 디모데는 바울의 안수와 장로들의 안수를 통하여 성령의 은사들을 받았다.

나는 지난 몇 년 동안 그런 일이 수없이 일어나는 것을 보아왔다. 몇 년 전에 존 윔버가 나를 위하여 기도한 후에 나는 내가 사람들을 위하여 기도할 때마다 지식의 말씀과 치유의 은사가 빠르게 성장하는 것을 깨달았다. 또한 폴 케인이 사람들이 다양한 성령의 은사들을 받도록 기도할 때 이런 일이 수없이 일어나는 것을 보아왔다. 나는 이것이 자동적이라고 생각하지 않는다. 그것은 성령의 인도하심에서 행해짐이 틀림없다. 그렇지 않으면 아무일도 일어나지 않을 것이다.

그러므로 우리는 적어도 네 가지의 방법—우리가 다양한 은사들로 사역하려할 때 성공하느냐 혹은 성공하지 못하느냐를 통하여, 우리의 소망을 통하여, 다른 사람들의 조언을 통하여, 선지자가 성령의 은사들을 전해줌을 통하여—으로 우리의 성령의 은사들을 확인할 수 있다.

자신이 변화되고 있다는 것을 발견할 때

실제로 나는 매주 자신들이 변화되고 있다는 것을 발견한 사람들을 만나거나 그들로부터 전화를 받는다. 그들은 현대의 기적적인 은사들의 사용을 거부해 온 교회나 종교적 전통의 일원이었다. 그러나 많은 이유 때문에 그들은 이제 이 은사들을 믿고 있고 은사들을 추구하기를 원하고 있는 자신들을 발견하고 있다. 이러한 변화는 자주 많은 갈등을 동반한다(교회들의 분열, 평생을 사귄 친구들과의 이별, 긴장된 결혼생활, 앞뒤로 퍼부어지는 남용의 비난 등). 나는 이런 문제의 양쪽 입장에 있어 보았다. 그리고 나는 이러한 갈등 중 많은 부분이 필연적이지도 혹은 불가피하지도 않다는 것을 안다.

　최악의 경우에 있는 상황을 생각해 보자. 당신은 기적적인 은사들을 믿지 않고 그러한 은사들을 믿는 사람들에 대하여 적대적이기까지 한 그룹의 일원이다. 이제 갑자기 당신은 성령의 은사들을 받아들이고 있는 자신을 발견하고 그 은사들이 오늘날에도 역사한다는 것을 확신하게 된다. 당신은 어떻게 하겠는가? 대부분의 사람들이 하는 최초의 일은 하나님께서 그들을 변화시키고 계시므로 하나님께서는 또한 그들의 교회나 그룹을 변화시키고 있다고 생각하는 것이다. 그것은 사실일 수도 있고, 사실이 아닐 수도 있다. 그러나 당신은 분명히 그렇게 가정할 권리가 없다. 이것은 당신이 성령의 은사들을 행하는 사람들에게 적대적이었던 어느 교회의 목사라면 특별히 중요하다. 당신이 주님께 당신에게 보여주시기를 기도해야 하는 첫번째 것은 그가 당신만을 변화시키시는지 아니면 당신과 당신의 교회를 변화시키시는지 하는 것이다. 하나님께서 당신을 변화시키시니까 당신의 교회도 역시 변화시키고 계신다고 그저 식하게 생각하지 말라.

　내가 하는 말을 오해하지 말라. 나는 궁극적으로 주님께서 전체 교회를 변화시키시고자 원하신다고 믿는다. 나는 일생 동안 대다수의 교회가 성령의 은사들을 믿고 실행할 것이라고 믿는다. 그것의 모든 자연적인 증거가 지금 가리키고 있는 지점이다. 교회의 성장에서 나오는 현재의 모든 수치적인 증거는 교회가 빠르고 필연적으로 성령의 기적적인 은사들을 향하여 가고 있다는 것을 나타낸다. 교회는 초대교회의 유산으로 회귀하고 있는 것이다. 나는 전 교회가 성령의 은사들을 받아들일 때까지 우리는 상당한 정도의 실제적인 사역을 잃어버리고 있다는 것을 분명하게 확신한다.

　그러나 하나님께서는 우리 모두를 위한 하나님 자신의 예정표를 가지고 계신다. 그는 그가 사도 요한을 부르셨을 때 사드 바울을 부르시지 않았다. 성부 하나님께서는 교회가 "온전함을 이루어 하나되게 하셔서 세상이 당신께서 나를 보내시고 당신이 나를 사랑하시는 것처럼 그들을 사랑하신다는 것을 알게 하소서"(요 17:23)라는 그의 아들의 대제사장적 기도에 응답하실 것이다. 언젠가 교회는 성령의 기적적인 은사들에 관한 문제에 있어서 하나가 될 것이다. 그 문제는 주 예수 그리스도께서 그의 대제사장적 기도를 말씀하셨을 때 해결되었다. 그 하나됨의 시기는 이미 하늘에 정해져 있다. 그러나 당신과 나는 이 일이 개인들에게 어떻게 역사할 것인지를 모른다. 그러므로 우리는 모든 사람들에게 이 문제에 관하여 스스로 주님의 음성을 들을 수 있는 자유를 주어야만 한다. 결코 당신의 변화가 자동적으로 당신이 사역하는 혹은 당신이 교제하는 사람들에게 변화를 일으킨다고 생각하지 말라.

만일 당신이 성령의 은사들을 추구하기를 원하지 않는 교회의 목사인데 주님께서 당신을 성령의 은사를 구하도록 인도하시고 계신다면, 아마도 당신은 당신의 목사직을 사임해야만 할 것이다. 당신이 주님으로부터 말씀을 듣는 것은 이러한 상황에서 매우 중대한 것이다. 만일 주께서 당신에게 그가 당신의 교회를 변화시킬 것이라고 말씀하신다면, 그때 당신은 교회에 머물러 있어야 하고 주께서 당신을 그러한 변화 속으로 인도해 가시도록 해야 한다. 그러나 이 시점에서는 주님께서 당신의 교회보다 당신을 변화시키시도록 하는 것이 훨씬 더 중요한 것이다. 만일 주님께서 당신의 교회를 변화시키시지 않을 것이고 사실상 당신이 사임한다면, 주님께서는 이미 당신을 위하여 또 다른 곳을 준비하신 것이다. 그러나 당신을 즉시 그곳으로 인도하시지 않을 수도 있다.

내가 신학교 때, 급우들 중 하나는 십 년 이상 한 교회에서 매우 성공적으로 목회했다. 그가 사역하는 동안에 교회는 현저하게 성장했다. 그가 성령의 은사들이 오늘날에도 역사한다는 것을 확신하게 되었을 때에 그는 주님께서 그의 교회를 변화시키시지 않을 것이라는 것을 알았다. 그는 사임했고, 지난 2년 동안 세속적인 직업에

종사해 오고 있다. 그와 그의 아내는 신자들이 성령의 은사들을 믿고 행하는 다른 교회에 등록했다. 때때로 그는 그 교회에서 가르치고 설교할 뿐만 아니라 다른 교회에서도 설교를 한다. 친구와 그의 아내에게 있어서 지난 2년 동안 전문적인 사역을 그만두고 있다는 것은 매우 힘든 일이었다. 그러나 이제 하나님께서 그를 전임 사역으로 다시 인도하시려는 것처럼 보인다. 그들은 이때를 회상하면 교회를 이끈다는 중압감 없이 성령의 은사들에 관하여 아주 많은 것을 배워온 그 2년 동안을 매우 감사한다고 나에게 이야기한다. 하나님께서는 우리 모두가 동일한 목표을 이루게 하실 수 있는 많은 방법들을 가지고 계신다.

때때로 당신이 성령의 은사들을 오랫동안 거부해 오다가 은사들을 믿게 될 때, 당신은 자신이 다시 태어나고 있는 것처럼 느낀다. 당신이 마치 새로운 성경을 가지고 있는 것처럼 느낀다. 후자는 복음서와 사도행전이 전에는 결코 그렇지 않았던 면에서 당신에게 살아나게 된다는 것을 의미한다. 당신이 1세기의 것으로 분류했던 것들은 이제 오늘날의 교회에도 가능한 것이 된다. 이것은 놀라운 각성이다. 그러나 다른 각성들처럼 당신의 열정은 많은 유익뿐만 아니라 많은 해를 줄 수 있다. 이러한 기간 동안에 하지 말아야 할 것들에 대하여 당신에게 몇 가지 조언을 하겠다.

만일 당신의 목사나 교회의 지도부가 당신의 변화를 긍정적인 면으로 생각하지 않으면 그들을 분류하려는 시도를 물리쳐라. 그들을 억누르려는 시도를 물리쳐라. 대신에 당신의 목사나 교회의 지도자를 위하여 기도하라. 하나님께서 그들의 사역을 부유하게 축복하시기를 기도하고, 그들이 성령의 음성을 정확하게 듣게 되기를 기도하라. 성령의 음성을 듣는 것이 그들이 당신의 뒤를 따른다는 것을 의미한다고 생각하지 말라. 그것은 하나님께서 그들에 대해서는 당신과 다른 예정표를 가지고 계신다는 것일 수 있다.

당신의 목사는 당신이 추가시키지 않는다고 하더라도 이미 충분한 비판과 부정적인 압력을 받아왔다. 나는 성인이 된 이후 많은 시간을 목사로 지냈다 그래서 나는 그것이 얼마나 어려운가를 안다. 소수의 사람들은 실제로 당신은 잘못된 일을 할 리가 없다고 믿으며 맹목적으로 당신을 따라다닐 것이다. 그러나 대부분의 사람은 당신이 대단한 성공을 하고 있기 때문에 당신에게 열광하는 것이고, 그 밖의 사람은 당신이 충분한 대성공을 거두지 않고 있기 때문에 당신에게 열광한다. 하나님께서 당신에게 얼마나 많은 자비를 보이셨는가를 기억하라. 그리고 그 자비 중에서 약간의 자비를 당신의 목사와 지도자에게 보여라.

무엇보다도 당신의 교회내에서 목사나 지도자에게 반대하는 무리에는 끼지 말라. 하나님께서 당신 위에 두신 권위 구조에 대항하는 것보다는 당신이 교회나 친구들을 떠나는 것이 훨씬 더 낫다. 만일 주님께서 당신이 그 권위 구조를 변화시키기를 원하신다면, 당신이 경건하지 않은 소요 속에서 다른 사람들을 돕지 않아도 하나님께서는 완벽하게 그렇게 하실 수 있다.

변화되는 시기 동안에 당신이 경건하지 않은 소요에 가담하지 않는다고 일부의 친구들이 당신을 오해하고, 당신이 당신의 태도보다 더 거룩한 태도를 흉내내고 있다고 생각하고, 또는 교회내에서 '영적 엘리트'들의 비밀 집회에 참석했다고 비난할 수도 있다. 어떤 사람들은 심지어 당신이 교회내에서 다툼을 야기시키기 위하여 세워진 사탄의 도구라고 말할 수도 있다. 고약한 말로 당신이 이야기될 때, 방어적이 되는 것은 자연스러운 것이다. 당신이 옳다고 생각하는 무엇인가를 추구하고 있기 때문에 그러한 상황에서 당신이 독선적인 순교자 콤플렉스를 갖게 되는 것은 자연스러운 일이다. 그런 경향은 당신과 다른 사람들이 진정으로 진리에 관심을 둔 유일한 사람들이고 그들이 믿는 것을 위해 희생할 준비가 된 유일한 사람들이라고 생각하는 것이다. 반대 입장에 있는 사람들은 이러한 태도를 즉시 알아차릴 수 있고, 그것은 단지 그 갈등을 격렬하게 한다.

솔로몬은 사람들이 당신에 대하여 말하는 고약한 것들에 반응하는 것으로 몇 가지 훌륭한 조언을 했다. "사람들이 말하는 모든 말에 주목하지 말라. 그렇지 않으면 너는 너의 종이 너를 저주하는 말을 들을 수도 있다—왜냐하면 너는 마음속에서 너 자신이 다른 사람들을 많이 저주했다는 것을 알기 때문이다"(전 7:21-22). 말하자면 사실상 우리 모두가 친구들에게 동의하지 않을 때 그들에 관하여 부정적인 것들을 말했다는 것이고 대부분 그러한 경우에 우리는 정말 의도적으로 그렇게 하지 않았다는 것이다.

나는 내가 기술하고 있는 이러한 갈등을 실제로 경험한 적이 있다. 내가 어떤 사람들에 관하여 다른 사람들에게 고약한 것들을 말하자 나에 관한 고약한 것들이 이야기되는 것을 경험했다. 그러나 그것이 떠나게 되고 내가 나의 소중한 친구들과 동역자들을 똑바로 바라보아야만 하게 되었을 때, 우리는 서로를 안고 울었다. 우리는 우리가 말한 고약한 것들을 정말로 의도하지 않았었다. 나는 그 때 내가 지금 당신에게 주고 있는 충고를 따랐더라면 얼마나 좋았을까 생각한다. 그리스도의 주의들은 결코 그리스도인들이 서로를 공격함으로써 전지하게 되지 않을 것이다.

이런 주의를 따라 내가 만났던 가장 설득력있는 충고들 중의 하나는 17세기 후반에 헨리 스쿠걸(Henry Scougal)에 의해 쓰여진 『인간의 영혼과 하나님의 구원』(*The Life of God and the Soul of Man*)이라는 고전적인 작품에 대한 버넷(Burnet) 주교의 서문이다. 여기에 그의 글을 소개한다.

> 일단의 사람들이 종교 즉 그에 대한 하나의 크고 주요한 교훈이 사랑, 인내, 마음의 너그러움과 모든 종류의 사람들에 대한 긍휼히 여김인 종교를 고백하는 것과 그것의 모든 본질적인 부분들에 의견을 일치하고 덜 물질적이고 더 논란의 여지가 있는 것들에만 의견을 달리 하지만, 그것들의 가치에 대한 균형을 잃은 열정으로 그러한 차이점들을 주장하거나 격렬함, 혹은 그들이 외적인 힘을 사용할 수 있는 수단을 원한다면

가차없이 그것들에 의견을 일치하지 않는 모두를 박해하는 것을 볼 수가 있다. 그들은 편견없이 보고 있는 사람들을 놀라게 하고, 사랑을 고백하지만 모든 증오의 행위들을 일으키는 모순된 사람들에게 종교에 대한 편견을 야기시킴에는 틀림없다.[2]

어느 누구나 이것을 멈춰야만 한다. 누구나 모욕을 모욕으로, 불친절을 불친절로 갚는 것을 멈춰야만 한다. 당신에 관하여 어떤 것이 얘기된다 하더라도 당신은 불친절로 대응하지 않겠다고 결정하는 것이 어떠한가. 그리고 바울이 그의 독자들에게 "더 큰 은사들을 열심히 구하라"고 말한 직후에 "내가 만일…사랑이 없다면 나에게 아무 유익이 없느니라"(고전 13:3)고 말한 것을 결코 잊지 말라.

제13장
하나님을 향한 열정

　신학교 교수로서 내가 가장 즐거워했던 임무들 중의 하나는 시편을 가르치는 것이었다. 나는 시편의 히브리어 원본을 묵상하는 것과 복잡한 상징적인 말의 의미를 푸는 것을 좋아한다. 그러나 그 당시에 내가 시편을 좋아하는 만큼 시편을 묵상할 때마다 끊임없이 나를 괴롭히는 것이 두 가지가 있었다. 나는 시편 기자들의 하나님을 향한 강렬한 추구에 대하여 불편함을 느꼈다. 나를 가장 괴롭게 하는 몇 가지의 예를 제시하겠다.

　　　하나님이여, 사슴이 시냇물을 찾기에 갈급함같이
　　　내 영혼이 주를 찾기에 갈급하니이다
　　　내 영혼이 하나님 곧 생존하시는 하나님을 갈망하나니
　　　내가 어느 때에 나아가서 하나님 앞에 뵈올꼬(42:1-2)

　　　하나님이여 주는 나의 하나님이시라
　　　내가 간절히 주를 찾되 물이 없어 마르고
　　　곤핍한 땅에서 내 영혼이 주를 갈망하며
　　　내 육체가 주를 앙모하나이다(63:1)

　　　내가 여호와께 청하였던 한 가지 일
　　　곧 그것을 구하리니
　　　곧 나로 내 생전에 여호와의 집에 거하여
　　　여호와의 아름다움을 앙망하며
　　　그 전에서 사모하게 하실 것이라(27:4)

> 주의 말씀을 묵상하려고
> 내 눈이 야경이 깊기 전에 깨었나이다(119:148)

C. S. 루이스가 시편에 나타난 이러한 현상을 묘사하려 할 때, 그것은 오해하기가 쉽다고 생각했기 때문에, 그는 그것을 '하나님의 사랑'이라고 부르기를 거부했다. 대신에 시편 기자들의 열렬함을 '하나님을 향한 욕망'이라고 말했다.[1] 왜냐하면 일부의 사람들이 '하나님을 향한 욕망'이라는 표현은 귀에 거슬려 할 수 있다고 생각했기 때문이다 개인적으로 나는 그것이 우리가 시편에서 접하는 것에는 너무 나약하다고 생각한다. 나는 '하나님을 향한 갈망' 혹은 '하나님을 향한 열정'이라는 표현을 사용하고자 한다. 시편 기자들은 압도적인—그리고 나를 괴롭히는—하나님의 임재에 대한 갈망을 가지고 있었다.

내가 적어도 어느 정도의 그런 갈망을 가지고 나의 그리스도인의 삶을 시작했기 때문에 그것은 나를 괴롭혔다. 내가 열일곱 살이었을 때, 새로운 회심자로서 하나님과 대화하기 위하여, 그리고 방해받거나 산만해지지 않기 위하여 식구들이 잠자리에 든 후에도 밤에 늦게까지 깨어 있었던 것을 기억한다. 나는 암기해야 할 최근의 네비게이터 책자들을 담은 소포를 받기 위하여 우편함으로 달려갔고, 새벽 3시나 4시까지 자지 않고 그 책자들을 묵상하고 그것들 모두를 암기했던 것을 기억한다.

아무도 나에게 이러한 일을 시키지 않았다. 하나님을 갈망했기 때문에 나는 그러한 일들을 했다. 그러나 내가 신학교 교수가 되어 시편 안에 있는 이러한 것들을 가르치게 될 때까지 나는 더 이상 성경을 암기하기 위하여 밤 늦게까지 깨어 있지 않았다. 나는 "주의 말씀을 묵상하려고 내 눈이 야경이 깊기 전에 깨어나 있다"(시 119:148)라고 말하는 시편 기자와 같이 말할 수 없었다. 그후 몇 년 동안 하나님의 임재를 경험하지 못했다고 말하는 것은 아니다. 나는 주님과 가까운 순간들을 보냈다. 시편 기자처럼 나의 영혼이 끓

임없이 하나님을 갈망했다고 말할 수 없기에 나는 앞서 인용한 성경 구들과 같은 성경 구절들 중의 하나를 읽거나 가르칠 때마다 죄책감을 느꼈다.

시편에서 나를 괴롭히는 두번째 것은 시편 기자들의 감정이었다. 그들은 주님 안에서의 강한 기쁨을 표현했을 뿐만 아니라 그것이 모든 신자들에게 규범적이도록 기대되듯이 다른 사람들을 동일한 기쁨으로 초청했다. "이스라엘은 자기를 지으신 자를 인하여 즐거워하며 시온의 자민은 저희의 왕으로 인하여 즐거워할찌어다"(시 149:2)도 시편 기자가 말한 것이다. 나는 그것을 이론적으로 설명할 수 있다. 그러나 시편 기자는 거기서 멈추지 않고 "자기를 지으신 자를 인하여 즐거워하라"란 말로 그가 의미하는 바를 계속하여 설명한다. 그 다음 절에서는 사람들에게 "춤추며 그의 이름을 찬양하며 소고와 수금으로 그를 찬양할찌어다"(시 149:3)라고 권면한다.

춤을 추라고?

그렇다. 시편 기자는 우리가 춤추면서 하나님을 찬양해야 한다고 말했다. 시편 기자의 기쁨은 너무나 커서 그것을 충분히 표현하기 위해서는 단지 목소리만이 아니라 그의 온 몸이 필요했다.

이것은 주님 안에서의 강한 기쁨을 표현하는 보기드문 방법은 아니었다. 미리암, 다윗, 그리고 입다의 딸은 주님 안에서의 기쁨으로 충만하여 그들 모두 그 앞에서 춤을 추었다.[2] 나는 오늘날 교회 예배에서 춤추는 것에 대하여 논의하려는 것이 아니라 주의 기쁨은 이 성인들에게는 너무나 커서 그들은 춤추지 않을 수 없었다는 것을 예증하고자 한다.

기쁨은 단지 내가 시편에서 계속해서 마주하는 감정들인 것이다. 시편 기자들은 또한 그들의 죄에 대하여 혹은 하나님의 임재의 결여에 대하여 끝없는 슬픔을 표현했다. 다시 시편 42편 작가의 말을 들어보라.

내 영혼이 하나님 곧 생존하시는 하나님을 갈망하나니

> 내가 어느 때에 나아가서 하나님 앞에 뵈올꼬
> 사람들이 종일 나더러 하는 말이
> 네 하나님이 어디 있느뇨 하니
> 내 눈물이 주야로 내 음식이 되었도다(시 42:2-3)

시편을 읽은 사람은 누구나 시편 기자들이 감정 절정의 표현을 서슴지 않는다는 것을 안다. 그러나 나는 시편의 이러한 특징을 좋아하지 않았다. 그것은 축구 경기나 어떤 운동시합에서 보여 지는 감정처럼 느껴져 종교적인 환경에서는 적절하지 않은 것 같았다.

그의 교단을 숭배하여 감정의 부재에 대한 논평을 하면서 C. S. 루이스는 "우리는 고상함에 대하여 대단한 관심을 가지고 있다"라고 말했다.[3] 나는 종교에서의 감정은 저급하다고 느껴 감정적인 것을 싫어하고 불신했다. 약한 사람들은 감정적이지만 강한 사람들은 그렇지 않다고 생각했었다.

요즘에도 나는 내 아들이 일곱 살 때 울던 일을 생생하게 기억하고 있다. 그는 다쳤기 때문이 아니라 감정이 상해서 울고 있었다. 그 아이가 울고 있는 것을 보자, 내게 가벼운 감정적 변화가 느껴졌다. 나는 아이의 눈물을 약함으로 해석했고, 내 아들에게서 그런 것을 보고 싶지 않았다.

나는 내 감정에 따라서가 아니라 하나님의 말씀을 따라서 산다고 말하고 싶었다. 나는 이 주제에 대하여 많은 설교를 해 왔기 때문에 감정과 하나님의 말씀을 상호간의 적대적인 것으로 간주하게 되었다.

시편에서 나를 매우 괴롭히는 것은 감정에 관한 한 그들과 나의 견해가 같지 않다는 것이었다. 시편 기자들은 그들의 감정을 충분하게 나타내는 것 같았다. 그들은 하나님을 향한 열정적인 갈망과 하나님의 임재에서 느끼는 강렬한 기쁨과 그들이 그들의 죄에 대하여, 혹은 하나님의 임재가 떠났음에 대하여 흘리는 눈물을 부끄러워하지 않았다. 나의 경험이 그들의 것과 일치하지 않는다는 것이 괴로웠으나, 그들의 경험을 합리적으로 설명할 만족스러운 방법도 찾을 수가 없었다. 그들의 경험이 규범적으로 되어 있었는가? 왜 나의 경험은 그렇게 달랐는가?

나는 심리학자는 아니지만 내가 감정들을 그토록 불신하고 싫어하게 된 이유를 안다고 생각한다. 감정에 관한 나의 반감은 어린 시절의 충격과 회심 이후 몇 년 동안 내가 채택해 온 신학적 체계의 결합에 근거한다.

내가 어린 소년이었을 때, 나는 다른 누구보다도—영화나 텔레비전에 나오는 어떤 영웅보다도—나의 아버지를 존경했다. 나는 그가 믿을 수 없을 정도로 지적이라고 생각했다. 그는 내가 그에게 묻는 모든 질문에 대한 대답을 가지고 있는 것 같았다. 또한 그를 신체적으로도 강한 사람이라고 생각했다. 그는 세계 제2차 대전에 참전하여 포탄의 파편이 등에 깊이 박히는 부상을 당한 후에도 이틀 동안 계속해서 싸웠다. 나의 어린 마음에 그는 모든 면에서 남자 중의 남자였었다.

열두 살 생일이 지난 후 얼마있지 않아 우리가 집을 비운 사이 이런 일이 일어났다.

아버지는 바르비쿠르산염을 씻어 내기 위하여 부엌으로 가셔서 약간의 위스키와 커피를 섞은 혼합물을 만드셨다. 그리고 한 장의 짧은 편지를 쓰고 나서 그가 전축에 '마지막 데이트'라고 불리는 슬픈 피아노 곡을 넣어둔 거실로 갔다. 그는 그 레코드를 계속해서 듣기 위해 전축을 조정했다. 그것을 여러 번 들은 후 그는 총을 집어들고 자신의 절망과 혼돈을 끝냈다.

아버지는 고졸의 학력을 가진 34세의 과부와 돌보아야 할 어린 네 명의 아이들을 남겼다. 나는 12살의 장남이었고 막내인 누이는 세 살이었다. 그 충격으로 인해 나는 강해질 것이고 다시는 그와 같이 상처받지 않게 하겠다고 결심했다.

외할아버지가 같은 해 심장마비로 돌아가시자 갑자기 나는 가족의 가장이 되었다. 그래서 나는 감정적인 것을 위한 여유를 남기지 않기 위하여 금욕적인 결심을 했다.

오 년 뒤에 나는 열일 곱의 나이에 놀랍게 그리고 철저하게 회심했다. 나 자신이 몇 년 뒤에 채택하고 있는 것을 발견한 신학적인 체계가 아니었더라면, 나는 나의 감정들과 화해하고 더 나아가 감정들을 포용할 수 있었을 것이라고 생각한다.

우리의 열정의 부족을 합리화하는 것

나는 이미 나의 하나님 경험과 시편 기자들의 하나님 경험 사이에는 큰 간격이 있었다고 고백했다. 만일 내가 정직하다면, 나는 나의 경험이 시편 기자의 경험과 다를 뿐만 아니라 성경 속의 모든 훌륭한 영웅의 경험과 다르다는 것을 인정해야만 할 것이다. 그들은 모두 내가 잃어버린 하나님을 향한 열정을 나타내 보이는 것 같았다.

나는 한 가지를 선택해야만 했다. 다소 그 열정을 회복하거나, 혹은 더 이상 열정을 갖지 않은 것에 대한 좋은 변명거리를 찾아야만 했던 것이다. 결국 나는 나에게 하나님을 향한 열정을 갖지 않은 것에 대한 변명거리를 제시해 주는 신학적 체계를 채택했다.

간단히 말해 그 체계는 이것이다. 감정들은 현혹시키는 것이고 신뢰해서는 안 되는 것이다. 사실상 주관적인 모든 것들은 신뢰될 수 없는 것이다. 성경은 객관적이므로 성경만이 신뢰될 수 있다. 성경은 우리에게 가장 큰 명령은 하나님과 우리의 이웃을 우리들 자신처럼 사랑하는 것이라고 말한다(마 22:36-40). 원래 이 사랑은 감정이 아니다. 대신에 사랑은 실제로 하나님의 명령에 대한 순종이다. 결국, 예수께서는 요한복음 14장 15절과 21절 그리고 23절에서 이것에 대해 명백히 말씀하셨다.

> 너희가 나를 사랑하면 나의 계명을 지키리라
> 나의 계명을 가지고 지키는 자라야 나를 사랑하는 자니
> 사람이 나를 사랑하면 내 말을 지키리니

나는 이 모든 것을 우리가 주님께 순종하고 있는 한 감정들은 중요하지 않다는 것을 의미하는 것으로 받아들였다. 옳은 감정들은 올바른 행동의 결과이어야 한다. 그러나 그렇지 않다고 하더라도 가장 중요한 것은 하나님의 명령들에 순종하는 것이다. 성경은 하나님의 명령에 대한 객관적인 기록이기 때문에 우리가 하나님의 명령들을 지키느냐 하나님을 사랑하고 있느냐를 말하는 것은 단순한 문제이다.

이것이 내가 수년 동안 채택했고, 설교했던 학문 체계였다. 이 체계는 나를 기독교에 대한 생기없는 해석에 묶어두었고 하나님을 향한 나의 열정의 부족을 합리화할 수 있는 편리한 방법을 제공해 주었다.

이것이 왜 신약성경의 기독교에 대해서 뿐만 아니라 사랑에 대해서도 결함이 있는 해석인가를 예증하겠다.

수년 동안 나의 신학교 수업에서와 교회에서, 많은 사람들은 나에게 그들이 호색함에 사로잡혀 있음을 고백해 왔다. 이들 수많은 사람들은 외설 서적이나 영화로 자신들을 더럽히려는 유혹을 성공적으로 물리쳤다. 그러나 그들의 마음속에서 여전히 외설물을 보고 싶어한다는 것을 발견하기 때문에 괴로워했다. 그들의 마음속에는 외설물에 대한 원하지 않는 감정적인 집착이 있었다. 나는 그들에게 그들이 외설물을 보고 있지 않는 한 이것에 대하여 걱정하지 말라고 말하곤 했다. 결국 올바른 감정들은 올바른 행동을 따르게 되어 있다. 그래서 그들의 감정은 곧 충분히 변화될 것이다. 그러나 때때로 그들의 감정은 변화되지 않았고 그 감정들은 수년 동안 계속되었다.

나의 학문 체계에 따르면, 사람들이 순종하고 있는 한 이러한 감정들은 정말로 중요하지 않았다. 그러나 아내들의 관점에서 그것을 보라. 그들의 아내들은 남편들이 다른 여자들의 몸을 바라보기를 갈망하는 것에 만족하겠는가? 이들 남편들 중의 일부가 호색함의 죄에 몸을 맡기지 않는다고 할지라도 아내들은 그들의 남편들이 그것을 소망하고 있다는 사실로 인하여 배신감을 느끼고 상처받았다.

모든 남편과 아내는 이것이 불완전한 형태의 기독교라는 것을 안다. 즉 이것이 우리의 의지를 훈련함으로써 죄를 물리치기는 하지만 우리의 마음속에서 여전히 죄에 묶여 있는 것이 하나님께서 우리를 위하여 가지신 최선의 것이겠는가?

또한 나는 남편이 그의 아내에게 친절하고 충실한 부양자이지만 그녀에 대한 정열을 잃은 경우의 부부들과 상담해 오고 있다. 남편은 더 이상 그녀의 환심을 사려고 하고, 결혼 초에 가졌던 방식으로 그녀를 느끼지 않았다. 그는 올바른 일들을 해오고 있다. 그러나 감정은 더 이상 존재하지 않았다. 아내가 그런 종류의 사랑에 만족하겠는가?

나는 근본적으로 순종과 감정을 분리하는 형태의 기독교를 신봉했다. 감정이 없는 순종은 규율이나 의지력에 지나지 않는다. 그것은 사랑이 아니다. 당신은 사랑으로부터 나오는 열정이 없는데도 여전히 사랑한다고 말할 수는 없다. 진정한 사랑은 행동으로 뿐만 아니라 감정으로도 나타난다. 감동과 열정은 하나님을 향한 사랑의 분리할 수 없는 양상들이다.

그리스도인의 삶의 목표는 단지 기록된 하나님의 명령들에 대한 외적인 순종이 아니다. 그리스도인의 삶의 목표는 마음으로부터 하나님께 순종하는 것이다(롬 6:17; 엡 6:6). 하나님의 명령들이 그의 마음에 새겨지지 않는 한, 아무도 마음으로부터 하나님께 순종할 수 없다. 이것은 구약성경의 성인과 신약성경의 신자 사이의 큰 차이점이다. 우리는 성령의 사역에 접근하기 때문에 성령은 하나님의 명령들을 우리의 마음에 기록한다(렘 31:33; 히 10:16). 우리는 외적인 순종에 만족할 필요는 없다. 우리는 하나님께서 미워하시는 것을 미워할 수 있고, 하나님께서 사랑하시는 것을 사랑할 수 있다.

나는 실제로 하나님과 그의 자녀들을 향한 미지근한 감정을 옳다고 주장하는 신학 체계를 지지하고 있었다. 그러나 예수께서 라오디게아인들에게 "네가 이같이 미지근하여 더움지도 아니하고 차지도 아니하니 내 입에서 너를 토하여 내치리라"(계 3:16)고 말씀하셨다.

1746년에 조나단 에드워즈는 『종교적인 감동』(The Religious Affections)이라는 책을 출판했다.[4] 그 책에서 그는 "진정한 종교는 감동이 있어야만 한다"고 주장한다. 에드워즈는 사탄의 주요한 일들 중의 하나를 다음과 같이 보고 있다.

> 그것은 종교적인 일들 속에 있는 모든 마음의 감동과 분별력 있는 감정은 결코 고려될 만한 것이 아니고 오히려 유해한 경향을 가진 것들로서 회피되어야 하고 주의깊게 경계되어야 할 것이라는 신앙을 선전하고, 확립하고 세우는 것이다. 사탄이 아는 이것은 모든 종교를 단순한 생명력이 없는 예식으로 이끄는 방법이다. 그리고 결과적으로 하나님의 능력과 영적인 모든 것을 차단하고 진정한 기독교를 밖으로 몰아내는 것이다.[5]

에드워즈는 계속해서 말한다.

> 감동 외에는 아무것도 없는 곳에 진정한 종교가 없는 것처럼 종교적인 감동이 없는 곳에는 진정한 종교가 없다. …만일 종교에 관한 훌륭한 것들이 올바르게 이해된다면 그것들은 마음을 감동시킬 것이다. …모든 종교적인 감동을 무시하는 이러한 태도는 사람의 마음을 몹시 굳어지게 하고, 그들에게 그들의 어리석음과 무감각함을 권하게 하고, 그들이 살아 있는 한 영적인 사망의 상태에 머물게 하고 마침내 영원한 죽음을 그들에게 가져다 주는 방법이다.[6]

에드워즈는 진정한 기독교는 의지뿐만 아니라 감정의 종교라는 것을 성경을 통하여 증명하기 위하여 노력했다. 그는 성경이 두려움, 희망, 사랑, 미움, 기쁨, 슬픔, 감사, 긍휼히 여김, 그리고 열정을 매우 소중히 여긴다는 것을 보여주었다.[7] 우리에게 이러한 성화된 감정들이 없다면, 우리는 하나님을 사랑할 수도 하나님께 순종할 수도 없다.

미혹되는 것

거의 모든 사람이 예수께 향한 열정적인 사랑과 갈망으로 그리스도인의 삶을 시작한다는 것은 아이러니이다. 우리들 중에 많은 사람들이 도중에 그러한 열정을 잃어버렸지만 그것을 잃어버린 채로 머물러 있을 필요는 없다(우리의 신학이 예수께 향한 열정이 없이 그리스도인의 삶을 사는 것이 정상적인 것이라고 말하지 않는 한).

내가 열일곱 살에 회심했을 당시, 나는 어떤 종류의 종교적 경험이나 교회의 경험이 없었다. 그래서 즉시 나는 주 예수를 사랑하게 되었다. 나는 그분의 말씀을 탐독하고 그분께 끊임없이 기도했으며 나의 비그리스도인 친구들 모두에게 계속해서 증거했다. 나의 열심이 지나친 나머지 나는 두 명의 친구를 잃었었다. 나는 예수님을 너무나 사랑했고, 그 밖의 어떤 것도 정말로 나에게는 문제가 되지 않았었기 때문에 이러한 상실은 내게 그다지 크게 영향을 주지 않았다. 언젠가 나는 나의 첫사랑을 잃었고, 이 상실을 정당화하는 신학을 채택했다. 그러나 나로 하여금 나의 첫사랑을 잃게 한 것은 나의 신학이 아니었다. 그것은 그외의 것이었다.

약 일 년 뒤에 내가 주 예수께 향하여 가졌던 본래의 열정이 다소 흐려지기 시작했다. 나는 그것이 일어났던 날이나 시간을 지적할 수도 없고, 당신에게 그것에 대한 이유를 제시할 수도 없다. 그러나 무엇인가가 분명 달랐다. 내가 본래 예수께 향해 가졌던 열정은 부지불식 간에 그러나 분명하게 나의 교단으로 전이되었다. 나는 나의 교단을 사랑했다. 우리 교회에서 우리는 우리의 교단에 대하여 그리고 우리가 그것을 얼마나 자랑스러워하는 지에 관한 많은 것을 이야기했다. 나로서는 모든 진정한 그리스도인들이 왜 나의 교단의 일원이 되기를 원하지 않는 지를 이해하기가 어렵게 되었다. 나는 또한 나의 교회가 전 교단에서 최고의 교회일 것이라고 생각했던 것을 기억한다.

지금은 그 당시 내가 나의 교단을 또는 교회를 사랑했었다고 생각하지 않는다. 문제는 내가 나의 교회와 비교하여 예수님을 너무나 적게 사랑했다는 것이었다. 이와 같은 현혹됨은 너무나 느리게 일어나고, 너무나 미묘해서 당신이 그것에 잡혀 있는 동안에 알아차린다는 것은 거의 불가능하다. 결국 나는 교회를 예수님보다 앞세웠던 것을 회개했다. 그러자 그에게로 향하는 그 본래의 열정이 돌아오기 시작했다.

나는 주 예수께 향한 사랑을 신장하기 위한 나의 탐구에서 다시 미혹되었다. 그것은 이런 식으로 일어났다.

신학적인 교육을 받고 신학교의 교수가 되는 과정 중에서 나는 하나님의 말씀을 연구하는 것에 대한 강한 열정을 나타내게 되어 성경의 진정한 저자를 사랑하는 것보다도 더 성경을 사모하고 있는 나 자신을 발견했다. 나는 내가 기억하고자 하는 것보다도 더 여러 해 동안 이 덫에 걸려 있었다.

그것을 깨닫지 못한 채 나는 그리스도인의 삶의 본질이 성경 연구, 혹은 성경 지식이라고 생각하기 시작했다. C. S. 루이스는 이런 식으로 나의 오류를 언급했다. "사람들은 때때로 훌륭한 신학자가 아니라는 것에 기뻐한다. 왜냐하면 사람들은 너무나 쉽게 훌륭한 신학자가 되는 것이 좋은 그리스도인이 되는 방법으로 잘못 생각하기 때문이다."[8] 이것은 당신의 주요 목적이 성경을 가르치는 것이고, 다른 사람들이 성경을 가르칠 수 있도록 교육시키는 학문적인 공동체에서 살고 있을 때 빠지기 쉬운 덫이다.

내가 성경을 아는 것이 하나님을 아는 것과 동일한 것이 아니라는 것, 성경을 사모하는 것이 하나님을 사모하는 것과 동일한 것이 아니라는 것, 성경을 읽는 것과 하나님의 말씀을 듣는 것이 동일한 것이 아니라는 것을 배우는 데에는 너무나 오랜 시간이 걸렸다. 바리새인들은 성경을 알았고, 성경을 사모했고, 성경을 읽었다. 그러나 그들은 하나님을 알지 못했고, 하나님을 사랑하지 못했고, 하나님의 음성을 듣지 못했다.
어느 날 예수께서는 그들에게 말씀하셨다.

> 또한 나를 보내신 아버지께서 친히 나를 위하여 증거하셨느니라 너희는 아무 때에도 그 음성을 듣지 못하였고 그 형용을 보지 못하였으며 그 말씀이 너희 속에 거하지 아니하니 이는 그의 보내신 자를 믿지 아니함이니라 너희가 성경에서 영생을 얻는 줄 생각하고 성경을 상고하거니와 이 성경이 곧 내게 대하여 증거하는 것이로다 그러나 너희가 영생을 얻기 위하여 내게 오기를 원하지 아니하는도다
> (요 5:37-40)

이 사람들은 매일 성경을 연구하면서 여러 시간을 보냈다. 그런데도 불구하고 하나님의 아들께서는 그들이 결코 어느 때에도 그의 아버지의 음성을 듣지 못했다고 말씀하셨다. 우리는 일생 동안 매일 성경을 읽지만 결국 하나님의 음성을 듣지 못한다는 것은 가능한 일이다.

이 모든 것에 대한 아이러니는 내가 단지 성경이 말하는 바를 아는 것이 아니라, 성경의 말하는 바를 행하는 것의 중요성에 대하여 많은 설교를 해 왔다는 것이다. 그러나 대다수의 나의 노력과 시간은 하나님의 아들을 추구하고 그와 같이 되려하기보다는 오히려 성경과 정통 신학을 이해하는 것에 할애되었다. 나는 나의 마음을 사로잡고 있는 그 미혹의 깊이에 대하여 전혀 알지 못했다.

여기에 성경을 예수님보다 앞세우는 사람들의 삶 속에 있는 몇 가지의 분명한 표적들이 있다. 그들은 예수께 대하여 이야기하는 것보다 성경에 대하여 더 많은 것을 이야기한다. 그들에게는 올바른 교리를 가지는 것이 올바른 삶을 사는 것보다 더 중요하다. 이것은 그들의 그룹에 들어가기 위한 최종적인 시험은 당신이 어떻게 행동하느냐가 아니라 당신이 무엇을 믿느냐 하는 것이라는 것을 의미한다. 그들의 지도자들은 엄하고 권위적일 수 있다. 자만심과 교만의 죄와 종교적인 잔인함은 종종 변명되거나 간과된다. 그들에게는 하나님의 말씀을 설교하는 것이 하나님의 말씀을 본받

것보다 더 중요하다.

나는 이것을 인정하고 싶지 않지만, 그러한 모든 특징들은 내가 성경을 주 예수보다 우위에 두었던 기간의 나의 삶에도 마찬가지 였다. 문제는 내가 성경을 너무 많이 사랑한다는 것이 아니라 성경과 비교하여 내가 예수님을 너무나 덜 사랑한다는 것이었다.

어떤 사람들은 외적인 도덕적 행동이나 의무를 그리스도인의 삶의 본질로 삼음으로써 미혹될 수도 있다. 이렇게 하는 사람들은 결국 바리새인들을 특징지우는 것과 같은 자기의에 빠지게 된다. 예수께서 이러한 죄를 범한 사람들에게 하신 말씀을 생각해 보라.

> 화 있을찐저 외식하는 서기관들과 바리새인들이여 너희가 박하와 회향과 근채의 십일조를 드리되 율법의 더 중한바 의와 인과 신은 버렸도다 그러나 이것도 행하고 저것도 버리지 말아야 할찌니라 소경된 인도자여 하루살이는 걸러내고 약대는 삼키는도다
> 화 있을찐저 외식하는 서기관들과 바리새인들이여 잔과 대접의 겉은 깨끗이 하되 그 안에는 탐욕과 방탕으로 가득하게 하는도다 소경된 바리새인아 너는 먼저 안을 깨끗이 하라 그리하면 겉도 깨끗하리라
> 화 있을찐저 외식하는 서기관들과 바리새인들이여 회칠한 무덤 같으니 겉으로는 아름답게 보이나 그 안에는 죽은 사람의 뼈와 모든 더러운 것이 가득하도다 이와 같이 너희도 겉으로는 사람에게 옳게 보이되 안으로는 외식과 불법이 가득하도다(마 23:23-28)

만일 그리스도인의 삶의 본질이 율법들과 일치하게 된다면, 우리는 항상 자기의에 빠지게 될 것이다.

나는 항상 나 자신을 율법주의와 자기의에서 자유로운 사람으로 생각하기를 좋아해 왔다. 사실상, 나는 항상 '거룩한 비율법주의자'로 나 자신의 자아상에 열중해 있었다. 그러나 이러한 환상에도 불구하고 나는 주님과 동행하는 동안 수없이 율법주의와 자기의에 미혹되어 왔다.

주님께서 어떻게 나에게 이것을 보여주셨는 지를 말하겠다.

포드 워스에 있는 나의 교회와 신학교의 교수로서의 직업을 떠나는 과정에서 나는 주님께 향한 나의 애정에 있어 개인적인 신앙부흥을 경험하기 시작했다. 우리가 캘리포니아의 아나하임으로 이

사해서 비니어드 교회의 부원이 되기까지 나는 나의 회심 이후의 어느 시기보다 더 주님을 밀접하게 느꼈다.

1988년 가을 어느 날 교회의 사무실로 가는 동안에 나는 내가 여느 때와 달리 행복한 기분이라는 것을 알았다. 나는 내 생활을 빠르게 살펴보았다. 그러나 그날 내가 경험하고 있던 기쁨을 어떻게도 설명할 수가 없었다. 휴가나 여행의 계획도 없었고 나를 행복하게 할 만한 새로운 직업도 없었으며, 내 삶 속에서 그 행복을 설명할 만한 최근의 어떤 영적인 승리도 없었다. 나는 단지 평범한 일과를 위해 가는 도중이 기뻤던 것이다 나는 왜 내가 그러한 기쁨을 느끼는 지를 주님께 묻기 시작했다.

나의 생활을 살펴보았을 때, 나는 내가 오랜 시간 동안 그래온 것보다 더 주님께 친밀하다는 것을 깨달았다. 나는 전에 했던 것보다 더 많이 기도하고 있었고, 실제로 그것을 기뻐하였으며, 전보다 더 끊임없이 그리고 더 오래 성경을 묵상하였고, 또한 강의와 설교를 위하여 항상 성경을 연구했다. 그러나 이제는 나 자신의 개인적인 이익을 위하여 단지 묵상하면서 보내고 있는 시간의 성질에 대하여 뭔가 새로운 것이 있었다. 나는 전에 사역할 때 하지 않았던 방식으로 사람들에 열중하고 있었다. 내 인생에서 처음으로 정규적인 금식을 시작하였다

(은사 소멸론자가 되는 것에 있어서 멋진 일들 중의 하나는 당신이 5세기 말에 그 존재가 끝난 것들의 범주를 가지고 있다면, 당신은 좋아하지 않는 것들을 자진해서 그런 범주에 넣는 것이다. 나는 은사들을 그 범주에 넣을 뿐만 아니라 금식도 넣었었다.)

그것을 깨닫지 못한 채 나는 주님과 동행하는 것과 견고함과 규율을 기뻐하기 시작했다. 바로 그 시점에서 주님께서는 그가 마치 들을 수 있는 음성으로 말씀하시고 계시는 것처럼 분명하게 나에게 말씀하셨다. "네가 주 예수께 참여함을 기뻐하지 말라—주 예수를 기뻐하라. 만일 네가 너의 예수께 참여함을 기뻐한다면, 그것은

너를 자기의로 이끌 것이다."

그런 계시와 함께 나는 나의 삶에 대한 하나님의 시각을 받았다. 내가 주님께 친밀해져 가는 단계들을 보았고, 그리고 나서 내가 나의 주님께 참여함을 기뻐하기 시작할 때 그 친밀함이 중단되는 것을 보았다.

며칠 후에 나는 주님께서 나에게 이러한 진리가 성경의 어디에 있는가를 보여주셨다고 믿었다. 그것은 누가복음 18:9-14에 있는 바리새인들과 세리들에 관한 비유에서 발견된다. 그 비유에서 바리새인은 기도했다. "하나님이여 나는 다른 사람들 곧 토색, 불의, 간음을 하는 자들과 같지 아니하고 이 세리와도 같지 아니함을 감사하나이다. 나는 이레에 두번씩 금식하고 또 소득의 십일조를 드리나이다." 그 바리새인의 기도는 그가 실제로 하나님을 기뻐하는 것보다는 그가 하나님께 참여함을 기뻐하고 있다는 것을 보여준다. 만일 이것이 중단되지 않는다면, 그것은 항상 자기의로 이끌 것이고, 자기의로 인하여 우리는 다른 사람을 비난하게 될 것이다(눅 18:9).

어떤 사람들은 성령의 은사들을 주 예수보다 우위에 둠으로써 미혹된다. 이것이 고린도인들에게 일어났던 일인 것 같다. 다른 사람들은 감정주의에 미혹된다. 그들은 주 예수를 추구하기보다는 더 특별한 수준의 감정을 얻기를 추구한다. 이런 종류의 사람들은 흥분이나 감정적인 부절제에 빠진다.

또 다르지만 훨씬 더 미묘한 미혹이 있다. 교회의 예배 형식은 주요한 변화를 겪어 오고 있다. 오늘날의 많은 교회에서 사람들은 찬송가를 사용하기보다는 현대적인 형식의 음악을 더 자주 사용하고 있다. 예배 시작 무렵에 준비단계의 일부로 간주하여 부르는 두세 곡의 찬송가를 대신하여 많은 교회들이 장시간에 걸친 음악 예배 시간을 갖는다. 나의 의견으로도 이것의 대부분은 좋다. 그러나 여기에서조차 일부의 사람들이 미혹되는 것을 본다. 그들은 실제로 주 예수를 예배하기보다는 예배를 예배하고 있는 것이다.

심지어 그리스도인의 삶을 예수님보다 더 우위에 두는 사람들을 발견하기도 한다. 나는 삶의 방식은 돌이켰지만, 예수 그리스도께로 돌이키지 않은 교인들과 신학생들을 발견한다. 그들은 그리스도인의 삶을 사랑하여 교제하는 것, 교회에 가는 것, 집회에 가는 것, 가치있는 주의들을 전하는 것, 성경을 읽음으로써 오는 자극, 그리고 기도하는 것을 좋아한다. 이 모든 일을 하여도 당신의 죄를 용서하시고 당신에게 영생을 주신 예수 그리스도를 믿지 않는다는 것이 가능하다. 나는 사 년 간의 신학교 교육을 받은 후에야 그리스도께로 인도되는 신학생과 교회의 집사들이 수년 간의 보수적인 교회에서 충실한 예배를 드린 후에야 그리스도를 믿게 되는 것을 본 적이 있다.

내가 말하고 있는 것은 우리가 무엇을 하고 있는지를 인식하지 못한 채 어떤 선한 일을 예수 그리스도보다 우위에 둘 가능성이 있다는 것이다. 우리는 성경의 명령들을 주님보다 우위에 두며 심지어 성령의 은사들과 다양한 종류의 예배를 주님보다 우위에 둘 수 있다. 또한 다양한 형태의 사역—증거하는 것, 가난한 자들을 돌보는 것, 병든 자들을 위하여 기도하는 것—을 주님보다 우위에 둘 수 있다. 이런 모든 것들에 의해 미혹된다는 것은 가능한 일이다.

우리는 이러한 선한 일들과 예수님을 동일하게 생각해서는 안된다. 예수께서는 어떠한 교리, 신학, 추상적인 원칙, 사역, 교회, 교단, 활동, 혹은 생활의 방식도 아니다. 예수께서는 한 위(位), 한 진정한 인격이시다. 그리고 우리가 그를 이 모든 것들보다 더 우위에 두도록 명하신다. 이러한 것들 중에서 어떤 것도 우리를 대신해서 죽지 않았다. 내가 하나님의 아들을 추구하는 것보다 이러한 것들 중의 하나에 더 관심을 가지거나 추구하기 시작할 때면 언제나 그것은 나를 그분에게서 멀어지게 할 나의 삶 속의 우상이 될 것이다. 우리는 너무나 쉽게 이런 선한 일들을 사랑하는 것을 예수를 사랑하는 것으로, 또 이런 선한 일들에 참여하는 것을 하나님께 참여하는 것으로 혼돈한다.

　무엇보다도 하나님께 향한 열정은 보호되어야 하고 신장되어야만 한다. 그렇지 않으면 우리는 그 열정을 잃게 될 것이다. 나는 나의 삶 속에서 거의 모든 선한 일이 나의 시간과 하나님과의 친밀성과 맞서고 있는 것을 발견한다. 모든 삶의 본질은 하나님을 사랑하고, 그러고 나서 그의 백성들을 사랑하는 것이다(마 22:36-40).

열정적인 사랑

　사랑이라는 단어는 오늘날의 많은 종교적인 집단에서는 그것의 성경적인 의미를 잃어버렸기 때문에 나는 종종 예수께 향한 사랑 대신에 예수께 향한 열정에 관하여 말한다. 앞서 말했듯이 그 감정적인 특성에 대해 어떤 언급도 없이 의무의 견지에서 근본적으로 사랑을 정의하려는 신학자들과 유명한 설교가들의 시도가 있어 왔다. 감정이 전혀 없는 하나님을 향한 사랑은 현대의 교사들의 마음 속에서 만들어진 허구의 산물이다. 성경은 결코 그런 식으로 사랑을 정의하지 않는다.

　나는 열정이 사랑의 감정적인 측면을 강조하기 때문에 이 단어를 좋아한다. 열정은 '마음에 강한 영향을 받거나 감동되는 류의 감정, 즉 강렬하고 강당하며 압도적인 감정'[9]으로 정의될 수 있다. 열정은 마음과 의지를 행동으로 옮기게 하는 감정이며 하나님을 사랑한다는 것에 적당한 모든 범위의 감정들을 포괄한다. 나는 그러한 것들을 소망, 갈망, 열심, 애정, 열망 등으로 언급하고 있으며 이러한 감정들은 깊이 사랑하는 사람의 모든 특징들이다.

　나는 이러한 열정적인 감정들로 주 예수와 나의 관계를 특징지우고자 한다. 물론 나는 주님께 완전하게 순종하기를 원한다. 그러나 그 순종이 그에게로 향한 열정적인 사랑에서 솟아오르기를 바란다. 단지 계율이나 의무, 혹은 어떤 보상이나 처벌에 대한 두려움 때문에 예수님께 순종하기를 원하는 것이 아니라, 내가 몹시 사랑하는 이를 기쁘시게 할 수 있는 기쁨 때문에 그를 섬기기를 원한다. 만일 계율이 궁극적으로 우리가 예수님을 추구하게 하는 것이라면 결국 우리는 그 추구를 포기할 것이다. 그러나 사랑에 빠진 남자나 여자는 결코 포기하지 않는다. 그것이 사랑의 본질이다(아 8:6-7). 나는 나의 삶이 하나님의 아들을 향한 억제되지 않는 애정으로 특징지워지기를 원한다.

이것은 현실적인 목표인가 아니면 단지 희망적인 관측인가? 나는 일부의 사람들이 하나님과 우리의 관계가 시작된 초기에는 그를 향한 열정을 갖는 것이 정상적이지만, 비교적 짧은 시간이 지나면 그러한 열정이 더 믿을 만한 의무감이나 계율로 대치되는 것이 정상적이라고 가르치는 것을 들어 본 적이 있다. 심지어 일부의 선생들이 열정의 상실은 영적인 성숙의 표시라고 말하는 것을 들어 본 적이 있다. 그러나 성경은 정반대의 견해를 제시한다고 생각한다.

이번 장의 앞부분에서 인용된 시편들을 생각해 보라. 시편 기자들은 하나님께 향한 그들의 열정을 잃어버리지 않았다. 그들은 하나님께 향한 열정과 갈망으로 가득 차 있었다. 그들은 하나님께 향한 그들의 열망을 표현하기 위하여 가장 생생한 은유들을 사용했다. 사슴이 시냇물을 찾기에 갈급함 같이 시편 기자의 영혼이 하나님을 찾기에 갈급했다(시 42:1-2). 다윗은 가장 훌륭한 기도는 여호와의 아름다움을 앙망하며 그 전에서 그를 사모하기 위하여 하나님의 집에 거할 수 있는 것(시 24:7)이라고 말했다. 만일 구약성경의 성도들이 하나님께 대하여 열정적이었다면, 십자가의 빛과 성령의 능력 속에서 사는 신약성경의 성도들은 얼마나 더 그랬겠는가?

그러나 만일 우리가 그 열정을 잃었다면, 우리는 그것을 어떻게 다시 얻을 수 있는가? 그리고 하나님께 향한 우리의 열정은 그의 능력에 대한 우리의 경험과 어떤 관계가 있는가? 우리는 마지막 장에서 이러한 질문들을 조사할 것이다.

제14장
열정과 능력을 신장하는 것

어느 날 예수께서는 베다니 마을에 오셨고, 마르다와 나사로의 누이인 마리아의 집에 머무르시기로 결정하셨다(눅 10:38-42). 마리아는 주님께 향하여 그의 발 아래에 앉아 말씀하시는 모든 것을 듣고자 하는 소망과 사랑을 가지고 있었다. 저녁식사 시간이었다. 그러나 그녀는 먹는 것보다 예수의 말씀을 듣기를 더 좋아했다.

고대 근동에서의 정상적으로 대접하는 풍습에 따르면, 마리아는 그녀의 언니인 마르다와 함께 예수님과 그의 제자들에게 식사를 제공할 책임이 있었다. 그러나 그녀는 그의 시중을 드는 것보다 그의 말씀을 듣고 그와 함께 있고자 하는데 더 강한 소망을 느꼈다. 주님께 향한 그녀의 애정은 정상적인 예절을 압도했다. 나는 만일 예수께서 그녀에게 언니인 마르다를 도우라고 말씀하셨다면 그녀는 즉시 그렇게 했을 것이라고 확신한다. 그러나 그가 그렇게 명령하지 않는 한 그녀는 그가 계신 곳을 떠날 이유가 없었다.

마르다가 주님께 식사 준비하고 있는 것을 돕지 않는 마리아를 꾸짖어 주시도록 청했을 때, 예수께서는 마리아를 꾸짖지 않으셨을 뿐만 아니라 그녀를 칭찬하셨다. 마리아는 그의 시중을 드는 것을 초월해서 그를 선택했다. 그리고 주님께서는 그녀가 결코 빼앗기지 않을 가장 좋은 편을 선택했다고 말씀하셨다.

설교자들은 종종 이 사건을 성경공부의 불가피성에 대한 논증으로서 이용한다. 그러나 마리아는 성경을 공부하고 있지 않았다. 그녀는 가장 좋아하는 사람의 발 아래에 앉아서 그가 말씀하시는 모든 것을 열심히 듣고 있었다.

주님께 향한 마리아의 깊은 열정은 또한 예수의 마지막 유월절 육일 이전에도 발견된다. 예수께서는 그가 십자가에서 죽으시기 전에 단지 육일간 더 계실 것을 아셨다. 당신은 그가 이 마지막 육일을 어디에서 보내시기로 선택하셨다고 생각하는가? 그는 모든 '정략적으로 옳은 사람들'과 예루살렘에 있는 장소들을 무시하시고 예루살렘 남동쪽으로 약 2마일 거리에 있는 베다니 마을로 가셨다. 그는 나사로와 마르다와 마리아의 집을 선택하셨다. 왜냐하면 이것이 그의 하늘 아버지께서 아들을 장사지내시고 기름부으시기 위하여 세상 앞에서 선택하신 장소였기 때문이다.

하나님께서는 누구에게 그의 아들에게 기름부을 명예를 주셨겠는가?

그것은 이런 식으로 일어났다.

마리아는 저녁 식사가 한창일 때, 적어도 일년 간 임금의 가치가 있는 향유, 즉 일 파운드의 순전한 나드를 가지고 들어와 예수의 발에 그것을 부음으로써 그 값비싼 향유를 낭비했다. 그 다음에 그녀는 머리를 풀어서 주님의 발을 씻었다(요 12:1-2).

이것은 이상하고 부적절한 행동이었다. 마리아는 저녁 식사를 방해하며 남자 손님에게 다가가서 부도덕한 여자의 태도로 그녀의 머리를 풀었고, 노예가 할 일을 했다. 무엇이 그녀로 하여금 그토록 겸손하게 했고, 예의범절을 어기게까지 했는가?[1] 무엇이 그녀로 하여금 그렇게 엄청난 낭비를 하게 했는가?

그것은 바로 그녀가 예수의 위대함을 인식했고, 그녀가 그에게 아낌없이 사용한 모든 낭비는 가치있는 일임을 알았던 것이다. 그녀가 그를 위하여 고통받을 만한 정도의 가장 깊은 굴종의 가치가 있었다. 마리아는 하나님의 아들을 향한 거룩한 열정에 의해 움직였다. 그녀는 그 향유를 예수께 낭비하였고, 만일 그가 그녀에게 기회를 주셨더라면 그녀는 그녀의 전 생애를 그를 위해 사용했을 것이다. 그 선물은 엄청난 것이었다. 그러나 그 선물은 단지 그리스도께 향한 그녀의 엄청난 열의를 반영했다.

요한과 누가는 그녀의 삶을 우리가 따라야 할 모델로서 제시하고 있기에 마리아에 대한 이러한 '간단한 서술들'을 우리에게 제시한다. 우리는 어떻게 그런 삶을 따르겠는가? 우리는 어떻게 마리아가 예수께 가졌던 것과 같은 열정과 헌신을 계발하겠는가?

예수께 향한 열정을 계발하는 것

예수께 대한 열정을 계발하는 데에는 간단한 세 가지의 단계가 있다.

첫번째 단계는 분명하다. 당신은 당신이 알지 못하는 누군가를 사랑할 수도 그에 대한 열정을 가질 수도 없다. 마리아처럼 우리는 예수를 알아가기 위해서는 시간이 걸려야만 한다. 우리가 더 많이 그의 발 아래에 앉아서 그의 말씀을 들으면 들을수록 우리는 그를 더 잘 알게 될 것이다. 그리고 우리가 그를 더 알면 알수록 그를 더욱더 사랑하게 될 것이다.

우리는 개인적으로 성경을 묵상하고 기도하기 위해서 정규적인 시간을 따로 떼어놓아야만 한다. 이러한 시간이 기계적이 되거나 의식적이 되게 해서는 안 된다. 우리는 바리새인처럼 성경을 읽을 수 있지만, 결코 하나님의 음성을 듣지 못할 수도 있다는 것을 기억해야만 한다(요 5:37). 우리의 기도 시간이 하나님께 쇼핑 목록을 가져가는 것에 지나지 않게 될 가능성도 있다.

우리의 정규적인 묵상과 기도 시간에 우리는 진실하신 한 위(位)를 만나는 것이 목적이라는 것을 생각해야만 한다. 이 위는 말씀하시고, 인도하시고, 권면하시고, 계시하시고, 확신시키신다. 그는 노하시고, 또 용서하신다. 우리는 그를 슬퍼하시게도 할 수 있고, 기쁘시게도 할 수 있다. 이런 것들이 성경이 우리에게 우리가 기도로 나와야 할 하나님에 관하여 가르치는 것들이다.

우리가 읽을 수 있기 때문에 그의 임재에 들어갈 수 있다고 생각해서는 안 된다. 성경을 기계적으로 읽거나 의식적으로 기도하는 것이 우리를 하나님의 임재에 들어가게 하지는 않는다. 시편 기자는 하나님께 기도한다.

> 내 눈을 열어 주의 법의 기이한 것을 보게 하소서(시 119:18)

그는 말씀을 조명하시는 하나님의 임재가 없다면 결코 '놀라운 일들을 볼' 수 없다는 것을 알았다. 하나님의 임재를 구하라. 그것을 가정하지 말라. 한분 위를 만나서 이야기하기를 소망하면서 그의 말씀으로 나오라. 당신이 기도하고 묵상할 때 들어라.

이것들은 우리 모두가 아는 일들이다. 우리는 회심의 시간으로부터 그것들을 배워왔다. 문제는 우리가 그것들을 알지 못한다는 것이 아니라, 우리가 그것들을 행하지 않는다는 것이다. 내가 한 성서 교회의 목사였을 때, 사람들에게 하는 주요 권면은 하나님의 말씀을 읽고 기도하라는 것이었다. 내가 나의 교회의 사람들을 상담할 때 듣는 최고의 고백은 그들이 말씀을 읽지 않는다는 것과 정규적으로 기도하지 않는다는 것이었다.

거의 십 년 동안 나는 그리스도의 몸(교회) 안을 널리 여행해 왔다. 나는 내가 만나는 대다수의 목사들과 교인들이 계속해서 성경을 묵상하고 기도하는 개인적인 시간을 갖지 않는다고 말해야만 할 것이다. 나는 이것이 교회의 모든 지체들에게도 마찬가지라는 것을 알았다.

내가 말하는 그리스도인들은 말씀과 기도가 중요하다는 것을 믿는다. 그리고 그들은 실제로 묵상하고 기도하기를 원한다. 그러나 그들은 하지 않는다. 대부분의 경우에 이것은 그들의 인생에서의 도덕적인 실패 때문은 아니다. 오히려 그들은 간단한 기계적인 실패 때문—그들이 주님과 함께 할 시간을 정하는 데에 실패하기 때문—에 주님을 만나지 못한다.

사람들은 그들이 기도하고 말씀을 묵상하기 위한 시간을 가질 것이라는 환상에서 살고 있는 경향이 있다. 그것은 마귀의 7-장 성공적인 거짓말들 중의 하나이다. 마귀는 만일 당신을 하나님의 임재에서 벗어나게 할 수 있다면, 그는 당신을 이길 수 있다는 것을 안다. 당신이 방대한 양의 성경 지식을 가지고 있다고 할지라도 당신이 계속해서 하나님의 임재에 들어가지 않는다면, 당신은 교만하게 될 것이고, 사람들에게 종종 상처를 주게 될 것이다. 당신이 강력한 성령의 은사들을 가지고 있다고 하더라도 당신이 계속적으로 그의 임재 속에 들어가지 않으면, 당신은 교회내에서 파괴를 일으킬 것이다. 우리가 계속해서 그의 임재에 들어가지 않으면 결코 하나님을 향한 열정에 있어서 자라지 않을 것이고, 결국 그를 예배하기에 유익하지 않게 될 것이다.

정규적으로 하나님의 임재에 들어가지 않는 성경의 영웅은 하나도 없다. 여호수아를 본받아서 주야로 말씀을 묵상하라(수 1:5-9). 바울을 본받아서 끊임없이 기도하라(살전 5:17). 마리아를 본받아 예수의 발 아래에 앉으라(눅 10:39). 그들의 본을 따르기 위하여 우리는 정기적인 시간을 따로 떼어놓는 것을 배워야만 한다. 그렇지 않으면 우리는 결코 하나님 앞으로 나아가지 못할 것이다. 만일 우리가 하나님을 만나기를 기대하면서 정규적으로 이러한 일들을 한다면 하나님께서는 우리를 실망시키시지 않을 것이다.

여기에 즉 예수께 향한 열정을 얻을 수 있는 두번째의 비결이 있다. 모든 관계에는 때때로 오해를 통해서, 그리고 때때로 과실을 통해서 장애물들이 일어난다. 그것은 주님과 우리의 관계에서도 차이가 없다. 우리가 범죄할 때마다 그것은 우리와 주님 사이에 장애물을 만든다. 이것은 우리의 수평적인 관계에서도 역시 마찬가지이다. 내가 사랑하는 누군가에게 상처를 준다면, 그 상처가 괜찮아질 때까지 나는 정말로 그들과의 교제를 즐길 수 없을 것이다.

하나님과 그의 불순종한 자녀들 사이의 장애를 제거할 수 있는 것은 단 한 가지이다. 그것은 하나님 아들의 보혈이다.

> 저가 빛 가운데 계신 것 같이 우리도 빛 가운데 행하면 우리가 서로 사귐이 있고 그 아들 예수의 피가 우리를 모든 죄에서 깨끗하게 하실 것이요 만일 우리가 죄없다하면 스스로 속이고 또 진리가 우리 속에 있지 아니할 것이요 만일 우리가 우리 죄를 자백하면 저는 미쁘시고 의로우사 우리 죄를 사하시며 모든 불의에서 우리를 깨끗케 하실 것이요(요일 1:7-9)

죄는 우리가 우리를 용서하시고 정결케 하시는 예수 그리스도의 보혈 능력을 믿으며 그 죄를 고백할 때마다 사해진다.

이것은 우리가 회심의 시기로부터 배워온 또 하나의 진리이다. 그러나 나는 죄에 눌려있고 그리스도의 자유 안에서보다 정죄함에서 더 많은 시간을 보내고 있는 것처럼 보이는 너무나 많은 그리스도인들을 만난다. 많은 사람들은 나에게 그들의 죄를 고백하지만 용서받았다고 '느끼지' 못한다고 말한다. 우리의 죄에 대하여 단지 몇 마디의 말을 하는 것은 충분치 않다. 우리는 우리를 용서하시는 예수의 보혈 능력을 믿어야만 한다. 우리는 결코 하나님의 임재에 들어갈 만큼 충분히 성결하게 되거나 혹은 훈련될 수 없을 것이고, 그의 아들의 보혈을 떠나서는 용서받을 수도 없다. 하나님께서 우리의 죄를 사하시기 위하여 우리에게 주신 유일한 것은 그의 아들의 보혈이다. 우리의 선한 일도, 변화된 삶도, 가장 선한 의지도 결코 우리의 죄를 제거할 수 없다.

우리가 하나님의 아들을 향한 열정에 사로잡히고자 한다면, 한 가지 더 절대적으로 필수적인 것이 있다. 그리스도인으로서의 삶의 대부분에서 나는 반복해서 똑같은 실수를 범해왔다. 나는 계속해서 하나님을 향한 나의 사랑을 일으키기 위하여 나의 계율과 선한 의도와 성경에 대한 나의 지식을 신뢰하고 있다. 그러나 내가 이러한 것들을 신뢰할 때, 나는 결국 율법주의와 자기 의에 이르게 된다.

어느 늘 나의 소중한 친구인 마이크 비클(Mike Bickle)이 나에게 주님께서 그에게 말씀하신 것의 충격에서 결코 회복되지 않았다고 말했을 때, 주님께서는 이 모든 것을 중단시키셨다. 주님께서는 그에게 "네가 지금까지 그리스도인으로서의 삶을 잘 살아왔다면, 그것은 네가 선한 사람이기 때문이 아니라 나의 아들이 선한 지도자이기 때문이다. 따라서 너는 너의 능력이 아니라 너를 인도하는 그의 능력을 믿으라"고 말씀하셨다. 하나님의 그 계시는 마음을 찔렀다. 나는 왜 자기 의와 율법주의가 나의 삶 속에서 계속해서 그토록 강하게 자리잡고 있을 수 있었는지를 깨달았다.

이점에 관하여 나를 오해하지 말기를 바란다. 나는 우리에게 계율이나 성경에 대한 지식, 선한 행동이 필요하지 않다고 말하는 것이 아니다. 우리는 그러한 것들을 필요로 한다. 혹은 우리가 수동적이 되어야 하고 단지 하나님께서 그 모든 것을 하시게 해야 한다고 말하는 것도 아니다. 나는 우리의 태도와 믿음에 관하여 말하고 있는 것이다. 우리는 옳은 일들을 행해야만 한다. 그러나 우리는 결코 그러한 일들을 행할 수 있는 우리의 능력을 믿어서는 안 된다. 우리의 마음은 믿을 수 없을 정도로 속임수에 걸리기 쉽다(렘 17:9). 그리고 우리의 발은 마찬가지로 의의 길에서 벗어나기가 쉽다(롬 3:10-18). 이것을 생각한다면 우리가 어떻게 예수를 따라가는 우리의 능력을 신뢰할 수 있겠는가?

나는 내 일생에서 하나님의 아들을 향한 열정을 가지고 있다면, 그것은 내가 그것을 애써 얻었기 때문이 아니라 하나님께서 그것을 나에게 그의 가장 크고 가장 은혜로운 선물로 주셨기 때문이라는 것을 깨닫게 되는 시점에 도달해 있다. 결국 그것은 가장 큰 것들이 우리에게 온—은사로서— 방법이 아닌가? 야고보는 다음과 같이 말한다.

  너희가 얻지 못함은 구하지 아니함이요(약 4:2)

하나님께서 우리에게 주셔야만 하는 가장 큰 선물은 구하는 대로 우리의 것이라는 것이다. 우리는 기꺼이 기도로 노력하는 어떤 것이나 그에게서 얻을 수 있다. 나는 당신에게 하나님께 그밖의 것을 구하기보다 하나님의 아들을 향한 열정을 당신에게 주시기를 기도하는 데에 더 많은 시간을 쓰도록 권면한다.

하나의 기도는 내가 전에 했던 어느 기도보다도 마음속에 주 예수께 향한 더 많은 열정을 일으켰다. 이 기도는 아마도 성경의 모든 기도들 중에서 가장 큰 기도에서 발견된다. 요한복음 17장에 기록된 주 예수의 대제사장적 기도를 말하고 있는 것이다. 나는 그 기도의 마지막 절을 나 자신의 개인적인 기도로 삼았다.

> 내가 아버지의 이름을 저희에게 알게 하였고 또 알게 하리니 이는 나를 사랑하신 사랑이 저희 안에 있고 나도 저희 안에 있게 하려 함이니이다(요 17:26).

예수께서는 그의 제자들에게 성부 하나님의 이름을 알게 하셨다고 말씀하셨다. 즉 예수께서는 제자들에게 하나님께서 어떠하신 지를 보이셨다. 예수께서는 하나의 우선적인 목적을 위하여 이렇게 하셨다. 그는 그의 제자들이 그의 하늘 아버지가 그를 사랑하시는 것처럼 그를 사랑하기를 원하셨다. 그는 그의 아버지가 그에 대하여 가지신 사랑이 그의 제자들에게도 있기를 원하셨다.

나는 이 구절을 여러 번 읽은 후에 그것을 이해했다. 내가 실제로 처음 예수께 말씀하시는 것을 이해했을 때, 나는 믿기가 어렵다는 것을 알았다. 내가 어떻게 성부 하나님께서 그의 아들을 사랑하시는 것처럼 예수님을 사랑할 수 있겠는가? 물론 아무도 하나님이 그들을 사랑하시는 것과 똑같은 정도나 똑같은 성질의 사랑으로 누군가를 사랑할 수 없다. 그뿐만 아니라 다른 한편으로 우리는 하나님만큼 거룩해질 수도 없다. 그러나 하나님께서는 우리에게 "너희는 거룩하라 나 여호와 너희 하나님이 거룩함이니라"고 말씀하신다(레 19:2). 우리가 거룩함 속에 살 수 있는 것은 바로 우리 안에 계신 그의 성령의 능력을 통해서이다. 그 동일한 능력으로 우리는 우리 주님께 향한 불타는 열정을 가지고 살아 갈 수 있다.

성부 하나님께서는 성자를 그 어떤 것보다 더 사랑하신다. 그는 성자에 전념하신다. 그의 눈은 결코 아들을 떠나지 않으신다. 예수께서는 우리가 거룩한 열정으로 인도되기를 기도하셨다.

나는 이와 같이 그것을 기도하기 위하여 요한복음 17:26을 바꾸어 설명해 왔다.

아버지여 당신이 그를 사랑하신 것 같이 하나님의 아들을 사랑할 수 있는 성령의 능력을 저에게 주옵소서

나는 아침에 일어나서 이것을 기도한다. 나의 마음이 평정한 상태에 있는 낮 동안에 나는 그것을 기도한다. 그리고 나는 밤에 잠잘 때 그것을 기도한다. 나의 마음은 이 기도에 사로잡혀 있었다. 내가 그것을 기도할 때, 나는 하나님께 그가 나의 삶 속에 성령의 역사를 주시지 않으신다면, 결코 하나님의 아들에 향한 열정을 얻지 못할 것이라는 것을 고백한다. 나는 그에게 나의 선함, 나의 계율, 말씀에 대한 나의 지식은 그 모든 것이 훌륭하다고 할지라도 하나님의 아들을 향한 열정을 일으키기에는 불충분하다는 것을 고백한다. 나는 나의 생각을 바꿀 수 있다. 그러나 성령만이 나의 마음을 바꾸실 수 있다. 하나님의 사랑은 하나님에 의해서만 전해질 수 있다.

만일 당신이 정규적으로 이처럼 기도하기 시작한다면, 하나님의 아들을 향한 열정은 당신의 마음으로 흘러 들어오기 시작할 것이다. 당신이 중요한 차이를 알기까지는 몇 달 심지어 몇 년이 걸릴 수도 있다. 사실상 당신은 아마도 당신이 하나님의 아들을 향한 열정으로 불타기 시작한 정확한 날이나 시간을 지적할 수 없을 것이다. 그러나 다른 사람들은 알아차릴 것이다. 그들은 당신이 변화되었다고 그리고 달라보인다고 말할 것이다. 그들은 그들이 전에는 보지 못했던 친절과 부드러움이 당신 속에 있다고 말할 것이다. 하

나님의 아들을 향한 당신의 사랑 속에는, 전에는 거기에 있던 것 같지 않은 전염되기 쉬운 특성이 있다. 그래서 사람들은 당신이 무엇을 하고 있는지를 알고자 할 것이다.

하나님의 아들을 향한 열정을 얻는 일에 수동적이 되지 말라. 그것을 당신 삶의 중심이 되게 하라. 당신의 눈을 하나님의 아들에 고정하라(히 12:2). 그러면 당신은 그를 닮아가고 있는 당신 자신을 발견할 것이다. 당신이 매일 그의 영광스런 아들을 향한 열정으로 당신을 태우시기를 하나님께 기도함에 따라 그를 몹시 사랑하고 있는 당신 자신을 발견할 것이다. 그리고 그 열정이 당신의 마음을 사로잡기 시작할 때, 그 열정은 당신의 삶 속에서 천 가지의 죄를 정복할 것이다. 당신은 그가 사랑하시는 것을 사랑하고, 그가 미워하시는 것을 미워하기 시작할 것이다.

열정과 능력

열정에 관한 이 모든 이야기는 성령의 능력과 기적적인 은사들과 어떤 관계가 있는가? 간단히 말해서 이것이다. 즉 하나님께 향한 열정적인 사랑은 능력의 열쇠이다. 주 예수의 사도들은 기적적인 능력으로 유명하다. 그들의 능력의 비결은 그들의 소명에서 발견된다.

> 예수께서 산에 오르사 자기가 원하는 자들을 부르시니 나아온지라 이에 열둘을 세우셨으니 이는 자기와 함께 있게 하시고 또 보내사 전도도 하며 귀신을 내어쫓는 권세도 있게 하려 하심이러라
> (막 3:13)

사도들의 소명에 대한 마가의 설명에서 예수께서는 세 가지의 목적을 위하여 열둘을 임명하셨다. ① 그들이 그와 함께 있도록 하기 위해서, ② 그가 그들을 전파하도록 보내기 위하여, ③ 그들이 귀신을 내쫓는 권세를 가지게 하시기 위해서이다. 이 목적들의 순서는 매우 중요하다. 그들이 전파하고 귀신을 쫓아내는 일을 하면서 예수를 위하여 사역을 시작하기 전에 그들은 '그와 함께 있도

록' 부름받았다. 예수와 함께 있는 그 친밀함의 경험으로부터 그는 그들에게 전파하고 귀신들을 쫓아낼 수 있는 능력을 주셨다.

지상에서 가장 능력있는 사람들은 예수와 함께 있어 온 사람들이다(행 4:13). '그와 함께 있는' 다는 예수님과의 친밀한 관계는 항상 그를 향한 열정을 일으킨다. 성경에서 가장 능력있는 사람들에 대하여 생각해 보라. 모세, 다니엘, 베드로, 요한, 바울과 같은 사람들은 기적이나 계시 혹은 두 가지 모두의 능력이 있었다. 그들은 또한 하나님을 향한 열정으로 불타는 사람들이었다. 그러나 우리가 살펴본 것처럼 열정과 능력은 구약성경의 선지자들과 신약성경의 사도들로 한정되는 것이 아니다. 마리아의 삶에서 한 가지 일화를 더 생각해 보자.

마리아의 오빠인 나사로가 죽은 지 4일 뒤에 예수께서 그들의 집에 오셨다. 마르다가 먼저 그에게 인사했다. 그녀는 그에게 "주여 만일 당신이 여기에 계셨더라면 나의 오라비는 죽지 않았을 것입니다"라고 말했다(요 11:21). 예수께서는 모든 성경 중에서 가장 중요한 신학적인 가르침들 중에서 하나를 제시하심으로써 마르다의 말에 답하셨다. "나는 부활이요 생명이다"(요 11:25).

잠시 뒤에 마리아가 주 예수를 만났을 때, 그녀는 마르다가 한 것과 동일한 말을 했다. "주여 만일 당신이 여기에 계셨더라면 나의 오라비는 죽지 않았을 것입니다"(요 11:32). 그러나 마리아가 이런 말을 했을 때, 예수께서는 우셨다. 그런 다음 그는 무덤으로 가셔서 마리아의 오빠를 죽은 자 가운데서 살리셨다. 마르다와 같은 사람은 예수께로부터 중요한 신학적인 가르침을 얻을 수 있었다. 그러나 마리아와 같은 사람은 그의 마음을 아프게 하고 그가 누군가를 죽음에서 살리시도록 감동시킬 수 있었다.

주 예수께 향하여 마리아와 같은 열정을 가진 사람들은 다른 사람들이 할 수 없는 방법으로 그를 감동시킬 수 있다. 예수께 향한 열정으로 인하여 마리아는 예수의 능력에 다가갈 수 있었다.

내가 의미하고 있는 것을 예증하기 위하여 현대에 벌어진 극적인 한 예를 들어보겠다.

치유와 기적으로 널리 알려진 전도자 마에쉬 케브다(Mahesh Chavda)는 1985년의 5월에 끔찍한 딜레마에 직면했다. 그의 아들 아론이 예정일보다 4개월을 앞서 미숙아로 태어났다. 의사들은 마에쉬와 그의 아내 보니에게 아론의 생존 가능성에 관해 희망을 주지 않았다. 죽음이 분명했고 급박했다. 의사는 아기가 생존한다 할지라도 아기의 뇌는 제대로 발달될 가능성이 없고, '식물인간'이 될 것이라고 말했다.

마에쉬는 일 년 전에 아프리카에서 몇 차례의 집회를 열겠다고 약속했었고 곧 아프리카로 떠날 계획이었다. 아내와 아기는 병원에 있었고, 그는 주님께서 아프리카로 가서 약속을 지키라고 말씀하신다고 느꼈다. 그러나 그의 감정은 떠나지 말라고 말했다. 어떻게 보니에게 아론을 혼자서 매장하게 할 수 있겠는가?

보니는 마에쉬를 설득했다. "주님께서 당신을 가라고 부르실 때에 가는 것이 당신의 일이에요. 당신이 여기에 있고 없고가 중요한 것이 아니라 주님께서 여기에 계시다는 것이 중요해요. 그리고 나는 주님이 여기에 계시다는 것을 알아요. 만일 아론이 산다면, 그것은 당신이 집에 있기 때문이 아니라 하나님께서 간섭하시기 때문일 거예요"라고 그녀는 말했다.

마에쉬는 보니를 남겨두고 그의 어린 아들이 생사의 투쟁을 하며 누워 있는 중환자실로 갔다. 이때에 아론의 몸무게는 약 530그램 정도였다. 마에쉬는 그의 손을 아론의 밑으로 슬그머니 넣었다. 아이는 너무나 작아서 아버지의 손바닥 안에 쉽게 다 들어왔다. 마에쉬는 아론이 그의 부분적으로 형성된 폐로 고통스럽게 호흡하는 것을 지켜보았다. 그리고 그는 아이에게 기름을 붓고 그를 위하여 기도했다. 마지막으로 그는 어린 아들을 내려다 보면서 말했다.

"아론, 내가 너를 다시 볼 수 없을 것 같구나. 나는 네가 아빠는

제14장 열정과 능력을 신장하는 것   253

너를 사랑한다는 것을 알기를 바란다. 그러나 예수님께서는 내가 너를 사랑하는 것보다 훨씬 더 너를 사랑하신단다. 만일 내가 이 세상에서 결코 다시 너를 보지 못한다면, 나는 너를 천국에서 볼 수 있다는 것을 안다." 그는 작별인사를 하고 공항을 향해 떠났다.

몇 주 뒤에 마에쉬가 잠비아에서 집회를 마치고 마침내 보니에게 단 한 번이었지만 전화를 걸 수 있었다. 기적적으로 아론은 여전히 생명을 유지하고 있었다. 마에쉬는 자이레를 향하는 비행기에 탑승했고, 1985년 6월 9일 주일에 수도 킴바사에 착륙했다.

마에쉬는 킨사사에서의 지역 조직위원들을 알지 못했고, 집회의 준비 현황에 대해서 아무런 말도 듣지 못했다. 그는 약 700~800여 명의 적은 무리를 기대했다. 월요일 아침 지도자들의 모임에 2300명이 모였다. 집회의 마지막 무렵에 온 몸이 암의 종양으로 뒤덮여 있는 한 나이든 여자가 모든 사람들이 보는 앞에서 즉시 치유되어 그 종양들이 완전히 사라졌다.

이 기적적인 치유의 소식은 8월의 가뭄 속에서 일어난 산불처럼 퍼졌다. 그날 저녁 10만 명이 집회에 참석했다. 그들은 상상할 수 있는 모든 종류의 질병들을 가지고 있었고, 일부는 외바퀴 손수레에 실려 왔다. 그날 밤 아주 많은 사람들이 치유되었고, 그 집회를 방해하기 위해서 왔던 마녀와 마술사들조차도 공개적으로 회개하고 예수님에 대한 믿음을 고백하면서 개종했다. 6월 12일 수요일까지 새 신자들이 3만 명에 달했다.

그날 아침 물람보 마니카이(Mulambo Manikai)는 무리 속에 서 있었다. 그리고 그의 마음은 찢어지는 것 같았지만 집중해서 마에쉬가 하는 말을 듣고 있었다. 킨사사의 미콘도 지역의 룸비 가에 살고 있는 그의 이웃들과는 달리 물람보와 가족들은 그리스도인들이었다. 물람보가 화요일 집회가 끝나고 집에 돌아갔을 때, 그는 여섯 살 난 아들 캐쉬니가 마비되어 혼수상태에 빠져 있는 것을 발견했다. 물람보와 그의 형 쿠암바는 어린 아이를 물람보가 다니는 회사에 있는 병원으로 데려갔다. 그는 뇌 말라리아에 걸린 것으로 진단되었다. 그리고 물람보에게 미콘도 진료소로 아이를 데려가 치료받도록 하라고 했다.

수요일 아침 4시에 그들이 미콘도 진료소에 가까이 왔을 때, 여섯 살된 캐쉬니는 경련을 일으키고 숨을 멈췄다. 그의 심장이 멈추어 아버지의 팔에 안겨서 죽었다. 진료소 안에서 한 의사가 아이에게 주사를 놓으며 그를 소생시키려 노력했다. 그러나 소용이 없었다. "당신의 아들은 죽었소"라고 의사가 물람보에게 말했다. "나는 그를 위해서 아무것도 할 수 없습니다. 아이를 킨사사에 있는 마마에모병원으로 데려가서 사망증명서를 받고 매장하십시오."

그들이 아이의 시체를 병원으로 데려갔을 때, 아이는 다시 죽은 것으로 공표되었다. 물람보는 매장허가서를 살 돈을 빌리기 위해서 아들의 시체를 쿠암바와 함께 병원에 남겨두고 떠났다.

그가 거리로 나섰을 때, 물람보는 그것이 하나님께 영광을 돌릴 수 있다면 주님께 그의 아들을 살려주시도록 기도하기 시작했다. 그는 베드로가 도르가를 죽음에서 살린 이야기를 기억하던 바로 그때, 하나님께서 이렇게 말씀하시는 것을 들었다. "너는 왜 울고 있느냐? 나의 종이 이 도시에 있다. 그에게로 가라."

물람보는 주님께서 마에쉬를 말씀하시고 계시다는 것을 알았다. 그는 마에쉬가 삼만 명의 사람들에게 설교하고 있던 카사부부 광장으로 달려갔다. 마에쉬는 막 메시지를 끝맺고 있었다. 캐쉬니가 죽은 지 여덟 시간이 지난 후인 정오 12시에 마에쉬는 마이크에서 물러섰다.

갑자기 마에쉬는 하나님께서 그를 또 다른 세계로 이끄신 것처럼 느꼈다. 그는 더이상 군중들을 인식하지 못했다. 그는 침묵 속에 싸여 있었다. 성령의 부드러운 음성이 분명하고 명백하게 말씀하셨다. "오늘 아침에 아들이 죽은 사람이 여기에 있다. 그를 앞으로 나오게 하라. 나는 그를 위하여 놀라운 일을 행하고자 한다." 마에쉬는 청중에게 이 말을 정확하게 말했다.

물람보는 "저예요! 저예요!"라고 외치면서 앞으로 달려갔다. 즉시 마에쉬는 물람보의 머리에 손을 얹고 기도했다.

"주 예수님, 당신의 이름으로 이 사람의 아들에게 역사하고 있는 어둠과 죽음의 세력을 묶습니다. 그리고 당신의 부활의 영을 보내시어서 그를 되살려 주시기를 기도합니다."

물람보가 돌아서서 병원으로 달려가기 시작했을 때 군중들은 흩어졌다.

마에쉬가 카사부부 광장에서 물람보를 위해서 기도하고 있는 동안인 1985년 6월 12일 12시에 병원에서는 이런 일이 일어났다. 다마예모 병원에서 쿠앝바는 팔에 동생 아들의 시체를 안고 있었다. 정오에 그는 시체가 움직인다고 느꼈다. 아이는 재채기를 했다. 캐쉬니는 일어나 앉아서 음식을 달라고 했다. 그런 다음 아이는 아빠를 부르기 시작했다. 하나님께서 그 아이를 죽음에서 되살리셨다.

말할 필요도 없이, 병원에서는 소동이 일어났다. 물람보는 캐쉬니가 아빠를 부르고 있을 때 방으로 들어갔다. 물람보는 아들을 붙잡고 몇 분 전에 아들의 시체 안치실로 쓰였던 병실에서 하나님을 소높여 찬양하기 시작했다.

이 놀라운 기적의 소식은 그 도시 전역에 퍼졌다. 그리고 그 주말에 2십만 명 이상의 사람들이 복음을 듣기 위하여 저녁 집회에 참석했다. 많은 사람들이 구원받았고 치유되었다.

나는 공식적인 봉인이 있고 이완가 엠붐(Iwanga Embum)이 사인한 캐쉬니 마니카이의 사망신고서의 사본을 보았다. 회의론자는 캐쉬니의 죽음이 잘못 진단되었을 수 있고, 그가 단지 혼수상태에 빠져 있었다고 주장할 수도 있다. 그러나 이것은 여덟 시간 뒤에 마에쉬에게 주어진(어떤 사람의 아들이 죽었고 하나님께서 그를 위하여 무엇인가를 하실 것이라는) 계시와 그 소년의 즉각적인 회복 시간이 일치함을 설명할 수 없다.

나는 마에쉬 케브다를 개인적으로 알고 있고, 그의 성실성과 사역의 정당성을 확신한다. 그리고 1985년 6월 12일 그 기적적인 사건을 목격한 자이레의 킨사사에 거주하는 3만 명 역시 그렇다.

물람보의 형인 쿠암바는 그날 오전에 하나님의 능력을 목격한 후에 그리스도인이 되었다. 마니카이 가족은 여전히 킨사사 룸비가 26번지에서 살고 있다.

하나님께서는 두 가지 면에서 마에쉬의 충실함을 보상해 주셨다. 첫째, 하나님께서는 그가 기적적으로 죽은 자를 살리는 일에 참여케 하셨다. 둘째, 하나님께서는 마에쉬의 어린 아들 아론을 기억하셨고, 그를 완벽하게 치유하셨다. 오늘날 아론 케브다는 건강하고 정상적인 여덟 살 아이이다.[3]

* * *

영적인 성숙은 방대한 양의 성경 지식을 소유하는 것이나 가장 강력한 성령의 은사들을 소유하는 것은 아니다. 육적인 사람들도 이 두 가지를 다 가질 수 있다. 영적인 성숙은 하나님의 사랑을 공유하고, 그의 음성을 분별하는 것이다. 그것은 하나님께서 사랑하시는 것을 사랑하고, 하나님께서 미워하시는 것을 미워하는 것이다. 영적으로 성숙한 그리스도인들은 하나님과 그의 백성들을 열정적으로 사랑한다. 그리고 그들은 그들을 하나님께로부터 멀어지게 하는 것은 무엇이나 미워한다. 그러한 사랑에 관련해서만이 성경 지식과 성령의 은사들은 그것들이 가지는 하나님의 목적들을 이룰 수 있다. 성령의 능력은 하나님과 그의 자녀들을 향한 열정적인 사랑을 통해서 막힘없이 흘러나올 수 있다.

성경에 나오는 여자들 중에서, 나는 마리아가 하나님의 아들을 향한 이러한 열정을 실례로 보여주는 사람이라고 생각한다. 남자들 중에서는 사도 요한이어야만 할 것이다. 요한은 '예수께서 사랑하시는 제자'라고 불리운다. 리빙 바이블은 요한을 '예수의 가장 가까운 친구'라고 말한다(요 13:23). 그것은 훌륭한 번역이다. 요한은 항상 '내부'에 있도록 허락받았던 세 명의 제자들 중의 하나이다. 그러나 그 세 명 중에서도 요한은 예수의 가장 가까운 제자였다. 그리고 모든 사람이 그것을 알았다.

마지막 만찬에서 예수께서 그들 중의 하나가 그를 배반할 것이라고 말씀하셨을 때, 모든 제자들은 놀랐다. 그들은 그것이 궁금해서 죽을지경이었다. 그러나 아무도 예수께 물을 용기가 없었다(심지어 베드로까지도). 그래서 베드로는 요한에게 돌아서서 말했다. "네가 여쭤봐." 베드로는 그 식탁의 주변에 있던 다른 모든 사람이 아는 것, 즉 요한은 그들 나머지 제자들 중의 어느 누구도 할 수 없는 것을 예수께로부터 얻어낼 수 있다는 것을 알았다. 한순간의 주저함도 없이 요한은 예수를 향해 돌아서서 그의 머리를 예수의 가슴에 얹고 물었다. "주님, 그것이 누구입니까?" 예수께서는 유다에게 빵 한 조각을 주심으로써 즉시 요한에게 대답하셨다. 요한은 정말로 예수의 가장 가까운 친구였다.

그 다음날 예수께서는 십자가에 달리셨고, 하나님의 볼 수 있는 모든 흔적이 사라졌던 것 같았던 우주를 향하여 계하셨다. 그의 제자들 중에 하나를 제외하고 모두가 그를 떠났다. 단지 요한과 네 명의 여자들이 십자가 밑에 서 있었다. 예수께서는 내려다 보시고 그의 어머니를 보셨다. 이제 누가 그녀를 돌보겠는가? 그의 형제들? 사도들? 아니다. 그들 모두는 그를 떠났다. 그런데 그는 요한을 보셨다. 그것은 마치 그의 영으로 말씀하셨던 것 같다. "요한아, 너는 나에게 있는 유일한 자이다. 어느 누구도 나의 어머니를 돌볼 수 없을 것이다." 부드러운 사랑으로 예수께서는 마리아에게 말씀하셨다. "여자여, 보소서 당신의 아들이니다." 그런 다음 그의 가장 친한 친구에게 말씀하셨다. "보라 네 어머니라."

요한은 정말로 예수의 가장 친한 친구였다. 그러나 요한은 그의 가장 친한 친구인 유일한 사람일 필요는 없다.

우리 모두는 지상에 잠시 동안만 있을 것이고, 우리의 삶에 대한 설명을 하기 위하여 주님 앞에 설 것이다. 그날 자신있게 그 앞에 설 수 있도록 마리아와 같이 가장 좋은 부분, 즉 절대로 필수적인 것을 선택하는 것이 어떻겠는가? 요한과 같이 되어서 예수를 우리의 가장 좋은 친구로 삼는 것이 어떻겠는가? 예수님의 마음은 더 많은 가장 좋은 친구들과 더 많은 마리아들을 수용하실 수 있을 만큼 충분히 넓다.

왜 우리가 그 밖의 어떤 것에 만족하기를 원하겠는가?

◇ 에필로그

오늘날 하나님께서
말씀하시는 것을 듣는 것

케빈 포리스트(Kevin Forest)는 고등학교를 졸업한 직후에 그리스도인이 되었다. 그의 '과거'는 좋은 것이 아니었다. 그는 부도덕한 환경에서 성장했다. 그리고 일찍이 다양한 형태의 성적인 부도덕함에 빠졌다. 그가 회심을 경험한 후 약 일년 동안 가까스로 부도덕함에서 벗어나 있었다. 그러나 그는 다시 정욕에 빠졌다.

그 당시에 그는 레지나(Regian)를 만나 결혼했다. 대부분 결혼은 부도덕한 행위를 멈추게 하는 경향이 있다. 그러나 케빈은 결혼한 후에도 부도덕한 생활을 계속했고 레지나는 그것을 알지 못했다.

그들은 가정을 이루었고, 아들과 딸 하나씩를 낳았다. 그러나 케빈은 계속해서 부정을 저질렀다. 레지나는 한 사건에 대하여 알게 되었고 그로 인해 레지나는 몹시 상심하게 되었다. 그러나 레지나는 케빈을 용서했다. 그는 자신의 입장에서 다른 사건들에 대해서는 거짓말을 했고, 성실할 것을 약속했다. 그런데도 그는 부정한 행위들을 다시 시작했다.

그후 1986년 그들의 두 살 난 딸 하일리가 뇌종양으로 죽었다. 케빈의 슬픔은 하나님에 대한 분노로 바뀌었다. 외 하나님께서는 그의 어린 딸을 데려가셨겠는가? 그의 은밀한 죄를 벌하시기 위하여? 그러나 딸을 잃은 사실도 케빈을 회개하도록 하지 못했다. 그는 계속해서 이중생활을 하였고, 그는 사람들에게 잘 알려진 교회에 다니며 성실한 남편이고 아빠였다. 그러나 그는 아무도 모르게 성적인 부도덕한 행위에 빠져 있었다.

케빈이 더 깊은 어둠 속으로 빠져들고 있을 때, 레지나는 하나님께로 더욱더 가까이 나아갔다. 케빈은 이런 그녀를 경멸하기 시작했다.

1989년 7월에 포리스트 가족은 캘리포니아의 산타 마리아에서 살며, 비니어드 교회에 출석하고 있었다. 하나님의 도우심으로 레지나는 케빈의 불성실함의 작은 일부분에 대하여 알게 되었다. 첫번째 대립 후에 레지나는 그녀의 목사들인 칼 터틀(Carl Tuttle)과 랄프 쿠세라(Ralph Kucera)에게 도움을 청했다. 칼의 아내인 쏘냐(Sonja)가 레지나를 위로하기 위해서 그녀의 집으로 가 있는 동안, 케빈은 결국 쿠세라의 집에 가 있었다.

케빈은 마음속에서 양자택일의 갈림길에 있었다. 그는 자살을 하거나 새로운 삶을 시작하기 위하여 도망치는 것이었다. 목사들은 그를 제지하기 위해서 곧 물리적인 힘을 사용할 것 같았다.

폴 케인은 비니어드 교회에서 주체하는 사경회에서 설교하기 위하여 그 주간에 마을에 있었다. 케빈과 레지나 사이의 사건이 확대된 그날 밤에 주님께서는 그에게 포리스트 부부에 관한 환상을 주셨다. 그 다음날 아침에 깨어났을 때, 그는 칼 터틀에게 전화를 해서 "당신의 교회에 가정적인 문제가 있습니다"라고 말했다.

"맞습니다"라고 칼이 말했다.

"아내의 이름은 레지나입니다. 남편의 이름은 무엇입니까?"라고 폴이 물었다.

"케빈입니다."

"칼, 이 사람은 도망치기를 원합니다. 그가 그렇게 하지 못하게 하세요. 오늘 저녁 집회에 그가 참석하게 하세요. 주님께서 그를 위하여 무엇인가 하실지도 모릅니다." 폴은 전화를 끊었다.

케빈과 레지나는 그날 밤에 교회에 왔었다. 그러나 그들은 함께 앉지 않았다. 설교가 끝나갈 무렵에 폴은 케빈에게 일어나도록 했다. 케빈이라고 불리는 한 남자가 일어섰다. 그러나 그것은 케빈 포리스트가 아니었다.

"아닙니다. 당신은 내가 환상 속에서 본 케빈이 아닙니다. 또 다른 케빈이 이곳에 있습니다."

그러자 케빈 포리스트가 천천히 일어섰다.

"케빈, 나는 당신을 부끄럽게 하고 싶지 않습니다. 그러나 당신의 결혼 생활은 위기에 처해 있습니다"라고 폴이 말했다.

"지난 밤에 나는 당신과 레지나에 관한 환상을 보았습니다. 당신 아내의 이름이 레지나이지요? 나는 당신을 부끄럽게 하고 싶지 않습니다. 나는 당신을 회복시키고 싶습니다. 주님께서는 당신의 아내를 '바로 서 있다'고 생각하시지만, 사탄은 당신을 죄로 몰아 왔습니다. 그는 당신을 파괴시키려 해 왔습니다. 사탄은 당신의 인생에 관여하고 있습니다. 당신은 스물여덟 살입니다. 그리고 마귀는 당신이 서른번째 생일을 맞이하기 전에 당신을 죽이려 계획하고 있습니다. 그는 아직 당신을 죽일 수는 없습니다. 그러나 그는 당신의 아이를 죽였습니다. 하나님이 아니라 사탄이 당신의 아이를 죽였습니다."

폴이 이렇게 말했을 때, 케빈은 마음이 찢어지는 것처럼 느꼈다. 그는 하일리의 죽음 때문에 하나님께 분노를 느껴오고 있었다. 그러나 하일리를 데려간 것은 결코 하나님이 아니었다. 케빈이 악과 타협한 것이 마귀가 그의 가정을 파괴시킬 수 있는 열린 문을 제공했다.

"사탄은 하나님께서 당신과 레지나를 위해 계획을 가지고 계신 것을 알고 있었기 때문에 당신을 죽이려고 합니다."

"당신의 아내는 어디에 있습니까?"라고 폴이 물었다.

"거기 있군요, 레지나."

폴은 레지나를 바라보며 아버지처럼 그녀에게 호소했다.

"레지나, 내가 말하려는 것에 대하여 나를 믿으세요. 당신은 드러나고 밝혀지는 모든 것에 관하여 이 사람을 용서해야만 합니다."

그리고 폴은 그들에게 회중 앞으로 나와서 서라고 요청했다.

"레지나, 당신은 바로 서야 합니다. 사탄이 당신의 적입니다. 지난 밤에 주님께서 나에게 당신의 아기가 죽은 것과 당신의 오빠가 죽은 것을 알려 주셨습니다(레지나의 오빠는 그녀의 딸 하일리가 죽기 세 달 전에 죽었다). 그것은 전적으로 마귀의 공격이었습니다. 삼키는 자가 지금 당신의 현관에 있습니다. 그러나 주님께서는 당신의 삶과 결혼 생활을 회복하실 것이라고 말씀하셨습니다. 유일한 출구는 전적인 용서이고, 다시 당신들의 신성한 결혼 서약을 하는 것입니다. 주님께서는 이것이 유일한 출구라고 말씀하셨습니다. 지난 밤은 영혼의 어두운 밤이었지만 상황은 더 악화될 수도 있었습니다. 주님께서는 나에게 당신을 필요로 하는 두 명의 아이를 가지고 있다고 말씀하셨습니다. 케빈, 부디 오늘밤에 회개하세요! 당신이 회개하므로… 케빈, 나를 보세요. 주님께서는 오늘밤부터 당신을 도와주실 것입니다. 그리고 레지나, 주님께서는 오늘밤 이후로는 결코 당신의 남편을 '케빈'이라 부르시지 않고 '세인트 존'이라고 부르실 것이기 때문에 당신은 사람을 용서해야 할 것입니다. 그것이 그의 가운데 이름입니다. 그로 인해 하나님을 찬양합시다. '주님, 저는 여기에 있는 파괴된 모든 결혼 생활에, 모든 병들고 죽은 것 같은 삶에 축복을 선언합니다. 당신께서 그 결혼 생활의 적폐에서 그들을 치료하시기를 기도합니다.' 나는 당신들을 다시 남편과 아내로 선포합니다. 나는 당신들이 전혀 새로운 세인트 존과 레지나로 만나기를 원합니다. 아멘. 나는 당신들이 그것을 인해 주님께 감사드리기를 바랍니다!"

내가 지금 막 쓴 것은 그날 밤에 그 교회에서 일어났던 일을 충분하게 서술한 것은 아니다. 사람들은 하나님의 임재에 압도되었고, 일부의 사람들은 통제할 수 없이 울고 있었다. 그 다음에 자신들의 죄가 드러날 것을 두려워한 몇몇 사람들은 회개하기 시작했다. 다른 사람들은 하나님의 부드러운 자비와 전지하신 능력으로써 하나님을 경배하고 있었다.

그날 저녁에 폴이 말한 것에는 인쇄물로 나타낼 수 없는 또 다른 권위와 능력이 있었다. 그가 자연스런 방법을 통해서 알았던 유일한 이름은 케빈의 이름이었다. 그 밖의 모든 것—모든 다른 이름, 사건, 그리고 결혼 생활의 회복—은 하나님께서 폴에게 계시하셨다.

이것이 그의 말이 신적인 영향을 가졌던 이유들 중의 하나이다. 그 자리에 있던 사람들은 이 말들이 진실로 선지자의 같이라는 것을 이해했다. 이런 선지자의 말은 바울이 사도들에게 하도록 말했던 것을 했다.

> 엎드리어 하나님께 경배하며 하나님이 참으로 너희 가운데 계시다 전파하리라(고전 14:24-25)

그 다음날 폴 케인은 터틀 목사에게 교회의 다른 열두 쌍의 결혼 생활이 심각한 문제에 빠져있고, 하나님께서 케빈의 회개와 레지나의 용서를 그들의 결혼 생활을 치유하시기 위해 사용하실 것임을 말했다. 두 주 뒤에 케빈과 레지나는 주일 아침에 전 교인 앞에서 그들의 결혼 서약을 새롭게 했다. 후에 칼 터틀은 회중에게 교회에 다른 결혼들도 위기에 처해 있고, 만일 그들이 프리스트 부부가 한 것처럼 기꺼이 회개하고 용서한다면, 주님께서는 그들 역시 도우실 것이라고 말했다. 열두 쌍이 일어나서 기도와 회개와 용서받기 위해서 제단 앞으로 나왔다. 칼이 아는 한 열두 쌍 모두가 잘 회복되고 있다.

오늘날 케빈은 '존'으로 살아가고 있다. 하나님께서는 존과 레지나에게 사탄이 죽인 딸을 대신하여 예쁜 두 딸을 주셨다. 포리스트 부부의 결혼 생활이 구해졌을 뿐만 아니라, 1989년 7월 5일 밤에 그들과 교통했던 은혜에 의해서 그들의 삶 역시 완전하게 변화되었다. 오늘날 그들은 교회에서 사람들을 효과적으로 인도하는 구역장이 되었다.

존을 누르고 있던 성적인 부도덕 행위에 대한 사탄의 세력은 그날 밤에 끊어졌다. 그리고 그는 깨끗케 하고, 회복하고, 자유하게 하시는 하나님 아들의 보혈 능력을 발견했다. 마귀는 케빈 포리스트에게 도망치거나 자살하는 것의 단지 두 가지의 선택이 있다고 확신시켰다. 하지만 성령의 예언적 사역이 그에게 또 다른 더 좋은 선택을 주셨다.

나의 생애에서 가장 어려운 변화는 성경이 하나님께서 은사받은 신자들을 통하여 오늘날에도 치유하시고 기적들을 행하신다는 것을 인정하는 것에 있는 것이 아니었다. 내가 가장 거부하고 가장 납득하기가 염려스러운 것은 하나님께서 오늘날에 여전히 말씀하신다는 것을 받아들이는 것이었다.

물론 하나님께서는 성경을 통하여 오늘날에도 여전히 말씀하신다. 그러나 그것은 내가 의미하고 있는 것이 아니다. 나는 결코 성경에 모순되지는 않지만, 성경을 떠나서 하나님께서 말씀하시는 다른 방법들에 대하여 말하는 것이다.

성경 자체도 하나님께서 여러 번 들을 수 있는 음성으로, 일단의 사람들 중의 단지 어느 한 사람에게만 들을 수 있는 음성으로, 음성으로 들을 수 있는 것만큼이나 분명하게 마음속에서의 말씀으로, 영감으로, 환상으로, 꿈으로, 천사들을 통해서 그리고 다양한 다른 방법으로 말씀하셨다는 것을 우리에게 말해 준다. 그러나 성경은 하나님께서 이러한 방식으로 여전히 말씀하신다고 가르치는가, 혹은 이런 형태의 대화는 우리가 완성된 성경을 받을 때까지의 일종의 일시적인 미봉책이었는가?

하나님께서 여전히 이러한 방식으로 말씀하신다는 것을 믿는 것과 관련된 문제들은 나에게 압도적인 것 같았다. 나에게 가장 불쾌한 첫번째는 대부분이 이러한 다양한 형태의 교통에 관계된 주관성이었다.

꿈들을 예로 들어 보자. 당신은 그 꿈이 하나님께로부터 온 것인지 어떤지를 어떻게 아는가? 전날 밤에 났던 배탈 때문에 그런 꿈을 꾸었다면 어쩌겠는가? 당신이 그 꿈을 하나님께로부터 온 꿈이라고 정한다고 할지라도 당신은 그것을 어떻게 해석하겠는가? 성경이 꿈들을 해석하는 법칙들을 제시하는가? 당신이 그 꿈이 하나님께로부터 왔다고 확신한다고 할지라도 당신은 얼마만큼의 무게를 그것에 두어야 할 지를 어떻게 알겠는가? 그것이 성경, 환상, 영감, 들을 수 있는 음성 등과 같은 권위를 갖겠는가?

만일 우리의 주목을 끌려하는 네 가지의 음성들—하나님의 음성, 마귀의 음성, 다른 사람들의 음성, 우리 자신의 음성—이 있는 것이 사실이라면, 성경은 어디에서 어느 목소리가 누구의 것인지를 구별하는 법을 가르치는가? 당신은 어떻게 확신할 수 있는가, 혹은 객관적인 확실성은 불가능한가?

이 모든 것을 결정하려는 것과 관련된 주관성은 하나님께서 그의 분명하고 객관적이며 무오류의 성경을 우리에게 주신 후에도 이와 같은 방식으로 계속해서 말씀하시는 것을 받아들이기 어려운 것처럼 만들었다.

둘째, 왜 하나님께서 우리에게 성경을 주신 후에도 이러한 주관적인 수단을 사용할 필요가 있겠는가? 혹은 한대 어떤 사람이 나에게 말했던 것처럼 "우리는 성경을 가지고 있는데 그 모든 다른 것들의 목적은 무엇인가?" 성경은 성경만이 그리스도인들이 "모든 선한 일을 행하기에 온전케 하려하기"(딤후 3:17) 위해 필요로 하는 전부였다라고 가르치지 않았는가?.

나를 가장 놀라게 했던 셋째는 내가 만일 하나님께서 온전히 성경을 제쳐두고 말씀하신다는 것을 인정했다면, 나는 다시 성경의 정경을 개방하고 있는 것이 아니겠는가? 이론적으로 무엇 때문이 사람은 새로운 성경책을 쓰지 못하는가? 혹은 나는 하나님께서 두 가지의 다른 방법으로, 즉 오류가 없는 성경을 통한 한 가지 방법과 그 안에 실수가 있는 개인적인 계시를 통한 또 다른 방법으로 말씀하신다고 기대해야 하는가?

그러나 성경은 하나님께서 거짓말하실 수 없다고 가르친다(히 6:19). 만일 내가 하나님께서 오늘날에도 여전히 말씀하시고 계시다는 것을 받아들인다면, 성경의 권위가 떨어진다는 것은 피할 수 없는 것처럼 보였다.

넷째, 남용의 요소가 있었다. "주심께서는 당신에게…라고 말하라고 나에게 말씀하셨습니다." 만일 우리가 하나님께서 오늘날에도 말씀하시고 계신다는 것을 믿는다면, 우리는 통제하고 속이는 사람들에게 문을 열어 놓고 있는 것이 아닌가? 우리가 만일 "하나님께서는 나를 통해 당신에게…라고 말하라 말씀하셨습니다"라고 말하는 사람을 따르지 않는다면, 그것은 성경의 선지자들 중의 한 사람에게 불순종하는 것과 같겠는가?

다섯째, 하나님께서 여전히 말씀하시고 계시다는 생각에 반대되는 결정적인 성경 본문이 있는 것으로 생각되었다. 히브리서 1:1-2는 선지자들은 과거에는 하위적 방법인 계시의 직분이었지만, 이제 이 마지막 시대에 그들은 하나님께서 그의 아들을 통하여 우리에게 말씀하시기 때문에 더 우위였다고 말하는 것 같았다. 에베소서 2:20의 한 가지의 가능한 해석은, 예언은 기초가 놓여진 후에 더 이상 주어지지 않는 기초적인 은사였다는 것이다.

마지막으로, 성경에 나타나 있는 예언과 현대의 예언 사이의 근본적인 차이점이 있는 것 같았다. 예언이라는 명목으로 교회 내에서 일어나고 있는 것을 이사야나 예레미야와 같은 선지자의 예언적인 말과 비교하기 시작할 수 없었다. 내 친구들 중의 한 명은 실제로 그가 지방의 카리스마적 교회를 방문했을 때 다음과 같은 예언을 들었다. 한 남자가 일어나서 말했다.

"그리하여 주님께서 말씀하십니다. '오, 두려워하게 되는 것으로써 당신을 정죄하지 마세요. 나도 때때로 두려워합니다.'"

현대의 예언이 이런 수준까지 낮아지지 않았을 때에조차도 그것은 성경의 예언과 너무나도 다르기 때문에 그다지 심각하게 여겨질 것 같지 않았다.

내가 처음으로 그런 주제에 관하여 연구하기 시작했을 때, 나는 분투적으로 노력했다. 그에 대한 어떤 해결책을 어떻게 발견할 수 있을지 하나님께서 말씀하신다는 것—나는 당언과 방언 통변어 관한 모든 문제는 언급하지도 않았다—과 관련된 문제들이 너무나 많이 있었다.

오늘날 하나님께서 말씀하신다는 주제에 관한 실질적인 경험과 강한 연구를 수년 동안 한 후에, 나는 결코 성경에 모순되지 않지만 하나님께서 정말로 성경을 떠나서 말씀하신다는 것을 확신한다. 그리고 하나님께서는 단지 특별하게 은사받은 선지자적인 사람들에게만 하시는 것이 아니라 그의 자녀들 모두에게 말씀하신다. 그리고 하나님께서는 놀랍도록 상세하게 우리 도두에게 말씀하신다.

나는 이것이 성경이 가르치는 것이라는 것과 성경은 내가 처음이 주제를 연구하기 시작했을 때 나에게 매우 압도적인 것 같았던 모든 문제들에 대한 아주 분명하고 만족스러운 해답들을 가지고 있다는 것을 확신한다.

나는 마귀가 오늘날에도 악마적이고 초자연적인 계시를 주고 있다는 것을 안다. 그의 가장 성공적이고 속이는 행위 중의 몇몇은 뉴 에이지 운동에서 발생한다. 많은 그리스도인들은 그들이 하나님의 음성을 듣는 것이 '자신들을 연다'면, 그들이 뉴 에이지 마귀들에게 현혹될 것이라는 것을 두려워한다. 사실상 오늘날의 너무나 많은 교회들이 우리데게 말씀하시고 우리를 인도하시는 하나님의 능력보다는 우리를 속이는 마귀의 능력을 더 신뢰한다.

하나님의 음성과 사탄의 음성 사이에는 엄청난 차이가 있다. 그리고 신실한 그리스도인들이 그 두 가지를 혼동하지 않도록 하는 수많은 성경적인 보호물들이 있다. 이론적이나 실질적인 면에서 하나님의 오류없는 성경의 권위를 티끌만큼도 축소시키지 않으면서 하나님께서 오늘날에도 여전히 말씀하신다는 것을 믿는다는 것이 가능하다.

또한 당신이 성경을 떠나서 하나님의 음성을 듣는 법을 배우지 않는다면, 당신은 결코 당신의 인생을 위한 하나님의 지고의 목적들을 이루어 드릴 수 없을 것이라는 것을 알았다. 당신이 만일 하나님의 음성을 듣는 법을 배우지 않는다면, 당신은 심지어 성경을 이해할 수도 없을 것이다. 하나님의 기록된 말씀에 대하여 가장 훌륭한 시편 기자는 다음과 같이 쓰며 기도했다.

> 내 눈을 열어서 주의 법의 기이한 것을 보게 하소서(시 119:18)
> 주의 인자하신 대로 주의 종에게 주의 율례로 내게 가르치소서
> (시 119:124)
> 나는 주의 종이오니 깨닫게 하사 주의 증거를 알게 하소서
> (시 119:125)

만일 성경 기자가 그것을 쓰고 있는 동안에조차도 하나님께서 그에게 성경을 가르쳐 주셔야 할 필요성을 인정했다면, 우리가 성경을 이해하고자 한다면 우리는 얼마나 더 많이 하나님께서 우리에게 말씀하셔야 하는 것이 필요하겠는가?

* * *

나는 이 책에 포함되도록 하나님의 음성을 듣는 것에 대한 장을 쓰기 시작했다. 나는 현대에 성령의 계시적인 사역에 관하여 실질적이고 신학적인 문제들을 다루고자 한다. 그 장은 빠르게 두 장이 된 다음 세 장이 되어 나는 내가 또 다른 책을 쓰기 시작했다는 것을 깨달았다. 이제 그 책을 쓰고 있는 중이다. 나는 지금 이 책이 도움이 된다는 것을 알게 된 사람들에게 곧 나올 그 책이 기다릴 가치가 있기를 바란다.

부 록

◇ 부록1

하나님께서 치유하시고
기적들을 행하시는 다른 이유들

    내가 복음서와 사도행전에 나타난 각각의 치유들과 기적들을 연구하기 시작했을 때, 나는 그러한 치유들과 기적들에는 많은 다른 이유들이 있다는 것을 발견했다. 다음의 예들은 철저하게 이야기되는 것은 아니다. 그러나 그 예들은 기적들이 교회 시대 전체에 걸쳐 계속되도록 계획되었다는 것을 확증한다.

    하나님께서는 치유하시도록 요청받으시기 때문에 치유하신다. 때때로 성경은 예수님께서 단지 치유하시도록 요청받으셨다는 것 외에는 다른 이유를 제시하지 않는다. 구체적인 조명을 하자면, 한번은 데가볼리 지역에서 귀먹고 거의 말할 수 없는 한 남자를 예수께로 데려왔다. 그 본문은 단순하게 "그들이 예수께 그 사람을 안수하여 주시기를 구하였다"(막 7:32)고 말한다. 예수께서는 단순히 요청받았기 때문에 그 사람의 귀먹은 것과 언어 장애를 치유하셨다. 그 본문에는 또 다른 이유가 주어지지 않았다. 믿음에 대해서도, 예수의 긍휼히 여기심에 대해서도, 혹은 하나님의 영광에 대해서도 언급이 되어 있지 않다.

    뒤에 베세다에서는 한 눈먼 사람을 예수께 데려왔다. 그리고 그 본문은 "그들이 예수께 그를 만져주시기를 구했다"(막 8:22)고 말한다. 다시 예수께서는 그 사람을 치유하셨다. 그러나 그 문맥상에 나타난 치유에 대한 어떤 이유—예수께서 요청받으셨다는 것을 제외하고—도 제시되어 있지 않다. 따라서 어떤 경우에는 단순한 요청이 하나님께서 치유하시도록 하기에 충분하다. 이것은 우리가 우리의 하늘 아버지께 치유와 기적들을 요청하는 데에 있어 훨씬 더 자유롭도록 용기를 북돋운다.

그러나 오늘날 어떤 사람들은 하나님께 치유나 기적들을 구하는 것이 잘못—심지어 죄가 되는 것—이라고 우리에게 말한다.[1] 그들은 예수께서 마태복음 12:39에서 하신 말씀에 그들의 주장의 근거를 둔다. 즉 "악하고 음란한 세대가 표적을 구하나 선지자 요나의 표적밖에는 보일 표적이 없느니라!"

그러나 당신이 만일 하나님께 기적을 행하시기를 구한다면, 당신은 정말로 죄를 범하는 것인가? 만일 당신의 사랑하는 사람이 죽어가고 있고 의사들이 모든 희망을 포기한다면, 하나님께 당신이 사랑하는 사람을 기적적으로 치유하시기를 구하는 것이 정말로 죄가 되는가? 만일 당신이 수년 동안 복음을 전하고 있는 친구가 있는데 그가 계속해서 복음을 거부한다면, 당신이 하나님께 그가 믿음에 나올 수 있도록 그에게 물리적인 기적을 행하시기를 구하는 것이 정말로 죄가 되는가? 어떤 교회가 많은 사람들이 예수를 믿을 수 있도록 그들의 도시에 표적과 기사들을 수반한 성령을 부어주시기를 하나님께 기도하는 것이 정말로 죄가 되는가? 분명히 어떤 사람들은 이것이 불신하는 마음에서 생겨나는 죄된 욕망이라고 느낄 것이다.

그러나 더 면밀한 조사에서 기적의 가치에 대한 이러한 단정된 제한은 예수에게서 발견되는 것이 아니라, 일부의 현대 작가들의 마음속에서 발견된다. 두 가지의 다른 경우에 예수께서는 그에게 표적을 구하는 사람들을 '악하고 음란한 세대'라고 비난하셨다. 표적을 구하는 첫번째 요구(마 12:38)는 예수께서 마귀에 사로잡혀 눈 멀고 말 못하는 사람을 고치신(마 12:22) 직후에 나왔다. 두번째 요구(마 16:1)는 예수께서 4천 명을 기적적인 방법으로 먹이신(마 15:32-39) 직후에 나왔다. 다시 말하면, 두 본문에서 복음서의 저자들은 예수께서 표적을 요청받으실 때, 이미 두 가지의 놀라운 표적들을 행하셨다는 것을 조심스럽게 보여주고 있다.

누가 예수께 표적을 요청했는가를 주목하는 것 역시 중요하다. 마태복음 12:38에서 그것은 바리새인들이었다. 마태복음 16:4에서 그것은 바리새인들과 사두개인들이었다. 이 사실만으로도 그 요청이 신실하지 않았다는 것을 우리에게 말해주기에 충분하다. 귀신들려서 눈 멀고 말 못하는 사람을 치유하는 것보다도, 혹은 4천 명을 먹이시는 것보다도 더 인상적일 수 있는 어떤 종류의 기적을 종교 지도자들이 원할 수 있겠는가? 마태복음 12:28에 대응하는 구절에서 누가는 바리새인들이 예수를 시험하기 위하여 그에게 하늘로부터 오는 표적을 구하고 있었다는 것을 분명히 한다(눅 11:16). 표적을 구하는 두번째 요청도 마찬가지이다(마 16:1; 막 8:11). 우리는 왜 바리새인들이 예수를 시험하고자 했는지 외에도 왜 그들이 하늘로부터 오는 표적을 구했는지를 이해할 수 있다.

분명히 그들은 하늘로부터 오는 기적은 예수께서 메시아이시라는 명백한 증거라고 생각했다. 그것은 조작하거나 속일 수 없는 표적일 것이다. 아마도 앞서 치유받은 눈먼 사람은 진짜로 눈먼 사람이 아니었을 것이다. 혹은 그의 실명은 어떤 정신-신체적 상관의 원인 때문이었을 것이다. 아마도 4천 명을 먹인 것은 어떤 가벼운 손 속임수 때문이었을 것이다. 혹은 그들이 들은 이 4천 명을 먹였다는 기적에 대한 보그는 과장되었을 것이다. 심지어 죽은 사람이 살아났다는 것은 하늘로부터 오는 표적과 필적할 수 없었다. 요컨데 누가 그 사람이 정말로 죽었었는지를 확인할 수 있겠는가? 그러나 어떤 유형의 하늘에서 일어나는 천체적인 표적은 속일 방법이 없을 것이다.[2] 아마도 바리새인들은 그들이 예수께서 그것을 행하실 능력에 미치지 않는다고 절대적으로 확신했기 때문에 이런 류의 표적을 구했을 것이다.

여기서 예수께서 꾸짖고 계신 것은 표적들에 대한 소망이 아니라 악하고 불신하는 마음에서 표적들을 구하는 요구이다. 만일 표적들을 소망하거나 심지어 그것들을 추구하는 것이 정말로 잘못이라면 왜 신약성경의 교회는 이렇게 기도했는가?

> 주여 이제도 저희의 위협함을 하감하옵시고 또 종들로 하여금 담대히 하나님의 말씀을 전하게 하여 주옵시며 손을 내밀어 병을 낫게 하옵시고 표적과 기사가 거룩한 종 예수의 이름으로 이루어지게 하옵소서(행 4:29-30)

그 기도가 악한 소망을 나타냈다면, 왜 하나님께서는 이러한 식으로 그것에 응답하셨는가?

> 빌기를 다하매 모인 곳이 진동하더니 무리가 다 성령이 충만하여 담대히 하나님의 말씀을 전하니라(행 4:31)

하나님께서는 즉각적인 표적인 지진을 수반하는 표적들과 기사들로 그들의 기도에 응답하신다. 그리고 사도행전의 그 다음 장은 표적과 기사들의 흘러 넘침을 기록하고 있다(행 5:12 이하). 그리고 기적적인 일들을 추구하는 것이 정말로 잘못이라면 왜 바울은 고린도 교인들에게 성령의 은사들을 열심히 사모하라고 권면하는가? (고전 12:31; 14:1, 39)[3] 사실은 하나님께서는 우리가 그에게 올바른 방법으로 올바른 이유들을 위하여 치유나 기적들을 구할 때 기뻐하신다는 것이다.

하나님께서는 사역의 장애물들을 제거하시기 위하여 치유하신다. 예수께서 가버나움에 있는 회당에서 나오신 후에 베드로의 집으로 들어가셨다. 그는 베드로의 장모가 열병으로 아파 누워 있는 것을 발견하셨다. 그가 "그녀의 손을 잡아 일으키시니 열병이 떠나갔다" (막 1:31). 마가는 그녀가 치유받자마자 "그들을 시중들기 시작했다"(막 1:31)고 말한다. 이 경우 그녀의 병은 주 예수께 대한 그녀의 봉사에 장애물이었다. 그래서 주께서는 그녀를 치료하셨다. 다른 경우들에 있어 주께서는 치유하심으로써 사역의 장애물을 제거하시지 않으시고 오히려 그 장애를 인내하고 어쨌든 봉사할 수 있는 은혜를 주신다(고후 12:7; 딤전 5:23 참고). 만일 질병이 주 예수께 향한 당신의 봉사에 장애가 된다면, 성경은 당신이 그에게 그것을 제거해 주시기를 요청할 수 있는 완전한 허락을 제시한다.

하나님께서는 우리를 가르치시기 위하여 기적들을 행하신다. 신학자들은 이것을 기적들의 교육적 목적('양육하다, 교육하다'란 뜻의 *paideuo*에서 유래)이라고 부른다. 요한은 그가 예수의 기적들을 '표적들'이라고 부를 때, 마음속에 이것을 생각했다. 표적이란 그 자체를 초월하는 더 훌륭한 것을 가르키는 것이다. 물론 예수께서 행하신 모든 기적들은 우리에게 하나님 나라의 특성에 대하여 무엇인가를 가르쳐준다. 예를 들어 물을 포도주로 바꾸셨을 때, 그는 단지 자연에 대한 그의 능력을 증명하시는 것이 아니었다. 그는 우리에게 하나님의 나라에 대한 일반적인 특징을 보여주시는 것이었다. 그의 나라에서 보통인 것이 특별한 것으로 변할 것이다. 연회장이 가장 좋은 포도주를 마지막까지 남겨 두었다는 것을 구체적으로 언급한 사실 역시 우리에게 하나님 나라가 정점에 이르는 방법에 대하여 말해 줄 수 있다.

예수께서도 친히 그가 행하신 기적들에서 교훈을 유도해 내시기를 주저하시지 않았다. 그가 무화과나무를 저주하시고, 그것이 달랐을 때, 그의 제자들은 그에게 이것이 의미하는 바에 대하여 질문했다. 그는 믿음의 능력과 믿음의 기도의 능력을 증명하시기 위하여 그 기적을 사용하셨다(마 21:18-22).

나는 오늘날의 상황이 어떤 차이가 있다고 생각하지 않는다. 나는 오늘날에 주님께서 우리에게 주시는 모든 기적이나 기도에 대한 응답 역시 교훈적인 기능을 가지고 있다고 생각한다. 만일 우리가 그의 오늘날의 역사하심에 대하여 묵상하고, 그에게 성령에 대한 조명을 요청하기 위해 시간을 보낸다면, 그의 기적들과 치유와 기도에 대한 특별한 모든 응답들은 우리에게 기적들 그 자체를 초월하는 무엇인가를 가르칠 것이다.

하나님께서는 사람들에게 구원을 가져다 주시기 위해서 기적들을 행하신다. 신학자들은 이것을 하나님의 구원적(구원을 의미하는 헬라어 soteria에서 파생한) 목적이라 부른다. 하나님의 구원적인 목적들은 세 가지의 범주로 나뉠 수 있다. 하나님께서는 사람들을 회개로 이끄시기 위해서 기적들을 행하신다. 그는 또한 전도를 위한 문을 여시기 위하여 기적들을 행하신다. 마지막으로 그의 아들과 복음의 메시지를 확증하시기 위하여 기적들을 행하신다.

기적들은 사람들을 회개로 이끌 수 있다. 예수께서 베드로와 야고보와 요한을 기적적으로 고기를 잡게 하셨을 때, 베드로는 "예수의 무릎 아래에 엎드려서 '주여 나를 떠나소서 나는 죄인이로소이다'라고 말했다(눅 5:8). 이 기적은 베드로에게 그의 죄성을 알게 하고, 그를 회개하도록 했다. 예수께서는 이것이 그가 대부분의 기적들을 행하신 도시들에서 일어났어야 했던 것이라고 말씀하셨다(마 11:20-24). 예수께서는 종교 지도자들에 대한 비슷한 주장을 하셨다.

> 내가 아무도 못한 일을 저희 중에서 하지 아니하였더면 저희가 죄 없었으려니와 지금은 저희가 나와 및 내 아버지를 보았고 또 미워하였도다(요 15:24)

예수께서 행하신 기적들로 인하여 종교 지도자들은 회개했어야 했다. 그러나 그들은 마음을 강팍케 했고, 그들의 죄는 훨씬 더 커졌다.

기적들은 전도를 위한 문을 연다. 복음서는 여러 차례에 걸쳐 하나의 기적이 일어난 후에 그 기적에 대한 소문은 온 땅에 퍼졌다고 기록한다. 그것으로 인해 사람들은 예수에 대하여 매우 놀라게 되고, 그의 말씀을 듣기를 원하게 되었다(마 9:26, 31; 막 5:20; 눅 5:15; 요 4:30, 42; 행 2; 12:9-11; 17-19). 이와 동일한 일이 빌립의 사역에서도 일어났다.

> 무리가 빌립의 말도 듣고 그가 행하는 표적도 보고 일심으로 그의 말하는 것을 좇더라(행 8:6)

이와 마찬가지로 주님께서는 베드로가 중풍병자인 애니아를 일으키도록 사용하셨고, 누가는 우리에게 "룻다와 사론에 사는 사람들이 다 그를 보고 주께로 돌아가니라"(행 9:35)고 말한다. 베드로가 도르가를 죽음에서 살려냈을 때에도 동일한 반응이 있었다.

> 온 욥바 사람이 알고 많이 주를 믿더라(행 9:42)

신약성경은 기적들이 무리를 모았다고 가르친다. 기적들은 믿음을 보장하는 것이 아니라 기적들은 복음이 선포되는 것을 들을 청중을 모아 듣게 한다.

만일 주님께서 다음 6개월 뒤에 당신의 예배 시간 동안이나 당신의 구역 모임 중에서 중풍환자와 에이즈 희생자를 치유하시고자 한다면, 당신은 교회의 출석 현황에 어떤 일이 일어날 것이라고 생각하는가? 당신 교회의 출석자는 아마도 네 배는 될 것이다. 나는 많은 사람들이 잘못된 이유로 인해 교회에 올 것이라는 것을 확신한다. 어떤 사람들은 서커스에 가는 것과 같은 방식으로 즐거움을 위해서 당신의 교회에 올 것이다. 나는 또한 당신이 일단의 정통적인 예배 감시원들의 관심을 끌 수 있고, 그들이 기적들에 관하여 듣는다면 어떤 기적이 일어났었다는 것을 논박하기 위해서, 혹은 그것이 실패한다면 그 기적들이 마귀에 의해서 행해졌다는 것을 증명하기 위해서 올 것이라는 것을 확신한다. 그러나 한가지 면에서 복음이 자비와 능력과 함께 선포된다면, 그때 그들은 성령의 설득력 있는 능력에 사로잡히게 되고 구원받게 될 것이기 때문에 그들이 오는 이유는 불신자들이 오는 이유와 차이가 없을 것이다.

기적들은 또한 예수 그리스도와 복음의 메시지를 확증한다. 나는 이미 8장에서 확증의 특성에 관하여 논의했다. 그 부분에서 나는 하나님께서 예수와 예수께 관한 메시지를 확증하시지만, 사도들을 확증시키지 않는다고 결론내렸다. 또한 나의 성경 연구를 통하여 사람들로 하여금 그의 아들을 믿게 하기 위하여 하나님께서는 예수나 예수에 관한 메시지를 기적들로 확증하실 필요가 없다는 결론을 내렸다. 세례 요한은 기적을 행하지 않았다(요 10:41). 그럼에도 불구하고 그는 많은 사람들을 회개하도록 하는 일에 사용되었다. 모든 사람들은 그를 선지자로 평가했다. 세계 종교들과 수많은 사이비 종교들은 전혀 어떤 기적들이 없이 시작되었지만, 역시 오늘날에 세계에서 번성하고 있다. 따라서 하나님께서는 확증의 목적들을 위하여 기적들을 행하실 필요는 없으셨지만, 자비롭게도 하나님께서는 그것들을 행하셨다.

예수께서도 친히 그의 기적들의 확증하는 가치에 직접적으로 호소하셨다. 그는 그의 제자들에게 "내가 아버지 안에 있고 아버지는 내 안에 계심을 믿으라 그렇지 못하겠거든 행하는 그 일을 인하여 나를 믿으라"(요 14:11)고 말씀하셨다. 믿을 수 없을 정도의 은혜를 보이시면서 예수께서는 사실상 "너희가 나의 말을 믿을 수 없다면 내가 행하는 기적들의 증거에 근거해서 믿으라"고 말씀하셨다.

예수께서 행하신 기적들은 정말로 믿음을 만들어 냈다. 나사로를 살리신 후에 요한은 이렇게 기록하고 있다. "그러므로 마리아에게 와서 예수의 하신 일을 본 많은 유대인들이 저를 믿었다"(요 11: 45; 12:11).

그러나 이것은 기적들이 항상 믿음으로 인도한다는 것을 말하는 것은 아니다. 때때로 기적들은 마음을 강퍅하게 했다. 예를 들어 나사로를 살리신 것이 어떤 무리 속에서 믿음을 생기게 했으나 다른 무리 속에서는 아주 다른 것을 만들어 냈다. 바리새인들이 예수께서 죽은 나사로를 살리셨다는 것을 들었을 때, 그들은 그 기적이나 혹은 예수께서 행하신 다른 기적들이 대하여 논쟁하지 않았다(요 11:46-47). 그들은 심지어 예수께서 계속해서 기적을 행하신다면 모든 사람이 그를 믿을 것이라는 것을 인정했다(요 11:48). 그러나 자신들은 그를 믿는 대신에 어떻게 하면 그를 죽일 것인가에 대하여 함께 의논했다(요 11:49-53). 그들은 또한 이 기적에 관한 모든 증거를 없애버리기 위해서 나사로도 죽이기를 원했다(요 12:10-11).[4]

많은 사람들은 기적들이 오늘날에도 확증하는 기능을 할 수도 있다는 것을 믿는 데에 아무런 문제도 없다(중국, 아프리카, 혹은 제 3세계의 멀리 떨어져 있는 어느 곳에서든). 그러나 기적들이 멀리있는 지역에서 확증하는 가치를 가질 수 있다면, 왜 서구화된 세계에서도 역시 그렇지 않겠는가? 만일 기적들이 신약성경 시대에 확증하는 기능을 가졌었다면, 왜 그것들이 오늘날에는 확증하는 기능을 갖지 않겠는가? 왜 기적들의 확증하는 가치에 대하여 지리적이거나 연대기적인 제한을 두어야 하는가?

어떤 사람은 "서구화된 세계에서 우리는 성경을 가지고 있고, 아프리카나 중국은 성경을 가지고 있지 않다. 그래서 그들은 복음서와 사도행전의 시대를 알지 못한다"라고 말할지도 모른다. 나는 이것은 사실이 아니라고 답하고자 한다. 왜냐하면 사도행전의 사건들이 일어났던 바로 그때에 교회는 바울의 서신들을 받고 있었기 때문이다. 따라서 사도행전의 그 사건들이 기록되는 동안에 교회는 이미 일부의 서신서들과 아마도 일부의 복음서 역시도 가지고 있었을 것이다.

그러나 이것이 정당한 주장이 아니라고 할지라도 그 논의는 여전히 무가치하다. 왜냐하면 우리가 전에 살펴본 바와 같이 기적들은 성경을 확인하는 것이 아니라 성경이 기적들을 확인한다. 성경의 어떤 본문도 복음의 메시지를 기적적인 방법으로 입증해야 할 필요성을 대신하기 위해서 성경이 주어졌다고 말하지 않는다. 인간의 본성은 지난 2천 년이 흘렀어도 변화되지 않았다. 만일 예수께서 행하시고 사도들과 다른 사람들이 행한 기적들이 1세기에 복음의 메시지를 확증하는 데에 도움이 되었다면, 기적들은 20세기에도 역시 동일한 목적을 위해 사용될 수 있다.

기적들은 하나님의 나라를 표현한다. 기적들이나 치유가 없었다면 누가 복음의 나라를 상상할 수 있겠는가? 구약성경은 메시아가 영적이고 육체적인 치유가 행해질 나라로 인도하실 것이라는 것을 예언했다. 이사야는 다음과 같이 쓰고 있다.

> 그때에 소경의 눈이 밝을 것이며 귀머거리의 귀가 열릴 것이며 그때에 저는 자는 사슴같이 뛸 것이며 벙어리의 혀는 노래하리니 이는 광야에서 물이 솟겠고 사막에서 시내가 흐를 것임이라
> (사 35:6-7)
>
> 주 여호와의 신이 내게 임하셨으니 이는 여호와께서 내게 기름을 부으사 가난한 자에게 아름다운 소식을 전하게 하려 하심이라 나를 보내사 마음이 상한 자를 고치며 포로 된 자에게 자유를 갇힌 자에게 놓임을 전파하며(사 61:1)[5]

다가오는 메시아의 나라는 나이, 성별, 경제적인 지위에 상관없이 성령이 만민에게 부어질 것(엘 2:28-29)임을 의미했다. 요엘 선지자의 예언에 따르면, 성령의 부어짐은 결국 많은 꿈들과 환상들과 예언하는 것들이 될 것이다. 어느 한 세대의 소수의 사람들이 예언을 하거나 기적을 행하던 구약성경 시대와 달리 이러한 기적적인 현상들은 하나님의 나라의 도래와 함께 하나님의 사람들 전체에 걸쳐 널리 퍼질 것이다.

이러한 기적적인 현상들은 단지 하나님의 나라의 표적들은 아니었다. 즉 그것들은 하나님 나라의 필수적인 일부분이었다. 하나님 나라는 하나님과 그리스도의 통치를 의미한다. 예수께서 오셨을 때 하나님 나라가 임했다. 하나님께서는 새롭고 더 결정적인 형식으로 그의 통치를 행사하시기 시작했다.

예를 들어 예수께서는 전에는 결코 본 적도 들은 적도 없는 마귀에 대한 권위를 가지셨다(막 1:27 참고). 예수께서도 친히 "그러나 내가 하나님의 성령을 힘입어 귀신을 쫓아내는 것이면 하나님

의 나라가 이미 너희에게 임하였느니라"(마 12:28)고 말씀하셨다. 결국 귀신을 쫓아내는 능력이 없다면, 하나님의 통치가 임했다는 것을 선포하는 것은 매우 공허한 주장이었을 것이고, 하나님의 통치에 대한 마귀적인 적들을 쫓아낼 수 없었을 것이다. 귀신을 쫓아내는 능력은 단순히 하나님의 나라가 여기에 있다는 표적이 아니라 하나님의 통치의 필수적인 일부분이다. 왜냐하면 예수께서는 마귀의 일들을 멸하기 위해 오셨기 때문이다(요일 3:8).

다른 것들 중에서 마귀는 불신자들의 마음을 어둡게 하기 위하여(고전 4:4-6), 사람들을 죽음의 공포를 통해 종노릇하게 하기 위하여(히 2:14-15), 육체적인 질병을 일으키기 위하여(눅 13:11; 마 9:23, 12:22), 정신적인 질병을 일으키기 위하여(눅 8:26-39), 그리고 궁극적으로 귀신들이 어느 한 사람 속에 들어가서 거하기 위하여 (마 12:45; 요 13:27의 유다를 참고) 초자연적인 능력을 사용한다. 이것들이 예수께서 결하시기 위하여 오셨던 마귀의 일들의 일부이다. 단순한 인간의 능력으로는 마귀의 일들을 멸할 수 없다.

마귀의 세력이 어느 개인의 질병 원인이라면, 아무리 의학적으로 치료한다고 할지라도 그 사람은 낫지 않을 것이다. 예수께서 회당에서 만나셨던 18년 동안 굽어서 전혀 펼 수 없었던 그 여자는 최고의 의사에게 갔어도 치료되지 않았을 것이다. 왜냐하면 궁극적으로 그녀의 질병은 귀신에 의한 것이었기 때문이었다(눅 13:10-17). 하나님께로부터 오는 기적만이 이 여자를 치료할 수 있었다. 그 여자를 치료한 능력은 하나님의 나라가 여기에 있다는 단순한 표적이 아니었다. 즉 그것은 하나님 나라의 통치의 필수적인 일부분이었다. 그리고 그것이 없었더라면 하나님 나라의 통치가 주장되지 못했을 것이고, 마귀의 이 특별한 일은 멸하여질 수 없었을 것이다.[6] 마귀에게 묶인 사람들을 자유롭게 하는 기적적인 능력이 없다면, 하나님 나라에 대한 모든 논의는 단지 공허한 공론이다.

기적들이 신약성경의 저자들에 의해서 하나님 나라의 필수적인 일부분으로서 간주되었었다는 것을 증명하는 또 다른 류의 증거는 하나님 나라에 대한 선포와 기적들의 발생 간의 계속적인 밀접한 관계이다. 이것은 예수의 사역에도 마찬가지였다.

> 예수께서 온 갈릴리에 두루 다니사 저희 회당에서 가르치시며 천국 복음을 전파하시며 백성 중에 모든 병과 모든 약한 것을 고치시니 그의 소문이 온 수리아에 퍼진지라 사람들이 모든 앓는 자 곧 각색 병과 고통에 걸린 자, 귀신들린 자, 간질하는 자, 중풍병자들을 데려오니 저희를 고치시더라(마 4:23-24; 마 9:35).

예수께서는 하나님 나라에 관하여 전파하시는 것에 만족하시지 않았다. 그는 또한 능력을 행하심으로써 하나님 나라를 증명하셨다.

동일한 것이 사도들에 대해서도 이야기될 수 있다. 예수께서는 그들을 하나님 나라를 선포하도록 보내셨다(마 10:1, 7-8; 눅 9:1-2). 이 본문에서 예수께서는 귀신들과 질병들을 그의 나라의 적으로 여기신다. 사도들은 하나님 나라를 선포하고 그들에게 위임된 기적을 행할 권세를 사용함으로써 귀신들과 질병들을 정복했다.

기적들은 또한 사도가 아닌 사람들이 하나님의 나라를 선포할 때 그들의 사역에서도 일어난다. 예수께서 보내신 칠십인은 하나님의 나라를 선포하고 병든 자들을 치료했다(눅 10:9, 17). 빌립은 사마리아인들에게 하나님의 나라를 선포하고 또한 기적들을 행한다(행 8:6-7, 12).

우리가 하나님 나라는 하나님의 통치를 의미한다는 것을 기억할 때, 이러한 패턴은 완전히 뜻이 통한다. 하나님께서는 우리의 영혼과 육체를 다스리시고, 우리의 영혼과 육체를 상하게 할 수 있는 악의 세력도 지배하신다. 사탄이 무엇을 상하게 하던 간에 그리스도께서는 치유하실 수 있다. 기적들과 하나님 나라는 뗄 수 없이 연결되어 있다.[7]

하나님께서는 주권적 목적을 위하여 치유하신다. 신약성경 속에는 설명이 주어지지 않은 수많은 치유가 있다. 우리는 치유된 사람들 편에서의, 그리고 그들을 데려온 다른 사람들 편에서의 믿음의 증거와 하나님의 영광 혹은 하나님의 긍휼히 여기심에 대한 진술을 발견할 수 없다. 간단히 말해 그는 단지 그가 원하셨기 때문에 치유하셨다. 이것은 특별히 안식일에 발생한 일단의 기적들에도 마찬가지이다(마 12:9-13; 막 3:1-5; 눅 6:6-10, 14:1-4; 요 5:1-9). 그리고 또한 말구스의 귀를 치료하심이 있고(눅 22:50-51), 거기서 예수께서는 베드로의 성급한 행동의 결과를 받아들이기를 거부하셨다.

오늘날에도 주님께서는 우리가 치료될 것이라고 예상하지 않는 사람을 치료하실 때도 있다. 혹은 주님께서는 우리가 예상하지 않는 방법으로 치유를 행하시고 그것에 대한 이유를 제시하시지 않을 때도 있다. 거꾸로 말하면 우리는 주님께서 치유하시기를 기대하지만 주님께서는 치유하시지 않으실 때가 있고, 다시 주님께서는 그것에 대한 이유를 제시하시지도 않는다. 이 모든 것은 하나님께서 실로 주권자이시라는 것과 우리에게 그의 모든 목적들을 계시하시지 않는다는 사실을 가리킨다.

*   *   *

치유와 기적들의 다양한 목적들에 대한 우리의 관찰은 신약성경의 치유의 사역은 몇몇 작가들이 우리로 하여금 믿게 하는 것보다 훨씬 더 복잡하다는 것을 분명히 해야만 한다. 그렇다. 하나님께서는 예수의 사역과 복음의 메시지를 확증하시기 위하여 치유를 하신다. 그러나 이것은 그가 치유하신 유일한 이유가 아니다. 하나님께서는 그의 기적들에 대한 다른 예외의 목적들을 가지고 계신다. 즉 사람들을 회개하도록 하며 복음을 위한 문을 여는 것이다. 하나님께서는 단지 사람들이 그에게 요청하시기 때문에 치유하셨다. 하나님께서는 사역과 봉사에 대한 장애물들을 제거하시기 위하여 치유하셨다. 하나님께서는 하나님과 그의 나라의 특성에 관하여 우리에게 가르치시기 위하여 치유하셨다. 하나님께서는 그의 나라를 표현하시기 위하여 치유하셨고 기적들을 행하셨다. 그리고 마지막으로 그가 하나님이시라는 것을 제외하고는 결코 어떤 이유도 제시하지 않으신 채 주권적인 목적들을 위하여 치유하셨다.

◆ 부록2

기적적인 은사들은
사도들의 죽음과 함께 그쳤는가?

프리스톤 신학교의 교수인 벤자민 브레킨리지 워필드(Benjamin Breckinridge Warfield)는 성령의 기적적인 은사들이 단지 소수의 사람들, 즉 사도들과 스데반과 빌립에게만 주어졌다는 논의를 널리 보급시켰다. 워필드에 따르면, 이러한 은사들의 목적은 사도들을 믿을 만한 교리 선생들로서 확증하는 것이었다. 그러므로 사도들이 죽었을 때, 그 은사들도 필연적으로 그들과 함께 끝나버렸다.

워필드는 1918년에 다음과 같이 썼다.

> 특별한 카리스마는 (초대교회 직후에) 모든 그리스도인들의 소유가 아니라 소수에게 주어진 초자연적인 은사들이 있었다는 것은 신약성경의 기록을 볼 때 매우 분명하다.[1]
>
> 이들 은사들은 그 자체로서 초기 그리스도인들의 소유가 아니었다. 사실상 사도의 교회나 혹은 사도 시대에 속한 것도 아니다. 그 은사들은 분명 사도들을 확증하기 위한 것이었다. 은사들은 교회를 세우는 일에 있어 하나님의 인정된 대리인들로서 사도들의 자격 인정물 중의 일부였다. 그리하여 은사들의 기능은 그들을 사도의 교회에 분명히 한정시켰고, 사도들과 함께 필연적으로 사라졌다.[2]

오늘날에도 현대의 워필드 계승자들은 여전히 본질적으로 동일한 방법으로 주장하고 있다. 피터 매스터스(Peter Masters)가 이 는 의를 어떻게 공식화했는가를 들어보라. 그는 다음과 같이 쓰고 있다.

> 사도행전에 기록된(사람에 의한) 모든 예의 치유는 사도나 혹은 사도의 대리인에 의해서 행해진다. 그리고 우리가 성경의 기록으로 엄격하게 살펴본다면, 치유에 개입된 유일한 세 명의 '대리인들'은 스데반과 빌립 그리고 사도행전 14:3이 그를 포함한다면 아마도 바나바였다. (다른 사람들이 있었다는 역설적인 가능성에 대하여 우리는 잠시 뒤에 언급할 것이다) 이 선택된 무리 외에 실제로 사도행전이나 서신서에 기록되어 있는 '은사를 통한' 치유는 없었다….
> 카리스마적인 혼란의 시대인 요즘에 우리는 끊임없이 표적과 기사들은 사도들에게만 특별했고, 일반적으로 주어진 것이 아니라는 것을 증명하는 본문에 주의를 기울일 필요가 있다.[3]

언뜻 보기에는 워필드의 말이나 매스터스의 논의가 설득력이 있는 것처럼 보인다. 그러나 면밀히 고찰해 보면 이들 논의는 따로따로이다.

초자연적인 은사들은 소수의 사람들로 제한되었었는가?

책의 앞 부분에서 내가 언급했던 것을 반복해 보자. 사도들과 그들의 가까운 동역자들만이 표적들과 기사들을 행했다는 논의가 가지는 첫번째 어려움은 그 논의가 극복할 수 없는 예외를 무시한다는 것이다. 모든 사람들은 스데반과 빌립이 표적과 기사를 행했다는 것을 인정한다. 모든 사람들은 사도들이 스데반과 빌립에게 안수했다는 것을 인정한다.[4] 그리고 사도행전 6:6은, 스데반과 빌립은 사도들이 그들을 안수했을 때 기적을 행하는 능력을 받았다고 말하지 않지만, 나는 그 논의를 위해서 그것을 기꺼이 인정하고자 한다.[5]

사도행전이 '표적과 기사'라는 표현을 사용하는 모든 경우에 그것은 예수를 전파하는 사람들이 행한 많은 기적들을 말한다. 사도행전에서 누가 표적과 기사의 사역에 개입되어 있는가? 누가는 우리에게 사도들이 '많은 표적들과 기사들'을 행하고 있었다고 두 번 말한다(행 2:43, 5:12). 그가 우리에게 사도들이 행한 기적들에 대한 구체적인 조명을 제시할 때, 그는 우리에게 베드로와 바울을 통해 행해진 기적들만을 제시한다. 표적과 기사의 사역에 관한 다른 구체적인 예들은 스데반과 빌립의 사역들이다.

왜 누가는 표적과 기사의 사역을 조명하기 위하여 두 명의 사도와 두 명의 사도가 아닌 사람들을 선택했는가? 분명히 다른 사도들의 표적과 기사에 대한 많은 이야기들이 있다. 그러나 누가는 그것들이 그의 목적에 적당하지 않았기 때문에 더 이야기들을 생략했다. 만일 누가가 정말로 우리에게 성령의 기적적인 은사들의 사역뿐만 아니라 표적과 기사의 사역은 독특하게 사도들만의 것이라고 가르치고자 했다면 그는 다른 사도들이 행한 기적들에 더 많은 주목을 해야지 않았겠는가? 정말로 그것이 그의 의도였다면, 그는 스데반과 빌립에 대한 이야기들을 감추고 사도들의 치유의 이야기들로 대신했을 것이다.

만일 워필드와 그의 신학적 후계자들이 옹호하는 것처럼 표적과 기사의 주요 목적이 사도들을 확증하는 것이었다면, 왜 스데반과 빌립은 표적과 기사를 행하는가? 만일 그들이 그것은 사도들이 그 두 사람에게 안수했기 때문이고, 그들이 사도들과 밀접한 관계의 동역자들이었기 때문이라고 답한다면, 그들은 아직 그 질문에 대한 답을 하지 않은 것이다. 왜 사도들은 그들에게 안수해서 표적과 기사들을 행할 수 있는 능력을 주었는가? 만일 표적과 기사들이 사도들을 확증하기 위해 의도되었다면, 스데반과 빌립이 기적들을 행해야 할 이유는 절대적으로 없다. 사도들 외에 어떤 사람이 표적들과 기사들을 행하도록 허락하는 것은 실제로 사도들의 사역을 확증하는 도구로서 표적들과 기사들의 가치를 약화시킨다. 여기에 내가 은사소멸론을 가르치는 사람들 가운데서 거의 만족스러운 답을 찾을 수 없다는 것에 더한 심각한 모순이 있다.

그러나 이들 작자들은 그들의 해석을 반박하는 예외를 무시하는 것보다 훨씬 더 깊은 문제를 가지고 있다. 매스터스처럼 주장하는 사람들은 성경의 설화문학[5]을 해석하는 결함이 있는 방법, 실제로 분명히 잘못된 결론들로 이끄는 방법을 사용하고 있다.

다음에서 내가 의미하는 바를 예증하겠다.

우리가 사도행전에서 초자연적인 은사들을 행한 소수의 사람들만을 발견할 수 있다는 것이 사실이라고 할지라도 그것은 신약성경에 나타난 소수의 사람들만이 초자연적인 은사들을 받았다는 것을 의미하지 않는다. 성경의 설화문학은 소수의 사람들에 관한 이야기만을 말해준다. 예를 들어 사도행전 처음 열두 장에서 요한은 아주 적은 역할을 하고 있고, 스데반과 빌립은 다소 더 큰 역할을 하고 있으며 베드로를 주요 등장 인물로 하고 있다. 십삼 장부터 사도행전의 마지막 장까지는 바울이 주도적인 인물이다. 성경의 설화문학은 특별한 사람들, 하나님의 구속의 역사 속에서 중요한 역할을 하는 사람들의 이야기이다. 경건한 사역과 열정적인 헌신에 대한 압도적인 대다수의 성경적인 예들은 구원의 역사 속에서 유명하게 된 소수의 매우 특별하고 예외적인 인물들의 삶에서 유도된다. 그러므로 논리적이고 성경적인 해석학적인 원칙을 입증한다는 것은 불가능하다.

(1) 해석학적인 원칙은 성경 속에 나타난 소수의 사람만이 소유하거나 행한 어떤 일들을 관찰하는 것에 우선적으로 근거한다.

(2) 그것은 이러한 것들의 소멸을 입증하는 기능을 한다.

예를 들어 바울은 신약성경 속에서 유일하게 중요한 교회의 설립자이다. 그리고 대부분의 사도들은 교회를 세우기 위해 나아가기보다는 오히려 예루살렘에 머물러 있었던 것 같다. 그것은 소수의 사람만이 교회를 세우도록 계획되었었다는 것을 의미하는가? 그리고 그것은 바울이 죽었을 때 교회를 세우는 일 역시도 끝났다는 것을 의미하는가? 그 관찰이 옳다고 할지라도 결론은 거짓이다. 왜냐하면 그것은 신약성경이 세상을 복음화하고 가르치라고 명령하는 것(마 28:18-20; 눅 24:47; 행 1:8)에 모순되기 때문이다. 그러므로 단지 소수의 사람들만이 어떤 것들을 소유하거나 행한다는 사실은 그 자체로 그러한 것들이 교회 안에서 일시적으로 의도되었었는지 혹은 지속적인 것이 의도되었었는지를 결정하기에는 부적절하다.

성경은 그리스도인 독자들에게 특별한 사람들의 삶의 본보기로서 제시한다(히 11:4-12:3; 고전 4:16-17, 11:1; 빌 3:17, 4:9; 살전 1:6). 그러나 기적적인 일들에 대한 경험이 없는 현대의 해석가들은 이런 관점에 대하여 반 초자연적인 해석법을 주장한다. 그들은 사도들과 스데반과 빌립과 아가부스와 사도행전에 나오는 다른 사람들의 이야기를 읽는다. 그리고 그들의 삶과 관련된 하나님의 인도하심과 기적들은 현대의 그리스도인의 경험에서 본받아야 하거나 심지어 소망해야 할 것이 아니라고 주장한다. 이론적인 면에서 이런 가정은 사실일 수도 있고 혹은 사실이 아닐 수도 있다. 그러나 설득력이 있기 위해서 그것은 단지 신약성경에서 소수의 사람들만이 기적을 행했다는 단순한 고찰이 아니라 성경의 분명한 진술에 근거되어야 할 필요가 있다.

사도행전에서 오직 다섯 사람만이 표적과 기사를 행한 것으로 언급되어 있다(베드로, 바울, 바나바, 스데반, 빌립). 이것으로 우리는 단지 이들 다섯 명만이 표적과 기사를 행하도록 되어 있었다고 결론내려야만 하는가? 아니다. 왜냐하면 그들의 이름이 언급되지는 않았지만, 우리는 다른 사도들 역시 표적과 기사를 행했다는 것을 듣기 때문이다(행 2:43, 5:12). 사도들만이 표적들과 기사들을 행했다고 결론내리는 것이 정당한가? 아니다. 왜냐하면 우리는 이런 결론과 모순되는 스데반과 빌립의 예를 볼 수 있다. 그리고 더 중요하게 사도행전이나 그 밖의 어디에서도 표적들과 기사들의 사역이 사도들에게로 제한되어 있다는 구체적인 진술을 볼 수 없다. 혹은 설화문학 속에 나타난 사람들처럼 역사적인 예들은 우리들 자신의 경험이나 혹은 독자로서의 우리에게 논리적으로 보이는 것이 아니라 성경 자체로부터의 분명한 진술에 의해서 해석되어야만 한다.

성경을 볼 때, 우리는 단지 소수의 사람들만이 초자연적인 은사들을 받았다는 워필드의 주장은 완전히 거짓이라는 것을 알게 될 것이다. 매스터스는 그의 주장에 있어서 더 조심스럽다. 그는 다음과 같이 말한다.

> 사도행전에 나타난 (사람에 의한) 치유의 모든 예는 어느 사도나 사도의 대리인에 의해서 행해졌다. 그리고 우리가 성경의 기록에 따라 엄격하게 살펴보면, 치유에 개입된 유일한 세 '대리인들'은 스데반과 빌립과 아마도 사도행전 14:3이 그를 포함하고 있다면 바나바였다(작가의 강조).[7]

매스터스는 그의 논의를 사도행전에 나타난 치유의 구체적인 예로 제한한다. 사도행전 9장에 나타난 아나니아의 사역을 어떻게 보느냐에 따라 매스터스의 진술은 문제시되기 쉽다. 왜냐하면 아나니아는 하나님께서 눈멀게 하신 바울을 치유하는 데에 사용되었기 때문이다(행 9:17-18). 그러나 사도행전에 대한 매스터스의 진술이 사실이라 할지라도 그것은 신약성경의 다른 나머지의 기적적인 현상들에 관한 것이 아니라 사도행전에 나타난 치유에 대한 고찰일 뿐이다. 그리고 사도행전에 나타난 증거에 대한 그의 해석으로부터 유도한 결론은 신약성경의 나머지와 모순이 된다.

표적과 기사와 기적에 대한 고찰

다음은 신약성경에 기록된 표적들과 기사들의 발생과 성령의 기적적인 은사들의 발생 두 가지에 대한 간단한 고찰이다. 워필드와 다른 사람들이 초자연적인 은사들이 소수의 사람들에게만 주어졌다고 주장하는 이유는 그들이 은사들의 목적을 사도들을 확증하는 것으로 보고 있다는 것임을 기억하라. 그러므로 사도들 외에 주어진 이러한 은사들의 모든 예들은 그 은사들이 소수의 사람들에게만 그리고 사도들의 확증을 위하여 주어졌다는 이론에 도전한다.

누가복음 10:9에서 예수께서는 그들의 전파 사역에서 병든 자들을 치유하는 권세를 칠십이인에게 주신다. 17절에서 그들은 기쁨이 충만하여 돌아와서 말했다.

> 주여 주의 이름으로 귀신들도 우리에게 항복하더이다

예수께서는 19절과 20절에서 그가 그들에게 귀신의 세력에 대한 특별한 능력을 주셨다는 것을 인정한다. 단지 논의를 위해서 나는 기꺼이 이것이 일시적인 사명일 수 있고 일시적인 능력의 주심일 수 있다는 것을 인정하겠다. 그러나 이것은 여전히 오직 소수의 사람들만이 기적적인 은사들을 받았고 사도들을 확증하는 목적을 위한 것이라는 이론에 대한 엄청난 예외이다. 만일 그가 사도들을 확증하는 목적을 위하고, 오직 소수의 사람들에게 기적들을 행하도록 의도하셨다면, 왜 예수께서는 칠십이인에게 병든 자들을 치유하고 귀신을 쫓아내는 권세를 주셨는가?

또한 마가복음 9:38-39에서 요한과 예수 사이에 오고간 대화의 주제였던 익명의 사람이 있었다.

> 요한이 예수께 여쭈오되 선생님 우리를 따르지 않는 어떤 자가 주의 이름으로 귀신을 내어쫓는 것을 우리가 보고 우리를 따르지 아니하므로 금하였나이다 예수께서 가라사대 금하지 말라 내 이름을 의탁하여 능한 일을 행하고 즉시로 나를 비방할 자가 없느니라

이것은 매우 재미있는 경우이다. 여기서 우리는 복음서에 나타난 예수와 사도들만이 하도록 권위가 주어진 일—귀신들을 쫓아내는 것—을 행하고 있는 익명의 사람을 발견한다. 그러나 예수님과 사도들도 이 사람에게 안수하지 않았고, 그를 사도들 집단의 공식적인 멤버로 인정하지도 않았다. 왜 마가는 이 이야기를 포함시키는가? 그는 우리에게 무엇을 말하려 하고 있는가? 이것은 분명히 사도들과 그들의 추종자들만이 기적을 행하고, 그 기적들은 사도들의 사역을 확증하는 목적을 위한다는 이론에 대한 중요한 예외이다. 따라서 복음서에조차도 기적들의 사역은 열두 명의 사도들에게 제한되거나, 그들의 확증을 위한 것이라고 제한되지 않는다.

사도행전을 펼 때, 우리는 많은 사람들이 다양한 성령의 기적적인 은사들을 행하는 것을 발견한다. 예를 들어 방언하는 사람들이 많았다.
 (1) 백이십문도(행 2)
 (2) 사마리아인들(그들은 거의 확실하게 방언했다. 왜냐하면 사도행전 8:18절은 시몬이 사마리아인들이 성령을 받는 것을 '보았다'고 말하기 때문이다)
 (3) 고넬료와 그와 함께 있던 이방인들(행 10:45-46)
 (4) 에베소서에서의 열두 명의 제자들(행 19:6)

또한 사도행전에 언급된 예언의 은사를 받았던 수많은 사람들이 있다.
 (1) 선지자 아가보(행 11:28, 21:10-11)
 (2) 사도행전 13:1에 기록된 개인들
 (3) 선지자 유다와 실라(행 15:32)
 (4) "성령의 감동으로 바울더러 예루살렘에 들어가지 말라"고 한 두로의 제자들(행 21:4)
 (5) 예언을 하던 빌립의 결혼하지 않은 네 명의 딸들(행 21:9)
 (6) 아나니아(행 9:10-18)

스데반과 빌립이 지금 언급한 목록에 추가될 때, 거의 베드로와 바울의 사역에 치중한 책 속에 기적적인 카리스마를 받고 행하는 많은 비사도적인 인물들이 기록되어 있다는 것은 인상적이다.

아나니아는 기적적인 사역을 한 비사도적인 인물 중에서 더 흥미로운 예이다. 그가 비교적 알려지지 않았다는 점이 그를 한층 더 흥미롭게 만든다. 우리가 그에 대하여 아는 유일한 것은 그가 "율법을 헌신적으로 지키는 사람이고 그곳에 사는 모든 유대인들에게 매우 존경받는 인물"이었다는 것이다(행 22:12).

사울에 대한 아나니아의 사역에서 그는 치유의 은사와 예언의 은사를 행했다(행 9:10-18). 그러나 이외에도 사울이 성령의 충만을 받은 것은 아나니아의 손에 달려 있었다(행 9:17). 하나님께서는 사도에게 성령을 부어주시기 위하여 사도가 아닌 한 개인인 아나니아를 사용하셨다. 이때에 바울은 성령을 받았을 뿐만 아니라 아나니아가 그에게 안수하였을 때 성령의 충만함 또한 받았기(행 9:17) 때문에, 사도 바울은 바로 이 순간에 '기적을 행하는 능력'을 받은 것 같다.[8]

사도행전에서 우리는 단지 소수의 사람들만이 초자연적인 은사를 받았고, 그 초자연적인 은사들은 오로지 사도들의 확증을 위한 것이었다는 생각의 예외들을 너무나 많이 발견하기 때문에 우리는 이 이론을 버리지 않을 수 없다.

매스터스는 사도들과 세 명의 다른 사람들만이 사도행전에서 치유를 행하신 것으로 제시되었다는 그의 관찰에 근거해서 치유에 대한 결론을 내리고자 한다. 그러나 그의 결론은 옳은 것으로 인정되지 않는다.

첫째, 그는 예를 치유의 은사만으로 제한한다. 그리고 여기에서조차 아나니아(행 9:10-18)는 그의 고찰에 대한 예외이다. 왜냐하면 아나니아는 바울을 치료하기 위해 사용되었기 때문이다.[9] 그러나 더 중요한 것은, 사도행전은 다른 기적적인 카리스마로 가득 차 있다는 것이다. 나는 이미 사도가 아닌 사람들 손에서 일어난 사도행전에 기록된 방언과 예언의 예를 언급했다. 만일 매스터스가 기적적인 은사들은 오로지 사도들과 연관이 있기 때문에 그 은사들이 끝났다고 주장하고자 한다면, 그는 결론을 하나의 은사로 제한할 수 없고 고찰을 사도행전만으로 제한할 수도 없다. 신약성경의 나머지 부분을 조사할 때, 우리는 기적들과 치유들과 성령의 다른 은사들에 대한 증거가 사도행전보다 훨씬 더 폭 넓다는 것을 발견한다.

성령의 모든 은사들은 고린도에 있는 교회에서 역사했다(고전 12:7-10). 일부의 사람들은 고린도전서 12:8-10이 고린도 교회에서 실제로 임했던 은사들보다는 오히려 전체 교회에 주어진 은사들의 일람을 포함한다고 주장해 왔다.[10] 이것을 주장하는 그들의 목적은 사도들과 소수의 다른 사람들만이 기적적인 은사들을 경험했다는 것을 주장하는 것이다. 그들은 우리가 보통의 고린도 그리스도인들이 비기적적인 은사들을 가졌다는 것을 믿기 원한다. 바울은 특별히 그가 고린도인들에게 성령의 은사(카리스마)들 중의 어느 것도, 그들 가운데서 부족함이 없이 하라고 말했을 때(고전 1:7), 이 제안은 모순이 된다. 보통의 고린도인들의 예배에서 방언과 예언이 임했다는 고린도전서 14:26에 있는 기술 역시 이 예배와 모순이 된다. 예언의 은사는 또한 로마(롬 12:6), 데살로니가(살전 5:20), 에베소서(엡 4:11)에서 사용되었다. 바울이 갈라디아서 3:5에서 기적을 언급하는 평범한 방식은 기적들이 갈라디아 교회들 가운데서도 일반적이었다는 것을 암시한다.[11]

성령의 은사를 전하는 데에 있어서의 사도들의 역할

워필드는 다음과 같이 주장한다.

오순절날 성령의 강림과 고넬료 영접의 최초의 두 사건에서만 사도들이 안수함이 없이 베풀어진 것으로서 기록된 카리스마이다. 사도 외에 그 밖의 다른 사람이 안수함으로써 은사들이 주어진 것에 대한 기록의 예가 없다.[12]

이것은 성령의 은사들을 전함에 대한 성경의 구체적인 진술에 근거한 논의가 아니라는 것이 주목되어야 한다. 그것은 결국 침묵에서 나온 논의이다. 워필드는 이미 그의 이론에 대한 주요 예외, 즉 고넬료의 경우를 주목했다. 이것은 베드로가 참여했기 때문에 중요한 예외이다. 만일 사도들의 안수를 통해서 성령의 은사들을 받는 것이 필수적이라면, 왜 베드로는 고넬료에게 안수할 필요가 없었는가?

다른 예외들도 있다. 예언의 은사를 가진 많은 사람들이 사도행전에 나타난다. 그럼에도 불구하고 사도들이 그들에게 안수했다고 기록된 예가 없다. 나는 아가보(행 11:28, 21 10-11), 사도행전 13:1에 나타나는 개인들, 선지자 유다와 실라(행 15:32), 그리고 예언을 했던 빌립의 결혼하지 않은 네 명의 딸들을 말하는 것이다. 사도들 중의 어떤 사람이 그들이 행하는 기적적인 카리스마를 그들이 받도록 하기 위하여 위에 언급된 사람들에게 안수했다는 증거가 사도행전에 나타나지 않는다. 또한 아나니아의 경우도 있다. 앞서 언급한 것처럼 그는 성령을 받도록, 그리고 성령이 충만하도록 하기 위해 한 사도에게 안수했다.[13] 사도행전 밖에서 우리는 비슷한 증거를 발견한다. 예를 들어 디모데는 장로들이 안수함을 통하여 카리스마 중의 하나를 받은 사람이다(딤전 4:14).

에드워드 그로스는 약간은 다른 방법으로 워필드의 논의를 명확하게 말한다. 그는 다음과 같이 쓰고 있다.

> 성경의 직접적인 진술과 암시들은, 기적적인 은사들은 사도의 매개를 통해서만 주어졌다는 가르침을 뒷받침한다. 그래서 결론은 사도들이 죽었을 때, 기적적인 은사들의 주어짐도 끝났다는 것이다. 전자는 후자에 의존한다.[14]

워필드가 은사들이 "사도들의 안수를 통해서만이 주어졌다"고 주장하는 반면에 그로스는 "사도들의 매개 행위를 통해서만"으로 대치한다. 이런 식으로 그로스는, 고넬료와 그의 친구들은 베드로가 그들을 안수하지는 않았지만 베드로의 '매개 행위'를 통해서 방언의 은사를 받았다고 주장할 수 있다.

그로스에게 있어서 가장 중요한 본문은 사도행전 8:5-19이다. 이것은 사마리아인들의 회심에 관한 이야기이다. 빌립은 사마리아인들 가운데서 큰 표적들을 행하고, 그들에게 그리스도를 전한다. 그래서 많은 사람들이 회심을 하지만 성령을 받지 못한다. 이것이 오순절 이후에 주 예수를 분명하게 믿지만, 그들의 믿음에 따라 즉시 성령을 받지 못하는 유일한 곳이다. 사마리아인들은 베드로와 요한

이 예루살렘으로부터 와서 그들을 위해 기도할 때까지 성령을 받지 못했다. 왜 사마리아인들에게 성령이 주어지는 데에는 지체됨이 있었는가?

그로스는 다음과 같은 방식으로 그 질문에 답한다.

> 빌립은 기적을 행하는 사람(행 7, 13)이었다. 그런데 왜 그는 예수 그리스도의 이름을 통해서 사마리아인들에게 이와 같이 표적들을 줄 수 없었는가? 단순하고 분명한 대답은 이것이다. 즉 빌립은 사도가 아니었다. 빌립은 설교를 하고 기적들을 행할 수 있었다. 그러나 사도들만이 기적적인 은사들을 전할 수 있는 것이 하나님의 의지였다.[15]

그로스가 옳다. 그가 제시한 대답은 간단하다. 그러나 너무나 간단하다. 그 질문은 근본적으로 기적적인 은사들의 주는 것과 관계된 것이 아니라 성령의 주는 것과 관계가 있다.[16] 그로스가 취한 견해에 대한 터너 교수의 평가를 고려해 보자. 그는 다음과 같이 쓰고 있다.

> 사도행전 8:14-17에서 사마리아인들 "사람들이 사도들의 안수함을 통하여 표적들을 행하는 능력을 받는다"는 것과 이것이 모범이 된다는 것을 말하는 것은 순전히 넌센스이며, 그렇게 분류될 필요가 있다. 그것은 전적으로 누가의 핵심을 놓친 것이다. 거기엔 정말로 안수함이 있었고, 표적들 역시 있었다—두 가지가 동시이거나 하나가 나중에—그러나 누가는 사도행전 2장(17-21, 33, 38절 이하)에서 모두에게 약속된 성령을 사마리아인들이 받았다는 것을 서술하는 것에 관심을 두고 있다. 사도임을 확증하는 표적들을 행하는 특별한 카리스마가 아니었다.[17]

사마리아인들이 성령을 받는 것이 지체되었던 것에 대한 해답은 아마도 사마리아인들의 역사 속에서 발견될 것이다. 그들의 전 역사에 걸쳐서 그들은 하나님께서 선택하신 이스라엘 지도자들의 권위에 복종하기를 거부했다. 그들은 심지어 성경의 처음 다섯권에 대응하는 그들 자신의 종교 서적을 만들어 냈다. 그리고 그들은 구약성경의 나머지를 인정하기를 거절했다. 간단히 말해 그들은 항상 하나님께서 임명하신 지도자를 인정하기를 거부했다. 사도들이 그들에게 안수할 때까지 성령의 은사들이 지체됨으로써 하나님께서는 한번에 이 문제를 고치셨다. 사마리아인들은 이때부터 계속해서 그들이 예루살렘에 있는 사도들의 지도에 굴복해야만 한다는 것을 배웠을 것이다. 그들은 항상 예루살렘의 권위를 인정하기를 거부했고, 대신에 그들 숭배의 중심지로 대신했다. 이 문제는 이제 고쳐졌다.

문제가 되는 것은 단순히 기적적인 은사들이 아니었다. 문제는 성령의 주심과 사도들의 권위에 대한 굴복이었다. 사도행전 8:5-19의 예는 그로스가 제시한 것 외에 또 다른 설명의 가능성만을 말하는 것이 아니라 또 다른 설명을 요구한다.

"기적적인 은사들이 사도의 매개 행위를 통해서만이 주어졌다"는 그로스의 이론에 대한 두 가지의 다른 넘을 수 없는 장애물이 있다. 성경의 기록에 관한 한, 로마에 있는 교회는 사도가 세우지 않았고, 또한 방문한 적도 없었다. 그러나 사도가 있지 않았음에도 불구하고 로마에 있는 교회는 그곳에서 역사하고 있는 예언의 은사를 가지고 있었다(롬 12:6-8). 만일 기적적인 은사들이 사도의 매개 행위를 통해서만 주어진다면, 로마 교회는 어떻게 그것을 얻었는가? 로마에 예언의 은사가 있었다는 것에 대하여 그로스가 말할 수 있는 전부는 "이것은 그들이 기독교로 개종한 직후 아직 예루살렘에 있는 동안에 사도들에 의해서 로마인 지도자들에게 주어진 것일 수 있다"는 것이다.[18]

우리는 항상 사실들이 이론과 모순될 때 이런 종류의 설명을 제시할 수 있다. 예를 들어 베드로가 로마를 방문했는데 성경이 단지 그의 방문에 대하여 침묵하고 있을 가능성 또한 있다. 예언의 은사가 로마에 있는 교회에 어떻게 오게 되었는가에 대한 그로스의 설명은 타당하지 않다. 그것은 그의 이론을 뒤집는 예에 대한 교묘한 변명일 뿐이다. 당신은 당신의 신학을 '있었을 수 있는' 일이나 혹은 침묵에서 나온 논의에 근거할 수 없다. 만일 당신의 신학이 성경의 분명한 진술보다는 오히려 예들에 근거하는 것에 만족한다면,

그때 당신은 반대의 예들을 받아들여야만 한다.

그로스는 "성경의…직접적인 진술들"이 그의 이론을 뒷받침한다고 주장한다. 그러나 그는 결코 기적적인 은사들이 '사도의 매개 행위'를 통해서만이 주어진다고 가르치는 하나의 간단하고 직접적인 진술을 성경을 통해 제시하지 않는다. 사실상 성경에는 성령의 은사들은 사도의 매개 행위를 통해서만 주어질 수 있다고 가르치는 분명한 진술이 없다. 로마에 있는 교회에서 우리는 그러한 규칙에 대한 분명한 예외—그것이 규칙을 모두 침식하는 그러한 정도의 예외—를 본다. 또한 로마에 있는 교회는 유일한 예외도 아니다. 그로스의 규칙에 대한 또 다른 예외는 디모데전서 4:14에서 발견된다. 바울은 "네 속에 있는 은사 곧 장로의 회에서 안수받을 때에 예언으로 말미암아 받는 것을 조심없이 말며"라고 쓰고 있다. 디모데는 바울의 안수함을 통해서가 아니라, 예언의 초자연적인 은사와 장로들의 안수를 통하여 한 가지의 카리스마를 받았다. 또 다른 때에 디모데는 바울의 안수함을 통하여 은사를 받았다(딤후 1:6). 디모데전서 4:14와 디모데후서 1:6이 동일한 사건을 말한다고 단언하는 것은 그러한 단언에 대한 증거가 없기 때문에 설득력이 없다.

바울이 치유의 은사를 상실했다는 가정

바울이 에바브로디도(빌 2:25-27)와 디도데(딤전 5:23), 드로비모(딤후 4:20)를 치유하는 데에 실패했다는 것은 어떤 사람들에게는 치유의 은사가 그의 생이 끝나기 전에 그쳤음이 틀림없다고 지적한다.[19] 게이슬러(Geisler)는 이러한 결론이 성경에 나타난 다른 지적들을 통해서 보증된다고 생각한다. 그는 '초기 시대'인 A.D. 33-60년을 다루고 있는 부분의 성경은 기적들이 풍부한 데 반하여 '후기 시대'인 A.D. 60-67년을 다루고 있는 부분의 성경은 방언, 치유, 귀신을 쫓아내는 것, 죽은 자를 살리는 것 등에 대한 증거가 없다고 생각한다.[20] 그의 요지를 예증하기 위하여 게이슬러는 이러한 구체적인 예를 제시한다. "귀신을 명령으로 쫓아냈던 그 사도"(행 15 참고)는 단지 후메내오와 빌레도가 "마귀의 올무에서 벗어나" 회개하기만을 원했다(딤후 2:26).[21]

첫째로, 게이슬러에 의해 인용된 후메내오의 예는 바울이 귀신을 쫓아내는 능력을 상실했다는 것을 의미하지 않는다. 모든 사도들 중 가장 뛰어난 사도가 그가 죽기 전에 귀신들을 쫓아내는 능력을 잃어버렸다는 것을 누가 진지하게 믿겠는가? 후메내오의 경우에서 바울은 이 사람을 그의 불경건한 교훈을 위해 사탄에게 넘겨 주었다(딤전 1:20). 성경은 바울이 후메내오에게서 귀신을 쫓아내려 시도했다거나 혹은 쫓아내기를 원했다는 것에 대하여 아무것도 말하지 않는다. 그리고 신약성경의 사도들이 이단자들이나 거짓 선생들에게서 귀신들을 쫓아내려 했던 시도가 결코 없었다. 그들의 실행과 교회에 대한 그들의 조언은 이런 류의 사람들을 피하라는 것이었다(딛 2:9-11; 요이 10-11). 게이슬러의 예가 설득력이 있으려면, 그는 바울이 후메내오에게서 귀신을 쫓아내려고 시도했지만, 그렇게 할 수 없었다는 것을 보여야만 할 것이다. 이것을 통하여 우리는 이 구체적인 예에 대해서 뿐만 아니라 바울의 마지막 서신에 나타난 초자연적인 능력의 부족에 관한 전체적인 논의의 중요한 문제에 이른다.

게이슬러의 논의는 그것이 침묵에서부터 나온 논의이기 때문에 결코 설득력이 없다. 게이슬러는 "에베소서에서부터 디모데후서에 이르기까지 방언이나 치유, 귀신을 쫓아내는 것, 혹은 죽은 자를 살리는 것에 대한 언급이 없다"고 주장한다.[22] 그러므로 그는 이러한 일들이 언급되지 않았으므로 그러한 일들은 이들 서신들이 쓰여진 기간 동안(약 A.D. 60-68)에는 일어나지 않았다고 결론내린다.[23] 게이슬러의 논의가 믿을 만한 것이 되기 위해서 그는 이러한 기적적인 은사들이 여전히 존재했었다면, 바울은 '이들 서신서에 그것들에 대하여 언급했어야만 했을' 것임을 증명해야만 할 것이다.[24]

나는 바울이 A.D. 60-67년까지 독신의 은사를 잃었다는 것을 '증명하기' 위하여 게이슬러와 동일한 방법론을 사용할 수 있다. 바울은 그의 독신 생활을 카리스마로 말한다(고전 7:7). 그리고 그가 이 은사를 높이 평가했다는 것이 분명하다. 그러나 그는 후기 서신서(에베소서~디모데후서)에서 그것을 언급하지 않는다. 나는 그가 더이상 독신 생활의 은사를 가지고 있지 않다고 결론내리는 것이 옳은가? 물론 아니다. 그가 그 은사를 여전히 가지고 있다면, 그것을 언급했어야만 한다는 것을 먼저 증명해야만 할 것이다. 이와 마찬가지로 바울은 에베소서에서 디모데후서까지의 기간 동안에 개인적인 전도에서 있었던 성공에 대해서는 언급하지 않는다. 그러므로 우리는 그의 전도의 은사가 그쳤다고 결론내려야만 하는가? 나는 당신이 지금쯤은 이미 성경에 나온 어떤 것을 증명하기 위한 침묵으로부터 나온 논의의 무력을 이해할 수 있기를 바란다.

그러나 단지 침묵으로부터 나온 논의라는 것 외에도 게이슬러의 논의에는 더 잘못된 것이 있다. 결국 게이슬러는 사과와 오렌지를 비교하고 있는 것이다. 그는 설화문학을 교훈적인 문학과 대조하고 있다. 정의에 의해 이 두 종류의 문학은 다른 주제들을 다룬다. 사도행전은 이야기들로 구성되어 있는 반면에 서신서들은 교회의 특별한 문제들을 다룬다. 사도행전의 목적들 중의 하나는 예수께서 그의 기적적인 능력의 사역에서 계속해서 역사하심을 보이는 것이다.[25] 물론 사도행전은 기적적인 행위들에 관한 이야기로 가득 차 있는 반면에, 서신서들은 일반적으로 고린도에서처럼 은사들이 문제의 근원일 때에만 이러한 것들을 언급하는 경향이 있다.

바울이 에베소서, 빌립보서, 골로새서, 빌레몬서를 쓸 때 감옥에 있었다. 이것이 그 서신서들이 옥중서신서로 불리는 이유이다. 분명히 그것들은 그의 기적들을 행하는 사역에 대한 이야기와 전도의 사역에 대한 설화적인 이야기로 가득 차 있지 않다. 그는 감옥에 있다. 말년에 디모데와 디도에게 쓴 세 편의 서신은 그들의 책임

아래 양무리들을 이끌고 있는 젊은이들에게 주는 조언을 중심으로 하고 있다. 그는 그들에게 그의 업적에 대한 설화적인 이야기를 쓰고 있는 것이 아니다. 우리는 왜 그가 디모데와 디도에게 그들이 수없이 목격한 그 자신의 삶 속에서 일어난 기적들에 대하여 말하기를 기대해야 하는가?

성경의 뒷부분에 대한 게이슬러의 고찰에는 또다른 문제점이 있다. 그는 가장 생생한 환상들과 명백한 예언적 계시가 사도행전에 나오지 않는다는 것을 언급하지 못한다. 그것들은 바울이 죽은 후 약 삼십 년 뒤에 나타난다. 나는 약 A.D. 95년에 사도 요한에게 주어졌고, 요한계시록에 기록되어 있는 환상과 예언들을 말하는 것이다. 그러므로 계시적인 카리스마는 게이슬러가 그것들이 끝났다고 말하는 시기의 삼십 년 후에도 여전히 강하게 역사하고 있었다[26]

그러나 치유의 은사로 유명한 사도와 매우 가까운 세 사람의 치유되지 못한 동역자들이 있었다. 우리는 이것을 어떻게 설명해야만 하는가? 첫째, 바울이 치유의 은사를 잃었기 때문에 이들 세 사람이 치유되지 않았다고 설명하는 것은 불가능하다. 왜냐하면 아무도, 왜 바울이 그가 죽기 육칠 년 전에 치유의 은사를 잃어야만 했는가에 대한 성경적인 이유를 제시할 수 없기 때문이다.

왜 하나님께서 바울의 치유의 은사를 철회하셨겠는가? 어떤 은사소멸론자도 이 철회에 대한 이치에 맞는 이유를 제시할 수 없다. 은사소멸론자는 치유의 은사가 사도들과 그들의 사역을, 특히 그들의 성경을 기록하는 사역을 확증했다고 믿는다. 이 이론에 대하여, 바울은 더이상 하나님의 확증이 필요없는가? 이것은 바울의 말년에 쓰여진 서신들이 나머지 서신들과 동일한 기적적인 확증을 가지지 않았다는 것을 의미할 것이다. 그러면 그의 전도의 사역에 대해서는 어떠한가? 그는 처음 로마의 감옥에서 풀려난 이후의 기간 (A.D. 63-65) 동안 전도의 사역에 대한 하나님의 확증이 더이상 필요하지 않은가? 사실상 은사소멸론에 따르면 기적적인 은사들은 사도들에 대한 하나님의 신적인 승인을 보여주도록 의도되었기 때문에 바울의 치유의 은사에 대한 철회는 하나님께서 그의 승인을 옮기셨다는 것을 보여주지 않겠는가?

게이슬러의 이론에는 여전히 모순이 있다. 왜 하나님께서는 바울의 예언의 은사(성경을 기록하기 위한)와 그의 계시의 은사는 남겨 두시고 치유의 은사만을 제거하셨는가? 그의 마지막 서신에서 예언적인 진술들을 하고 있다(바울이 그의 죽음과 미래의 상급을 예언한 딤후 4:6-8와 4:14에 있는 알렉산더에 대한 그의 예언적인 진술을 보라). 왜 하나님께서는 치유와 기적들은 철회하시고, 예언과 계시의 은사는 남겨 두셨는가?[27]

사도 바울이 이 세 사람을 위해서 기도했는데 하나님께서는 "안돼"라고 말씀하셨다고 믿는 것이 훨씬 더 간단하다. 예수께서도 사도들도 임의대로 치유할 수 없었다는 것을 이미 예증해 왔기 때문에 단순히 자신의 주권적인 목적들을 위해 하나님께서 바울의 치유의 은사를 통해 이 세 사람들을 치유하시지 않기로 선택하셨다고 생각해서는 안 되는가? 이것은 그가 죽기 칠 년에서 팔 년 전인 A.D. 60년에 하나님께서 그의 사도들 중에서 가장 뛰어난 사도의 치유의 은사를 철회하셨다는 이론보다 훨씬 더 믿기 쉽다.

히브리서 2:3-40에서 나온 논의

히브리서 2:3-4은 기적들이 사도들의 죽음과 함께 끝났다는 것을 증명하기 위해서 은사소멸론자들에 의해 자주 사용된다. 히브리서의 저자는 우리에게 묻는다.

> 우리가 이같이 큰 구원을 등한히 여기면 어찌 피하리요? 이 구원은 처음에 주로 말씀하신 바요, 들은 자들이 우리에게 확증한 바니 하나님도 표적과 기사들과 여러 가지 능력과 자기 뜻을 따라 성령의 나눠 주신 것으로써 저희와 함께 증거하셨느니라.

히브리서의 저자는 이 본문을 사도들로 제한하고 있지 않다. 그는 메시지가 사도들에 의해서 확증되었다고 말하지 않고 메시지는 주님의 말씀을 '듣는 자들에 의해서' 확증되었다고 말한다.

사도들은 주님의 말씀을 듣는 유일한 사람들이 아니었다. 다른 사람들 역시 그의 말씀을 들었고, 기적을 행했고, 성령의 기적인 은사들을 받았다. 다시 말하면 히브리서의 저자는 그도 그의 독자들도 주님의 말씀을 직접 듣지 않았고, 주님의 기적들을 직접 보지도 못했다고 말하고 있는 것 같다.

그들은 직접 '그의 말씀을 들었던 사람들'을 통해서 주 예수께 대한 메시지를 처음으로 들었다. 그들이 이 메시지를 들었을 때, 하나님께서는 그들에게 전파한 무리를 통하여 표적들과 기사들을 행하심으로써 그것을 확증하셨다. 그들에게 전파한 사람은 바로 사도들이었을 수도 있고, 본래 주님의 말씀을 들었던 사람들은 또한 다른 사람들일 수도 있다.

본문은 분명히 하나님께서 메시지가 예수께 직접 듣지 못한 사람들에 의해 전파될 때, 주 예수께 대한 메시지를 기적들로 확증하실 것이라는 가능성의 여지를 남겨 둔다.

성경은 사도직분이 끝났다고 가르치는가?

대부분의 은사소멸론자들은 사도의 직분이 카리스마들 중의 하나라고 생각한다. 그래서 그들은 사도의 직분이 끝났다는 것을 성경을 통해 증명하려 하고, 그 결과로서 적어도 하나의 성령의 은사는 일시적이었다는 결론을 내린다. 이 결론은 다른 은사들도 일시적일 수 있다는 가능성을 인정한다.

우리가 살펴보았듯이, 다른 사람들은 이 결론을 넘어 사도들의 죽음을 기적적인 은사들이 끝나는 필수 요건으로 간주한다. 그들은 기적적인 은사들은 사도들과 그들의 친밀한 동역자들에게만 주어졌고, 그것들은 사도들에 의해서만 주어질 수 있고, 사도들을 확증하는 명백한 목적만을 위한 것이라고 주장한다.

그러나 사도들의 죽음(사도의 직분이 끝났다는 논의를 위한 것이라고 가정하면)은 성령의 기적적인 은사들이 끝났는가 아닌가 하는 문제와 거의 관계가 없을 수도 있다. 사실상 성경이 사도들은 1세기 말에 죽었다고 가르친다고 생각하지만 오늘날에도 성령의 은사들이 주어지고 있다고 믿는 사람들이 많다.[28] 다른 사람들 뿐만 아니라 그들도 대화가 오늘날에도 사도가 있을 수 있다는 가능성에 관한 것에 이르면 흥분하기가 쉽다.

그들의 관심은 대략 두 가지의 문제를 오간다. 사도들이 성경을 기록했다는 것과 그들은 큰 권위를 가지고 있어서 그들에게 불순종하는 것은 하나님께 불순종하는 것과 같다는 것이다. 아무도—적어도 내가 아는 어느 누구도—누군가가 성경을 더하는 것에 대한 가능성을 열어 놓고자 하지 않는다. 나는 분명히 원하지 않는다. 그리고 현대의 교회에서 사도들에게 주어졌던 권위를 가질 성품을 가진 사람을 상상하기는 불가능하다. 당신은 복음을 위하여 모든 것(고전 9:23)을 하는 교회 지도자를 아는가? 또는 사는 것이 단지 그리스도를 의미하는(빌 1:21) 지도자를 아는가? 이런 류의 문제들은 자연스럽게 우리가 바울과 열두 명이 사도였다는 것과 동일한 의미에서 오늘날 누군가를 사도로 확인하는 것을 삼가하게 한다. 그러나 우리에게는 성급한 결론을 내리기 전에 고려해야 할 많은 문제들이 있다.

사도의 직분은 성령의 은사인가?

많은 작가들은 사도의 직분을 성령의 한 은사라고 주장한다. 그러나 그 주장은 증명되지 않았다. 바울 자신은 고전 12장이나 에베소서 4:11에서도 사도의 직분을 성령의 은사라 부르지 않는다. 내가 의미하는 바는, 그가 결코 사도의 직분에 카리스마라는 용어를 적용하지 않으며 다른 성령의 은사들에 대하여 말하는 것과 같은 방식으로 사도의 직분에 대하여 말하지 않는다는 것이다.[29] 만일 사도의 직분이 치유나 기적들이 성령의 은사인 것과 같은 의미에서 성령의 은사가 아니라면, 그렇다면 그것은 무엇인가?

사도들은 고린도전서 12:8-10에서 기적적인 카리스마들의 목록에서 언급되지 않았다. 바울은 고린도전서 12:28에서부터 시작한 목록을 끝낼 때에서야 비로소 사도들을 언급한다. 피(Fee)는 "바울이 '사도들'을 먼저 목록에 실은 것은 놀라운 것이 아니다. 놀라운 것은 그들이 결코 이 목록에 있어야 한다는 것과 그가 그들을 복수로 목록에 실어야만 한다는 것이다"라고 말한다.[30]

사도는 거의 치유, 기적, 가르침 등과 같은 '하나의 성령의 은사'로 생각될 수 없다. 그러나 기술적으로 28절에서 시작하는 목록은 단지 성령의 은사들이 아니다. 처음의 세 가지 항목은 은사가 아니라 사역들—사도, 선지자, 선생들—을 대표하는 사람들이다. 나머지 항목들은 은사들—기적, 치유의 은사, 서로 도움, 다스림, 방언—이다. 이 목록 속에 사람들과 성령의 은사들이 섞여 있음은 아마도 지체의 다양함—사도들로부터 방언에 은사 그리고 그 사이에 있는 모든 것까지—은 하나님에 의해 임명되었고, 하나님에 의해 권한이 주어졌다는 것을 지적하도록 의도되었을 것이다. 엄격히 말해서 바울은 사도 직분을 '성령의 은사들'로 부르지 않았다.

다른 은사들이 정의될 수 있는 것과 동일한 방법으로 실제로 '사도의 직분'으로 은사를 정의한다는 것은 불가능하다. 우리는 선지자가 아니면서 어떤 사람이 예언의 은사를 행하는 것을 쉽게 생각할 수 있다. 다른 은사들에도 마찬가지이다. 그러나 어떤 사람이 지역 집회에 와서 사도가 아닌데 어떻게 그 집회에서 사도 직분의 은사를 행할 수 있겠는가? 집회에서 사도는 가르치거나, 예언하거나, 치유하거나, 인도하거나, 혹은 다스릴 수 있다. 그러나 사도 직분의 은사를 행사한다는 것은 무엇을 의미하는가? 우리는 단지 역사적인 사도들을 떠나서 사도의 지위에 대하여 생각할 수 없다. 신약성경에서 사도는 성령의 은사가 아니라 하나님께서 주신 위임과 사역을 가진 사람이다.

신약성경의 사도들은 누구였는가?

신약성경에서 사도라고 불린 최초의 사람들은 본래 예수의 열두 명의 제자들이었다(마 10:2). 유다가 예수를 배반함으로써 이 무리를 이탈했을 때, 맛디아가 유다를 대신하기 위해서 제비뽑기로 선택되었다(행 1-21-26). 이 무리의 열두 명은 유일하고 열두 명 이상으로 확대될 수 없었다. 본래의 열두 명은 구체적으로 예수께서 지상 사역 기간 동안에 이 사역을 위해 주께서 직접 부르시고 임명하셨다(막 3:13 이하). 맛디아조차도 주님에 의해 선택되었다(행 1:24 참고). 최초의 열두 명의 구성원 자격의 요구 조건은 요한이 세례를 베푼 이래로부터 예수와 함께 있었어야 하는 것이고 그의 부활을 눈으로 목격한 사람이어야 하는 것이다(행 1:21 이하). 이들 열두 명의 이름은 새 예루살렘의 성벽의 주춧돌 위에 새겨져 있다(계 21:14). 그러므로 이들 열두 명은 맛디아를 포함시킨 후에 새로운 추가가 불가능한 배타적인 무리를 이룬다.

그러나 그들이 '그 열두 명'의 일부로서 헤아려지지 않았지만 다른 사도들이 있었다. 신약성경은 바울과 바나바를 사도로 간주했다(행 14:4, 14)는 것이 분명하다. 주님의 형제인 야고보는 분명히 바울에 의해 사도로 불린다(갈 1:19[31]; 고전 15:7 참고). 그리고 야고보는 예루살렘에서의 회의 기간 동안 예루살렘의 교회의 주요 지도자들 중의 하나로 베드로와 함께 나타난다(행 15:13-19).

다른 사도들이 있는가? 바울은 또한 실라를 사도로 말하고 있는지도 모른다(살전 2:7).[32] 로마서 16:7 역시도 안드로니고와 유니아가 사도들이었다는 것을 지적하는 지도 모른다. 그러나 그것의 의미에 대하여 우리에게 확실하게 알려주지 않는 이 본문에는 많은 해석상의 어려움들이 있다. 마지막으로 고린도전서 15:7의 '모든 사도들'이라는 구는 고린도전서 15:5에서 이미 언급된 '그 열두 명' 외에도 구체적이진 않지만, 수많은 사도들에 대해 언급할 수도 있다.[33]

이 모든 것을 요약한다면 신약성경은 열다섯 명의 사도들이 있었다는 것을 분명하게 가르친다(열두 명에 바울, 바나바, 야고보를 더해서). 아마도 실라가 열여섯번째의 사도였을 것이다. 아마도 안드로니고와 유니아와 몇 명의 이름을 알 수 없는 사도들(고전 15:7)이 이 목록에 추가되어야만 할 것이다. 거짓 사도들이 있었다(고후 11:13)는 사실은 사도들의 수가 신약성경 시대에 정해질 수 없었다는 것을 지적하거나 이 사람들이 사도로서 가장했을 가능성이 없었을 것이라는 것을 지적한다.[34]

신약성경에서 사도의 직분에 대한 필요 조건

이 단락에서 나는 '그 열두 명'의 구성원으로서의 필수 조건에 논의하려는 것이 아니다. 우리는 이미 이것은 맛디아 외에는 어느 누구도 추가되는 것을 허락하지 않는 독점적인 무리였다는 것을 살펴보았다. 여기서 우리는 그 열두 명 이후에 사도가 된 사람들에 관심을 둔다. 그 열두 명이 구속사 속에서 독점적인 자리를 차지하지만, 신약성경은 이 두번째의 사도 무리가 그 열두 명의 사도들보다 더 적은 권위를 가지고 있다고 가르치지 않는다. 그러나 이 두번째 무리의 사도가 되기 위한 필요 조건은 처음 열두 명의 것과 약간은 다르다. 왜냐하면 이 사람들은 요한에게 세례를 받으심으로써 시작한 그의 사역의 초기로부터 주 예수와 함께 있지 않았기 때문이다.

이후로 언급되는 것에서 우리는 근본적으로 바울과 그 자신의 사도직에 대한 기술에 의존한다. 바울은 필요 조건들과 사도직의 특성들을 설명하는데 우리는 이 둘을 혼동하지 않도록 주의해야만 한다. 한편 많은 사람들은 사도들과 어떤 특징을 공유한다. 그러나 그것이 그들을 사도로 만들지는 않는다. 예를 들어 사도들은 표적과 기사들을 행한다(행 2:43). 스데반과 빌립도 표적과 기사들을 행한다(행 6:8, 8:6). 그러나 그들은 사도로 여겨지지 않는다.

사도직의 필요 조건과 특성들을 혼동한다면, 우리는 필요 조건들의 목록을 막연하게 증가시킬 수 있다. 또한 몇몇 진정한 사도들을 그 리스트에서 제외시키게 될 수도 있다. 예를 들어서 우리가 성경을 기록하는 것이 사도직의 필요 조건이라고 말한다면, 그때 우리는 성경을 기록하지 않은 모든 사도들을 배제해야만 할 것이다.

바울은 사도직에 대한 세 가지 필요 요건을 설명했다. 먼저 가장 중요한 필요 조건은 주 예수 그리스도로부터의 구체적인 소명과 위임이다(갈 1:1; 롬 1:1, 5; 고전 1:1; 고후 1:1). 나머지 두 가지 필요 조건은 고린도전서 9:1-2에 설명되어 있다.

> 내가 자유자가 아니냐 사도가 아니냐 예수 우리 주를 보지 못하였느냐 주 안에서 행한 나의 일이 너희가 아니냐 다른 사람들에게는 내가 사도가 아닐찌라도 너희에게는 사도니 나의 사도 됨을 주 안에서 인친 것이 너희라

바울이 매우 분명하게 설명한 두번째 필요 조건은 사도는 주 예수 그리스도를 보았어야만 한다는 것이다. 바울의 경우에 이 필요 조건은 그가 승귀하신 그리스도를 만났던 다마스커스로 가는 도상에서 충족되었다(행 9:1-9).

세번째 필요 조건은 아마도 진정한 필요 조건이 아니라 사도직의 특성이거나 증거일 것이다. 여기서 나는 그들이 그의 사도직을 증인하는 고린도인들에게 한 그들의 호소에 대해 말하고 있는 것이다. 다시 말하면 바울은 사역에서 구체적으로 교회를 세우는 일에 있어서의 그의 실제적인 사역에 호소한다.

동시에 사도직의 유일하고 독특한 필요 조건은 주 예수 그리스도의 직접적인 소명과 위임이라는 것이 분명하다. 다른 사람들은 부활하신 주님을 보았다(고전 15:6은 오백 명 이상의 사람들이 부활하신 주님을 보았다는 것을 언급한다). 그러나 이것이 그들을 사도로 만들지 않았다. 이와 마찬가지로 다른 사람들은 사역에 있어서 그리고 교회를 세우는 일에 있어서 실제적으로 사용되었다(사

마리아에서의 빌립의 사역 참고). 그러나 이것이 그들을 사도로 만들지는 않았다. 따라서 사도직에 대한 토대는 주 예수 그리스도의 직접적인 소명과 취임이다.[5]

신약성경의 사도직에 대한 특징들

바울이 그의 글들에서 공통적으로 강조하고 있어 사도의 명백한 특징들로서 목록에 넣어야만 할 특징들이 다섯 가지가 있다. 다른 사람들도 사도가 아니지만 이러한 특징들을 소유할 수 있으나 이러한 특징들을 가지지 않은 사도를 상상하기란 어려울 것이다.

이 목록의 첫번째는 사도의 고난당함이다. 가장 중요한 본문들은 고린도전서 4:9-13; 고린도후서 4:7-12, 6:3-10, 11:23-33; 갈라디아서 6:17이다. 이 고난당함의 이면에 있는 신학적인 목적은 고린도후서 4:7에 제시되어 있다.

> 우리가 이 보배를 질그릇에 가졌으니 이는 능력의 심히 큰 것이 하나님께 있고 우리에게 있지 아니함을 알게 하려 함이라

따라서 사도들의 고난은 우연한 것이 아니라 하나님께서 의도하신 것이다. 하나님께서는 그들이 고난당하고 박해받는 것을 허락하심으로써 공식적으로 그들의 약함을 보이셨다. 어느 누구도 '질그릇'인 그들을 신뢰하지 않고 그 질그릇들을 사용하시는 하나님의 능력을 믿게 하기 위하여 하나님께서는 그들이 오해받는 것과 보호받지 못하는 것처럼(그들은 굶주리고 추위에 떨고 헐벗었다) 보이게 허락하셨다. 그들 능력의 위대함으로써 사람들에게 영광이 돌려지는 것이 아니라 그의 놀라운 능력으로써 하나님께만 영광이 돌려지도록 하기 위해 하나님께서는 반복해서 사도들이 단지 인간이고 약한 사람임을 보이신다(고후 12:9-10). 신약성경에 따르면, 고난과 박해를 깊이 알지 못하는 사도를 생각하기란 불가능하다.

오늘날에도 교회 내에는 사도임을 주장하는 사람들이 있다. 그러나 그들은 사도들이 당한 고난의 일부분도 원하지 않는 것처럼 보

인다. 그들은 풍부하고 편한 삶의 방식으로 살고 있을 뿐만 아니라, 그리스도의 몸(교회) 안에서 평범한 그리스도인들이 그들에게 표하는 믿을 수 없을 정도의 존경을 받으며, 또한 그것을 고무시킨다. 이것이 마치 그들의 사도적 소명의 일부인 것처럼 그들은 동료 그리스도인들의 책망이 자신들에게 미치지 않게 하며, 또한 하나님께서 그리스도인들이 고난을 거의 경험하지 않고 부유하고 편안한 삶이기를 원하신다고 가르친다.

두번째 특징은 사도들에게 주어지는 하나님의 비밀들을 보는 특별한 통찰력이다. 그들은 그리스도의 비밀(엡 3:1-6), 경건의 비밀(딤전 3:16), 이스라엘의 회심에 대한 비밀(롬 11:25-32)을 보는 거룩한 통찰력을 가지고 있다. 심지어 바울은 그가 사람들에게는 말하도록 허락되지 않았던 환상들을 보고 계시를 들었다(고후 12:1-4, 7). 그러나 하나님의 비밀들을 보는 통찰력은 사도들에게만 유일한 것이 아니다. 선지자들 역시 하나님의 비밀들을 보는 통찰력을 가지고 있다(엡 3:5).[36]

사도직의 사역에 대한 세번째의 특징은 그들이 주 예수를 선포할 때, 표적들과 기사들이 따르는 것이다. 예수께서는 그들이 위로부터 능력을 입힐 것임을 사도들에게 약속하셨다(눅 24:49; 행 1:8). 이것은 그 열두 명(행 2:43, 5:12)과 이후에 나온 사도들의 사역에 가득했다(사도행전 14:3과 15:12에 있는 바나바와 바울에 의해 행해진 기적들과 로마서 15:19과 고린도후서 12:12에 있는 바울만을 통해서 행해진 기적들을 주목하라). 다시 이것은 사도의 사역의 특징이지만 스데반과 빌립도 표적들과 기사들을 행했기 때문에 그것은 사도들에게만 유일한 것이 아니다.

네번째 특징은 사도들의 흠없는 성결성이다(고후 1:12, 2:17, 4:2, 7:2). 물론 다른 사람들도 사도는 아니지만 흠없는 성결성을 가질 수 있다. 그러나 누가 그의 성결함에 있어 흠이 있는 사도를 상상할 수 있겠는가?

마지막 특성은 사도의 권위이다. 그 열두 명은 귀신과 모든 질병에 대한 권위가 주어졌다(마 10:1; 막 3:15, 6:7; 눅 9:1). 그러나 이 권위는 사도들에게만 유일한 것이 아니었다. 그것은 예수께서 칠십 인을 보내실 때 그 권위가 그들에게 주어졌다(눅 10:19). 그리고 마가복음 9:38-41에 언급된 익명의 사람도 분명히 귀신들에 대한 권위를 가지고 있었다.

때때로 사도적 권위의 특성이 오해된다. 사람들이 이 권위를 주로 신자들의 삶을 인도하고 그들을 위해 결정하기 위한 신자들에 대한 권위로 간주하는 것은 드문 일이 아니다. 권위가 사도들과 관련해서 신약성경에 언급되어 있을 때, 그것은 근본적으로 하나님의 나라에 반대하는 세력에 대한 권위이다. 물론 그것은 베드로가 그들의 죄를 드러내고 있는 동안 아나니아와 삽비라가 죽었던 것(행 5:1-11)도 마찬가지이다. 그러나 베드로는 정말로 죄지은 신자들을 죽이는 권위를 가지고 있었는가? 나는 그렇게 생각하지 않는다. 아마도 하나님께서는 이 두 사람의 죄와 그들에게 행하시려 하는 바를 그에게 보여주셨을 것이라고 생각한다.

바울은 또한 성령의 은사를 주는 권한도 가지고 있었다. 바울은 디모데에게 안수함으로써 그의 속에 있는 은사를 다시 불일듯하게 하라고 환기시켰다(딤후 1:6; 롬 1:11 참조). 그러나 이것조차도 사도들에게만 유일한 것이 아니었다. 왜냐하면 장로들 역시 성령의 은사를 주는 능력을 가지고 있었기 때문이다(딤전 4:14).

바울은 그가 허는 것보다는 세우는 권위를 받았다고 공언했다(고후 10:8, 13:10). 세운다는 개념은 아마도 초대교회를 세우는 데에 있어서 사도들이 가졌던 기본적인 역할을 말할 것이다(엡 2:20). 그것은 분명히 그의 권위—세우는 권위—의 긍정적인 면을 강조하고자 하는 바울의 의도였다. 그러나 '너희를 허는 것'에 대한 언급은 단지 헛된 위협이나 연설이 아니었다. 바울은 특별한 경우에 교회의 회원들을 사탄에게 넘겨 주는 권한을 가지고 있었다(고전 5:5; 딤전 1:

20). 바울은 고린도인들에게 태도를 바꾸지 않는다면 '매를 가지고' 그들에게 나아갈 것이라고 경고했다(고전 4:18-21). 이러한 말에는 나쁜 징조의 음조가 있다. 바울은 분명히 그들이 회개하지 않는다면 고린도 교회에 대한 하나님의 심판하는 능력을 주장하고 있었다.

이런 류의 권위는 사도들에게만 유일한 것인가? 성경이 그것은 사도들에게만 유일한 것이라고 말하지 않기 때문에 나는 그렇게 생각하지 않는다. 생각컨대 하나님께서는 오늘날에도 어떤 사람을 개인, 교회, 도시 혹은 민족의 심판에 대한 예언의 말씀을 주시기 위해 사용하실 수 있다. 나는 실제로 그리스도인들이 회개하도록, 그리고 그렇지 않으면 그들의 생명이 취하여질 것이라고 경고받고 있는 몇몇 경우를 알고 있다. 나는 말씀이 그렇게 될 것이라는 예언의 말씀이 있은 후에 그 예언의 말씀대로 생명이 취하여진 두 경우에 대하여 알고 있다.

어떤 사람들은 아마도 내가 사도의 권위의 일부로서 성경을 기록하는 능력을 목록에 넣지 않는 것에 반대할 것이다. 내가 그것을 목록에 넣지 않은 이유는 모든 사도들이 성경을 기록한 것이 아니기 때문이다. 실제로 처음 열두 명의 사도들 중 세 명만이 성경을 기록했다(마태, 요한, 베드로. 그리고 사도가 아니었던 몇몇 사람들이 기록). 사실상 우리는 누가 히브리서를 썼는지조차도 알지 못한다. 그러나 그것은 여전히 성경이다. 이것은 내가 오늘날에도 누군가가 다시 성경을 기록할 수 있다고 말하는 것은 아니며. 또 어느 누구도 그런 능력을 가지고 있다고 생각하지 않는다. 우리의 성경, 즉 구약성경과 신약성경은 완성되어 있고 충분하며 결코 어떤 덧붙임도 필요로 하지 않다고 믿는다. 성경—구약성경과 신약성경—은 오류가 없는 하나님의 말씀이라는 것이 나의 개인적인 확신이다. 그러나 사도들의 저작이 분명히 정전임에 대한 시험으로서 하나님에 의해 의도되지 않았기 때문에 더이상의 사도가 없다는 것을 주장함으로써는 성경을 어떠한 추가물로부터도 보호할 수 없다.

사도직이 끝났다는 논의들

맥아더(MacArthur)는 사도직이 끝났다는 것에 대한 여섯 가지 이유를 말한다.

(1) 교회는 사도들에 의해서 세워졌다.
(2) 사도들은 부활의 목격자들이다.
(3) 사도들은 예수 그리스도에 의해서 직접적으로 선택되었다.
(4) 사도들은 기적적인 표적들에 의해 확증되었다.
(5) 사도들은 절대적인 권위를 가지고 있었다.
(6) 사도들은 영원하고 유일한 명예를 가지고 있다.[37]

이러한 논의에서 주목해야 할 첫번째 것은 맥아더도 그 밖의 사람들도 사도직이 끝났다거나 혹은 교회 시대 동안에 끝날 것이라고 말하는 구체적인 성경 본문을 제시할 수 없다는 것이다. 이 모든 논의들은 성경의 구체적인 진술에 근거한 것이 아니라 신학적인 추론에 근거한다. 이러한 논증들 중의 어느 것도 혹은 어느 구절도 이 논의를 뒷받침하고 주님께서 바울과 바나바와 어쩌면 1세기에 다른 사람들 이후에는 교회에 추가되는 사도들을 주실 수 없다는 것을 가르치기 위해서 사용되지 않는다.

1번에 대한 대답

사도들이 교회를 설립하는 데에 있어서 기초적인 역할을 했다(엡 2:20)는 사실은 주님께서 더이상은 사도들을 주실 수 없었다거나 주시지 않았다는 것을 의미하지 않는다. 어떤 사람은 교회를 세워야만 했다. 우리는 단지 그들이 교회를 세웠기 때문에 그들의 사역이 일시적이었음이 틀림없다고 주장하겠는가? 회사나 법인의 설립자는 그나 그녀라는 점은 항상 유일할 것이지만, 그 회사가 장래에 이사나 사장을 갖지 않는다는 것을 의미하지는 않는다.

반면에 에베소서 4:11-13은 하나님께서 예수께서 다시 오실 때까지 사도들이 계속되도록 의도하셨다는 것을 지적할 수도 있다. 그섯 가지의 사역들—사도, 예언자, 전도자, 목사, 선생들—이 교회에 주어졌다(11절). 바울은 이 사역들은 신자들이 사역을 행할 수 있도록 하기 위해서 신자들을 준비시키기 위해 주어졌다(12절)고 말한다. 이러한 준비는 얼마 동안 계속되겠는가? 바울은 13절에서 이 질문에 답한다.

> 우리가 다 하나님의 아들을 믿는 것과 아는 일에 하나가 되어 온전한 사람을 이루어 그리스도의 장성한 분량이 충만한 데까지 이르리니
> (엡 4:13)

바울의 글들 중에서 사도들의 사역에 대한 '지속'을 구체적으로 언급한 부분은 에베소서 4:13의 '때까지'이다. 말하자면 이것은 13절에 서술된 성숙에 도달할 때까지 교회에 사도들이 있을 것이라는 것을 의미한다.

그러나 나는 에베소서 4:11-13에 대한 다른 해석들이 있다는 것을 안다. 나의 다음 책에서 그것들과 에베소서 2:20에 관하여 상세히 논의할 계획이다. 현재의 요점은 간단히 말해 이것이다. 우리는 '한' 세대의 사도들만이 있었다는 것에 대하여 성경에서 구체적인 진술을 찾지 못한다는 것이다. 그러나 우리는 적어도 교회가 성숙에 이를 때까지는 사도들을 갖게 될 것이라고 말하는 구체적인 진술을 찾을 수 있다. 현재 교회가 13절에서 서술하고 있는 성숙의 수준에 도달했다고 생각하기는 어렵다.

2번에 대한 대답

사도가 부활에 대한 목격자여야만 했다는 것은 사실이다. 바울의 경우에 이것은 예수께서 하늘로 승천하신 후에 이루어졌다. 주님께서는 다마스커스로 가는 도상에서 바울에게 나타나셨다(행 9:1-9). 나중에 바울의 증언에서 그는 이것을 '하늘로부터 보이신 것'이라고 말한다(행 26:19). 그 밖의 곳에서 누가는 이 말을 천사의 나타나심에 사용했다(눅 1:22, 24:23). 무엇 때문에 주님께서 다른 사람들에게 이와 같은 방식으로 나타나시지 못하는가? 나는 주님께서

교회 내에서 사람들에게 나타나시지 않거나 나타나실 수 없는 것에 대한 성경적인 이유를 알지 못한다.

3번에 대한 대답

무엇 때문에 주님께서 다른 사람들을 사도가 되도록 직접 선택하거나 위탁하시지 못하시는가? 그는 바울, 야고보, 바나바와 아마도 실라에게 이렇게 하셨다. 왜 그는 오늘날에는 그렇게 하실 수 없는가? 맥아더는 다음과 같이 쓰고 있다. "목회서신들이 교회 지도를 계속하는 것에 대한 원리들을 설명할 때, 그것들은 장로와 집사들에 대하여 말한다. 그 서신서들은 결코 사도들을 언급하지 않는다."[38] 이것은 침묵에서 나온 논의이다. 왜 목회서신들은 사도직을 언급했어야만 하는가? 장로, 집사, 사도들은 신약성경의 교회 내에 나란히 존재했다. 예수께서 그들의 선택권을 교회에 두셨기 때문에 교회는 장로들과 집사들을 선택하는 데에 규칙들이 필요했던 반면 결코 교회의 사도들을 선택하지 않았고 예수께서 직접 사도들을 선택하셨다. 따라서 왜 그는 디모데나 디도에게 편지해 그들에게 사도들을 선택하거나 세우는 데에 필요한 규칙을 제시하겠는가?

4번에 대한 대답

나는 이미 표적들과 기사들에 의해서 사도들이 확증되지 않았다는 것을 설명했다. 분명히 그들은 표적과 기사를 행했지만 그것들은 그들을 확증하지 못했다. 오히려 표적들과 기사들은 주 예수와 그에 대한 메시지를 확증했다. 예수께서 이번 세기 혹은 다른 세기에 그 문제에 관하여 그의 교회에 표적과 기사들을 부어 주시지 못하시는 것에 대한 성경적인 분명한 구체적 이유가 본문에는 없다. 그리고 우리가 살펴보았듯이 표적과 기사들의 사역은 사도직의 독점적인 특징이 아니며 다른 사람들 역시 표적들과 기사들을 행했다.

5번에 대한 대답

나는 맥아더 혹은 다른 사람들이 사도들이 '절대적인 권위'를 가졌었다고 말할 때 그들이 옳다고 생각하지 않는다. 맥아더는 "사도들이 말할 때는 토론이 없었다"라고 쓰고 있다.[39] 이것은 사실이 아니다. 안디옥에서 베드로의 위선이 너무나 심해서 바나바조차도 다른 수많은 유대인 그리스도인들과 함께 그것에 마음이 미혹되었다. 그래서 바울은 전체 무리 앞에서 베드로에 반대해야만 했다(갈 2:11-21). 또 바울과 바나바는 유대에서 온 유대인 신자들에게 할례가 불필요한 것이라고 확신시킬 수 없었다. 그래서 그 문제를 해결하기 위해서 예루살렘에서 교회 회의가 열렸었다(행 15:1-35).

몇몇의 신교 작가들 가운데서는 사도들을 거의 신처럼 공경하는 경향이 있다. 그로스는, 사도는 "하나님의 말씀과 모순이 되는 것은 아무것도 가르치지 않았다"(갈 1:8, 9)고 주장한다.[40] 그러나 베드로는 말씀에 모순되는 무엇인가를 가르쳤었다. 바울은 베드로가 안디옥에 왔을 때, 그가 본을 보임으로써 수많은 사람들을 위선으로 인도했다고 말했다. 이것은 분명 일종의 가르침이었다. 그리고 바울은 그것에 반대해야만 했다. 나는 사도들이 성령의 영감으로 기록하는 데에서 실수했다고 믿지 않는다. 베드로가 본을 보임으로써 그들은 교회 내에서 어떤 다른 신자처럼 중요한 죄를 범할 수 있었다.

영감의 교리만이 사도들 각자에게 주어졌던 하나님의 기록된 말씀의 부분까지 확대된다. 영감의 교리는 그들의 다른 해석들이나 견해들까지 확대되지 않는다. 내 의견으로 맥아더와 그로스 그리고 다른 사람들은 사도들의 권위에 대하여 성경이 말하는 것을 넘어섰으며, 그들이 사도들의 유일함과 결국은 말씀의 유일한 권위를 보존하기 위해서 이렇게 했다고 확신한다. 그러나 우리가 하나님의 말씀하는 바를 넘어서고 그것 자체가 주장하지 않는 무엇인가를 주장할 때, 우리는 하나님의 말씀을 보존하거나 존중하지 못한다.

또한 성경이 그리스도께서 다시 오시기 전에 주님께서 사도들이 누렸던 것보다 더 큰 능력과 권위를 갖게 될 두 증인을 세우실 것이라고 가르친다는 것을 지적할 수도 있다. 요한계시록 11:3-6을 말하는 것이다.

> 내가 나의 두 증인에게 권세를 주리니 저희가 굵은 베옷을 입고 일천 이백육십 일을 예언하리라 이는 이 땅의 주 앞에 섰는 두 감람나무와 두 촛대니 만일 누구든지 저희를 해하고자 한즉 저희 입에서 불이 나와서 그 원수를 소멸할찌니 누구든지 해하려 하면 반드시 이와 같이 죽임을 당하리라 저희가 권세를 가지고 하늘을 닫아 그 예언을 하는 날 동안 비 오지 못하게 하고 또 권세를 가지고 물을 변하여 피 되게 하고 아무 때든지 원하는 대로 여러 가지 재앙으로 땅을 치리로다

이 두 사람은 사도들과 같이 '증인들'로 불린다(행 1:8). 그들은 또한 예언을 한다. 그들은 사도들조차도 누리지 못한 보호와 권세를 누릴 것이며, 그들을 해하고자 하는 사람은 누구나 죽일 수 있을 것이고, 구약성경의 어떤 선지자나 신약성경의 어느 사도보다도 더 큰 표적과 기사들을 행할 것이다. 그러나 그들의 예언하는 능력, 권위, 표적과 기사들도 어떤 면에서는 성경의 정경 유일한 권위를 위협하지 않을 것이다. 이것은 하나님께서 그의 말씀이나 복음을 위반하지 않고 역사상 어느 때나 사도들(혹은 사도들보다 더 많은 능력과 권위를 가진 사람들)을 세우실 수 있다는 것을 증명한다.

더이상 사도가 없음에 대해 가장 고집스러운 사람들이 사실은 그들 자신이 현대의 사도들을 가지고 있다는 것이 아이러니하다는 것을 발견한다. 한 가지의 예를 들어본다면, 나는 최근에 철저하게 개혁주의 신학에 전념하고 있는 한 사람과 신학적인 차이점들에 대하여 토론하면서 몇 시간을 보냈다. 그는 하나님께서 오늘날도 우리에게 여전히 말씀하신다는 것과 하나님께서는 우리에게 꿈, 환상, 지식의 말씀, 인도하심, 경고 등을 주신다는 나의 믿음에 대하여 매우 염려했다. 그는 이것을 성경의 독특한 권위를 위협하는 것으로 알고 그것을 오직 성경만이라는 개혁주의의 외침과 성경으로서 충분하다는 개혁주의의 교리에 모순이 되는 것으로 여긴다.

우리가 이런 점에 대해서 우리의 차이점들에 관하여 토론하고 있을 때, 나는 하나님께서 여전히 말씀하신다는 것을 믿는 것에 대한 이유로서 성경을 인용하고 있었다. 그는 성경을 근거로 하여 나와 상호 작용하기보다는 계속해서 종교개혁 시대로부터의 신학적인 글들을 인용했다. 이것은 토론의 대부분에도 마찬가지였다. 사실상 나는 이 사람이 성경에서보다 칼빈이나 칼빈주의자들의 글들에서 더 편안했다고 말하는 것이 과장일 것이라고 생각하지 않는다.

그는 바울의 실제적인 글들에서보다 칼빈의 성경 해석에 더 실제적인 신뢰를 가지고 있다고 분명히 말하였다. 실제적인 면에서 그에게 칼빈은 사도 바울보다도 더 큰 권위자였으며, 신학적인 면에서 그는 결코 이것을 인정하지 않았고, 내가 그것을 시사했을 때에 몹시 기분이 상해했다. 그러나 나는 실제적인 면에서 그것이 정말로 사실이라는 것을 믿지 않을 수 없다.

이런 경우가 이상한 것은 아니다. 나는 다른 사람들 역시 성경의 구체적인 본문들로부터 인용하거나 논의하기보다는 그들의 신학적인 전통들을 인용하는 것에 더 확신한다. 결과적으로 이것은 그들이 칼빈이든, 루터이든, 혹은 그 밖의 누구건 간에 그러한 전통들의 창시자들을 성경의 사도적 저자들보다 더 권위가 있지는 않다고 할지라도 동일하게 만든다. 칼빈이 어떤 사람들에게는 사도가 아닐 수도 있으나 나는 분명히 당신에게 그를 전형적인 사도로 여기는 사람들을 보여줄 수 있다.

6번에 대한 대답

"사도들은 영원하고 독점적인 명예직을 가진다"는 맥아더의 논의는 요한계시록 21:14에 의해 뒷받침되고 있는데, 그 본문은 열두 사도들의 이름들이 새로운 도시의 성벽 주춧돌 위에 새겨져 있다고 말한다. 그러나 그 논의는 열두 명의 사도들 이후에 바울과 바나바와 다른 미래의 신약성경의 사도들을 고려하지 않는다. 모든 사람들은 열두 명의 사도들이 구원의 역사 속에 독특한 지위를 가지고 있다는 것을 인정한다. 그것은 문제가 아니다. 열두 명의 사도들 이후에 하나님께서는 적어도 세 명의 다른 사람들을, 아마도 그 이상을 추가하는 것이 적당하다는 것을 아셨다. 만일 그가 세 명이나 네 명의 다른 사람들을 그 열두명의 사도들이 살아 있는 동안에 추가하실 수 있었다면 왜 하나님께서는 1세기 이후에는 다른 사람들을 추가하실 수 없었겠는가? 성경은 더이상 사도들이 없다고 가르치지 않는다.

* * *

나는 열두 명의 사도들이 독점적이고 폐쇄적인 무리를 형성했다고 믿는다. 그러나 하나님께서 바울, 바나바, 야고보와 가능한 다른 사람들을 추가함은 역사 속에서 어느 때나 추가로 사도들을 주실 수 있는 가능성의 여지를 남겨 둔다. 성경의 어떤 구체적인 본문도 예수께서 사도직에 있는 다른 사람들에게 나타나시거나 그들에게 위탁하시지 못하게 하지 않는다. 미래의 교회에 그는 초대교회의 사도들보다 더 큰 능력을 가진 두 증인을 주실 것이다(계 11:3-6). 그러나 이것은 성경의 권위를 위협하지 않을 것이다. 만일 교회의 역사 말기에 주님께서 교회에 신약성경의 사도들보다 더 큰 권위와 능력을 가진 두 증인을 주실 것이라면 왜 하나님께서는 그 두 증인의 시대 이전의 교회에 더 많은 사도들을 주실 수 없으시겠는가?

나는 오늘날에 내가 바울을 사도라 부르고자 하는 것과 같은 의미에서 사도라고 부르기를 원하는 사람에 대해서 알지 못한다. 그러나 성경이 그것을 반대하지 않는다고 믿기 때문에 나는 기꺼이 이 가능성을 반대하지 않을 것이다.

사도들이 더이상 존재하지 않는다고 할지라도 그것은 표적들과 기사들의 사역에 관하여, 혹은 성령의 기적적인 은사들에 관하여 아무것도 증명하지 못한다. 이것은 표적, 기사 혹은 성령의 은사들도 사도들에게 제한되지 않았기 때문에 사실이다. 어떤 사람도 성경의 예에 의해서, 혹은 성경의 진술에 의해서 성령의 은사들이 소수의 사람들에게 제한되었었다는 것을 증명할 수 없으며 사실은 그 반대이다. 기적적인 은사들이 오로지 사도들을 통해서만 주어졌다는 것을 증명하려는 시도는 성경적인 근거를 가지고 있지 않다. 오히려 그것은 신학적인 편견에 의해 만들어진 하나의 환상이다. 아마도 이런 류의 편견에 대한 최악의 예는 사도 바울이 그의 사역을 마치기 칠 년 혹은 팔 년 전인 약 A.D. 60년 경에 치유의 은사를 잃었다는 것을 증명하려는 시도에서 볼 수 있다.

그러므로 사도들의 죽음과 은사들이 소멸되었다고 추정하는 것을 연관시키려는 시도는 그 논의의 양 측면에 대하여 무익한 것이다. 한편으로 사도들이 더이상 없다는 것은 성경적으로 증명될 수 없고, 다른 한편으로 표적들과 기사들, 혹은 성령의 기적적인 은사들은 오로지 사도들과만 관련이 있다는 것도 증명될 수 없다.

◈ 부록3
기적 시대는 단 세 번 있었는가

존 맥아더는 성경적 기록에는 단지 세 번의 기적 시대가 있었을 뿐이라는 견해의 지지자이다. 그는 다음과 같은 방식으로 그 논의를 공식화한다.

> 대부분의 성경의 기적들은 성경 역사 속에서 비교적 짧은 세 번의 시기에 발생했다. 모세와 여호수아의 시대, 엘리야와 엘리사가 사역하는 시대, 그리고 그리스도와 사도들의 시대에….
> 그 세 번의 시기를 제외하고 성경에 기록된 유일한 초자연적인 사건들은 고립된 사건들이었다. 예를 들어 이사야의 시대에 하나님께서는 초자연적인 방법으로 산헤립의 군대를 물리치셨다(왕하 19:35-36). 그리고 히스기야를 치유하셨고, 해의 그림자를 뒤로 물러가게 하셨다(20:1-11). 다니엘의 시대에 하나님께서는 사드락과 메삭과 아벳느고를 풀무에서 보호하셨다(단 3:20-25). 그러나 대개는 이와 같은 초자연적인 사건들은 하나님께서 그의 백성들을 다루시는 것을 특징지우지 않았다… 세 번의 시기에 일어났던 기적들 모두는 하나님께서 그의 기록된 계시(성경)를 풍성하게 주셨던 시대였다. 기적들을 행하는 사람들은 본질적으로 계시의 시대를 선도하는 사람들과 동일인이었다. 모세는 성경의 처음 다섯 권을 썼다. 엘리야와 엘리사는 선지자의 시대를 도입했다. 사도들은 신약 성경의 거의 전부를 기록했다.[1]

이 논의에는 수많은 난제들이 있다. 그래서 대부분의 은사소멸론자들은 더이상 그것을 사용하지 않는 것 같다. 최초의 난제는 세

번에 걸쳐 일어났던 기적들에서 추정되는 목적들에 있다. 그 이론에 따르면, 각 시기의 기적에 대한 이유는 그것들이 당시에 하나님께서 주신 기록된 계시를 확증한다는 것이다. 모세와 여호수아의 경우와 그리스도와 사도들의 경우에는 기록된 계시가 주어졌으나 엘리야와 엘리사의 경우에는 주어진 기록된 계시가 없었다. 최초의 기록된 예언적 계시는 엘리야가 죽은 지 거의 백 년 후이고, 엘리사가 죽은 지 오십 년 혹은 그 이후인 이사야와 미가와 아모스의 시대에 이르러서야 비로소 주어졌다.

기적들은 모세에서 여호수아까지, 엘리야에서 엘리사까지의 시기에만 일반적이었다는 생각 역시 성경의 구체적인 진술에 의하면 모순이 된다. 예레미야는 주장한다.

> 주께서 애굽 땅에서 징조와 기사로 행하셨고 오늘날까지도 이스라엘과 외인 중에 그같이 행하사 주의 이름을 오늘과 같이 되게 하셨나이다(렘 32:20)

만일 예레미야의 진술을 문자적으로 해석한다면, 그는 표적들과 기사들이 그 자신의 시대(그의 사역은 B.C. 626-586년 얼마 후에 끝났다)에 이스라엘과 다른 민족들 내에서 일어나는 것을 아주 분명하게 알고 있었음을 알 수 있다.[2]

이 이론에는 또 다른 모순이 있다. 맥아더는 엘리야와 엘리사가 선지자의 시대를 도입했다고 주장하나 이것은 정확한 것이 아니다. 선지자의 시대를 도입한 것은 바로 사무엘이다. 사무엘은 "그 말로 하나도 땅에 떨어지지 않았다"고 이야기되는 선지자였다(삼상 3:19-21). 게다가 사무엘의 시대에는 이미 예언하는 선지자들의 무리가 있었다(삼상 10:5). 만일 맥아더가 제시한 이론이 정확하다면, 우리는 사무엘의 시대가 기적의 발생과 함께 도입되기를 기대할 것이다.

마지막으로 나는 신약성경 시대는 분명히 새로운 계시의 시대였다는 것을 의문시하지 않는다. 그러나 맥아더는 그가 "사도들이 거의 모든 신약성경을 기록했다"라고 주장했을 때, 그는 분명히 오신다고 하고 있다. 마가, 누가, 유다는 사도가 아니었다. 그리고 히브리서는 익명이다. 이 책들은 신약성경의 약 42퍼센트를 이루고 있다.

그 이론의 또 다른 잘못은 단지 이 세 번의 시기 외에서 일어나는 초자연적인 사건들이 너무나 많아 그 이론은 의미있을 수가 없다는 것이다. 구약성경을 빠르게 살펴보면 기적적인 사건들이 얼마나 일반적으로 일어났었는지를 알 것이다. 우리는 출애굽기에서 여호수아서까지는 살펴보지 않을 것이다. 왜냐하면 그 책은 모세와 여호수아의 시기를 다루기 때문이다. 또는 우리는 열왕기상 17장에서 열왕기하 13장까지의 어떤 초자연적인 발생들을 고려하지 않을 것이다(역대하 17-24도 아니다). 왜냐하면 이 책들은 엘리야와 엘리사의 시기를 다루기 때문이다.

농담삼아서 이러한 부분들은 성경에서 제외되어 있다고 생각해 보자. 물론 이것은 우리가 하나님께서 이집트에 내리신 열 가지 재앙들을 가지고 있지 않는다는 것을 의미할 것이다. 우리는 또한 홍해가 갈라짐과 엘리야가 불병거를 타고 하늘나라로 올라갔다는 것을 잃어버리게 된다.

어떤 종류의 기적들과 초자연적인 사건들이 남겠는가? 맥아더에 따르면, 우리의 새로운 성경은 초자연적인 사건들을 상당히 제거해야만 하고 우리가 발견한 것은 소수의 '고립된 경우들'의 초자연적인 사건들이다. 당신이 다음의 표에 나와 있는 사건들을 고려할 때, 이 이론이 얼마나 정확한가를 판단할 수 있을 것이다.

성 경	기 술
창세기	
1-3	지구의 창조와 인간의 타락
5:24	에녹의 휴거
6:2ff.	하나님의 아들들(천사와 같은/악마-적 존재들)이 사람의 딸들과 결혼함

성 경	기 술
6:9-8:19	노아의 홍수
11:1ff.	바벨탑에서 인간의 언어가 혼란스러워짐
12:1-3	아브라함에 대한 초자연적인 부르심
12:17	바로의 집에 대한 재앙
15:12-21	아브라함의 환상과 연기나는 풀무와 타는 횃불
16:7	하나님의 천사가 하갈에게 나타남
17:1ff.	하나님께서 아브리함에게 나타나심
18:1ff.	하나님과 천사들이 아브라함에게 나타나시고 그와 함께 식사하심
19:11	천사들이 소돔 사람들의 눈을 어둡게 함
19:23ff.	하나님께서 소돔과 고모라를 멸하심
19:26	롯의 아내가 소금기둥으로 변함
20:3ff.	하나님께서 꿈속에서 사라에게 손대지 말라고 아비멜렉에서 경고하심
20:17ff.	하나님께서 초자연적인 방법으로 하갈과 이스마엘의 생명을 구하심
21:1ff.	사라가 기적적인 방법으로 이삭을 잉태함
22:11	하나님의 천사가 아브라함이 이삭을 희생하지 않게 하심
24:12ff.	아브라함의 종이 초자연적으로 리브가에게 인도됨
25:21	리브가가 초자연적으로 쌍둥이를 잉태함
25:23ff.	하나님께서 리브가에게 그녀의 태 중에 있는 쌍둥이의 운명에 관해 말씀하심
26:2	하나님께서 이삭에게 나타나심
26:24	하나님께서 이삭에게 다시 나타나심
28:12ff.	하나님께서 야곱에게 나타나심
31:3	하나님께서 야곱에게 팔레스틴으로 돌아오도록 명하심
32:1	하나님의 천사들이 야곱을 만남
32:24ff.	야곱이 밤새도록 하나님의 천사와 씨름함
35:9	하나님께서 야곱에게 나타나셔서 그를 축복하심
37:5ff.	요셉의 꿈들
38:7ff.	하나님께서 엘과 오난을 죽이심
40:1ff.	요셉이 술 맡은 자와 떡 굽는 자의 꿈을 해석함
41:1ff.	요셉이 바로의 꿈을 해석함
사사기	
2:1-5	하나님의 천사가 온 이스라엘에 나타나심
3:9ff.	하나님의 영이 이스라엘을 구원하시기 위해 옷니엘에게 능력을 주심
3:31	삼갈이 소 모는 막대기로 600명의 블레셋 사람을 죽임
4:4ff.	드보라가 바락에게 예언함
6:11	하나님의 천사가 기드온에게 나타남
6:36	기드온의 양털에 대한 기적
7:1ff.	하나님께서 기드온이 단지 300명의 군사와 함께 미디안 군을 물리치게 하시기 위하여 미디안 군대를 혼란스럽게 하심

부록3:단지 세 번 기적의 시대가 있었는가 *325*

성 경	기 술
11:29ff.	이스라엘을 암몬 자손에게서 구원하시기 위하여 하나님의 영이 입다에게 임하심
13:3ff.	하나님의 천사가 마노아와 그의 아내에게 나타남
14-16	삼손의 초자연적인 공적들
사무엘상	
1:19ff.	한나가 초자연적으로 사무엘을 잉태함
3:1ff.	하나님께서 처음으로 사무엘에게 나타나심
3:19-21	하나님께서 사무엘의 말이 땅에 떨어지지 않게 하심
5:1-5	다곤 신상의 파괴
5:6ff.	하나님께서 독종의 재앙으로 블레셋 사람들을 치심
6:19ff.	하나님께서 벧세메스 사람들 중의 일부를 죽이심
9-10	사울에 대한 사무엘의 선지자적 사역
10:20ff.	사울이 제비뽑기로 이스라엘의 왕으로 선택됨
11:6ff.	암몬 사람들로부터 이스라엘을 구하시기 위하여 하나님의 영이 사울에게 임하심
16:1ff.	다윗에 대한 사무엘의 선지자적 사역
16:13	하나님의 영이 다윗에게 임하심
16:4	하나님의 영이 사울을 떠나고 하나님이 부리시는 악령이 그를 괴롭힘
18:10-11	악령이 사울로 하여금 다윗을 죽이려하게 함
19:9-10	다시 악령이 사울로 하여금 다윗을 죽이려 시도하게 함
19:20ff.	하나님의 영이 세 번 사울의 전령에게 임하고 그들이 예언함
19:22ff.	주의 영이 사울에게 임하셔서 그가 예언함
23:4,10-11,30:8	하나님께서 반복해서 다윗을 초자연적으로 인도하심
28:12ff.	사무엘이 죽은 자들로부터 사울에게 나타남
사무엘하	
2:1	하나님께서 다윗을 초자연적으로 인도하심
5:19	하나님께서 다윗을 초자연적으로 인도하심
5:23-24	하나님께서 다윗을 초자연적으로 인도하심
6:7	하나님께서 웃사를 죽이심
7:5ff.	나단이 다윗에게 예언함
12:1ff.	나단이 다윗의 죄를 드러냄
12:15ff.	하나님께서 다윗의 아이를 죽이심
12:25	나단이 솔로몬에 관하여 예언함
21:1	하나님께서 다윗에게 기근의 원인을 설명하심
24:11	하나님께서 갓을 통하여 다윗에게 꾸짖으시고 7만 명의 이스라엘인을 죽이심
열왕기 상	
3:3ff.	하나님께서 솔로몬에게 나타나셔서 그에게 큰 지혜를 주심
8:10ff.	하나님의 영광이 성전을 가득 채움
9:2ff.	하나님께서 솔로몬에게 두번째로 나타나심
11:11ff.	하나님께서 솔로몬에게 그에게서 왕국을 취하실 것이라고 말씀하심

성 경	기 술
11:29ff.	선지자 아히야가 여로보암에게 하나님께서 그에게 이스라엘 민족을 주셨다고 말함
13:1ff.	하나님의 사람이 요시아의 탄생을 예언하고 하나님께서 베델에서 제단을 가르시고 여로보암의 손을 마르게 하시고 그 다음에 치료하심
13:20ff.	한 나이든 선지자가 하나님의 사람의 죽음을 예언하고 하나님께서 사자로 하나님의 사람을 죽이심
14:5	하나님께서 여로보암의 아내가 선지자 아히야를 속이지 못하게 하시고 그는 여로보암의 집에 대한 심판을 예언함
16:1ff.	예후가 바아사에 대한 예언함
열왕기하	
15:5	하나님께서 문둥병으로 아사랴를 치심
19:20ff.	이사야가 산헤립에 관하여 히스기야에게 예언함
19:35	하나님의 천사가 185000명의 하시리아인들을 죽임
20:5ff.	이사야가 하나님께서 그의 생명에 15년을 더하실 것을 히스기야에게 예언함
20:10ff.	하나님께서 해 그림자가 아하스의 일영표 위에서 십도를 물러가게 하심
20:16ff.	이사야는 히스기야에게 심판을 예언함
21:10ff.	하나님께서 그의 선지자들을 통하여 유다에 대한 심판을 예언하심
22:14ff.	여선지자 훌다가 유다에 대한 심판과 요시아에 대한 축복을 예언함
역대상	
12:18	성령이 아마새에게 감동하시어 다윗에 대해 예언하게 함
21:1	사탄이 다윗을 격동하여 이스라엘의 인구조사를 하게 함
21:16	다윗이 하나님의 천사를 만남
21:20	오르난이 동일한 천사를 만남
21:26	하나님께서 다윗의 제단에 하늘로부터 불을 보내심
역대하	
7:1	불이 하늘로부터 내려와서 솔로몬의 번제물들을 태움
11:2	스마야가 르호보암에게 이스라엘에 대항해 싸우지 말라고 예언함
12:5	스마야가 르호보암에 대해 예언함
12:7	스마야가 하나님께서 그에게 자비를 보이실 것을 르호보암에게 예언함
13:15ff.	하나님께서 초자연적으로 유다를 구하심
13:20	하나님께서 여로보암을 죽이심
14:12ff.	하나님께서 초자연적으로 구스 사람들에게서 유다를 구하심
15:1ff.	아사랴가 아사 왕게 대한 심판을 예언함
16:7ff.	선견자 하나니가 아사 왕에 대한 심판을 예언함
25:7ff.	하나님의 사람이 아마샤에게 이스라엘의 군대를 전쟁에 데려가지 말라고 예언함

부록3: 단지 세 번 기적의 시대가 있었는가 327

성 경	기 술
25:15ff.	한 선지자가 그의 우상숭배 때문에 아마샤에 대한 심판을 예언함
28:9ff.	오뎃이 유다 포로들을 석방하지 않는다면 이스라엘 군대에 임한 심판을 예언함
에스라-	
5:1	학개와 스가랴가 유다에 있는 유대인들에게 예언함
욥기	
1-2	하나님의 허락에 의한 욥에 대한 사탄의 초자연적인 박해
38-42	욥과 하나님의 대화와 욥의 부에 대한 복원
다니엘	
2:1ff.	하나님께서 초자연적으로 느부갓네살의 꿈들과 그것의 해석을 다니엘에게 계시하심
3:1ff.	다니엘의 세 친구들이 극렬히 타는 풀무 속에서 성육신하시기 이전의 그리스도와 함께 걷고 보호됨
4:19-27	다니엘이 느부갓네살의 두번째 꿈을 해석함
4:28ff.	하나님께서 미치광이와 같은 행위로 느부갓네살을 괴롭게 하심
5:5ff.	초자연적으로 한 손이 나타나서 벽에 벨사살에 대한 심판을 씀
5:17ff.	다니엘이 그 글을 해석함
6:1ff.	다니엘이 초자연적으로 사자의 우리에서 보호됨
7-12	마지막 때에 대한 초자연적인 환상들과 천사의 초청들이 다니엘에게 주어짐

앞의 표에서 살펴본 것은 맥아더도, 그 밖의 누구도 구약성경에 나와 있는 풍부한 초자연적인 사건들을 간단히 두 기간에 채워 넣음으로써 그것들을 제거할 수 없다는 것을 증명할 것이다. 초자연적인 사건들은 구약성경 전체에 걸쳐 일관되게 퍼져 있다.

우리는 여기서 어떤 종류의 초자연적인 사건들에 대하여 이야기하려 하는가? 앞의 표는 다음과 같이 요약될 수 있다.

(1) 하나님께서 개인들에게 많이 나타나심
(2) 천사들이 개인들과 심지어는 사람들의 무리에 많이 나타나심
(3) 개인들에 대한 초자연적인 구원
(4) 무리들과 심지어 전체 민족에 대한 구원
(5) 초자연적으로 능력을 주심

① 초인간적 힘을 위해
② 선지자가 아닌 사람들을 위한 예언의 이해와 예언의 말을 위해
③ 초자연의 지침과 다양한 진로를 위해
(6) 초자연적인 심판
① 개인들의 멸망
② 군대들의 멸망
③ 도시들의 멸망
④ 땅의 멸망
⑤ 질병, 눈멈, 미치는 것, 전염병 등과 같은 다른 초자연적인 심판
(7) 초자연적인 꿈과 황홀경과 환상들
(8) 위에 언급된 것에 대한 초자연적으로 주어지는 해석
(9) 기적적인 수태들
(10) 기적적인 치유들
(11) 초자연적인 사탄이나 귀신의 사람과의 상호작용
(12) 해 그림자가 십도 뒤로 물러나는 것과 하늘에서 불이 떨어지는 것 등의 천체적인 표적들
(13) 사무엘 시대로부터 구약성경의 정경이 끝날 때까지의 지속적인 선지자의 사역

이것들은 구약성경 시대 전체에 걸쳐 일어난 일들이나 구약성경 시대 동안에 일어난 사건들의 전부는 아니다. 나는 다니엘의 예외와 함께 다른 예언서들은 조사하지 않았다. 예를 들어 이사야가 웃시야 왕이 죽은 해에 본 환상을 생략했다. 그때 이사야는 하늘로 들려 올라가서 그의 선지자적 사역에 대한 위임을 받았다(사 6:1-13). 또한 약 백사십 년 뒤에 에스겔이 본 이상한 환상들과 그에게 일어났던 일들에 대하여 논의하지 않았다. 우리는 말라기의 시대 (약 B.C. 450-400)까지 이스라엘에는 정경에 의한 선지자들이 있었다는 것을 기억해야만 한다. 따라서 적어도 사무엘의 시대에서부터 말라기의 시대까지 이스라엘에 대한 지속적인 선지자의 사역이 있다. 물론 선지자적 사역은 초자연적인 사역이다.

다니엘서는 초자연적인 것들은 기본적으로 모세와 여호수아의 시대, 그리고 엘리야와 엘리사의 시대로 한정되어 있다는 맥아더의 이론을 무너지게 한다. 다니엘은 605년부터 적어도 B.C. 539년 즉 엘리야와 엘리사의 시대를 넘어서까지 사역했다. 그러나 비례적으로 다니엘서(모세와 여호수아의 사역을 다루고 있는)는 출애굽기에서 여호수아서까지(엘리야와 엘리사의 사역을 다루고 있는)와 열왕기상에서부터 열왕기하 13장까지보다도 더 많은 초자연적인 사건들을 포함한다. 다니엘서의 모든 장은 초자연적인 사건들을 포함하고 있다.

다니엘서의 예외와 함께 아마도 창세기와 모세와 여호수아의 시기 그리고 엘리야와 엘리사의 시대는 구약성경 시대에 일어났던 가장 집중적인 큰 기적들을 보여준다. 그러나 앞의 표에서 살펴본 바와 같이 당신은 이스라엘의 역사 속에서 초자연적인 사건들이 하나님의 백성들 가운데서 일반적이지 않았던 어떤 시기도 발견할 수 없을 것이다.

맥아더는 이 표의 중요성을 논쟁하고자 한다. 그는 의미론적인 능숙한 솜씨로 기적을 "인간의 대행을 통해 하나님께서 행하시는 특별한 사건, 자연력으로써 설명될 수 없는 사건"으로 정의한다.[3] 그는 이러한 정의에 대한 성경적인 근거를 제시하지 않는 대신에 근거로서 A.H. 스트롱의 『조직신학』(Systematic Theology)에 호소한다. 나의 요점은 그가 성경을 사용함으로써 이런 식으로 기적들을 정의하지 못하고, 할 수도 없다는 것이다. 구약성경과 신약성경의 기적의 표현 수단이 그것을 허락하지 않는다.

기적을 '인간의 매개 행위'를 통해서 일어나야만 하는 어떤 것으로 정의함으로써 그는 천사의 방문들과 하나님의 격변적인 심판과 우주적인 표적들과 같은 것들을 제외할 수 있다. 이것은 우리가 사도행전 12장에 기록된 천사가 바울을 감옥에서 구해낸 일, 사도행전 16장에 기록된 지진, 혹은 그리스도께서 십자가에 못박히셨을 때 성전의 커튼이 둘로 찢어진 것(마 27:51) 등을 기적으로 부르지 못하게 한다. 예수께서 십자가에 못박히셨을 때, 하나님께서는 많은 성도들을 그들의 무덤에서 일으키셨다(마 27:52). 그러나 여기에 개입된 '인간의 대행'이 없었기 때문에 맥아더는 우리가 이것을 그가 다른 신약성경에 나타난 죽은 자를 살리신 것을 기적이라 부르는 것과 같은 식으로 기적이라 부르는 것을 허락하지 않는다. 그러나 맥아더의 견해에 대하여 가장 우스운 것은, 우리는 예수 그리스도의 부활을 기적이라고 부를 수 없다는 것이다.

그렇다면 우리는 이러한 것들을 무엇이라 불러야 하는가? 성경에 기록되어 있는 초자연적인 것이지만 직접적인 인간의 대행에 의해 일어나지 않은 다른 현상들을 우리는 무엇이라고 불러야 하는가? 맥아더는 우리에게 성경이 이러한 사건들을 무엇이라고 부르는지에 대하여 말하지 않는다. 그러나 성경에 기록된 기적들은 '표적과 기사들'이라고 불린다고 말한다.[4]

'표적과 기사들'이란 구는 인간의 대행을 통해 행해진 기적들을 말한다는 것은 사실이다. 그러나 '표적과 기사들' 혹은 단지 '표적들'이 인간의 대행없이 행해진 기적들을 말한다는 것 또한 사실이다. 예를 들어 베드로는 예수를 "당신에게 그를 통하여 우리 가운데에서 행하시는 기적, 기사, 표적들에 의해서 하나님께서 승인하신 사람"(행 2:22)으로 언급한다. 그러나 이 이전의 세 구절에서 베드로는 또한 "또 내가 위로 하늘에서는 기사와 아래로 땅에서는 징조를 베풀리니 곧 피와 불과 연기로다 주의 크고 영화로운 날이 이르기 전에 해가 변하여 어두워지고 달이 변하여 피가 되리라"(행 2:19-20)는 하나님의 말씀에 대한 요엘의 예언을 인용한다. 여기서 표적과 기사들은 분명히 인간의 대행이 없이 행해진 이 세상에 대한 초자연적이고 격변적인 심판을 말한다.

하나님께서는 이스라엘 민족이 사십 년 동안 광야를 지날 때 인간의 대행이 없이도 많은 기적적인 일들을 행하셨다. 예를 들어서 하나님께서는 그들을 밤에는 불기둥으로, 낮에는 구름기둥으로 인도하셨고, 만나로 그들을 먹이셨고, 그들을 훈계하시기 위해서 재앙을 보내시는 등의 일을 행하셨다. 스데반은 이 모든 것들은 하나님의 표적과 기사들로 말한다(행 7:36). 다니엘이 사자굴에 던져졌을 때, 하나님께서는 다니엘을 구하시기 위하여 천사를 보냈다(단 6: 22). 후에 다리우스 왕은 이 구원하심으로써 하나님을 찬양하고 그 것을 하나님의 표적과 기사들 중의 하나로 믿는다(단 6:27).[5] 그러므로 기적들에 대한 맥아더의 정의는 성경에 비추어 볼 때 지속될 수 없다.

그러나 맥아더는 그가 말하고 있는 기적들의 성질들을 간단히 한정할 수 있었다. 인간의 대행에 의해 행해진 기적들은 구약성경 속에서 모세와 여호수아, 그리고 엘리야와 엘리사를 다루고 있는 두 기간 외에서는 드물다고 주장할 수 있지만 그의 견해는 여전히 정당한 근거가 없다

맥아더는 앞의 표에 있는 초자연적인 사건들 중 어느 것도 규범적인 것으로 받아들이기를 원하지 않는다. 예를 들어서 사무엘서에 서부터는 인도, 심판, 축복, 경고, 언약에 대한 계속적인 예언의 말씀이 있다. 정규적인 환상, 꿈들, 천사의 출현, 하나님의 현현하심, 하나님이 허락하시는 고난과 질병, 이스라엘의 적에게 하나님께서 일으키신 혼란, 제단들이 갈라짐, 사사들에게 주어진 초자연적인 힘 등이 있다. 이러한 것들 중 일부는 인간의 대행을 통해서 이루어지고, 일부는 근본적으로 순수하게 하나님에 의해 행해졌다.

맥아더는 이러한 것들 중 어느 것이 오늘날에도 계속된다는 것을 인정하고자 하지 않는다. 그러나 성경은 바로 이와 동일한 초자연적인 사건들은 구약성경 시대에 정상적인 삶의 일부분이라고 가르친다. 이것은 그것들이 일상적인 사건이라고 말하는 것이 아니라 실제로 구약성경 시대의 모든 세대의 신자들에게 어느 정도 일정하게 일어난다는 것이다.

이것으로 인해 우리는 또 다른 논점에 이르른다.

초자연적인 현상들이 일어나지 않을 때, 그것들이 나타나지 않는 것에 대한 성경 기록자들의 태도는 무엇인가? 구약성경 속에 초자연적인 사건들이 없을 때, 성경 기록자들은 초자연적인 사건이 일어나지 않는 것을 하나님의 사람들에 대한 규범으로서 여기지 않는다. 오히려 그들은 그것을 심판의 표시로 여겼다.

예를 들어 시편 74편은 이렇게 시작한다.

> 하나님이여 주께서 어찌하여 우리를 영원히 버리시나이까 어찌하여 주의 치시는 양을 향하여 진노의 연기를 발하시나이까(1절)

시편 기자는 표적과 선지자들의 부재를 하나님의 심판으로 여긴다.

시편 77:7-10에도 비슷한 애가가 있다. 그러나 그는 하나님의 초자연적인 역사하심의 부재를 하나님의 백성들을 위한 정상적인 삶의 조건들로 받아들이기를 거부한다. 이러한 딜레마에 대한 그의 대답은 과거의 초자연적인 역사들을 기억하는 것이다(11절). '기억한다'는 말은 아마 이러한 역사하심들을 기억하게 하거나 혹은 칭송하게 하는 것을 의미할 것이다.[6] 그리고 그는 하나님을 "기적들을 행하시는 하나님"이라 말한다(14절). '기적들을 행하셨던 하나님'이 아니라 '기적들을 행하시는 하나님'이라고 말하며 기적들을 행한다는 표현에서 현재시제를 사용한다. 하나님께서 여전히 기적들을 행하시고 계시다는 것을 의미한다. 이스라엘이 이러한 기적들을 경험하지 않고 있었다는 사실은 더이상 하나님께서 그것들을 행하시지 않는다는 것의 표시가 아니라 심판의 표시였다.

선지자들도 같은 방식으로 말한다. 하나님께서 예루살렘에 대해 선포하신 최악의 심판들 중의 하나가 이사야에 의해 기록되었다. 이사야는 "대저 여호와께서 깊이 잠들게 하는 신을 너희에게 부어 주사 너희의 눈을 감기셨음이니 눈은 선지자요 너희 머리를 덮으셨음이니 머리는 선견자라"(사 29:10)고 말한다. 선지자와 선견자의 사역을 받지 못하는 것이 구약성경 시대에는 하나님으로부터 오는 비참한 심판으로 여겨졌었다.

분명히 맥아더는 우리로 하여금 구약성경에서 이 두 번의 기적 시대 사이에서 신자들의 삶은 초자연적인 사건들의 증거가 거의 없거나 전혀 없이 근본적으로 정규적인 성경 공부와 기도로 이루어져 있었다고 믿게 하려 한다. 이러한 각본은 구약성경의 작가들에 의해 우리에게 주어진 묘사에 맞지 않을 것이다.

그러나 맥아더의 논의는 여전히 정당한 근거가 없다. 맥아더가 성경에 기록된 모든 초자연적인 사건들은 성경 속에서 세 번의 시기, 즉 모세와 여호수아의 시대, 엘리야와 엘리사의 시대, 그리스도와 사도들의 시대로 한정된다는 것을 증명할 수 있다고 하여도 그것은 여전히 성경이 기적들은 그리스도와 사도들과 함께 끝났다고 가르친다는 것을 의미하지 않는다. 맥아더는 성경이 기적들은 이 세 번의 시대와 함께 끝났다고 가르친다는 것을 증명해야만 할 것이다.

성경은 그리스도 나라의 도래, 기적들과 초자연적인 현상들이 수반되는 도래와 함께 끝난다. 우리가 가지는 교회 생활에 대한 유일한 하나님의 영감에 의한 기록은 기적들과 초자연적인 인도하심이 비교적 일반적인 것이다. 그리스도의 나라는 기적들과 함께 도래된다. 구약성경에 두 번의 기적의 시대가 있었다고 할지라도 그것은 그리스도의 나라가 단지 짧은 기간의 기적들만을 가진다는 것을 증명하지 않는다. 모든 것은 그리스도와 그의 나라의 오심과 함께 변화되었다. 이제 모든 것이 믿는 자들에게 가능하다.

치유의 은사들은 전체 교회에게 주어졌고, 교회의 장로들도 정규적인 치유의 사역을 행해야만 한다(약 5:14-16). 구약성경 시대에 하나의 시기 또는 네 번의 시기가 있었는지, 다섯 번의 시기가 있었는지 하는 것은 그리스도의 나라가 기적들을 교회 생활의 규범적인 일부분이 되도록 의도하는지를 결정하는 것과 무관하다. 이것은 신약성경에 있는 구체적인 진술을 근거로 해서 결정되어야만 한다. 이러한 구체적인 진술들이 없기 때문에 맥아더의 논의는 창세기로부터 요한계시록에 이르는 모든 기적들에 의해 무너진다.

각 주

제1장: 나의 인생을 변화시킨 한 통의 전화
1) '은사소멸론자'(cessationist)란 성령의 기적적인 은사들이 마지막 사도의 죽음과 함께, 혹은 그 직후에 끝났다고 믿는 사람을 말한다.

제2장: 놀라우신 성령님
1) 나는 여전히 카리스마적인 것들과 오순절적인 것들에 대한 무지한 편견을 가지고 있어 아직 전통을 따르는 사람과 만나고 교제해야만 했다. 그래서 나의 오래된 인습이 여전히 그 자리에 있다.

제3장: 표적들과 원더들
1) 내가 이 사역이 오늘날의 교회에도 유효하다는 것을 믿는다고 말할 때 나는 교회 내의 모든 그리스도인들이 폴 케인이 경험한 것과 같은 수준의 계시적인 사역과 치유의 사역을 경험할 수 있다고 말하는 것은 아니다. 이런 '부인자'(disclaimer)는 폴의 은사를 행함은 매우 예외적이지만, 그리스도의 몸(교회) 안에서 전적으로 독특하다는 것을 의미하려는 것은 아니다. 우리는 오늘날 성경의 모든 은사들의 예외적인 예들을 가지고 있다. 예를 들어서 나는 빌리 그래함은 예외적인 전도의 은사를 가지고 있다고 믿지만 모든 신자들이 빌리 그래함과 같은 수준의 전도자의 사역을 행할 수 있다고 주장하는 것은 아니다. 그러나 많은 사람들이 다른 나머지 은사들과 함께 전도의 은사와 치유의 은사를 가질 수 있다고 믿는다. 모든 수준의 복음전도자의 사역을 위해 자리를 양보하고 격려하기 위하여 그리스도의 몸(교회)이 행할 수 있는 것들이 있고, 모든 수준의 복음전도자의 사역을 방해하기 위하여 그리스도의 몸이 행할 수 있는 것들도 있다. 이것은 또한 계시적인 은사들 뿐만 아니라 치유의 은사와 기적들을 행하는 은사에도 마찬가지이다.

제4장: 순수한 성경적 객관성의 신화
1) 그 학생이 직접 목록에 넣은 것 외에도 이 장들에는 수많은 기적들이 있었다. 예를 들어 창세기 19장에는 소돔과 고모라의 멸망이 있을 뿐만 아니라 천사들이 소돔 사람들의 눈을 어둡게 한 것(19:9-11)과 롯의 아내가 소금기

둥으로 변한 일(19:24-26)이 있다. 모세와 여호수아의 사역 시기, 엘리야와 엘리사의 사역 시기 동안에 가장 큰 기적들이 집중적으로 발생했던 것이 사실이지만, 구약성서 전체에 걸쳐 지속적으로 초자연적인 일들에 대한 증거가 있다. '세 번의 시기'를 사용하는 논의는 부록 2에서 충분하게 논의되어 있다.

2) J. I. Packer, "The Comfort of Conservatism" in *Power Religion*, ed Michael Horton (Chicago: Moody Press, 1992), pp.286-87.
3) Ibid., p.289.
4) Ibid., p.290.
5) Edward Gross, *Miracles, Demons, and Spiritual Warfare*(Grand Rapids: Baker, 1990), p.168.
6) Ibid., p.170
7) Ibid.
8) 점점 더 많은 신학적 작가들이 오늘날 이것을 인정하고 있다. 예를 들어 올리버 R. 바클레이(Oliver R. Barclay)는 "우리 모두는 우리의 생각에서 우리의 전통과 교육과 우리 시대의 일반적인 사고 풍토에 영향을 받는다. 이러한 힘들은 우리가 깨닫는 것보다 더 우리의 생각들을 형성하고, 계시된 진리보다는 오히려 우리가 우리 시대의 풍조나 혹은 우리를 키워준 전통들을 따르게 하는 경향이 있다"고 쓰고 있다. ("When Christians Disagree" in *Signs, Wonders and Healing*, ed. John Goldingay [Leicester, England: Inter-Varsity Press, 1989], p.8).
9) 은사소멸론의 학자들 중에서 가장 훌륭한 벤자민 브레켄지 워필드는 그의 주장을 성경에만 근거할 수 없었다. 그는 성경과 '나중 시대의 증언'에 호소했다(*Counterfeit Miracles* [Edinburgh: Banner of Truth Trust, 1918; reprint 1983], p.6).

제5장: 그리스도인들이 기적적인 은사들을 믿지 않는 진짜 이유

1) 엄격히 말하자면, 우리는 병고침을 받은 사람들에 대한 추적 연구 결과를 가지고 있지 않으며, 따라서 우리는 신약성서에 기록되어 있는 바 병고침을 받은 사람들이 다시 병에 걸렸는지의 여부를 알지 못한다. 만일 죄나 악마들로 인해 병에 걸린 사람이 병고침을 받고서도 회개하지 않는다면, 그 질병은 재발할 것이다(마 12:43-45; 요 5:14 참조). 마찬가지로 근심이나 스트레스로 인해 생긴 질병은 그 근심이나 스트레스를 해결하지 않을 경우 재발할 수 있을 것이다.
2) 이것은 존 맥아더의 견해이다. 그는 "성경에 따르면, 기적적인 은사들을 소유한 사람들은 그들의 은사들을 임의대로 사용할 수 있었다"(p. 215)라고 쓴다.

3) 성경은, 치유하시는 분은 바로 하나님이시라고 선언한다. 그리고 하나님은 인간의 의지가 아니라 하나님의 주권적인 의지에 따라 치유하신다(시 72:18, 103:3, 136:4; 출 15:26). 때때로 사도행전은 스데반, 빌립, 베드로, 혹은 바울이 기적들을 행한 것에 대하여 말한다. 그러나 사도행전이 그런 류의 말을 할 때, 사도행전은 그들을 하나님께서 사용하시는 대리자들로서 말하고 있다. 사도들 자신은 결코 치유로써 명성을 얻지 않았다. 그들은 항상 하나님께만 영광을 돌렸다. 누가는 자주 하나님께서 사도들을 '통하여' 치유하시는 것으로 묘사하거나(행 2:43, 5:12), 단지 사도들의 기적들을 "하나님께서 그것들을 행하시는 것"으로 말한다(행 14:3, 15:21).
4) 이 시점에 있어서 부디 나의 그리스도론을 오해하지 말라. 나는 예수께서 전적으로 전능하셨고 전능하시다고 믿는다. 나는 그가 자발적이고 지속적으로 그의 전능하심이 그의 아버지의 의지에 대한 그의 복종을 통해 제한되도록 허락하셨다(빌 2:5-11)고 말하는 것이다.
5) 사도행전 13장에는 동일한 원칙에 대한 상당히 다른 조명이 있다. 여기서 마술사인 엘루마는 서기오 바울에게 바울의 증거에 이의를 제기하고 있다. 성령은 바울에게 임하셔서 그를 충만하게 채우신다. 그리고 바울은 엘루마에게 저주를 선언한다. "보라 이제 주의 손이 네 위에 있으니 네가 소경이 되어 얼마 동안 해를 보지 못하리라 하니 즉시 안개와 어두움이 그를 덮어 인도할 사람을 두루 구하는지라"(행 13:11) 누가 이것을 바울이 임의대로 할 수 있었던 것이라고 진지하게 주장하기를 원하겠는가? 만일 그가 임의대로 할 수 있었다면, 그것은 유대인과의 모든 논쟁에서 사용할 수 있는 훌륭한 도구였을 것이다. 물론 이것은 그가 임의대로 할 수 있는 것이 아니었다. 엘루마가 소경이 된 것은 성령의 충만함의 직접적인 결과였다. 그리고 그 충만함 속에서 하나님께서는 그가 하시고자 하는 것을 바울에게 보이셨고, 바울은 담대하게 하나님께서 엘루마에 대해 하시려는 것을 본 대로 선포했다.
6) 이것은 *Charismatic Chaos*, p.215에 있는 맥아더의 제안이다.
7) 이 제안에 대한 온전한 평가를 위해 298-302쪽을 보라.
8) 카리스마라는 단어의 정의에는 일반적인 동의가 없다. 신약성경에서 열일곱 번 사용된 가운데서 열여섯은 바울에게서, 하나는 베드로에게서 발견된다(벧전 4:10). 바울의 사용은 너무나 다양해서 단 하나로 정의를 내릴 수 없다. 카리스마에 대한 가장 훌륭한 논의들 중에서 맥스 터너의 "Spiritual Gifts Then and Now," *Vox Evangelica* 15(1985):7-64에서 발견된다. 터너는 바울의 다양한 은사들의 목록은 "이 때문에 분명하고 불완전하다. 그리고 그것들은 바울의 목적이 하나님께서 주신 것으로서 그것의 특성을 강조하고자 하는 것이었다면, 그것들은 실제로 바울에게 있어서 교회를 세우기 위해 하나님께서 사람에게 능력 주시는 것으로 간주될 수 있는 것은 어떤 것이나 카리스마로 불릴 수 있고 불릴 것이라는 것을 암시한다"고 결론내린다(p. 31). 비슷한 결론을 보려면 D. A.

Carson, *Showing the Spirit* (Grand Rapids: Baker, 1987), 19ff.;and Wayne Grudem, *Systematic Theology*(Grand Rapids, Mich.:Zondervan, to be published in 1994), ch.52를 보라.

그루뎀은 다음과 같은 광의의 정의를 제시한다. "성령의 은사는 성령에 의해서 주어지고, 교회의 어떤 사역에서 사용되는 능력이다"(ibid., ch.52). 그는 다음과 같이 말함으로써 이러한 정의를 한정한다. "이것은 광의의 정의이고, (가르치는 것이나 자비를 베푸는 것, 혹은 다스리는 것과 같은) 타고난 능력들과 관계가 있는 두 가지 은사들(예언, 치유, 혹은 영분별과 같은)과 좀더 '기적적이고' 타고난 능력과는 관계가 적은 은사들을 포함한다. 이에 대한 이유는 바울이 성령의 은사들의 목록을 나열할 때(롬 12:6-8; 고전 7:7, 12:8-10, 28; 엡 4:11), 그는 두 종류의 은사들을 다 포함한다는 것이다. 그러나 사람들이 가지고 있는 타고난 모든 능력들이 여기에 포함되는 것은 아니다. 왜냐하면 바울은 모든 성령의 은사들은 '하나인 동일한 성령에 의해' 능력이 주어져야만 한다는 것(고전 12:11), 그것들이 '공통의 유익을 위해' 주어진다는 것(고전 12:7). 그것들 모두는 '덕을 세우기 위하여'(고전 14:26) 혹은 교회를 세우기 위해 사용되야 한다는 것(ibid.)을 분명히 하기 때문이다."

9) p.172쪽 이하를 보라.
10) 빌립은 사도행전 8:6에 기록된 단 하나의 표적 외에는 표적과 기사들을 행한 것으로 믿어지지 않는다. 게다가 사도행전 8:6은 사도행전에 있는 표적들을 이루고 있는 것에 대한 구체적인 예를 제시한다. 거기에서 표적들은 귀신을 쫓아내는 것, 중풍병자들과 저는 자들과 불구인 사람들을 치유하는 것이다.
11) 그루뎀은 다음과 같이 기적을 정의한다: "하나님께서 사람들의 두려움과 경이를 불러일으키고 하나님에 대한 증거를 가지게 하시는 하나님의 다소 일반적인 종류의 역사이다." 그는 다른 일반적으로 제시된 정의들 속에 있는 결함들을 지적함으로써 이 정의를 입증한다.

예를 들어 기적들에 대한 한 정의는 '이 세상에 대한 하나님의 직접적인 간섭'이다. 그러나 이 정의는, 세상은 그 자체로 계속되고 하나님께서 때때로 간섭하신다는 이 세상과 하나님의 관계에 대한 자연신론적인 견해를 취한다. 하나님께서 비를 내리게 하시고(마 5:45), 풀을 자라게 하시고(시 104:14), 계속해서 그의 능력과 말씀으로 만물을 붙드신다(히 1:3)는 것에 따르면 이것은 분명히 성경적인 견해가 아니다. 기적들에 대한 또 다른 정의는 '이 세상에 대한 하나님의 직접적인 역사'이다. 그러나 하나님의 '직접적인' 역사하심에 대하여 말하는 것은, 그의 섭리적인 역사가 다소 '직접적'이지 않다는 것을 암시하는 것이고, 다시 일종의 자연신론적으로 하나님을 세상으로부터 제거하는 것을 암시한다.

또 다른 정의는 '그가 원하시는 결과를 가져오기 위하여 수단을 사용하지 않고 세상 속에서 하나님께서 역사하시는 것'이다. 그러나 하나님께서 '수단이 없이' 역사하신다고 말하는 것은 성경 속에 있는 기적들을 거의 남겨두지 않는 것이다. 왜냐하면 전혀 수단이 없이 생겨나는 기적을 생각하기는 어렵기 때문이다. 예를 들어 사람들을 치유하는 데에 있어서 병든 사람의 신체 일부분이 분명히 치유의 일부로서 개입되었었다. 예수께서 오병이어의 기적을 행하실 때, 그는 적어도 그 자리에 있던 처음의 떡 다섯덩이와 두 마리의 물고기를 사용하셨다. 그가 물을 포도주로 변화시키셨을 때, 그는 물을 사용하셔서 그것을 포도주로 만드셨다. 이 정의는 부적당하다.

기적에 대한 또 다른 정의는 '자연 법칙에 대한 예외' 혹은 '자연 법칙에 역행해서 하나님께서 역사하시는 것'이다. 그러나 일반적인 이해에 있어서 '자연 법칙'이라는 표현은 존재하는 것들 속에 내재하는 어떤 특징들이 있다는 것을 내포한다. 하나님과 독립적으로 작용하고 하나님께서 기적을 일으키시기 위해서는 이 법칙들을 간섭하시거나 '위반해야'만 하는 '자연 법칙'이 있다는 것을 의미한다. 다시 한번 이 정의는 섭리에 대한 성경적인 가르침을 충분하게 설명하지 못한다.

기적에 대한 또 다른 정의는 '자연적인 원인들로써는 설명하기가 불가능한 사건'이다. 이 정의도 부적당하다. 왜냐하면

(1) 그것은 하나님을 기적을 일으키시는 분으로 생각하지 않기 때문이다.
(2) 그것은 하나님께서 진기하거나 놀라운 방법으로 역사하실 때 일부의 자연적인 원인들을 사용하시지 않는다고 주장하기 때문이다.
(3) 그것은 결국 실제적인 기적들을 심각하게 축소시키고 회의주의를 증가시킬 것이기 때문이다. 하나님께서 기도에 대해 응답하실 때, 그 결과는 기도한 사람들에게는 놀라운 것이지만, 단지 하나님의 손이 역사하시는 것을 보기를 거절하는 회의론자에게는, 그것은 절대로 자연적인 원인들로 설명한다는 것이 불가능하지 않기 때문이다.

그러므로 기적은 단지 이 세상에서 하나님께서 역사하시는 다소 덜 일반적인 방법이라고 위에 제시된 본래의 정의가 차라리 더 낫고, 하나님의 섭리에 대한 성경적인 교리에도 더 일치하는 것 같다. 이 정의는, 기적은 다른 종류의 하나님의 역사하심이라고 말하는 것이 아니라, 단지 그것은 하나님께서 다소 덜 일반적인 방법으로 역사하신다는 것과 하나님 자신에 대한 증거를 가지시는 것과 같은 방법으로 사람들의 경이와 두려움과 놀라움을 일으키기 위한 것이라고 말한다(*Systematic Theology*, ch.52).

12) 내가 사도들의 표적과 기사들의 사역과 평범한 그리스도인들에게 주어지는 치유의 은사 사이에 이러한 구별을 알게 된 몇 년 후에, 나는 이 정의가 맥스 터너 교수에 의해 비슷한 방식으로 이루어진 것을 알았다. 그는 다음과 같이 쓰고 있다.

"어떤 식이든 '치유자들'은 사도 시대의 교회에게 주어졌던 것과 동일한 은사를 가지지 않았다고 주장하는 그들의 비판가들에 의해 이해되어온 근거를

열어놓았다. 거기서, 치유는 즉석에서 일어나는 것이었고, 실패함이 없으며 변함이 없고 모든 형태의 질병들을 포괄하며, 치유를 구하는 자의 믿음이 아니라 치유자의 카리스마에 의존했다. 그래서 전도되지 않은 사람들에게 표적이 되었다. 그러나 그 대조는 아마도 과장되었을 수도 있다. 우리는 사도들이 가끔의 극적인 치유에 의해 주목받았다는 것(사도행전과 고후 12:12)을 의심할 필요가 없다. 그러나 우리가 앞서 경고했듯이, 우리는 사도행전의 묘사들이 때때로 '평범한' 것들이 아니라 특별한 치유들(19:11)에 대한 자기의식적이라는 것을 기억해야만 한다. 그러나 여기에서도 치유를 구하는 자의 믿음과 무관한 잦은 치유의 증거는 거의 없다. 그 반대로 우리는 사도들이 실패나 후퇴를 경험하지 않았었는지를 알지 못한다(딤후 4:20; 마 12:45; 요 5:14). '평범한' 치유의 은사(고전 12:10 등; 약 5:15)에 관하여 그것들은 덜 즉각적이고 덜 극적이었을 만하다…. 한편으로 우리는 단지 사도행전의 몇몇 부분들에서 유도된 사도의 치유에 대한 이상화된 묘사를 반드시 전형적인 것(분명히 사도들 무리 밖에서 작용하는 *charismata iamatōn*에 대한 것이 아니라, 고전 12:28 이하)으로 여겨서는 안 된다고 주장한다. 그리고 다른 한편으로 심각한 현대의 간증은 심지어 일부 사도들의 경험과 너무나 일치해서 중요한 교의적 고려들만이 신약성경의 *charismata iamatōn*이 중요한 필적할 것들을 가진다는 가능성을 배제할 수 있음을 지적한다고 주장하는 것이다("Spiritual Gifts Then and Now," *Vox Evangelica* 15 [1985]:48-50).

13) 나는 여기서 바울의 성경을 기록하는 사역을 말하는 것이 아니라 그의 가르치는 사역을 말하는 것이다. 물론 그의 편지들은 가르치는 은사의 깊이를 나타낸다. 그러나 그것들은 단지 우리에게 그의 가르침에 대한 아주 적은 퍼센트만을 제시한다.

14) 나는 '내가 보고 들은 것'이라는 구를 한정해야만 한다. 내가 성경은 기적적인 은사들이 끝났음을 가르치고 있다고 믿었던 동안, 나는 결코 실제적인 치유의 경우들을 성실하게 찾거나 조사하지 않았다는 것을 인정해야만 한다. 이것은 또한 내가 아는 모든 은사소멸론자들에게도 마찬가지이다. 그들은 자주 결코 의학적으로 증명된 성령의 은사들이 개입한 치유를 '본 적'이 없다고 주장한다. 사실은 그들이 열심히 그런 경우를 찾아 본 적이 없다는 것이다. 그들은 이미 성령의 기적적인 은사들에 대한 현대의 사용을 뒷받침하는 어떤 의학적으로 증명된 치유가 없다고 알고 있었기 때문에 시간을 낭비할 리가 없다.
한때 나는 역시 신학교수인 한 친구가 또 다른 신학교 교수의 사역을 통해서 일어났던 한 기적을 조사하게 하려 했었다. 그 기적을 행하는 데에 사용된 그 신학교의 교수는 보수적인 복음주의자였다. 그리고 그는 그리스도의 몸(교회) 전체에서 높이 평가되고 있고 기적적인 은사들을 믿기 시작했다.
치유는 한 어린 소년의 눈과 귀에서 일어났다. 나는 그 기적을 입증하기 위하여 그 소년의 아버지(그들은 다른 주에서 살았다)에게 전화했다. 그 아이의 아버지는 그가 의학적 증빙서류를 가지고 있는 것이 사실이라고 말했다.

내가 그 이야기를 은사소멸론의 교수인 나의 친구에게 말했을 때, 나는 그에게 전화해서 조사해 보라고 했다. 그는 전화번호조차 알기를 원하지 않았다. 내가 그의 조사하기를 꺼려함을 의문시했을 때, 그는 나에게 그 기적이 일어났다는 것은 의심하지 않지만 하나님께서 그것을 행하셨는지는 의심스럽다고 말했다! 따라서 그는 조사해 볼 필요가 없었다.

그 경우에 대한 사실들이다:

(1) 역사적인 정통 신학을 지지하는 신학교 교수가
(2) 그리스도 가정에서 태어난
(3) 한 어린 아이에게 기적을 행하시기를
(4) 예수의 이름으로 하나님께 요청했다.
(5) 그리고 기적은 즉시 일어났다.

나의 친구가 논쟁하고자 하지 않았던 사실에도 불구하고 그는 예수보다는 오히려 사탄이 그 기적을 행했다고 믿는 것이 더 쉬웠다. 그런 은사소멸론적인 마음 자세는 종종 성실한 조사를 막는다.

15) 나는 세계 곳곳 많은 지역에서의 사도적 치유에 대한 소문을 들어왔다. 그러나 나는 그것들을 입증하지 않았다. 단지 하나의 예를 인용한다면, 동남아시아에서 20여 년 동안 선교사로 사역했던 카알 로렌스(Carl Lawrence)는, 중국에 있는 가정 교회들에서는 기적들이 너무나 일반적인 것이어서 책 한 권에 최근 몇 년 동안 그곳에서 일어났던 기적들이 기록될 수 있다고 보고한다(*The Church in China* [Minneapolis: Bethany House Publishers, 1985), p.73 n. 7). 그는 심지어 실증될 수 있는 수많은 죽은 자가 살아난 예들을 기술한다(pp. 75ff.). 나는 어느 누구도 실증하는 데에 어려움을 겪지 않을 수많은 치유가 오늘날에도 일어나고 있다고 믿는다. 누군가가 기적을 증거하지 못할 수도 있다는 사실은 기적들의 발생이나 혹은 그 빈도수에 대하여 아무것도 말하지 않는다. 그것은 단지 그 특정한 사람의 경험에 대한 진술일 뿐이다.

16) 예를 들어 널리 읽히는 두 가지의 신약성경에 대한 최근의 학문적 연구들에서 데이비드 힐(David Hill, *New Testament Prophecy* [1979], p.191)과 데이비드 아운(David Aune, *Prophecy in Early Christianity and the Ancient Mediterranean World* [1983], p.338)은 예언의 은사를 포기한 것은 하나님께서 그 은사를 철회하신 것이라기보다는 오히려 교회의 지도자들이었다는 결론을 내린다.

17) 문제는 교회사 중에서 처음 1400 혹은 1500년 동안 역사적인 자료들이 아주 불충분하다는 것뿐만 아니라 이들 자료들이 충분한 학술적 연구의 주목을 받지 못해왔다는 것이다. 터너는 "이것이 우리가 어느 정도 대중적이거나 매우 열정적인 고찰들이 부족하다고는 말하지 않지만, 나의 지식으로 첫번째 한탄은 우리가 토의하기로 선택한 이들 세 가지 은사들(치유, 예언, 방언) 중의 어떤 것에 대한 비판적인 역사가 없다는 것이다"(*Vox Evangelical* 15 [1985]: 41)라고 말한

다. 사실상 정말로 많은 원전의 자료들을 평가하기 위해서 필수적인 언어적 기술이나 비판적인 능력을 소유한 사람은 거의 없다. 나는 저자들이 자신있게, 역사 속에서 사도들이 죽은 후에 은사들이 존재했었다는 것에 대한 믿을 만한 증거가 없다고 주장하는 교회사에 대한 수많은 반카리스마적인 비평들을 읽어왔다. 그러나 이러한 저자들 중의 대다수는 아직 상당수가 번역되지 않은 헬라어나 라틴어로 된 본래의 역사적 자료를 읽을 수 있는 능력도, 이러한 자료들을 평가할 수 있는 비평적인 기술도 가지지 못했다.

18) *Showing the Spirit*, p.166.
19) Warfield, *Counterfeit Miracles*, pp.38ff.
20) Ibid., pp.37-38.
21) .Ibid., p.38.
22) 예를 들어 터너("Spiritual Gifts Then and Now," pp.41-42)는 워필드의 "책이 신조주의(confessionalist), 다소 순진한 증거주의(evidentialist)의 사도시대의 기적들에 대한 논법을 아주 분명하게 코니어스 미들톤(Conyers Middleton)에 의존하는 후사도 시대 교회에서의 기적들에 대한 주장으로 극단적인 회의주의로 격렬하게 방향 전환시킨다고 고찰한다. 그는 신약성경의 기적들을 논의할 때, 그가 증명한 후사도 시대적 주장들에 대한 동일한 개방—어떤 사람들은 경신이라고 말하고자 한다—을 보였다면, 정말로 그의 동의가 아니라고 할지라도 성도들이 행한 기적들 중의 어느 것이 그의 변호를 받지 않았겠는가? 그리고 그가 신약성경의 설명에 대한 후사도 시대의 작가들에 대한 논법에서 회의론의 정도를 분명히 한다면 사도들(혹은 주님 자신)의 기적들 중 얼마나 소수의 기적들이 그의 날카로운 재치와 비판을 피했겠는가!"
23) 예를 들어서 Ronald Kydd, *Charismatic Gifts in the Early Church*(Peabody, Mass.: Hendrickson Publishers, 1984); Cecil M. Robeck, Jr., "Origin's Treatment of the Charismata in 1 Corinthians 12:8-10" in *Charismatic Experiences in History*, ed. Cecil M. Robeck, Jr., (Peabody, Mass.: Hendrickson Publishers, 1985), pp.111-125; Donald Bridge, *Signs and Wonders Today* (Leicester, England: Inter-Varsity Press, 1985), pp.174ff.; Paul Thigpen, "Did the Power of the Spirit Ever Leave the Church," *Charisma* 18:2(1992): pp.20-29; Morton T. Kelsey, *Healing and Christianity* (New York: Harper and Row, 1973), pp.129-99; James Edwin Davison, "Spiritual Gifts in the Roman Church: I Clement, Hermas and Justin Martyr" (Ph.D. diss., University of Iowa, 1981); and Cecil Robeck, Jr., "The Role and Function of Prophetic Gifts for the church at Carthage, A.D.202-258"(Ph.D. diss., Fuller Theological Seminary, 1985).

제6장: 영적인 남용에 대한 반응

1) 존 맥아더의 최근 책인 『카리스마적 혼란』에서 그는 독자들에게 남용이 성령의 은사들을 행하는 대다수 그룹들의 특징이라고 믿게 한다. 카리스마적 운동과 성

각 주 343

령의 은사들을 행하는 다른 그룹들에 대한 맥아더의 폭로는 주로 종교 텔레비전 채널에서 발표된, 그리고 연구자들이 카리스마적/오순절적 문헌을 철저히 조사할 때 그들이 파헤칠 수 있었던 이상한 예들을 통하여 카리스마적/오순절적 신앙을 지켜봄으로써 나온 것 같다. 내가 아는 한, 그는 성령의 은사들을 행하는 많은 그룹들이나 운동들 가운데서 정규적으로 교제하지도 사역하지도 않는다. 나는 이러한 그룹들과 교제하고 사역한다. 나는 전 세계를 두루 여행하면서 이런 그리스도인들 사이에서 열리는 크고 작은 집회에서 설교하며 지난 칠년을 보냈다. 나는 맥아더나 그의 연구자들보다 그 근본에 있어서 훨씬 더 크게 폭로한다. 또한 맥아더나 그의 연구자들보다 이러한 문학들을 더 폭넓게 독서하고 있다. 나의 경험을 통해서 나는 맥아더와 그의 연구자들의 결론과 반대되는 결론에 이르렀다. 이러한 남용이 발생하는 반면에 그것들은 성령의 은사들이 행해지는 대다수의 교회들 내에서 매우 정규적으로 일어나지 않는다. 그리고 남용들이 발생할 때, 책임있는 지도자들에 의해 고쳐진다. 물론 일부의 사람들이나 그룹들이 정당하게 이상한 교리를 고수하는 곳에서 이상한 경우를 끌어내는 것은 항상 가능하다. 그러나 이런 것들은 카리스마적 운동의 아주 적은 소수 그룹의 일례이고, 카리스마적 운동내의 책임있는 지도자들은 항상 그것들에 대하여 솔직히 이야기한다.

2) 이것은 기적적인 사건들을 평가할 때 교리가 중요하지 않다고 말하는 것은 아니다. 그러나 그것은 하나님께서 현대의 많은 그룹들이 허락하고자 하는 것보다 교리적인 문제에서 상당히 더 많은 일탈(逸脫)을 허락하신다는 것을 암시한다.

3) 예를 들어 이것은 카리스마적 혼란에 나오는 존 맥아더의 접근법이다. 그 책 전체에 걸쳐 맥아더는 현대의 카리스마 운동에서의 남용의 예를 차례차례 인용한다. 성경과 카리스마적 형제들의 신학적인 논의들을 가지고 진지하게 상호작용하기보다는 오히려 그는 책의 매 장마다 가장 이상한 카리스마적 남용의 예들을 일일이 열거하는 것에 만족한다.

이러한 실행의 한 예를 인용하기 위하여, 카리스마적 혼란의 제7장은 "성령의 은사들은 어떻게 역사하는가?"라고 제목을 붙이고 있다(p. 152-370). 맥아더는 그 자신의 질문에 결코 답하지 않는다. 대신에 그는 베니 힌, 케니쓰 헤이긴, 프레드 프라이스, 마리아 우드워즈-에더, 존과 캐롤 웜버, 놀빌 헤이즈, 그리고 초대의 고린도 교회의 그리스도인들과 같은 위반자들의 이름을 열거하면서 차례차례 남용을 인용한다. 이 장은 '성령이 역사하지 못하는 법'이라고 제목을 붙이는 것이 더 나을 것이다. 맥아더는 이 장에서 너무나 자신에 도취해서 실제로 "신약성경의 어느 곳에서도 하나님의 성령은 그리스도인들이 황홀경에 빠지게 하거나 광란적인 행위에 빠지게 한다고 가르치지 않는다"(p. 158)라고 쓰고 있다. 우리는 동일한 성경을 읽고 있는가? 하나님께서는 베드로가 시몬의 집 지붕 위에서 황홀경에 빠지게 하셨고(행 10:10), 바울은 그가 성전에서 기도하고 있는 동안에 황홀경에 빠지게 하셨다(행 22:17). '기절하는 것'에 관해 요한은 요한계시록 1:17에서 죽은 사람처럼 주 예수의 발 아래에 엎드렸다. 그리고 '광란적인 행위'에 관하여, 백이십문도는 외국어로 말하는 것 외에도 무엇인가를 행하고 있었다. 그래서 많은 사람들이 그들은 술취했다고 생각하게 했다(행 2:13-15). 카리스마적 혼란은 이런 종류의 비성경적인 주장들과 성경에 관한 오류들로 가득 차 있다. 그것들은 카리스마적 운동에 대한 믿을 만한 비판자로서 맥아더의 객관성에 신뢰를 주지 않는다.

맥아더에 의해 나열된 남용들에 관하여, 그는 카리스마적 교리 자체가 이러한 남용들을 일으킨다고 주장한다. 그러나 그는 핵심을 놓쳤다. 어떤 사람도 카리스마적 교회에 남용이 있다는 것을 논쟁하지 않는다. 진짜 문제는 이러한 남용들과 카리스마적 교리 사이의 관계이다. 대개의 경우에 이러한 남용들은 잘못된 교리에서 생겨난 것이 아니라 올바른 교리들을 잘못 적용함으로써 생겨나는 것이다.

4) 그가 자신의 반카리스마적 교회나 은사소멸론자인 친구들 중의 누구에게 그의 죄를 고백할 자유를 느끼지 못한다는 것 역시 흥미롭다.
5) 맥아더는 성적인 부도덕이 카리스마적인 교회에서 더 일반적인 것처럼 쓰고 있다(*Charismatic Chaos*, pp.21, 167, 253).
6) J.I.Packer, "The Comfort of Conservatism" in *Power Religion*, ed. Michael Horton (Chicago: Moody Press, 1992), p.286. 이 동일한 글에서 패커는 E.J. 카넬이 '그가 미국 근본주의를 사이비화한 복음주의로 기술했을 때' 받았던 비판에 주목한다(p. 293).
7) 권위주의적 근본주의는 카리스마적 교회와 비카리스마적 교회들을 괴롭힐 수 있다. 여기서 문제는 전혀 은사들을 다루지 않는다는 것이다. 그것은 실제적인 실행에서 차례로 성경 자체와 동일한 권위가 주어진 개개의 그룹이나 운동의 독특한 해석과 실행에 대한 강요된 복종에 관심을 둔다.

제7장: 성령에 압도되다

1) As quoted by Vinson Synan, *The Holiness-Pentecostal Movement in the United States*(Grand Rapids, Mich.:Eerdmans, 1971), pp.95-96.
2) Ibid., p.106.
3) *Journals from October 14, 1735 to November 29, 1745*, vol.1 of *The Works of John Wesley*, 3d ed.(Grand Rapids, Mich.:Baker, 1991), p.204.
4) Ibid., p.210.
5) Jonathan Edwards, "An Account of the Revival of Religion on North Hampton in 1740-42, as Communicated in a Letter to a Minister of Boston" in *Jonathan Edwards on Revival*(Carlisle, Pa.: The Banner of Truth Trust, 1984), p.150.
6) Ibid., p.151.
7) Ibid., pp.153-54.
8) Gross, *Miracles, Demons, and Spiritual Warfare*, p.91.

9) 하나님의 현현(Theophany)은 하나님께서 개인이나 무리에게 나타나심을 기술하기 위해 사용되는 용어이다. 아무도 성부 하나님을 본 적이 없기 때문에(요 1:18) 신학자들은 일반적으로 구약성경에 기록된 하나님의 현현을 성육신하시기 이전의 그리스도의 나타나심으로 여긴다.
10) 다니엘 10:1 이하에 기록된 환상의 경험은 흥미롭다. 다니엘만이 환상을 볼 수 있었다. 그러나 다니엘과 함께 있던 사람들은 하나님의 임재에서 오는 두려움을 경험하였고, 그래서 도망쳤다(단 10:7).
11) '떨다'라는 단어가 여기에서 연설조로 쓰였다는 것은 의심스럽다. 누가 하나님의 임재에 대한 순수한 경험이 정상적으로 떨게 하지 않을 것이라고 주장하고자 하겠는가?
12) Gross, Miracles, Demons, and Spiritual Warfare, p.91.
13) Jonathan Edwards "The distinguishing Marks of a Work of the Spirit of God" in Jonathan Edwards on Revival (Carlisle, Pa.: The Banner of Truth Trust, 1984), p. 127.
14) Ibid., p.91.
15) Ibid., p 118.

제8장: 기적들은 일시적인 것으로 예정되었었는가?

1) 칼빈은 그의 가톨릭 반대자들이 "그의 교리를 끊임없이 공격하고 이것을 증오와 혐오의 대상으로 만들기 위하여 온갖 험담으로 규탄하고 비방하고 있다. 그들은 이 교리를 '새로운' 그리고 '최근에 나온' 것이라고 부른다 그들은 이 교리를 '의심스럽고 불확실한' 것이라고 비난한다. 그들은 어떤 기적이 이 교리를 확증하는지를 묻는다"라고 한탄했다(Institutes of the Christian Religion, Prefatory Address, 3).
이 기간에 대해 도움이 될 만한 논의를 찾아보려면 John Ruthven, On the Cessation of the Charismata: The Protestant Polemic of Benjamin B. Warfield (Ph.D. diss., Marquette University, 1989)를 보라. 특히 2장을 보라. "Historical Antecedents to B. B. Warfield's Cessaticnist Polemic," pp.21-62. Sheffield Press가 이 작품을 1993년의 가을에 출판한 것이다.
2) 이 기능을 하기 위해 가장 일반적으로 사용되는 두 가지 본문은 에베소서 2:20과 히브리서 2:3-4이다. 에베소서 2:20은 313쪽에서 더 상세히 고찰되어 있다. 히브리서 2:3-4에 대한 은사소멸론적 해석은 이번 장의 주 6에 평가되어 있다.
3) 칼빈은 그의 후대만큼 기적들의 목적에 관해 편협하지 않았다. 『기독교 강요』에서 그는 사도들과는 달리 그리스도는 그 자신의 능력으로 기적들을 행하셨기 때문에 기적들이 예수의 신성을 증명하는 것(1.13.13)을 사도들에 의해 전파되는 복음을 확증하는 것(PA3)으로 보았다. 그래서 그는 기적들이 성경을 확증했고 하나님의 종들의 권위를 입증했다고 주장하기 위해서 모세의 기적들을 사용했다(1.8.5).

기적들의 확증하는 기능에 대한 개혁주의자들의 강조는 벤자민 워필드의 *Counterfeit Miracles*에서 그것의 최종적인 형태를 구체화했다. 워필드는 기적들의 독특하고 주요한 목적을 믿을 만한 교리 선생들로서 사도들을 입증하는 것으로 생각했다(pp.6, 21, 23). 궁극적으로 기적들의 목적은 하나님의 계시를 확증하는 것이다(pp.25-26). 내 의견으로 이것은 기적들과 성령의 기적적인 은사들이 신약성경 시대로 한정되었다는 것을 성경을 통하여 증명하려는 최고의 가능한 방법이었다고 본다.

4) 대다수의 신약성경 학자들은 이 구절이나 마가복음의 마지막 열두 절을 마가가 기록했다고 생각하지 않는다. 그들은 마가복음 원전의 종결부는 상실되었고 이 구절들은 나중에 마가 외에 다른 사람에 의해 추가되었다고 생각한다. 그럼에도 불구하고 이 마지막 열두 절은 교회사의 초기에 기록되었다. 왜냐하면 그것들은 타이탄(Tatian)의 공관복음서(*Diatessaron*, A.D.170)의 몇몇 원고들에서 발견된다. 그것들은 이레니우스(A.D. 202년 사망)와 터툴리안(A.D. 220년 사망)에 의해서도 역시 인용되었다. 그러므로 최소한 이 구절들이 원본 성경의 일부로 여겨지지는 않는다고 할지라도 이들 구절들은 초대교회가 기적들의 목적에 대해 생각했던 바를 반영한다.

5) 하나님께서 '그가 우리에게 하신 것처럼 그들에게 성령을 주심으로써 그들을 받으셨다는 것(행 15:8)을 보여주시는(즉 입증하신)' 고넬료의 집에 있는 이방인들에 대해 이야기하는 부분에서 '입증하다'라는 뜻의 동사 *martureo*가 사용되어 있다. 그러나 여기에서 요점은 하나님께서 고넬료와 이방인들이 그들을 특별한 종들로서 입증하기 위해서 기적들을 행하도록 허락하셨다는 것이 아니라, 하나님께서 그들에게 성령을 주셨다는 것은 그들이 유대인 그리스도인들과 동등한 신자들이라는 것을 예증했다는 것이다.

6) '확증하다'로 번역되는 단어 *bebaioo*는 또한 하나님께서 족장들에게 주신 약속들을 확실하게 하시는 것(롬 15:8)과 하나님께서 그의 종들을 견고케 하시는 것(고전 1:8; 고후 1:21; 골 2:7; 히 13:9)에 대해서도 사용된다. 그러나 그것은 결코 기적들이 종을 확증한다는 것에 대해서는 사용되지 않는다.

7) '표적과 기사의 기적들'은 여격(與格)이고, 아마도 따르는 것에 대한 여격으로 여겨지도록 의도되었을 것이다.

8) 그는 여격보다는 오히려 주격으로 사용했을 것이다. Ralph P. Martin, *2 Corinthians*(Waco, Tex.:Word Books, 1986), p.436을 보라.

9) 고린도후서 12:12에서 '인내'로 번역된 *hupomone*란 단어는 또한 고통을 의미하기도 한다. 그는 또한 그의 사도직을 변호하여 하나님께로부터 오는 계시에 호소한다(고후 12:1-10).

10) Philip Edgcumbe Hughes, *Paul's Second Epistle to the Corinthians*, The New International Commentary on the New Testament(Grand Rapids: Eerdmans, 1962), p.457. 그는 고린도후서 1:12, 2:17, 3:4 이하; 4:2, 5:11, 6:3 이하; 7:2, 10:

13 이하 그리고 11:6, 23 이하를 인용한다.
11) Alfred Plummer, *Second Epistle of St. Paul to the Corinthians*(Edinburgh: T & T Clark, 1915), p.359. 그는 고린도후서 3:2과 고린도전서 2:4, 9:2을 인용한다.
12) Martin, *2 Corinthians*, p. 434.
13) Ibid., p.434-36.
14) Ibid., p.438.
15) 예를 들어 이것은 웨스트민스터 신앙고백이 가르치는 바이다.

> 성경에는 권위가 있고, 그 권위 때문에 우리는 성경을 믿어야만 하고 순종해야만 한다. 성경의 권위는 어떤 사람이나 교회에 대한 증언에 의존하는 것이 아니라 그것의 저자이신 (진리 자체이신) 하나님께 전적으로 달려있다. 그러므로 그것은 하나님의 말씀이기 때문에 받아들여져야만 한다(1.4).

이 진술을 옹호하여 웨스트민스터 신학자들은 베드로후서 1:19, 21; 디모데후서 3:16; 요한일서 5:9; 데살로니가전서 2:13에 호소한다. 칼빈은 『기독교 강요』에서 동일한 의견을 말했다(1.7.5).

16) 다시 웨스트민스터 신앙고백의 가르침을 고려해 보자.

> 우리는 교회의 증거에 의하여 감동 감화를 받아 성경을 아주 고상하고 존귀하게 여기는 데까지 이를 수가 있다. 그리고 성경 자체가 가지고 있는 내용의 신령함, 교훈의 효험, 문체의 웅장함, 모든 부분의 내용상의 일치성, 내용 전체의 목표(하나님께 모든 영광을 돌려드리는 것), 인간의 구원을 위한 유일한 길을 밝혀주는 충분한 내용 건개, 이외에도 많은 비교할 수 없이 좋은 점들과 성경의 전체적인 완전성 등은 성경이 하나님의 말씀이라는 것을 충분하게 입증해 주는 논증들이다. 그렇지만 성경이 무오한 진리요, 신적 권위를 가지고 있다는 것을 우리가 충분하게 납득하고 확신하게 되는 것은 우리의 심령속에서 말씀에 의하여 증거하시는 성령의 내적 사역에 의하여서이다(1.5).

이런 점에 대하여 웨스트민스터 신학자들은 요한일서 2:20, 27; 요한복음 16:13, 14; 고린도전서 2:10-12; 이사야 59:21에 호소한다. 칼빈은 그의 기독교강요에서 동일한 의견을 말했다(1.7.5).

17) Thomas Edgar, *Miraculous Gifts*(Neptune, N.J.:The Loizeaux Brothers, 1983), pp.263-64.
18) *Counterfeit Miracles*, p.21.
19) 워필드는 이 설명을 비성서적인 것으로서 대강 처리한다(Ibid., p.21). 그리고 그것을 다음의 이유 때문에 '도움이 안되는' 것으로 부른다.

> 만일 조금이라도 확실한 근거가 있다면, 그것이 처음 3세기 동안의 기적들을 제시한 이유가 20세기까지 계속되는 기적들과 동일하게 유효하기 때문이다.

우리가 교회를 세우는 시기로서 간주하려는 것은 우리의 관점에 의해 결정된다. 만일 교회를 세우는 데에 기적들의 유용성이 3세기에 로마 제국에서 기적들이 일어났다는 것의 충분한 이유라면, 20세기에 중국 제국에서 기적들이 반복될 만하다는 것을 부정한다는 것은 어렵다. 그러면 왜 중국으로 가는가? 이 불신의 세계 어디에서나 교회는 본질적으로 선교하는 교회의 위치에 있지 아니한가? 우리가 정말로 사물에 대한 '장기적인 안목'을 가진다면, 그것은 기독교가 세상에 들어온 이래로 지난 이천 년은 무시해도 좋은 얼마 되지 않는 적은 기간이 아닌지, 그리고 우리가 살고 있는 시대는 여전히 성숙하지 않은 교회 시대가 아닌지 하는 논쟁의 여지가 있는 문제가 아니겠는가? (Benjamin B. Warfield, Counterfeit Miracles [Edinburgh:The Banner of Truth Trust, 1918; reprint edition 1972], p.35).

워필드가 답변해 준 영국 국교도들은 에드가와 동일한 이론을 가진다. 그들만이 에드가처럼 1세기 말보다는 오히려 3세기 말에 기적들이 그친 것으로 보았다. 워필드의 반대는 사람들이 기적들의 그침을 표하는 곳에 무관하게 여전히 유효하다.

20) Ibid.
21) 이 주제는 오늘날 학술적인 훈련에서 '설화 신학'(narrative theology)으로 언급된다. 설화 신학에 대한 최근 학술 토론에서의 진보는 우리가 복음서와 사도행전을 교리의 근거로서 사용할 수 없다는 이 논의를 영원히 무시해야만 한다.

제9장: 하나님께서는 왜 치유하시는가?

1) 히브리서 기자는 그가 하나님의 긍휼히 여기심을 표현하고자 할 때, 그는 단지 이 말을 사용하고 그것을 추상 복수형 rah^amim을 썼다.
2) 하나님의 긍휼히 여기심을 말하기 위해서 헬라어 신약성경에서 가장 일반적으로 사용된 동사는 *splanchnizomai*이다. 이 동사는 열두 번 사용된다. 한 번은 사마리아인이 부상당한 사람을 긍휼히 여김(눅 10:33)에 그 단어가 사용된다. 나머지 열한 번은 하나님의 긍휼히 여기심을 말하기 위해 사용된다. 두 가지의 다른 비유에서 예수께서는 죄인들을 구원하시고 용서하시는 하나님의 긍휼히 여기심을 말씀하시기 위해서 이 동사를 사용하신다(마 18:27; 눅 15:20). 이 동사를 사용한 나머지 경우들 모두는 예수께서 치유하시고 기적들을 행하시는 것에 대한 주요 동기로서의 긍휼히 여기심을 말한다. 따라서 이 동사가 하나님의 긍휼히 여기심을 표현하기 위해 사용된 열 번의 경우 중 아홉 번에서 그것은 그의 치유의 동기로서 주 예수 그리스도의 긍휼히 여기심을 말한다.
*splanchnizomai*가 하나님의 긍휼히 여기심을 말할 때, 그것의 의미는 무엇인가? 그 동사는 본래 사람의 내장, 심장, 간 등을 언급했다. 그것은 희생 제물의 내장에 대해 사용될 수도 있었다. 아래 복부, 장, 그리고 특별히 자궁에 관해서는 이 동사를 명사형으로 사용하는 것이 일반적이 되었다. (*Theological Dictionary of*

the New Testament, eds. Gerhard Kittel and Gerhard Friedrich [Grand Rapids, Mich.: Eerdmans, 1971] 7:548).

일부 신학자들은 이 단어는 너무나 세련되지 않아서, 혹은 사실적이어서 하나님의 긍휼히 여기심에 관하여 사용될 수 없다고 느껴왔다. 하나님의 긍휼히 여기심을 말하기 위해서 '창자'에 해당하는 이 단어를 사용하는 것은 우리가 "그는 정말로 용기가 있다"라고 말할 때, 현대 영어로 용기를 guts라고 사용하는 것과 같다. 그러나 나는 신약성경의 저자들은 정확히 이렇게 할 작정이었다고 생각한다. 그들은 하나님의 긍휼히 여기심의 능력과 힘을 독자들에게 기억시키고 있었다. 또한 긍휼히 여김과 동반하는 신체적 느낌을 기억했을 수도 있다. 때때로 복부에서 느끼는 날카로운 고통이 우리가 사랑하는 사람들에 대해서 가지는 강한 긍휼히 여김과 동정심을 따를 것이다. 신약성경 시대의 그리스도인들에게 그들을 향한 하나님의 긍휼히 여기심을 기억시키기 위해서 쓰인 그러한 생생한 단어의 선택은 그들을 향하신 하나님의 깊은 사랑과 그들이 고통에 대하여 긴감하신 하나님의 느낌에 근거했다.

3) 구약성경 내에서 기적적인 일들과 하나님의 영광의 표현들 간에 비슷한 연관이 있다(민수기 14:22 참고).

4) Mary Garnett, *Take Your Glory, Lord: William Duma His Life Story*(POB 50, Roodepoort 1725. South Africa:Baptist Publishing House, 1979), p.40ff.

5) 기술적으로 말해서 그들의 믿음 때문에 예수께서는 그 사람의 죄를 용서하셨고, 그의 죄가 용서되었다는 증거로서 그를 치료하셨다.

6) 우리가 치유나 그 밖의 어떤 것을 요청할 때, 우리는 항상 "당신이 원하시면"의 정신으로 기도해야만 한다. 나는 사람들이 때때로 그들의 불신을 가리기 위해 이 구절을 사용한다는 것을 안다. 그러나 그것은 정말로 우리가 소망을 가지고 "영원하시고, 불멸하시며, 눈에 보이지 않으시는 왕이시요, 유일하신 지혜자이신 하나님"께 나아갈 때에 합당한 유일한 태도이다.

제10장: 왜 하나님께서는 기적적인 은사들을 주시는가?

1) 맥아더는 다음과 같이 쓰고 있다. "카리스마주의자들은 기적적인 은사들이 신자들의 강화를 위해 주어졌다고 믿는다. 하나님의 말씀이 그러한 결론을 뒷받침하는가? 아니다. 사실상 진실은 정반대의 것이다." 나는 맥아더가 어떻게 기적적인 성령의 은사들을 강화하는 목적에 대해 성경적인 뒷받침이 없다고 결론내릴 수 있는가를 이해하지 못한다. 그는 그의 이론을 뒤집을 만한 관련된 성경 본문(예, 고전 12:7, 14:3-5)에 관하여 결코 논의하지 않는다.

2) 이 목록은 철저하게 된 것은 아니다. 우리는 아마도 모든 신약성경의 교회에는 역사하는 은사들을 가지고 있었다는 것을 이해해야만 할 것이다.

3) *zeloo*라는 단어는 몇 가지의 다른 번역이 가능하다. 그것은 '무엇인가를 얻으려 애쓰다', '소망하다', '열렬히 노력하다', '무엇인가에 깊이 마음을 빼앗기다', 혹은 '노력을 표하다'를 의미할 수 있다(W. Bauer, *A Greek-English Lexicon of*

the New Testament and Other Christian Literature, eds. W.F. Arndt and F.W. Gingrich rev. F.W. Gingrich and F.W. Danker[Chicago:The University of Chicago Press, 1957], p.338). NIV성경은 *zeloo*를 "'열망하다'로, NASB는 '열심히 소망하다'로, KJV는 '열심히 바라다'로 번역한다.

맥아더는 "성경 속에서 사도시대의 기적들이 다음 세대들에도 계속될 것이라는 것을 지적하지 않는다. 혹은 성경은 신자들이 성령의 어떤 기적적인 표현들을 구하라고 권면하지 않는다"고 주장한다(*Charismatic Chaos*, p.117, emphasis mine). 이것은 믿을 수 없는 주장이다. 바울은 고린도전서 12:31, 14:1, 39에서 신자들에게 성경의 기적적인 은사들을 구하라고 권면하고 있다. 맥아더는 심지어 이러한 본문들을 진지하게 상호작용하려고 노력하지도 않는다. 맥아더가 그러한 주장을 할 수 있었던 첫째 방법은 고린도전서 12:31에서 바울이 고린도전서 12:8-10에서 나열된 은사들을 기억하고 있지 않음이 분명하다는 것을 주장하는 것이다. 그러나 이것은 분명히 독단적인 주장일 것이다. 둘째, 그는 바울이 신자들에게 예언을 구하라고 권면할 때, 그는 초자연적인 예언을 말하고 있는 것이라는 것을 부정하는 것임에 틀림없다. 맥아더는 바울의 예언의 은사 사용을 주로 가르치는 것으로서 정의함에 틀림없다(사실상 그렇게 했다, Ibid., p.69). 물론 이것은 고린도전서 14:24-25과 특별히 14:26에서 바울이 기술한 예언의 초자연적이고 계시적인 특성과 직접적으로 모순이 된다. 현대의 어떤 주해적 혹은 학술적인 연구가 그러한 독단적인 주장으로 맥아더를 지지하지 않을 것이다. (맥아더는 신약성경 시대가 완성되기 전에 성서에 의해 해결되지 않는 문제들에 관하여 교회들을 교훈하기 위하여 때때로 초자연적인 예언들이 주어졌다는 것을 인정한다. 그러나 그는 이런 유형의 예언을 사도의 시대로 제한한다(Ibid., p.69)).

4) 일부의 사람들은 고린도전서 14:18은 "나는 내가 너희 모두를 합한 것보다도 더 방언을 말하는 것을 하나님께 감사하노라"고 번역될 수 있다고 주장해 왔다. Archibald Robertson and Alfred Plummer, *First Epistle of St. Paul to the Corinthians*(Edinburgh: T & T Clark, 1911), p.314를 보라.

5) 피(Fee)는 방언의 이러한 강화하는 기능은 "때때로 '자기계발'이라 불리워 왔고, 그래서 경멸적으로 간주해 왔으나 바울은 그러한 것을 의도하지 않았다. 자기 자신을 강화하는 것은 자기중심적인 것이 아니라 기도와 찬양을 통해서 오는 신자들의 개인적인 강화이다"라고 논평한다(*1 Corinthians*, p.657).

6) 몸에 대한 유비는 이사야에 의해 예시되었고, 그는 이스라엘의 선지자들을 '너희의 눈'(사 29:10)으로 말한다.

7) 이 구문에 대한 상세한 논의를 위해서는 웨인 그루뎀의 『예언의 은사』 227-240쪽을 보라. 그루뎀은 고린도전서 13:10에 있는 '온전한 것'에 대한 유일한 설명은 그리스도께서 다시 오실 때를 말하는 것임에 틀림없다고 결론내린다.

유능한 주석가요 은사소멸론자인 리차드 개핀(Richard Gaffin)은 다음과 같이 결론내린다.

'온전한 것'이 오는 것(10절)과 신자들이 완전한 지식을 가지는 '그때'(12절)는 분명히 그리스도께서 다시 오시는 때를 말한다. 그때가 신약성경의 정경이 완성된 때를 가리킨다는 견해는 해석학상 신뢰할 수 없다(*Perspectives on Pentecost* [Phillipsburg, N.J.:Presbyterian and Reformed Publishing Company, 1979], p.109).

8) 구약성경이 하나님의 '얼굴과 얼굴을 마주하여 보는 것'에 대하여 말할 때, 그 말은 하나님의 천사을 보는 것이다. 그리고 그는 성육신하시기 이전의 그리스도이시다. 성부 하나님께서는 구약성경 시대의 어느 누구도 그의 얼굴을 보는 것을 허락하시지 않았다(출 33:20; 요 1:18을 보라).

9) NIV의 '온전히 안다'는 정확하게 *epiginosko*란 동사의 의미를 반영한다.

제11장: 왜 하나님께서는 치유하시지 않는가?

1) 이 이야기는 *Baptist Standard*, February 7, 1983, 24쪽에 나와 있다. 이러한 치유에 대하여 아이러니한 것들 중의 하나는 듀안 밀러(Duane Miller)는 전에 하나님의 성회의 목사였으나, 그는 방언을 말하는 것과 신유에 대한 그들의 신학에 동의하지 않았기 때문에 교단을 떠났다는 것이다.

2) 그 본문 뒤에 누가는 예수께서 그의 믿음을 보시고 그 중풍병자의 죄를 용서하셨다고 말한다(5:20). 그러나 믿음에 대한 어떤 언급을 하기 전에 누가는 우리에게 주님의 능력이 이미 치유를 위해 임했음을 말한다.

3) 내가 하나님의 임재를 몰아내는 것에 대하여 이야기할 때, 나는 그의 존재론적인 임재를 말하는 것이 아니다. 물론 하나님은 어디에나 계신다. 여기서는 그의 자비하신 임재, 그의 자녀들에게 축복을 가져다 주시는 그의 임재, 그의 의식적이고 혹은 느껴지는 임재를 말하기 위해서 '임재'라는 용어를 사용하는 것이다.

4) 나는 그것이 어떤 신학적 체계 내에서 가지는 기술적 의미로 '배교'란 용어를 사용하는 것이 아니며 '변절하다' 혹은 '타락하다'란 일반적인 의미로 사용하고 있다. 나는 이 시점에서 신실한 그리스도인들이 얼마나 많이 어떤 종류의 죄를 범할 가능성이 있는가에 대한 논쟁을 시작하고자 하는 것은 아니다. 일부 성경의 예들은 교회 안에서 신자인 척하는 불신자들을 말할 수 있지만, 이 부분에서 내가 사용하는 모든 본문은 순수한 신자들을 말한다.

5) 시편 74편은 다윗의 성가대 지도자인 아삽의 시로 추정된다. 그러나 이것은 아마도 아삽의 후손에 의해 쓰여졌다는 것을 의미할 것이다(*The NIV Study Bible*, p.860).

6) 이것은 마치 그들의 기적들이 사탄의 힘에 의해 일어난 것처럼 잘못된 교리를 가지고, 한 무리가 되어서 기적들을 성급하게 비난해서는 안되는 이유이다. 갈라디아 교회는 그들이 복음을 포기하는 과정 중에 있었지만(갈 1:6, 3:1) 하나님의 기적들이 일어났었다(갈 3:5). 하나님께서는 여전히 그들에게 회개할 시간을 주셨다. 그러나 만일 그들이 회개하기를 거부했다면, 하나님께서는 결국 그의

임재와 능력을 거두어 들이셨을 것이고, 따라서 더이상 하나님의 기적들은 갈라디아 교회에서 일어나지 않았을 것이라고 믿는다.
7) 이 시편 속에서는 심판이 전체로서의 민족에게 임하는 것인지 아니면 단지 개인으로서의 시편기자에게 임하는 것인지 확실하지 않다. 그 환란이 단지 개인적이라는 것을 지적할 수 있는 요소들과 그 환란이 범위에 있어서 민족적인 것이라 주장하는 것 같은 다른 요소들도 있다.
8) 이사야 29:10.
9) 부록1의 271쪽을 보라.
10) 제임스 보이스는 실제로 이것이 예수께서 마태복음 12:39-42에서 의미하신 것이라고 주장한다("A Better Way:The Power of the Word and Spirit" in *Power Religion*, ed., Michael Horton [Chicago:Moody Press, 1992], pp.125-126). 이 해석에 대한 논박을 위해서 부록1의 271-74쪽을 보라.

제12장: 열심히 은사들을 추구함

1) Gross, *Miracles, Demons, and Spirirual Warfare*, p.69.
2) Henry Scougal, *The Life of God and the Soul of Man* (Harrisonburg, Va.:Sprinkle Publications, 1986 reprint), p.xvii.

제13장: 하나님을 향한 열정

1) C. S. Lewis, *Reflections on the Psalms*(New York: Harcourt, Brace & World, 1958), p.51.
2) 출애굽기 15:20; 사무엘하 6:16; 사사기 11:34; 사무엘상 18:6-7; 시편 30:11, 150:4; 예레미야 31:4, 13을 참고하라.
3) *Reflections on the Psalms*, p.52.
4) Jonathan Edwards, *The Religious Affections*(Carlisle, Peen.: The Banner of Truth Trust, reprint 1984), p.29.
5) Ibid., p.49.
6) Ibid., pp.49-50.
7) Ibid., pp.31ff.
8) *Reflections on the Psalms*, p.57.
9) *The Oxford English Dictionary*, "passion," Ⅲ.6.

제14장: 열정과 능력을 신장시키는 것

1) 요한복음 12:1-8에 대한 기술적인 세부사항과 배경을 알기 위해서는 Rudolf Schnackenberg, *The Gospel According to St. John*, trans. Cecily Hastings, et al. (New York: The Seabury Press, 1980), II:pp.365-70을 참고하라.
2) 로마서 5:5에서 바울은 성령께서 우리들 각자의 마음에 우리에게 향하신 하나님의 아낌없는 사랑에 대한 개인적인 계시를 주신다고 말한다. 만약 성령의 하시

는 일이 우리가 하나님에 대한 사랑을 느끼게 하는 것이라면, 우리의 마음속에 하나님을 향한 사랑을 일으키기 위하여 성령의 사역이 얼마나 더 요구되겠는가?
3) 이 이야기는 *Only Love Can Make a Miracle*(Ann Arbor, Mich.:Servant Publications, 1990)에서 Mahesh Chavda에 의해 자세하게 이야기된다.

부록1: 하나님께서 치유하시고 기적들을 행하시는 다른 이유들

1) Cf. Norman Geisler, *Signs and Wonders*(Wheaton, Ill.: Tyndale House Publishers, 1988), p.144;and John Woodhouse, "Signs and Wonders and Evangelical Ministry" in *Signs and Wonders and Evangelicals*(Homebush West, NSW, Australia: Lancer Books, 1987), p.26.
2) 마귀도 분명히 하늘로부터 불이 떨어지게 할 수 있기 때문에 하늘로부터 오는 표적이 반드시 논쟁의 여지가 없는 것은 아니다(욥 1:16 참고).
3) 이 주제와 관계가 있는 다른 신약성경 구절들은 바울이 유대인들이 표적들을 구한다고 말하는 고린도전서 1:22와 요한복음에 세 구절(2:18, 4:48, 6:30)이 있다. 이 본문들에 대한 더 충분한 논의를 위해서는 Gerd Theissen, *The Miracle Stories of the Early Christian Tradition*. trans. Francis McDonagh (Philadelphia: Fortress Press, 1938), pp.295-97을 보라. 공관복음서에 나와 있는 표적들을 구하는 두 번의 요청에 대하여 테이센(Theissen)은 "표적들에 대한 요구를 거절하심은 표적들에 대한 거절이 아니다(막 8:11ff., par.). 반대로 표적에 대한 거부는 불신에 대한 처벌이고 표적들이 가치가 없다고 받아들인다면 그것은 넌센스이다"(Ibid., p.296)라고 논평한다. 요한복음 4:48에 있는 예수의 말씀에 대하여 "당신들은 기적적인 표적과 기사들을 보지 않는 한 결코 믿지 않을 것이다. 보지 않고 믿는 것은, 그것은 다음 세대의 전형적인 문제이다. 이것을 기적들의 믿음에 대한 비판으로 볼 수 없는 것은 믿기를 거부하는 회의론에 대한 비판이다"라고 테이센은 논평한다(Ibid., p.297). 요한복음 5:30에 나타나 있는 표적에 대한 요청은 공관복음서의 거친 비난을 받지 않는다. 분명히 이 요청은 마태복음 12:38과 16:1에 있는 바리새인들의 그것과 동일한 풍으로 이야기된 것이 아니다. 작가들이 기적들이 믿음으로 인도하지 않는다는 본문(예 마 11:20-24)을 신약성경의 시대나 오늘날에 일어나는 기적들의 제한된 가치의 증거로서 인용하는 것 역시 일반적이다. 테이센은 이 논의에 대하여 답한다. "고라신과 벳새다에서 일어났던 기적들은 회개로 인도하지 못한다는 사실은 이것(즉 신약성경이 기적들에 두는 높은 가치)에 반대하는 증거가 아니다. 그 말은 자동적으로 회개로 인도하는가?"(Ibid., p.297)
4) 종교 지도자들의 마음이 굳어진 것 외에도 신약성경은 아무리 큰 기적이 그들에게 제시되든지 간에 믿으려하지 않는 다른 사람들을 언급한다(눅 16:19-31 참고). 이런 종류의 본문들 때문에 오늘날에 행하시는 하나님의 치유의 사역에 적대적인 일부 사람들은 기적들이 결코 확증하는 기능을 가지지 않는다고 결론을

내린다! 바리새인들이 기적적인 증거를 마주하고도 믿지 않았다는 사실은 기적들이 확증하는 가치를 가지지 않는다는 것을 의미하지는 않는다. 그것은 단지 마음이 너무나 굳어져서 어떤 종류의 증거를 보더라도 믿으려하지 않는 일부의 사람들이 있었다는 것을 의미한다.

신학자들이 다른 근거를 토대로 해서 기적적인 일들의 확증하는 기능을 저하시킨다는 것은 보기 드문 일은 아니다. 1741년에 조나단 에드워즈는 다음과 같은 웅변적인 글을 썼다.

> 그러므로 나는 다가오는 교회의 영광스러운 시대에는 이러한 기적적인 은사들의 부활을 기대하지도 바라지도 않는다. 나에게 있어서 그것은 그 시대들의 영광에 아무것도 더하지 않고 오히려 축소시키는 것 같다. 나로서는 내가 예언적 환상들과 계시들을 일년 내내 가지는 것보다 오히려 십오분 간의 그리스도의 영적인 아름다움과 무한한 은혜, 영원하신 사랑을 보여주는, 믿음의 거룩한 행위들과 하나님의 사랑과 자비와 하나님 안에서의 겸손한 기쁨을 주는 성령의 영향력을 즐거워 한다. 하나님께서 이 세상에서 교회가 가장 영광스럽고 완전한 상태에 접근하고 있는 지금보다는 예언의 암흑기에 그의 성도들에게 즉각적인 계시를 주셔야 한다는 것이 나에게는 훨씬 더 그럴싸 하다. 나에게는 이 행복한 상태를 소개하기 위해서, 그리고 하나님의 나라를 세우기 위하여 그러한 특별한 은사들의 필요성이 있는 것처럼 보이지 않는다. 나는 그러한 것이 없이도 더 탁월한 방법으로 확신시키시는 하나님의 능력을 많이 보아왔다. ("The Distinguishing Marks of a Work of the Spirit of God," in *Jonathan Ejdwards On Revival* [Edinburgh: Banner of Truth Trust, Reprint 1984], pp.140-41).

이것은 예수나 신약성경이 가지는 견해가 아니다. 예수께서는 "내게는 요한의 증거보다 더 큰 증거가 있으니 아버지께서 내게 주사 이루게 하시는 역사 곧 나의 하는 그 역사가 아버지께서 나를 보내신 것을 나를 위하여 증거하는 것이다"(요 5:36)라고 말씀하셨다. 세례 요한은 기적을 행하지 않았다(요 10:41). 대조적으로 예수의 증거는 그의 기적적인 역사에 의해 확증되었다. 이것이 예수의 증거를 요한의 그것보다 더 크게 만든다. 다시 말하면 예수께서는 기적적인 역사들에 의해 확증되는 메시지가 기적적인 것에 의해 확증되지 않는 것보다 더 큰 확증을 가진다고 가르치셨다.

5) 이사야 42:1-9와 49:1-13을 참고하라.
6) 개핀은 "기적들은 하나님 나라의 본질을 드러낸다. 그러나 기적들은 하나님 나라의 본질이 아니다"라고 주장한다(*Perspectives on Pentecost*, p.45). 그는 하나님 나라에 대한 기적들과 관계되는 한 예로서 나사로를 살리신 것을 사용한다. 그는 다음과 같이 말한다.

> 이 사건은 단지 중생 혹은 내적인 중생, 그리고 죄의 씻음을 지적하는 것이

아니라, 그것은 복음서에 나타난 예수님의 주장('나는 부활이요 생명이다' :25절)이 전인(全人)과 관계가 있다는 것, 즉 그리스도의 구원은 영혼뿐만 아니라 육체에서의 죄인들의 부활과 관계가 있다는 것을 보여준다. 나사로의 부활은 그리스도께서 다시 오실 때에 신자들이 받을 영광스럽고 영적인 부활을 보여준다. 그러나—그리고 이것이 핵심이다—이 기적을 통하여 나사로는 영화롭게 된 육체를 받지 않는다. 결국 그는 죽었고, 매장되었으며 다른 죽은 신자들과 함께 부활을 기다린다…. 따라서 다양하게 방해되고 있는 예수와 사도들의 치유가 한 예인 성령의 역사하심들은 잠정적이고 몇몇 경우에는 표적으로 기능한다(Ibid.).

논의를 위하여 나는 모든 현세의 치유들과 축복들은 잠정적인 것이라는 것을 인정할 것이다. 또한 모든 기적들이 다른 목적들 중에서 표적의 기능을 가진다는 것을 인정할 것이다. 영원성에 비추어 생각할 때, 이런 제시된 하나님 나라의 형태는 잠정적이다

예를 들어 복음전도는 영원의 상태에서는 필요치 않을 것이다. 그러나 복음전도가 하나님 나라의 현재 형태에서 필수적인 일부가 아니라는 것을 의미하지는 않는다. 만일 예수의 다스리심이 하나님 나라의 필수적이라면—그것은 필수적이다—사람이 어떻게 그 중에서 마귀가 주인 하나님의 적들을 다스리는 능력 또한 하나님의 나라에 필수적인 능력을 부인할 수 있는가?. 이러한 견해는 *TDNT* 2:302에서 그룬드만(Grundmann)이 의해 "예수의 행하신 기적들은 선포와 행하심으로써 그 자신의 위(位)와 함께 가져오신 하나님의 침입하는 통치권의 일부이다. 그것들은 귀신들과 사탄의 지배력을 누르고 쫓아내는 하나님의 통치권이다"라고 되풀이되어 나타난다.

7) "워필드와 그를 따르는 사람들이 신약성경의 작가들에게 치유가 외견상 입증하는 표적이 아니라. 선포된 구원 범위의 일부분이었고(위의 4.2부분을 참조하라) 그것이 단지 영적인 것을 넘어 심리적이고 육체적인 것에 이르렀다는 것을 인식하지 못했다는 것은 더욱 염려스러운 일이다. 역사적으로 살펴볼 때, 구원의 시작은 사탄의 억악에 대한 반전의 시작이다(눅 4:18-21, 7:20 이하; 행 10:38 등). 그 자체로 치유들은 여전히 (치유들이 특별히 강하게 따르는) 예수와 사도들을 입증하는 기능으로 여겨졌다. 그러나 본질적으로 치유들은 하나님 나라의 첫 열매들의 일부분이고 따라서 교회가 선포하는 구원의 메시지의 일부분이다 그러므로 만일 교회에 아픈자가 있다면 야고보는 장로들의 믿음의 기도가 치유를 가져올 것이라는 것을 (적어도 실용적인 방법으로서) 기대할 수 있다(약 5:15). 치유가 시작되는 하나님 나라의 케리그마(kerygma:복음의 선포)에 대하여 확증하는 관계는 신약성경 저자들이 분리되고 있는 그 두 가지를 직시하지 않았다는 것을 암시한다." Max Turner, "Spiritual Gifts Then and Now," *Vox Evangelica* 15 (1988: 38).

부록2: 기적적인 은사들은 사도들과 함께 끝났는가?

1) Benjamin B. Warfield, *Counterfeit Miracles*(Edinburgh: The Banner of Truth Trust, 1918, reprint 1972), pp.235-36.
2) Ibid., p.6.
3) Peter Masters, *The Healing Epidemic*(London: The Wakeman Trust, 1988), pp. 69-70.
4) 빌립의 경우에 기사라는 단어는 사용되지 않는다. 그러나 그의 사역이 스데반이나 사도들의 사역과 마찬가지로 기적적이라는 것은 문맥상에서 분명하다.
5) 사도행전은 사도들이 안수한 나머지 다섯 사람들에게 주어진 기적적인 능력을 언급하지 않는다. 사도행전 6:1-6에 따르면, 그 안수함의 목적은 기적적인 능력을 주기 위함이 아니었고, 음식을 관할하고 모든 사람들이 공정하게 대우받는지를 확실히 하도록 이들 일곱 사람을 세우기 위해서였다.
6) 설화문학이라는 용어는 구약성경의 열왕기서나 신약성경의 복음서들과 사도행전과 같은 이야기들을 말하는 성경의 부분들을 말한다. 설화문학은 시(아가서)나 찬양의 문학(시편), 지혜의 문학(잠언과 전도서), 교훈을 주는 문학(신약성경의 서신서들), 예언의 문학(요한계시록) 등과는 다르게 해석된다.
7) Masters *The Healing Epidemic*, p.69. 나는 성경이 분명히 바나바를 사도로 부르는데(행 14:14), 왜 매스터스는 그를 사도의 '대리인'으로 부르기를 고집하는지 이해하지 못한다.
8) 누가는 사도행전 2:4에서 바울이 성령으로 충만했던 것과 사도들이 충만했던 것을 기술하기 위해 동일한 헬라어 표현을 사용한다. 워필드는 때때로 이야기되는 것처럼 "사도행전 9:12-17은 예외가 아니다. 왜냐하면 아나니아가 바울에게 기적을 행했지만 능력을 행하는 기적을 베풀지 않았다. 기적을 행하는 것에 대한 바울 자신의 능력은 사도로서 그에게는 본래의 것이었고, 누군가에 의해 수여된 것이 아니었다"고 주장한다. 그러나 아나니아는 사도들과 사도들이 안수한 사람들만이 기적적인 카리스마를 받았다는 워필드의 이론에 대한 예외이다. 어떤 사도도 그에게 안수하지 않았지만, 아나니아는 치유의 은사와 예언의 은사를 행한다. 게다가 성령의 충만함을 받았던 것과 동시가 아니라면 바울은 언제 기적을 행하는 능력을 받았는가?
9) 매스터스는 사도행전 9장에 있는 아나니아가 사울을 치유하는 예를 무시하려 하지만, 그렇게 하려는 그의 이유들은 결코 설득력이 없다.
10) 피터 매스터스에 따르면, 바울은 하나님께서 갈라디아 교인들을 통해서 행하신 기적들이 아니라 그가 얼마전에 갈라디아 교회들을 방문했던 때에 행한 기적들을 말하는 것이다(*The Healing Epidemic*, p.134). 만일 이러한 견해가 사실이라면, 바울은 갈라디아에서의 이런 경험을 기술하기 위해서 현재시제의 분사를 사용하지 않았을 것이다. 만일 바울이 그가 갈라디아에 있는 동안에 행한 기적들을 말한다면, 그는 "너희에게 그의 성령을 주셨고, 너희들 가운데서 기적들을 행

하셨던 그가, 너희가 율법을 지킴으로써, 혹은 너희가 들은 바를 믿음으로써 그렇게 행하시지 않겠느냐?"라고 말했을 것이다. 그러나 바울은 과거시제를 사용하지 않았다. 사실상 그는 현재시제의 분사를 사용하고 있고, 그것은 이 행위가 그가 기록하는 시기에도 계속되고 있다는 것을 지적한다. 즉 하나님께서 현재에 바울이 부재 중인 갈라디아 교회들 가운데서 기적들을 행하시고 계신다.

일부 사람들은 여기서 그것은 하나님께로부터 은사 받은 사람들이 기적을 행한다는 것이 아니라, 하나님께서 기적들을 행하신다는 것을 말한다고 주장할 수도 있다. 그러나 신약성경에서 하나님은 항상 기적들의 관계되는 궁극적인 주체이시다. 예를 들어 카리스마들의 목록을 나열하기에 앞서서 바울은 하나님께서 그모든 것들을 모든 사람 가운데서 역사하신다(*energon*)"(고전 12:6)고 쓰고 있다. 바울이 갈라디아인들에게 편지할 때, 신약성경의 관행에 따르면 갈라디아서 3:5은 역사하고 있는 기적들에 대한 은사를 말한다고 생각하는 것이 훨씬 더 통상적이었을 것이다. 버튼(Burton)은 바울의 말은 "사도들은 마음속에 주로 성령의 카리스마적인 표현을 가지고 있다는 것을 의미한다"고 주장한다(Ernest De Witt Burton, *The Epistle to the Galatians*[Edinburgh: T & T Clark, 1921], p.151). 라이트푸트(Lightfoot)는 고린도전서 12:10에서 기적들을 행하는 은사를 기술하기 위해서 사용된 *energemata*와 함께 갈라디아서 3:5에서 분사 *energon*의 유사성에 주목한다. 그리고 "고린도 교인들에게 쓴 서신서에서처럼 성 바울은 그의 회심에 의해 이들 특별한 능력들을 소유한 것을 인정된 사실로서 믿는다"고 결론 내린다(J.B. Lightfoot, *The Epistle of St. Paul to the Galatians*[Grand Rapids: Zondervan, reprint 1957], p.136). 그리하여 서신서들은 신약성경 교회 전체에 성령의 기적적인 은사들이 널리 주어졌다는 것을 증명한다. 그것들은 사도들과 사도들과 매우 가까웠던 동역자들에게만 제한되지 않았다.

11) Warfield, *Counterfeit Miracle*, pp.21-22.
12) p.292를 보라.
13) 디모데 역시 바울의 안수함을 통하여 더해지는 성령의 은사를 받았다(딤후 1:6). 일부의 사람들은 이 두 구절은 동일한 은사를 말한다고 주장할 수 있다. 그러나 나는 이것이 그렇다는 것을 지적하는 확실한 증거를 알지 못한다. 게다가 바울이 고린도(고전 12-14), 로마(롬 12:6), 데살로니가(살전 5:20), 에베소서(엡 4:11), 갈라디아(갈 3:5)에서 성령의 은사들을 가진 모든 사람들을 안수했다는 증거도 결코 없다. 그러므로 워필드의 논의는 침묵에서 나온 논의일 뿐만 아니라 신약성경의 구체적인 사실들과 모순된다.
14) Gross, *Miracles, Demons and Spiritual Warfare*, p.49.
15) Gross, *Miracles, Demons and Spiritual Warfare*, p.46.
16) 누가가 사마리아인들에 대한 요한과 베드로의 사역(행 8:14-25)과 관련해서 성령의 은사들에 대한 명백한 언급을 하지 않는다는 것에 주목하라. 강조점은 분명히 은사받은 것이 아니라 성령을 받았다는 것이다. 성령은 여섯 절에서 다섯

번이나 언급된다. 그러나 은사들은 사도행전 8:14-25에서 분명하게 언급되지 않는다.
17) Max Turner, "Spiritual Gifts Then and Now," *Vox Evangelica* 15(1985: 37-38).
18) Gross, *Miracles, Demons and Spiritual Warfare*, p.48.
19) 일부 사람들은 또한 바울이 치유의 은사를 행하는 데에 실패한 또 다른 예로서 고린도후서 12:7-10을 사용하려 해왔다. 그러나 우리 모두는 고린도후서 12:7-10에 있는 문제는 사탄의 사자가 그 뒤에 있었다(7절)는 것을 확실히 안다. 우리는 그 사탄의 사자가 질병을 일으켰는지 혹은 바울의 사역에 어떤 다른 종류의 억압을, 예를 들면 유대교도들로부터 박해를 야기시켰는지 어떤지를 알지 못한다. 결국 이 구절은 바울의 치유의 은사가 그가 죽을 때까지 그에게 남아 있었느냐 아니냐에 대한 논의와는 관계가 없다.
20) Geisler, *Signs and Wonders*, pp. 136-37.
21) Ibid., p.137.
22) Ibid., p.136.
23) 에베소서, 빌립보서, 골로새서, 빌레몬서는 "옥중 서신"으로 불린다. 그것들이 쓰여진 시기는 정확하지 않다. 일부 사람들은 그것들에 A.D. 53-55년 사이에 에베소에서에서 쓰여졌다고 생각해 왔고, 또 다른 사람들은 A.D. 57-59년 사이에 가이사랴(Cessarea)에서 쓰여졌다고 생각한다. 그러나 일반적인 합의는 그것들이 A.D. 60-61년 사이에 로마에서 쓰여졌다는 것일 것이다. 디모데전서와 디도서는 바울이 로마 감옥에서의 첫 수감에서 풀려난 후인 A.D. 63-65년 사이에 쓰여졌던 것으로 믿어진다. 디모데후서는 바울의 말년에 A.D. 66-67년 사이에 그가 마지막으로 로마에 수감되어 있던 기간 동안에 쓰여졌던 것으로 믿어진다.
24) 사실상 에베소서에서 바울은 게이슬러가 편하게 훑어보는 본문인 선지자들이 그 교회에 주어졌다(엡 4:11)는 사실을 말함으로써 예언의 은사를 언급한다. 그가 논의를 공식화할 때, 그는 우리가 A.D. 60-68년 동안 예언에 대한 어떠한 기록도 가지고 있다고 말하지 않을 만큼 조심스러웠다.
25) 누가가 그의 복음서를 "예수께서 행하시고 가르치시기를 시작하셨던 모든 것" (행 1:1)으로 말함으로써 사도행전을 시작한다. 누가복음은 예수의 활동과 가르침의 시작이고, 사도행전은 예수의 행하심과 가르치심의 계속이다.
26) 맥아더는 성경을 다루는 데에 있어 비슷한 방법을 사용한다. 그는 바울에 관하여 다음과 같이 쓴다.

> 바울은 한때 다른 사람들을 임의대로 치유할 수 있는 능력을 가졌던 것 같지만(행 28:8), 바울이 인생의 마지막에 가까이 왔을 때, 은사의 증거를 보이지 않았다. 그는 디모데에게 그의 복통을 위해 그 당시에 질병을 치료하는 일반적인 방법이었던 약간의 포도주를 쓰라고 권면했다(딤전 5:23). 생의 마지막에 바울은 사랑하는 형제를 아픈 채 밀레도에 남겨두었다(딤후 4:20). 그는 분명히 그가 할 수 있었다면 그를 치유했을 것이다.

사도행전의 앞부분에서 예루살렘은 기적들로 가득 차 있었다. 그러나 스데반이 순교한 후 더이상의 기적들에 대한 기록은 없다. 무엇인가가 변화되고 있었다(*Charismatic Chaos*, pp.125-26).

맥아더는 우리가 성경은 성령의 기적적인 은사들이 사도행전 7장 이후에는 철회되고 있었다고 가르친다고 믿기를 원하는가? 바울은 아직 회심하지도 않았다. 그런데 우리는 성령의 은사들이 예루살렘에 머물러 있던 사도들로부터 철회되고 있다고 믿을 것으로 기대된다. 이것은 신약성경의 문학에 대한 믿을 수 없을 정도의 무감각함이다. 또한 어떤 사람 자신의 편견에 사로잡힌 해석을 뒷받침하기 위한 신약성경의 오용이다.

스데반의 순교와 함께 시작하며, 누가는 "로드 설화"(road narrative)로서 알려지기 시작해온 것을 소개한다. 이들 로드 설화 각각에는 예루살렘으로부터 떠나는 움직임이 있다. 예를 들어 8장에서 한 이디오피아인 내시는 예루살렘에서 떠나는 도상에서 회심한다. 9장에서 바울은 예루살렘을 떠나 결국은 이방인들에게 복음을 전하게 될 도상을 여행한다. 그렇다. 물론 '무엇인가가 변화하고 있다.' 그러나 그것은 사도의 기적들에 대한 하나님의 철회가 아니다. 누가는 예루살렘에 대한 예수 심판 예언의 성취의 시작을 더할 나위 없이 능숙하게 보여주고 있다. 이러한 것들은 지금 수년 동안의 사도행전에 대한 학술적인 연구들로 잘 알려져 있다. 사도행전에서 예루살렘으로부터의 이동을 치유와 기적들이 주께서 죽으신 이후 겨우 2년 후인 약 A.D. 35년에 떠나고 있다는 징조로 사용하려는 시도는 종국적으로 믿을 수 없다.

27) 게다가 하나님께서 그의 일생이 끝나기 전에 바울의 치유의 은사를 철회하셨다는 전체 생각은 로마서 11:29에 있는 바울의 진술과 모순될 수도 있다. 즉 "은사들(카리스마)과 하나님의 소명은 변경될 수 없다"(*NASB*).

28) 예를 들어 Wayne Grudem, *The Gift of Prophecy*, pp.275-76과 D. A. Carson, *Showing the Spirit*, pp.88ff. 그루뎀은 '사도들'은 성령의 한 은사가 아니라 직위라는 것에 동의한다.

29) 그러나 어떤 사람은 바울이 에베소서 4:11에서 사도, 선지자, 전도자, 목사, 선생들을 더 일찍 에베소서 4:8에서 언급한 '은사들'의 예로서 말하기 때문에 사도들의 성령의 은사들로서 말한다는 것에 반대할 수도 있다. 그러나 에베소서 4:7에서 '은사'로 번역된 단어는 바울이 어디에서나 변함없이 성령의 은사들에 사용하는 단어가 아니다. 사실상 에베소서 4:11에서 바울은 성령의 은사(charismata)들을 기술하는 것이 아니라, 성도들이 사역을 감당하도록 준비시키는 기능을 하는 다섯 가지의 다른 사역들을 기술하고 있는 것이다.

30) Gordon D. Fee, *The First Epistle to the Corinthians*, New International Commentary on the New Testament (Grand Rapids, Mich.:Eerdmans, 1987), p. 620

31) 일부의 사람들은 이 구절이 분명히 야고보를 사도로 선포한다는 것에 대하여

논박한다. 그러나 헬라어 원문은 실제적으로 우리가 야고보를 사도로 생각하도록 요구한다. Grudem, *The Gift of Prophecy*, p.272.
32) 그러나 데살로니가전서 2:7에서 그가 디모데를 사도로 생각하는 것 같지 않다. Grudem, ibid., pp.272-75를 보라.
33) 그러나 이 본문에 대한 몇 가지의 다른 해석학적 가능성들이 있다. Fee, *First Corinthians*, pp.731-32를 보라. 에바브로디도(빌 2:25)와 몇 명의 익명의 형제들과 어쩌면 디도(고후 8:23) 역시 사도로 불린다. 그러나 대부분의 사람들은 이것은 단순히 "사자"를 의미하는 사도라는 용어의 비기술적인 사용이라고 느낀다.
34) 이러한 고찰은 오래전에 로버트슨과 플럼머에 의해 이루어졌다. *First Epistle of St. John to the Corinthians*, 2d ed. (Edinburgh: T & T. Clark, 1914), p.279.
35) 신약성경의 사도직에 대한 전형적인 평론 중의 하나가 된 것에서 칼 렝스톨프(Karl Rengstorf)는 "부활하신 주님과의 직접적인 만남과 함께 그에 의한 직접적인 위탁하심이 사도지위의 유일한 근거였던 것 같다"라고 주장했다(*TDNT* 1: 431).
36) 그러나 일부의 사람들은 에베소서 2:20에서 뿐만 아니라 에베소서 3:5에서 언급된 선지자들은 사도들과 동일시되어야 한다고 주장해 왔다. Wayne Grudem, *The Gift of Prophecy*, pp.46ff.를 보라.
37) MacArthur, *Charismatic Chaos*, pp. 123-25. 토마스 에드가는 고린도전서 15:8 역시 사도들이 끝났음에 대한 논증이라고 주장한다. 바울은 그가 8절에서 자신에 대하여 "맨 나중에 만삭되지 못하여 난 자 같은 내게도 보이셨느니라"고 쓸 때, 주 예수를 본 적이 있던 사람들의 명단을 열거하고 있다. 에드가는 이것은 바울이 부활하신 주 예수를 본 마지막 사람, 그러므로 그가 모든 사도들의 마지막 사도였다는 것을 의미하는 것으로 여긴다(*Miraculous Gifts*[Neptune, NJ: Loizeaux Brothers, 1983], pp.60-62). 이것이 고린도전서 15:8에 대한 올바른 해석이라고 할지라도 그것은 예수께서 사도 바울 이후, 사람들에게 나타나실 수 없었고 다른 사도들을 임명하실 수 없었다는 것을 의미하지는 않는다. 그것이 의미하는 전부는 고린도전서 15:8을 쓰던 그때에 바울은 주 예수를 보았던 마지막 사람이었다는 것이다. 그러나 이것은 유일한 해석이 아니다. 또 가능하지도 않다(Fee, *First Corinthians*, pp.732-34를 보라).
38) MacArthur, *Charismatic Chaos*, p.124.
39) Ibid., p.125.
40) Gross, *Miracles, Demons, and Spiritual Warfare*, p.53.

부록3: 단지 세 번 기적들의 시대가 있었을 뿐이었는가?

1) MacArthur, *Charismatic Chaos*, pp.112-14. 사실상 이 논의를 보급시킨 사람은 바로 워필드였다. 그러나 그는 그 논의를 말하는 데에 있어서 맥아더보다도 더 조심스럽다. 그는 세 번이 아니라 네 번 계시의 시대가 있었다고 주장한다. 그

는 네번째 시기로 다니엘 시대를 포함한다. B.B. Warfield, "Miracles" in A Dictionary of the Bible, 4th ed., J.D. Davis ed.(Grand Rapids: Baker, 1954), p. 505.

2) 맥아더는 내가 이러한 결론을 내린 설교의 테이프를 들었다. 그는 다음과 같은 식으로 나의 해석에 문제를 제기했다.

> 디어는 표적들과 기사들의 계속되는 사역에 대한 성경적인 지지를 찾는 데에 너무나 급급해서 예레미야 32:20을 잘못 읽는다… . 디어는 예레미야가 표적과 기사들이 출애굽 후에도 이집트와 이스라엘에서 계속된다고 말하고 있다고, 그리고 예레미야가 그의 시대에서조차 표적과 기사들의 존재를 인정하고 있다고 믿는다. 물론 예레미야가 실제로 썼던 것은 하나님께서 그가 이집트에서 행하신 표적과 기사들을 통하여 유명해지셨다는 것과 그의 이름은 이스라엘과 이방인들 가운데서 '오늘날에도' 알려져 있다는 것이었다. 구약성경의 역사에 익숙한 사람은 누구나 출애굽의 기적들은 유일한 것이었다는 것과 이스라엘 사람들이 그들의 하나님의 위대하심의 증거로서 그 기적들을 기억했다는 것을 안다(Charismatic Chaos, 113).

근본적으로 맥아더는 이 주장이 예레미야 32:20의 설명으로서, 그리고 내가 그것을 사용한 것에 대한 논박으로 충분하다고 생각했다. 그는 그것이 그가 정한 의미를 뜻할 수 있는지를 살펴보기 위하여 '오늘날에도'라는 토현을 강조하는 히브리어 본문을 말하지 않았다. 또한 그를 예레미야가 실제로 썼던 것에 대한 더 문자적인 해석으로 후퇴하게 했을 수 있는 어떤 문맥상의 이유들을 조사하지도 않았고 예레미야 32:20의 문자적 의미에 대한 거부를 정당화할 수 있는 어떤 학술적인 연구들이나 다른 지지를 인용하지도 않았다.

맥아더의 의견으로 나는 '구약성경의 역사에 익숙한 어떤 사람'으로 여겨지지 않을 수도 있지만, 여전히 예레미야의 진술은 문자적으로 해석되어야만 한다고 주장하고 싶다. 그 이유들은 다음과 같다.

첫째, 이것은 정확하게 히브리어 본문이 의미하는 것에 대한 둔자적 해석이다. 풍습이나 다른 행위들에 사용될 때 '오늘날에도'로 번역되는 구는 적어도 화자나 작가의 시대까지 그 행위가 계속된다는 것을 말한다(Josh. 9:27, 13:13, 15:63, 16:10, 23:8-9과 다른 많은 예들을 보기 위해서는 3.D.B., p.401을 보라). NIV는 하나님께서 '오늘날에도 계속해 오신' 표적과 기사들에 대하여 말할 때 보통의 의미로 히브리어 본문을 번역했다.

둘째, 문맥상으로 예언의 영(靈)은 예레미야가 예레미야서를 쓸 때에도 여전히 지상에 있다. 성경에 따르면 예언은 표적인 동시에 기사이다. 이사야의 말을 고려해 보라.

> 보라 나와 및 여호와께서 내게 주신 자녀들이 이스라엘 중에 징조와 예표가 되었나니 이는 시온산에 계신 만군의 여호와게로 말미암은 것이니라
> (사 8:18)

선지자의 전통에 비추어 보면, 예레미야 자신의 지상에서의 존재와 사역이 '오늘날에도'를 문자적으로 이해하는 데에 충분한 조건이다.

셋째, 연대기적으로 예레미야(B.C. 626-586년 이후까지)에 매우 가깝고, 분명히 표적과 기사들로 가득 차 있는 다니엘의 사역(B.C. 605-537년까지)이 있다. 다니엘의 사역은 요구되지 않는다고 할지라도 '오늘날에도'에 대한 문자적인 해석을 정당화할 것이다.

맥아더는 그것들의 보통의 의미에서 예레미야의 말에 대한 이러한 이유들이나 어떤 다른 언어학적, 문맥상, 혹은 역사적인 이유들을 고려하지 않는다. 그 대신에 이미 예레미야가 의미할 수 있는 것, 혹은 의미할 수 없는 것을 미리 정해놓은 신학적인 편견에 의해 유도되어 그는 예레미야의 말을 불충분하게 원문의 말을 닮은 모호한 신학적인 원리로 말을 바꿔서 설명한다.

3) MacArthus, *Charismatic Chaos*, p.106.
4) Ibid., p.107.
5) 예수께서도 역시 인간의 대행을 떠나서 행해진 격변적인 심판들을 표적들로서 말씀하신다(눅 21:11, 25).
6) MT의 *K^{e}thib*는 *hiphil* 어간에 *zakar*를 가진다. *Hiphil*에서 *zakar*은 '생각해내다' 혹은 '언급하다'를 의미하고, 주님과 그의 역사하심들을 찬양하거나 찬미하는 의미로도 쓰일 수 있다 (Francis Brown, S.R. Driver, and Charles A. Briggs, *A Hebrew and English Lexicon of the Old Testament*[Oxford: Clarendon Press, 1907], p.271을 보라).